Transcendendo a Economia

Hazel Henderson

Transcendendo a Economia

Tradução
MERLE SCOSS

EDITORA CULTRIX
São Paulo

Título do original:
Paradigms in Progress
Life Beyond Economics

Edição	Ano
2-3-4-5-6-7-8-9-10	98-99-00-01

Direitos de tradução para a língua portuguesa
adquiridos com exclusividade pela
EDITORA CULTRIX LTDA.
Rua Dr. Mário Vicente, 374 – 04270-000 – São Paulo, SP
Fone: 272-1399 – Fax: 272-4770
E-mail: pensamento@snet.com.br
http://www.pensamento-cultrix.com.br
que se reserva a propriedade literária desta tradução.

Impresso em nossas oficinas gráficas.

Outras obras de Hazel Henderson:

- *Creating Alternative Futures: The End of Economics*
- *Politics of the Solar Age: Alternatives to Economics*
- *Redefining Wealth and Progress (colaboradora)*

Hazel Henderson tem fama internacional como futuróloga, palestrante e consultora de organizações em mais de trinta países. É também uma ativista política, fundadora de muitos grupos de serviço público e autora de mais de duas centenas de artigos. Diretora do *Worldwatch Institute* e membro da *Appropriate Technology International*; conselheira da Sociedade Cousteau e do *Calvert Social Investment Fund*; membro da *World Futures Studies Federation* (Turku, Finlândia); membro da *World Social Prospects Study Association* (Genebra); membro do conselho da *Lindisfarne Association* (Berna, Suíça) e do *Elmwood Institute* (Berkeley, EUA). Consultora dos corpos editoriais do *World Paper* (Boston), *Technological Forecasting and Social Change* (Nova York), *The Journal of Humanistic Psychology* (São Francisco), *Futures Research Quarterly* (Washington, DC), *Resurgence* e *The Journal of Inter-disciplinary Economics* (ambos da Grã-Bretanha). Detentora de um grau de doutorado honorário pelo *Worcester Polytechnic Institute,* de Massachusetts, por seu trabalho em economia e tecnologia alternativas. Foi professora visitante na Universidade da Califórnia, Santa Bárbara (1979) e ocupou a Cadeira Horace Albright no Departamento de Engenharia Florestal da Universidade da Califórnia, Berkeley, em 1982. É pesquisadora sênior do Centro de Pesquisas para o Desenvolvimento Econômico, Tecnológico e Social do Conselho de Estado da República Popular da China (Xangai) e colaborou com o Comitê Consultivo sobre o Futuro, da Assembléia Legislativa do Estado da Flórida. De 1974 a 1980, colaborou com o Conselho Consultor de Avaliação Tecnológica do Congresso dos Estados Unidos e com os comitês de avaliação da *National Science Foundation* e da *National Academy of Engineering*. Henderson, que nasceu na Grã-Bretanha, reside em St. Augustine, Flórida, e está associada ao Centro de Responsabilidade Governamental e à Divisão de Educação Contínua da Universidade da Flórida, em Gainesville. Fundou o *Center for Sustainable Development and Alternative World Futures* (Centro de Desenvolvimento Sustentável e Futuros Mundiais Alternativos), instituição sem fins lucrativos, com sede em St. Augustine.

Agradecimentos

Partes deste trabalho, das quais a autora detém os direitos, foram anteriormente publicadas em outras obras, como segue: partes do Capítulo 1 em *Gaia: A Way of Knowing*, org. William Irwin Thompson, The Lindesfarne Association, Nova York, 1987; partes do Capítulo 2 em *Futures*, Londres, setembro de 1990, e em *The Green Fuse: The Schumacher Lectures*, 1983-88, Quartet Books, Londres, 1990; partes do Capítulo 3 em *Business Ethics and the Environment*, orgs. W. Michael Hoffman, Robert Frederick e Edward S. Petry, Quorum Books, Westport (CT), 1990, e em *Technological Forecasting and Social Change*, Elsevier, Nova York, junho de 1990; e "Pecos River Meditation" em *What I Have Learned: Thinking About the Future*

Then and Now, orgs. Michael Marien e Lane Jennings, Greenwood Press, Nova York, 1987. Curtas passagens do Capítulo 7 surgiram sob a forma de editoriais da autora em *Christian Science Monitor*. A autora agradece a cortesia de todas essas publicações em respeitarem seus direitos autorais sobre todo o material acima para o propósito de inclusão neste livro. Um agradecimento final à *Knowledge Systems, Inc*. por sua persistência em forçar-me a escrever este livro, e à minha editora, Margaret Helen, que desempenhou um papel indispensável e, durante todo o processo, apoiou-me muito além do que se espera de um editor.

Para Brendan
Alexander Cassidy
com amor

Dedicado a todos os membros da família humana que...

Nutrem nosso corpo
Enriquecem nossa mente
Aprimoram nossas aptidões
Dinamizam nossas ações
Inventam novos instrumentos
Constroem nossas comunidades
Mediam nossos conflitos
Alimentam os famintos
Planejam as famílias
Plantam árvores
Aperfeiçoam nosso estilo de vida
Desenvolvem novos negócios
Exploram pioneiramente o espaço
Convertem armamentos em bens civis
Socorrem os necessitados
Vivem com leveza
Protegem a Terra
Defendem toda vida selvagem
Purificam o ar e a água
Trazem o verde aos desertos
Investem num planeta saudável
Criam os filhos
Ajudam os semelhantes
São cidadãos diplomatas
Oferecem serviço voluntário
Compartilham os sucessos
Aprendem com os erros
Criam futuros alternativos
Alertam-nos para os perigos
Cooperam para os objetivos comuns
Fazem música
Cantam canções
Visualizam metas positivas
Projetam comunidades harmoniosas
Estimulam as artes
Entretecem nossas redes de informações
Abrigam os desabrigados
Ensinam os jovens
Doam suas dádivas
Dançam nossos sonhos
Acalentam nossas esperanças
Servem o povo
Exploram as maravilhas da Natureza
Conduzem-nos para a Totalidade
Amam uns aos outros
Comungam em união...

E CELEBRAM A VIDA!

Sumário

Índice das ilustrações

De acordo com o uso comum*, um paradigma é um modelo ou padrão aceito. [...] Numa ciência, um paradigma raramente é objeto de posterior desenvolvimento e especificação sob novas ou mais rigorosas condições. [...] Os paradigmas devem seu *status* ao fato de se prestarem mais que seus competidores a resolver alguns problemas que um grupo de cientistas tenha reconhecido como prementes.

Thomas S. Kuhn, *The Structure of Scientific Revolutions*
(University of Chicago Press, 1962)

Apesar das muitas advertências que me foram feitas por Thomas Kuhn para não generalizar em demasia nem usar sua definição de paradigma num contexto social, acredito que um paradigma é um par de óculos diferentes que pode revelar uma nova visão da realidade, permitindo-nos reconhecer nossa situação, remoldurar antigos problemas e encontrar novos caminhos para a mudança evolutiva.

Hazel Henderson, *Transcendendo a Economia*
(Knowledge Systems, 1991)

Um paradigma social, para mim, é uma constelação de conceitos, valores, percepções e práticas, compartilhada por uma comunidade e formando uma visão particular da realidade que é a base do modo pelo qual essa comunidade se organiza. Um paradigma só o é na medida em que seja compartilhado por uma comunidade. Uma pessoa individualmente pode ter uma cosmovisão, mas um paradigma é compartilhado por uma comunidade.

Fritjof Capra, *Belonging to the Universe*
(HarperCollins, 1991)

* "Uso comum" refere-se ao sentido restrito segundo o qual o termo se aplica a modelos de pesquisa científica. (H.H.)

PRELÚDIO

A meditação do rio Pecos

Os amantes do aprendizado
e da vida
refletem sobre o significado das coisas, tomando um
cappuccino fumegante
com aroma de canela,
coberto de creme batido.
A neve fria
se espalha pela clara manhã de primavera
na antiga região ameríndia,
o Coração da Terra
da Águia.

Que alto propósito
dá o mais profundo significado às suas vidas?
Mestre? Discípulo? Instrumento?
Apenas ajudando os outros?
Amante! Por que não dizer sem rodeios?
Talvez essa franqueza possa ofender,
tomada no mau sentido pelos que vivem em culturas
que cegam as pessoas
à sua própria divindade.

A vida é sagrada.
Eis uma verdade que perde seu sentido
num tumulto de brinquedos *high-tech*,
truques modernosos
e falsa espiritualidade.
No entanto, cada um de nós ainda é sagrado,
santos filhos do amor
e da plenitude transbordante de Gaia.
Quão fundo, quão fundo devemos agora buscar
para encontrar nossa
glória interior.

Abençoados aqueles que encontram seres especiais
com quem compartilhar a busca.
Mesmo que saibamos ver o amor
em cada um que encontramos,
em cada pedra, em cada flor,
da grande criação
ainda assim o calor e o conforto
mútuos,
em comunhão todos nós
em respeito e celebração,
amando a magia, os sonhos, a fé,
é pura bênção.

Qual a melhor maneira de comunicar esses significados?
E a essência da caminhada?
"A Jornada do Herói", diz alguém.
Mas não é muito pomposo?
Separa-nos do sangue da mãe,
do solo, das árvores,
das caçarolas e cobertores,
dos brinquedos e
fraldas de bebês sagrados.

"A Caminhada do Amante"
parece melhor para o dia-a-dia de uma vida
de Santidade.
Cada tarefa cumprida
com atenção plena.
Cada encontro com amigo, amante,
vendedor, passante,
uma santa oportunidade.
Esse impulso amoroso,
renascido, novo, a cada dia, a cada geração,
é o âmago sagrado
de todas as seitas e cultos.
A Regra Áurea, sabedoria Mítica,
DNA cultural codificando todo o nosso aprendizado,
destilando todas as nossas preces.

Os Amantes da Vida
repassam as imagens da história
em busca de temas universais.
Arquétipos que simbolizam
as sagradas compreensões
em familiares roupagens e metáforas.
Que papéis profundamente conhecidos
podem os atores assumir

para ajudar a reduzir a discórdia
e retraçar os fios que nos ligam a todos
dentro da roda da vida?

Comerciante, construtor, estalajadeiro,
malabarista, palhaço, escriba,
artista, músico, caçador,
poeta, lavrador, tecelão ou cigano nômade,
portador de estranhos tesouros do lá distante?
Todos podem trazer mensagens de luz
mais agradáveis que as daqueles que se escondem
por trás de máscaras arrogantes.
Rei, guru, sábio,
orador, imperador, chefe guerreiro
em armadura de combate,
todos conduzidos pelo poder e pelo medo,
Abafando a chama sagrada que arde em cada alma,
criando apenas dependência e vergonha.

Os amantes conduzem gentilmente, por atração,
não mais para capturar fêmeas ou DNA,
mas mais para dar à luz uma grande prole,
mas para cuidar um do outro,
para fazer o bem com suas vidas sagradas,
para pesar na balança no lado da evolução.
Não mais trespassados em tristes cruzes
de culpa,
mas cantando e dançando as canções
de suas almas
e celebrando a arte!

Os amantes sempre se reconhecem
e a todos os que compartilham esses significados.
Além de todos os papéis, roupagens e multicoloridos
disfarces.
Os amantes que têm propósitos elevados
também podem escolher papéis de realeza,
aceitando riscos kármicos de liderança,
almas puras vestindo a máscara do "sucesso".
Outros preferem adejar como borboletas,
sintonizando, mesclando, compartilhando energias,
todos conservando a fé em meio a cenas improváveis,
colméias industriais,
fazendas coletivas proliferando
nas sagradas vastidões coroadas de neve.

Quando todos lembram que são amantes,
todos os locais voltam a ser sagrados,

cada pimentão secando ao sol,
cada grão de milho,
os cedros de doce aroma bordejando
o manso regato.
O espírito de todas as coisas está no vento frio e reanimador,
nos cães selvagens e barulhentos,
nos cavalos suados sob as mantas de inverno.

O sagrado está em toda parte,
das solitárias ruínas do *pueblo*
aos misteriosos abrigos subterrâneos, dos negros cântaros
perdidos em ilhas arenosas,
entre algas entrelaçadas e mergulhões.
Não pertence o sagrado
à antigüidade, ou a qualquer era,
cada tempo e cultura nos oferecem suas jóias
mesmo nesta "era pós-industrial".
Cabe a nós ver a beleza também
em meio à arrogante "Era da Informação"
e do pesadelo nuclear.

Os amantes sempre buscam, sempre encontram o Graal,
renascido em cada tempo e lugar,
para demonstrar a verdade de que a arte está em todas as coisas.
Nas vagens e conchas,
tecelagens, panelas e bolsas,
em todos os rituais sutis e nas pequenas coisas,
nas refeições saudáveis,
na calorosa intimidade humana,
nos altos e baixos da vida cotidiana.
A rosa não existe sem o adubo sagrado
no qual floresce,
o caos de onde nascem
todas as formas.

O Graal está em nós.
Os verbos são a verdade,
os substantivos às vezes iludem.
Se todas as coisas são sagradas,
então, por fim,
de cada amante a luz interior
e a reverência
resplandecem.

Hazel Henderson
Centro de Conferências do Rio Pecos
Santa Fé, Novo México, março de 1985

Prefácio

Administrar a economia ou liderar a nação? PNB ou qualidade de vida?

Perguntas como as acima têm o poder de nos fazer parar para pensar. Qual o sentido do corre-corre do nosso dia-a-dia? O que buscamos? Aonde queremos chegar? O que estamos construindo? Qual a real contribuição do que estamos fazendo?

Muitas vezes nos apanhamos fazendo as coisas no "piloto automático". Seja na escola, no trabalho, na direção de uma empresa, seja na liderança de uma nação.

Entramos finalmente na faculdade e passamos a estudar com afinco para entregar bons trabalhos, tirar boas notas e passar de ano. Mas poucas vezes paramos para pensar sobre o sentido de tudo isso. Qual a conexão do que estamos fazendo com a vida que queremos viver? E com a contribuição que queremos um dia dar à sociedade?

Conseguimos um bom emprego e nos esforçamos para atender os padrões da empresa. Estimulados por promessas de aumentos e promoções, tentamos evoluir na direção indicada pela alta administração. Fazemos carreira... Mas poucas vezes pensamos no significado do que fazemos. Poucas vezes questionamos a contribuição que a empresa traz à sociedade e onde ficamos nesse contexto...

Chegamos à cúpula das empresas e colocamos todo o nosso talento e competência para fazer a empresa evoluir, ficar mais competitiva e conseguir cada vez melhores resultados. E até fazê-la ser a melhor do setor e ser reconhecida publicamente — ganhando prêmios, homenagens e citações. Mas quantas vezes — como líderes — pensamos sobre o impacto do que fazemos para a construção de um Brasil melhor? Quantas vezes, ao fazer os planos estratégicos, sonhamos em potencializar nossa contribuição à sociedade?

Somos galgados a uma posição no governo e — mais uma vez — procuramos fazer o melhor de nós para baixar a inflação, melhorar nossa balança comercial, aumentar a arrecadação, reduzir os déficits, aumentar o número de escolas, desburocratizar a máquina governamental, privatizar as "atividades empresariais" do governo, etc. Mas quantas vezes — como mulheres e homens **públicos** — nos vemos como **representantes** do povo e nos sentimos como "**cidadãos** voluntários" a serviço da sociedade? Quantas vezes questionamos para saber se nosso objetivo maior está claro? O objetivo é otimizar as condições econômicas do país — enquanto um agregado de números — ou melhorar a qualidade de vida de **todos** os cidadãos — enquanto seres humanos integrais? Como governantes, nosso papel é administrar a economia ou ajudar a construir uma nação na qual todos os seus habitantes tenham enorme prazer de viver e sintam um genuíno orgulho de integrar e de participar?

É muito fácil cair na armadilha do "piloto automático"...

Mas, ao parar para pensar sobre questões de essência, algo de grande impacto ocorre. É como despertar de um estado de torpor. É como sair de um estado de coma. É como abrir os olhos, sair da ilusão e despertar para a vida. É o elevar do nível de consciência.

Todos nós passamos por momentos de elevação de consciência. Às vezes, no meio de uma discussão em que um acordo parece impossível, alguém coloca uma questão que nos faz mudar de patamar. Para níveis mais elevados de consciência. E o consenso é atingido com surpreendente entusiasmo. Saímos do mesquinho, do egoístico, da visão estreita, do imediatista, do artificial, do ilusório, do periférico e do manipulativo para a dimensão do genuíno, dos propósitos nobres e dos valores mais essenciais do ser humano.

Às vezes são momentos efêmeros. Despertamos por poucos segundos mas voltamos rapidamente ao piloto automático, sem agir, sem compartilhar o que vislumbramos. Às vezes com medo de ser "diferentes", de romper algum tipo de "limite", de ser "quixotescos" e nada conseguir mudar...

O que vemos hoje em nosso país e no mundo exige um despertar. Não um despertar efêmero, mas duradouro, permanente.

Para isso é fundamental estar abertos para os questionamentos de base, como "PNB ou qualidade de vida"? E parar para pensar.

Esta extraordinária obra de Hazel Henderson está repleta de perguntas de essência. De questionamentos de base. É um livro essencial para estudantes que se preparam para ajudar a construir um futuro bem melhor que o de hoje. É um livro essencial para o cidadão que gostaria de participar mais da sociedade em que ele é, ao mesmo tempo, parte essencial e objetivo maior. É um livro de fundamental importância para o executivo de empresa que sente a enorme responsabilidade inerente ao poder que possui. Poder de fazer muito bem ou muito mal à sociedade. É um livro essencial para governantes e representantes do povo que sentem que os caminhos tradicionais de governança tradicional, com seus vícios, distorções e limitações precisam ser reinventados pela raiz.

Este é um livro que poderá elevar o nosso nível de consciência se nos dispusermos a lê-lo sem defensivas. Com a mente e coração vazios — despoluídos de receitas e premissas do passado. E, principalmente, apoiados pelos nossos melhores valores e intenções.

Oscar Motomura*

---

* Oscar Motomura é Diretor-Geral do Grupo Amana-Key de São Paulo, organização especializada em estratégias de inovação empresarial.

Introdução

Agora que a terminologia dos pensadores alternativos já foi adotada por chefes de Estado, executivos de grandes corporações e seus porta-vozes, é hora de irmos adiante.

Expressões como *o novo paradigma, poder pessoal* (*"empowerment"*) *a nova ordem mundial, parceria, "networks" (redes), orgânico, biodiversidade* e *ecossistema planetário* já surgem em documentos oficiais e *press-releases*. Por mais estreitas que possam ser sua concepção e interpretação, esses termos indicam uma nova abertura para a compreensão mais plena de realidades mais amplas e, pelo menos, a possibilidade de um debate mais sensato e esclarecido em vários países.

Como os pensadores alternativos podem aproveitar essas oportunidades para expandir os "invólucros políticos" dos tomadores de decisão nas empresas e governos e impedir que continuem a homogeneizar, a banalizar e a desvalorizar o poder transformador dessas cosmovisões alternativas? Como aproveitar o momento retórico e ajudar a "enraizar" esses novos paradigmas na prática?

Um exemplo é a própria metáfora da "transformação". Em 1975, me lembro de ter apresentado a uma reunião do Comitê Econômico Conjunto do Congresso dos Estados Unidos minhas opiniões sobre "A Grande Transição Econômica" então em curso nas sociedades industriais amadurecidas, à medida que elas se atolavam nos resultados de seu "sucesso": crises urbanas, crime, drogas, poluição e o crescente desequilíbrio entre ricos e pobres.

Fui objeto de riso na sala de audiência, com protestos de que não havia qualquer indício de uma tal transição econômica.

Em 1991, fui convidada a uma reunião em Londres do Conselho de Inter-Ação (um grupo de 35 ex-chefes de Estado) como especialista no assunto do encontro — "Economias em Transformação: Limitações e Potencial do Processo de Transição". Enquanto isso, é claro, transições econômicas, reestruturação, perestróica e outros termos do gênero são a matéria das manchetes diárias.

Contudo, essas histórias geralmente ainda são contadas dentro do contexto dos velhos paradigmas: a mecânica celeste de Isaac Newton, o legado reducionista de René Descartes e, pior de tudo, os dogmas de esquerda/direita, comunismo/capitalismo das economias tradicionais que ainda evocam os espectros da época da Guerra Fria e aprisionam essas mudanças dinâmicas em premissas estáticas de equilíbrio geral.

Em abril de 1964, dois sagazes estudiosos norte-americanos, Warren G. Bennis e Philip E. Slater, publicaram em co-autoria na *Harvard Business Review* um artigo intitulado "A Democracia É Inevitável", seguido em 1968 pelo livro *The Temporary Society* (Harper & Row).

A essência de sua espantosa tese (no auge da Guerra Fria) era que, à medida que as sociedades, corporações e outras instituições ficassem maiores e mais complexas, elas se tornariam *inadministráveis* com cadeias de comando de cima para baixo. As informações e o retorno necessários, vindos das fábricas, dos escritórios e, em última análise, das bases da sociedade como um todo, seriam suprimidos e distorcidos por camadas de burocracia nas pirâmides de poder, e os líderes perderiam o contato ignorando as realidades em mutação.

Bennis e Slater, vendo a queda dessas estruturas piramidais, afirmaram que a horizontalização das hierarquias, a descentralização das organizações e a democratização das sociedades seriam inevitáveis no século 20, simplesmente por serem mais *eficientes*. Quando há um excesso de informação, variáveis demais para serem digeridas, o conselho executivo, a junta ou o ditador ficam parecidos com um cérebro de dinossauro: a cabeça minúscula de um corpo enorme, lento e rígido demais para cuidar da mudança.

Nas condições atuais de mudança acelerada — impelida pelas forças globalizantes acionadas por atividades humanas que criam essas complexidades interativas —, *só* a involução rumo a unidades auto-administráveis, menores e mais celulares, em comunicação muito mais profunda umas com as outras, pode produzir organizações e corpos políticos funcionais; ou seja, a democracia é *necessária.*

Os espantosos acontecimentos de agosto de 1991 e a desintegração da União Soviética representaram apenas o maior e mais dramático exemplo dessa nova necessidade. A tendência em tantos lugares à involução, à descentralização, aos princípios do *Small is Beatiful* (o pequeno é bonito) delineados por E. F. Schumacher em seu livro de 1973; o renascimento dos "encontros municipais", dos movimentos populares de cidadãos pedindo maior responsabilidade e transparência de governos, corporações e instituições acadêmicas, profissionais e religiosas — tudo expressa essa necessidade, assim como o fazem as exigências de proteção dos direitos humanos, da segurança de consumidores e trabalhadores, bem como do nosso próprio Planeta ameaçado.

Hoje, vemos os velhos paradigmas políticos e econômicos se transformando diante dos nossos olhos. A própria democracia está em marcha no mundo todo. Os "linhas-duras" soviéticos, em sua tentativa de golpe militar ao velho estilo, são chamados por todos de "direitistas". Nos Estados Unidos, em geral se pensa que os "da direita" são a favor da liberdade individual e do *laissez-faire* econômico, ou seja, a "liberdade" do mercado. Mas, como mostra Philip Slater em seu último livro, *A Dream Deferred* (Beacon, 1991), a direita norte-americana é, no fundo, autoritária e busca a ordem nas instituições hierárquicas. Embora ainda acredite que a democracia seja uma "megacultura" irrefreável que se ergue por toda parte para atender às necessidades de auto-organização e contato com as bases, Slater examina as raízes profundas do autoritarismo nos Estados Unidos, do qual a nossa "direita" é apenas a ponta do *iceberg*. Quando dissecamos a personalidade, a família ou a corporação autoritárias, como faz a teórica feminista Riane Eisler em *The Chalice and the Blade* (Harper & Collins,

1989), encontramos medos profundos que existem para impedir mesmo os norte-americanos de realizar seu sonho democrático.

Os autoritários, quer nos Estados Unidos, quer entre os patriarcas da velha-guarda soviética, ditadores militares ou nas hierarquias das megacorporações, têm muito em comum: eles têm medo e desconfiam da "natureza humana" e de qualquer soberania "do povo, pelo povo e para o povo", porque pensam que elas são tão voltadas para o poder e para o ego quanto eles próprios. Uma anedota reveladora: quando a "Gangue dos Oito" soviética se desintegrou em 21 de agosto de 1991 (por não ter compreendido o sentimento do povo e as novas condições de glasnost e perestróica), um marajá da mídia norte-americana, "de direita", durante uma entrevista na TV, criticou o golpe em termos tipicamente autoritários: por não ter sido duro, eficiente e implacável o *bastante,* chamando os golpistas de "a gangue que não consegue acertar um tiro!"

Por isso, precisamos reconhecer que a marcha da democracia encontrará muitas resistências — particularmente quando ameaçar os autoritários ou os que se opõem à democracia *econômica.*

Os economistas, em especial no Ocidente, em geral equiparam democracia e direitos humanos com liberdade de mercado, individualismo exacerbado e fronteiras nacionais. As grandes corporações operam confortavelmente por trás dessas teorias que fazem delas um "indivíduo" perante a lei — quaisquer que sejam os custos de suas atividades à sociedade e ao meio ambiente.

As transformações econômicas e sociais na União Soviética e na Europa Oriental estão ajudando a lançar luz sobre essas teorias e a reescrever os roteiros dos muitos grupos de especialistas e consultores ocidentais "de direita" que agora infestam toda aquela região. Estes ainda estão tentando amarrar em uma camisa-de-força os movimentos multifacetados que se orientam para a democratização com capitalismo, reduzindo-os a um movimento por mercados "livres". Contudo, em muitos países (China, Cingapura, Coréia do Sul e África do Sul, por exemplo), os mercados livres coexistem confortavelmente com a repressão. Em vez disso, os novos movimentos democráticos devem ser compreendidos nos termos multidisciplinares de uma teoria sistêmica viva: como o emergir espontâneo — mesmo que caótico — do autogerenciamento, da autonomia, da expressão dos direitos e potenciais humanos e da aspiração à democracia política e econômica. Esses processos são o modo mais eficiente e necessário de fazer funcionar as sociedades complexas que cavalgam o tigre da mudança nesta última década do século 20.

Hoje, pelo menos, alguns economistas ousados estão abrindo a cabeça e tentando marcar um almoço com os teóricos do caos ou saindo na ponta dos pés para locais como o Instituto Santa Fé, onde os físicos do velho paradigma e os obsoletos soldados da Guerra Fria buscam reciclagem. O Instituto Santa Fé é um outro exemplo, que ilustra as questões práticas envolvidas na mudança de paradigmas. O instituto busca explorar essas mudanças usando as novas ferramentas do não-equilíbrio e os modelos do caos (ver Figura 3-16: Novos Modelos de Mudança) descritos no Capítulo 11 de meu livro *Politics of the Solar Age* e em livros populares como *Chaos* de James Gleick (Viking, 1987) e *The Philosopher's Stone* de David Peat (Doubleday, 1990). Contudo, o Instituto Santa Fé é financiado em grande parte por fontes conservadoras, entre as quais o Citibank, que quer, como é óbvio, usar essas pesquisas para tornar-se um mais eficiente maximizador de lucros globais e trabalhar seus mercados financeiros eletrônicos com seus próprios "cientistas espaciais" ou "*quants*" (termo que Wall Street usa para designar os novos magos dos sistemas de informação *high-tech* e da matemática). Esses novos magos fazem arbitragens de câmbio e criam estratégias de cobertura de riscos tais como o programa de investimento nos índices de futuros e derivativos: opções, operações a termo, direitos de resgate antecipado e os sinistros "papéis negociáveis virtuais". *Plus ça change, plus c'est la même chose!*, como dizem nossos amigos franceses, já que todos esses novos e maravilhosos modelos do caos estão sendo cooptados para servir às atividades do velho paradigma. Do mesmo modo, o Instituto Santa Fé, embora procure estudar a incerteza, a diversidade e a mudança, é freqüentado predominantemente por homens brancos, do Hemisfério Norte, de meia-idade e diplomados nas ciências "*hard*", na física clássica e na matemática.

Outro exemplo é a visão de George Bush sobre o novo paradigma: "capacitar" os pobres a tomarem conta de si mesmos, estimular o voluntariado a expandir os 1.000 pontos de luz, enquanto protege as prioridades do Acordo sobre o Orçamento Federal, seus beneficiários (os Departamentos de Defesa, Energia, Transporte e outros) e as empresas por eles contratadas. Foi só quando a economia norte-americana enfraqueceu visivelmente que os democratas cerraram fogo nesse declínio e Bush começou a redirecionar as prioridades orçamentárias dos temas militares para as questões de segurança interna. Nenhum dos partidos, contudo, está trabalhando com um paradigma funcional, e o desemprego piorou em setembro de 1991. A batalha sobre as prioridades orçamentárias, bem como o colapso do império soviético, levaram às históricas iniciativas de Bush para o desarmamento unilateral. Essas iniciativas se concentraram, corretamente, no corte das armas nucleares, para o qual as pesquisas de opinião pública já haviam identificado um forte apoio popular, de acordo com a Pesquisa Nº 16 da *Americans Talk Issues Foundation* (ATIF) , de junho de 1991. Nesse circo confuso da retórica, a Nova Ordem Mundial de Bush parece a muitos, especialmente no Hemisfério Sul, como uma versão de "A Força Faz o Direito". Essa visão foi exposta em editorial da revista *South*, edição de fevereiro de 1991, intitulado "Os Espertos Herdarão a Terra", que via uma nova era de hegemonia norte-americana, com os Estados Unidos buscando consolidar a vitória na Guerra do Golfo, paga por seus parceiros "co-responsáveis", e a caminho de se tornar uma economia mercenária e a primeira "superpotência de aluguel" do mundo — um termo emprestado da revista londrina *The Economist.*

Este livro sumariza meus próprios paradigmas em evolução e os esforços que empreendi durante os últimos três anos para interceptar todos os debates políticos a que tive acesso em todas as partes do mundo propondo novas direções, fazendo ver contextos mais amplos, conexões e possíveis soluções em que todos saem ganhando neste nosso Planeta cada vez menor, mais populoso e poluído. Espero que este modelo — conceitualmente incompleto (como é exigido pelo próprio novo paradigma) — sirva como um convite para que todos os leitores se envolvam, ajam, tentem novos caminhos para a construção de um futuro mais sensato, mais eqüitativo, com equilíbrio entre os sexos e consciência ecológica.

Como observa o físico David Peat em *The Philosopher's Stone,* o Universo está sempre cheio de conexões inéditas. "Aquilo que chamamos passado é realmente uma criação, uma projeção do presente." Para mim, isso significa que posso optar por ver cada novo dia como a aurora da criação. Todos os maravilhosos pensadores e agentes alternativos com quem trabalho e converso compreendem intuitivamente essa dança cósmica cotidiana da realidade. Foi esse tipo de compreensão dos potenciais e possibilidades do nosso Planeta vivo que fez cair o Muro de Berlim, pôs fim à Guerra Fria e malogrou o golpe dos linhas-duras em Moscou. Se todos nós trabalharmos com afinco e estivermos suficientemente inspirados, nós, o povo de todos os países, poderemos ainda reaver os dividendos da paz e recuperar a Terra.

A transição global para a Era Solar

O pressuposto do meu trabalho durante os últimos quinze anos foi estudar a transição das sociedades industriais de uma base de recursos não-renováveis para uma nova base de recursos renováveis. Essa transição é tão inevitável quanto evolutivamente necessária, e a única questão é saber se os líderes industriais vão reconhecer essa mudança e **trabalhar com ela**, ou continuar tentando suprimir seus sinais, como fizeram os Estados Unidos na Guerra do Golfo.

Com efeito, a difícil mudança para formas de produtividade sustentáveis e ecologicamente viáveis já se manifesta de muitas maneiras desde os anos 60. Mas a abrangência dessa grande transição industrial, até anos recentes, foi obscurecida e mal-interpretada por ferramentas analíticas e políticas obsoletas. Esses acontecimentos e mudanças variaram desde novas formas de patologia social, como as desigualdades internas de distribuição de renda (permitindo que pobres e idosos morressem por falta de aquecimento), até conflitos internacionais e a crescente corrida armamentista. Manifestaram-se no aparecimento de novos valores "pós-materialistas" nas sociedades industriais, deslocando o poder geopolítico e os acordos de comércio para o novo nó górdio do preço do petróleo e da dívida externa do Terceiro Mundo e as constantes ameaças que lançam ao sistema bancário global.[1] Em 1991, a demanda mundial de petróleo (cerca de 66 milhões de barris por dia) cresce em 1,5% ao ano. Os norte-americanos, agora 5% da população mundial, consomem 25% da energia mundial. O padrão subjacente a todos esses acontecimentos foi oculto pela miopia da economia tradicional (quer de mercado, quer socialista) e pela cosmovisão fragmentada e cartesiana do industrialismo que, por sua vez, permitiu o investimento irrefreado na produção em massa, o crescimento indiferenciado do Produto Interno Bruto (PIB) e a ênfase excessiva no fornecimento de energia e no uso de modelos, partindo de definições estreitas de eficiência, crescimento e bem-estar humano.[2]

Está claro que a inevitabilidade dessa grande transição das sociedades industriais para uma produtividade sustentável e baseada em recursos renováveis já era evidente há décadas para as pessoas formadas nas ciências biológicas, bem como para muitos estudiosos de termodinâmica, químicos, engenheiros, físicos e analistas de sistemas, sem falar nos sociólogos, antropólogos e psicólogos e os milhões de cidadãos com uma educação diversificada e genérica. Mas, quando as grandes sociedades industriais alcançaram seu zênite regado a petróleo nos dourados anos 50 e nos alucinantes anos

60, os sinais de perigo só eram publicados por uma minoria corajosa, como Barbara Ward em *Spaceship Earth* (1966) e Rachel Carson, cujo alerta em *Silent Spring* foi repudiado em 1962 pelos celebrantes do sucesso do industrialismo.

Tão grande era a euforia que os sinistros custos sociais, desde a poluição do ar e da água até a deterioração das cidades, dos transportes e da infra-estrutura, foram ignorados. Mas não só os custos sociais e ambientais do industrialismo eram ignorados, como também seus muitos *subsídios* não eram levados em conta nos modelos econômicos. Esses custos, apenas para o setor energético dos Estados Unidos, variam de US$ 100 bilhões a US$ 300 bilhões por ano (dependendo das estimativas para mais ou para menos) e incluem deduções de impostos, degradação ambiental, crescentes gastos com saúde e desemprego, de acordo com Harold M. Hubbard em "The Real Cost of Energy", artigo publicado no número de abril de 1991 da *Scientific American.*

Os subsídios sociais ausentes das análises baseavam-se num conjunto de valores industriais que hoje identificamos como colonialismo, racismo e sexismo. Por exemplo, o sistema de valores *colonial* se perpetuava em acordos de comércio globalmente injustos, que forçavam os países do Terceiro Mundo a fechar negócios tais como aquele pelo qual Gana vendeu sua hidroeletricidade para a fundição de alumínio por uma fração dos preços internacionais de mercado[3] ou a equivocada consultoria e "assistência" desenvolvimentista que criou a atual dependência energética e tecnológica em relação aos países do Norte. Entre os subsídios ocultos fornecidos às economias industriais pelo *colonialismo interno* (ou seja, o racismo) conta-se a classificação de muitas atividades modestas, porém indispensáveis, como "menos produtivas" (por exemplo, a dos lixeiros, faxineiros e zeladores, motoristas e cobradores, trabalhadores na manutenção de estradas e outros serviços públicos, serventes de hospital, empregadas domésticas e trabalhadores rurais), sendo estas reservadas para os negros, hispânicos ou outras minorias éticas menos poderosas. Os subsídios oferecidos pelos índios americanos tiveram valor literalmente inestimável, à medida que suas terras e recursos eram pilhados à força e seus tratados de paz revogados toda vez que algum novo recurso energético ou mineral se tornava comercialmente atraente — tudo isso está bem documentado no livro de Kirkpatrick Sale, *Conquest of Paradise* (1991).

Por último, os subsídios oferecidos ao setor monetarizado do PIB pelo *sexismo* só agora estão começando a surgir em plena luz. O desabrochar do "estilo de vida da classe média", extravagante em termos de desperdício de energia, foi quase totalmente baseado no trabalho não-remunerado da mulher norte-americana. Cabia a ela conservar o lar e o jardim da família, criar os filhos, ajudar nos conselhos de escola, prestar serviço voluntário a uma infinidade de obras comunitárias e, acima de tudo, cumprir o papel-chave de ser o chofer incessante da população motorizada, papel do qual dependia todo aquele estilo de vida. Esse imenso subsídio (hoje estimado no mundo todo como um acréscimo médio de 30% ao PIB, como se menciona no Capítulo 7) nunca foi reconhecido, assim como tampouco o foi o papel da mulher norte-americana como "consumidora heróica", treinada em milhões de cursos de economia doméstica e na leitura das "revistas femininas" (sustentadas pela publicidade) para cumprir bem sua função de "não ficar atrás dos vizinhos" e assim manter o crescimento econômico keynesiano, baseado na demanda.

Um modelo desafiado

Ainda em época recente, há uma década, todas essas partes importantes do sistema de valores industrial eram aceitas quase sem questionamento. Hoje, tudo isso mudou. O surgimento da Organização dos Países Exportadores de Petróleo (OPEP) e a subseqüente "reciclagem" dos petrodólares pelos bancos privados alteraram o relacionamento fundamental entre os países industrializados e o Terceiro Mundo. Interdependências antes não reconhecidas agora são itens importantes da pauta das reuniões de cúpula econômicas, e continuarão a sê-lo no futuro previsível. O antigo adágio dos banqueiros entrou no linguajar cotidiano: "Se o banco lhe empresta cem dólares, o problema é *seu*. Mas se o banco lhe empresta cem milhões de dólares, o problema é *dele*." Do mesmo modo, os subsídios do racismo precisam cada vez mais ser levados em conta no PIB. Os eleitores negros estão provando isso em nível local, em Chicago, Atlanta, Filadélfia e outras cidades, bem como na política nacional, à medida que eles e os hispano-americanos vão mudando as regras econômicas conforme aumenta sua influência. Os estrategistas políticos ponderam sobre o crescente "abismo entre os sexos" que se manifesta no comportamento eleitoral das mulheres. E enquanto os índios norte-americanos lutam na justiça por seus direitos às terras e recursos, eles também estão tentando nos ensinar como seu sistema de valores protegia os recursos naturais e promovia uma produtividade sustentável,[4] fazendo deles uma espécie de "fazendeiros invisíveis" do ecossistema natural e da vida selvagem da América do Norte.[5]

No final dos anos 60, muitos desses custos ambientais e sociais antes ocultos tornaram-se suficientemente visíveis para provocar movimentos populares de protesto na maioria das sociedades industriais, quer para combater a poluição, quer para reivindicar direitos civis, responsabilidade empresarial e governamental, melhoria do transporte público e da habitação, quer para reduzir os perigos da proliferação nuclear e da corrida armamentista. Mas o grande padrão da transição industrial não se tornou plenamente claro senão no início da "Estagflação dos 70". Até então, os políticos tinham a tarefa relativamente simples de manter o crescimento do PIB enquanto seguravam a inflação e o desemprego em níveis "politicamente aceitáveis". Os recursos ainda estavam largamente disponíveis ou podiam ser importados a baixo preço dos países do Terceiro Mundo; os movimentos populares ainda não tinham ganho suficiente influência política para fazer cumprir muitas das novas regulamentações nas indústrias que despejavam detritos tóxicos, discriminavam mulheres e minorias ou expunham seus operários a materiais perigosos.

Os economistas aprenderam com a OPEP

Até 1973, os economistas ignoraram o papel especial da energia fóssil como "volante" do industrialismo tradicional. A energia ainda era um insumo vago, altamente agregado na maioria dos modos de produção — supunha-se que ela fosse inexaurível e intercambiável desde que o preço fosse razoável. Assim, quando a OPEP mostrou serviço em 1973, milhares de biólogos, ecologistas, estudiosos de termodinâmica e analistas de sistemas se alegraram discretamente. Pelo menos a OPEP forçaria os economistas a respeitar as leis básicas da física e enraizar suas abstrações em alguns dados firmes do mundo natural.

Os economistas foram desafiados a desagregar seus modelos de oferta-demanda de energia, calcular a eficiência global dos empreendimentos, fazer análises de redução do consumo de energia e comparar investimentos em termos do custeio do ciclo de vida de cada um deles. Um útil resumo de todos esses assuntos é oferecido por John P. Holdren em "Energy in Transition", artigo publicado na *Scientific American* de setembro de 1990, pp. 157-163. Economistas cada vez mais embaraçados eram forçados a explicar impactos sociais e custos ambientais, e até mesmo a reconhecer que "poluentes" e "resíduos" quase sempre eram recursos valiosos mal-aproveitados e malrotulados — e às vezes até "lucros" sumindo como fumaça (v. Nota 2). No nível micro, tudo isso estava bastante evidente, mas no nível do gerenciamento macroeconômico, todas essas realidades ainda estavam embaçadas pelas heróicas abstrações das médias nacionais.

Os planejadores governamentais da energia, com seus modelos "baseados na oferta", conservaram a fé esquizofrênica geral no funcionamento do "livre mercado" — mesmo enquanto despejavam mais de 100 bilhões de dólares do dinheiro dos contribuintes em subsídios ao carvão, energia nuclear, petróleo e gás. Em vez de desagregar esses modelos nacionais, os economistas continuaram a maquiar os sintomas óbvios da transição aos recursos renováveis. O Plano Nacional de Energia do presidente Bush, finalmente desvendado em 1991, ainda professava confiança no mercado, ignorando a infinidade de subsídios à energia nuclear e aos combustíveis fósseis. As duas variáveis que substituíram todos os fatores que os economistas deixaram de fora foram a inflação e o desemprego, enquanto eles seguiam o velho caminho baseado no uso intensivo de capital e energia às custas de empregos e do meio ambiente. Mas a inflação e o desemprego já não eram aqueles fatores mutuamente excludentes, conhecidos dos economistas do passado como a "curva de Phillips" — ambos subiram juntos na "estagflação" e, durante os anos 70, cada recessão deixou tanto a inflação como o desemprego em níveis mais altos que antes. Nos anos 80, o governo Reagan derrubou a inflação às custas de um extraordinário déficit orçamentário federal.

Os movimentos populares transformadores

Já no início dos anos 70, os movimentos de cidadãos começaram a reagir com um programa positivo. Eles se organizaram a favor do desenvolvimento de uma energia segura e renovável, enfatizando o aspecto de uso intensivo do trabalho; programas de conservação de energia e adaptação climática em vez da construção de novas usinas elétricas; tecnologias de menor escala, democratizadas, que descentralizam o poder econômico e político; recuperação e renovação dos velhos centros das cidades, revitalizando o transporte público, a auto-suficiência local e as alternativas de desenvolvimento e empreendimentos econômicos. Todas essas causas populares começaram a fluir juntas para programas globais de transição a uma "era solar" planetária que poderia reduzir os confrontos militares a respeito das fontes não-renováveis de recursos; uma ordem mundial mais sensata, mais eqüitativa e ecologicamente viável, e um caminho de "desenvolvimento" totalmente novo, centrado nos direitos humanos e nas necessidades básicas insatisfeitas da massa da população, em vez de continuar a buscar o crescimento econômico indiferenciado e medido pela renda média *per capita* (v. Nota 2).

Todos esses movimentos "transformadores" nos países industrializados apresentaram programas extraordinariamente similares, tendo as alternativas energéticas como ponto básico: diferentes combinações, apropriadas a cada país, de energia solar, eólica e hidrelétrica, energia da biomassa, turfa e biocombustíveis, energia térmica do oceano ou das marés, reservatórios solares e uma ênfase onipresente na agricultura orgânica, na arquitetura passiva, na reforma das comunidades para dar segurança a pedestres e ciclistas, na conservação geral de energia e na regulamentação da eficiência de automóveis, utensílios, processos de produção e reciclagem de detritos. Todas essas alternativas começaram a ser vistas como facetas de uma mesma transição e, embora ainda ridicularizadas pelos planejadores centrais, políticos e gigantes empresariais, em geral conquistaram a simpatia do público por serem mais criativas, inovadoras e viáveis do que a continuidade da velha marcha centralizada e padronizada rumo aos objetivos industriais tradicionais, que agora só produzem cada vez mais desemprego e um PIB inflacionado pelo déficit. O velho paradigma ainda persistiu ao longo dos anos 80, enquanto o presidente Reagan assegurava à nação que tudo corria bem. Essa "política de negação" persistiu, levando inevitavelmente o presidente Bush ao conflito no Oriente Médio em 1991.

O embuste do pleno emprego

Começou-se a perceber que a promessa mais básica do industrialismo — o pleno emprego — era um embuste cruel. Em 1978, a Organização para Cooperação Econômica e Desenvolvimento (OCED) alertou que, devido ao uso intensivo de capital, à automação e à revolução no microprocessamento, os anos 80 seriam uma "era de crescimento econômico sem empregos". Em 1983, havia cerca de 35 milhões de desempregados nos 24 países-membros da OCED. O desemprego subiu de 3% nos anos 70 para 7,5% no final dos anos 80. Hoje, há 100 milhões de pessoas abaixo da linha de pobreza nesses países da OCED. Mas os grupos minoritários e as mulheres começaram a apontar um embuste ainda mais fundamental na promessa de "pleno emprego" — ele se baseava na exclusão de muitos grupos da força de trabalho, desde os adolescentes negros até as mulheres. Na verdade, a definição industrialista de "pleno emprego" pressupunha um "chefe da família" (geralmente do sexo masculino) e implicava excluir da força de trabalho metade da população: as mulheres — que manteriam acesas as chamas do lar e dariam força ao estilo de vida da classe média. Hoje, não só mais da metade da força de trabalho é constituída de mulheres (tanto mulheres solteiras ou descasadas que ganham a própria vida, quanto esposas que suplementam o salário insuficiente ou o seguro-desemprego do marido) como também somente 12% das famílias norte-americanas se incluem na norma estatística da unidade familiar encabeçada por um provedor do sexo masculino. Na verdade, o mito do provedor masculino está sendo derrubado no mundo todo.

Novos hábitos de consumo

Além disso, como resultado das mudanças no papel da mulher norte-americana, que não tem mais tempo para servir de "consumidora heróica", as economias do mundo não podem mais ver os Estados Unidos como a "locomotiva" consumidora para a recuperação mundial, apesar da breve orgia de consumo, regada a déficit, do movimento *yuppie* nos anos 80. Como afirmou Franz Schurmann, historiador da Universidade da Califórnia, em Berkeley, mais de 60% das mulheres norte-americanas que hoje se incluem na força de trabalho mudaram drasticamente seus hábitos de consumo, passando a preferir produtos básicos, menos bens e mais serviços, ou seja, educação, creches, energia e abrigo.[6] Já podemos ver como essas mudanças afetaram os padrões básicos de produção e consumo. As creches são um dos ramos que mais cresceram, à medida que a criação dos filhos foi sendo monitorizada e terceirizada. A cozinha entrou na economia monetária com o chamado *fast food* (alimentos de preparo rápido), enquanto todas as outras tarefas que consomem tempo, desde fazer as compras no supermercado até limpar a casa, cozinhar, cuidar das crianças, fazer reparos no lar ou esperar pelo técnico que vem consertar um eletrodoméstico, são compartilhadas pelos homens. Por exemplo, uma pesquisa na Madison Avenue chegou à conclusão de que os publicitários deverão agora vender sabão em pó e detergentes com verdadeiro respeito, pois já quase 50% de seus usuários são homens. A alardeada criação de empregos dos anos 80 envolveu a substituição dos serviços não-remunerados de cozinhar e cuidar das crianças e do lar por serviços pagos — juntamente com a divisão em "meio expediente" de milhões de empregos. (Por exemplo, o que costumava ser contado como *um* emprego de quarenta horas por semana é hoje contado como *dois* empregos de vinte horas por semana.)

Os deslocamentos no consumo de energia que estão criando e sendo criados por essas grandes mudanças de comportamento e de valores agora transformam as culturas industriais. Pesquisas de mercado confirmam essas tendências rumo ao faça-você-mesmo, ao consumo centrado no lar, à divisão de tarefas e à "mobilidade para baixo" no mercado imobiliário, uma vez que as rendas continuam achatadas desde meados dos anos 70. Outros estudos de Yankelovich, do Instituto de Pesquisa Stanford, de Harris & Roper e dos Relatórios de Tendências de John Naisbitt sublinham essas substituições de valores: afastando-se do materialismo tradicional da classe média e rumando para a auto-suficiência e a ajuda mútua nos cuidados de saúde, serviços de permuta, compartilhamento e, exceto pelo governo (que aumentou seu uso de energia desde a "revolução" dos *supply-siders* de Ronald Reagan), um compromisso total com a conservação de energia como um modo de vida. A pesquisa Harris da *Business Week* (4 de abril de 1982) descobriu que mais de 35% dos consumidores disseram que usariam *menos* energia mesmo se o preço caísse 10% ou 20%, enquanto 25% dos consumidores disseram que, nesse caso, *não aumentariam* o consumo. O maior novo mercado de energia agora pronto para ser explorado é o dos sistemas de economia de energia, com vendas de US$ 1,2 bilhões por ano só na construção de sistemas de controle. A Guerra do Golfo chamou novamente a atenção para a sede de energia dos norte-americanos (que se reacendeu no final dos anos 80 quando o presidente Reagan renovou sua fé em que as forças do mercado poderiam, por si mesmas, cuidar do setor energético). Uma pesquisa feita em 1990 pela *Americans Talk Issues Foundation* descobriu que os norte-americanos conheciam bem as causas da Guerra do Golfo. Uma grande maioria pensava que aquela guerra teria sido desnecessária: se os Estados Unidos tivessem apoiado mais a pesquisa e o desenvolvimento de outras fontes de energia além do petróleo (85%); se houvesse mais conservação de energia (75%); se tivéssemos continuado a aperfeiçoar a autonomia (km/litro) dos carros norte-americanos (75%); se tivéssemos lançado um imposto de 5% a.a. sobre a gasolina por dez anos (55%); e se tivéssemos fortalecido as Nações Unidas (78%).

Enquanto isso, o aumento dos custos sociais da dependência em relação às fontes tradicionais de energia é claro: desde a imprevisibilidade quase total do fornecimento e dos preços do petróleo até os problemas de limpar as emissões sulfurosas do carvão e a chuva ácida, enquanto os níveis de CO_2 (dióxido de carbono) na atmosfera e o aquecimento global (efeito estufa) aumentam a ponto de se tornarem problemas internacionais. Nos Estados Unidos, o gás natural será provavelmente um combustível básico à geração de energia elétrica durante a fase de transição, já que ele reduz em 50% as emissões de CO_2 em relação ao carvão e ao petróleo e está prontamente disponível. Um aumento de 15-20% no uso do gás natural está previsto para os próximos vinte anos, e ele também pode ser usado na forma líquida como combustível para automóveis. Enquanto o governo Bush alega que lidar com o aquecimento global levaria os Estados Unidos à falência, opiniões baseadas no paradigma da eficiência do uso final o vêem como uma oportunidade de lucro. O estudo de 1991 do Rocky Mountain Institute, de Amory Lovin's, intitulado "Estabilização Climática ao Menor Custo", demonstrou que, caso se aproveitassem as sinergias entre os setores de agricultura, energia e florestamento e entre os países industrializados, em desenvolvimento e do Leste Europeu — sinergias baseadas nas tecnologias de economia de energia mais avançadas —, os lucros superariam os custos. Tais conclusões radicalmente diferentes indicam paradigmas diferentes. Por exemplo, o Rocky Mountain Institute calcula que, se os norte-americanos tivessem uma eficiência energética comparável à dos europeus ocidentais ou japoneses, economizaríamos US$ 200 bilhões por ano — o suficiente para zerar o déficit federal ou restituir US$ 800 a cada homem, mulher e criança do país.[7]

Não causa surpresa que todos os movimentos sociais em prol da transição para sociedades da Era Solar estejam agora forjando vínculos que ultrapassam as fronteiras nacionais, já que as condições que discutem são as mesmas quer na França e no Canadá socialistas, quer na Inglaterra e nos Estados Unidos onde reina o "mercado livre", quer nos países híbridos: Suécia, Noruega, Dinamarca, Holanda, Japão. Nesses períodos de mudança maciça, os políticos e instituições reagem de uma entre duas maneiras: ou enrijecem e redobram seus esforços para aplicar os remédios que já não funcionam, ou reconceitualizam a situação como um todo (v. Nota 2). A "política do último hurra" é em toda parte sintomática dos períodos políticos divisores de águas, em que os eleitores rejeitam tanto a Esquerda quanto a Direita e começam a se realinhar.

A natureza da transição

A transição do industrialismo é multidimensional, não-linear e praticamente imodelável devido às interconexões nacionais e globais. Já que os padrões de energia e recursos formam os próprios alicerces das sociedades industrializadas, seus efeitos multiplicadores não podem ser mapeados em simples termos econômicos, mas precisam de novos modelos interdisciplinares. Somente os modelos de mudança da biologia e da teoria do caos (em vez dos modelos mecanicistas) podem captar essas mudanças interativas em aceleração. Quando esses processos de mudança multidimensionais se dão em sistemas vivos, são chamados morfogênese. Os processos de morfogênese mais conhecidos são as mudanças da lagarta para a crisálida e desta para a borboleta. Os sistemas morfogenéticos estão constantemente desenvolvendo uma nova e inesperada estrutura, porque são governados por laços de *feedback* positivo, os quais forçam simultaneamente muitas partes do sistema para além de seus limiares. (Ver Figura 1-2: Dois Sistemas Cibernéticos.)

Quando os políticos começarem a ver a natureza de suas transições industriais, eles verão por que a "política do último hurra" e seus remédios econômicos simples não conseguem funcionar. Verão os círculos viciosos criados por tais remédios: nos Estados Unidos, por exemplo, cada 1% adicional de desemprego *aumenta* o déficit em cerca de US$ 25 bilhões, e cada ponto percentual adicional de taxa de juros reais *acrescenta* outros US$ 10 bilhões ao déficit, ao passo que a redução dos impostos federais só aumenta os impostos estaduais, locais e sobre a propriedade. As políticas de subsídios às antigas fontes de energia e recursos só levarão à alta da inflação, ao aumento do desemprego e à elevação dos déficits e taxas de juros reais, conduzindo a uma aceleração da concorrência pelos recursos naturais em todo o mundo, à corrida armamentista e às guerras. Embora estejamos ouvindo nos Estados Unidos alguma discussão política sobre "transições" que ocorrem na nossa economia, a natureza dessas transições não é descrita de modo realista. Alguns pedem a "reindustrialização" (claramente uma tentativa de ir de volta para o futuro). Nos anos 80, os democratas tiveram um breve namoro com um ingênuo "cenário de transição *high-tech*" — fatalmente chamando a si mesmos "democratas Atari", só para descobrir que a Atari Corporation, uma empresa do "Vale do Silício", que era um protótipo da futura geração de empregos, estava se mudando para Taiwan. Hoje os sindicatos falam de uma política industrial para atrair investimentos para as "indústrias solares" — mas eles não estão falando da transição para a Era Solar. Pelo contrário, visualizam uma versão não-específica, *high-tech*, do industrialismo, esperando que a automação e a robótica possam ser domadas para conservar as pessoas na linha de produção, se não como empregadas, ao menos compartilhando os frutos do aumento da produtividade *per capita* por meio dos Planos de Participação Acionária dos Empregados (*Employee Stock Ownership Plans* — ESOPs).

Enquanto isso, o Japão continuava a tomar uma rápida dianteira na energia solar. A Kansai Electric Power e a Sharp estão testando uma nova unidade de aquecedor/condicionador de ar solar que pode ser combinada com a eletricidade convencional — captando, por meio de um dispositivo solar instalado no teto, uma carga elétrica suficiente para resfriar uma casa de dois andares no verão ou aquecê-la no inverno (*Business Week*, 15 de julho de 1991, página 131). Na Califórnia, a Comissão de Serviços Públicos exige, em 1991, que as instalações sejam responsáveis pelos custos da poluição. Isso tornou a energia eólica mais competitiva, já que os custos de poluição do carvão são de pelo menos US$ 0,023 por kw/hora (*Business Week*, 15 de julho de 1991). Nenhum partido nos Estados Unidos está concebendo uma transição mais realista a uma Era Solar sustentável, feita de descentralização econômica além de política, de um caminho de desenvolvimento empresarial centrado no ser humano e com uso intensivo das aptidões, onde se investe no desenvolvimento humano, na conservação de recursos e em pesquisas sobre energia renovável. Ironicamente, um relatório de maio de 1991 do Escritório de Avaliação Tecnológica (*Office of Technology Assessment* — OTA) censurou o governo federal, maior usuário de energia, por seus desperdícios.

Mas não é de surpreender que os cérebros de dinossauro sejam os últimos a perceber que as condições mudaram e uma revolução popular já ocorreu, uma vez que metade do eleitorado dos Estados Unidos se recusa a comparecer às urnas, cansada de eleições corruptas, mestres da invencionice e campanhas corrosivas. Quer seja na Wall Street de Nova York, nas sedes das redes de notícia ou em Washington, com sua política do século 18, quer no Kremlin, em Londres, Bruxelas, Paris e Bonn, quer nos gabinetes presidenciais de conglomerados empresariais cada vez mais gigantescos, os líderes buscarão manipular as novas complexidades com ilusões estatísticas, muitas vezes desatentos aos desastrosos impactos locais de suas políticas baseadas na economia.

O que vemos aparecer hoje em todas as sociedades industriais são mudanças básicas de valores e comportamentos, percepções inéditas e um paradigma emergente que aceita corajosamente uma nova percepção das realidades planetárias e é confirmado por uma cosmovisão científica "pós-cartesiana" baseada nas ciências biológicas e sistêmicas em vez de modelos inorgânicos e mecanicistas. Eis os seus princípios: Interconexão, Redistribuição, Heterarquia, Complementaridade, Incerteza e Mudança. (Ver Figura 2-8: Uma Cosmovisão Científica Pós-Cartesiana, e Figura 2-12: Implicações Sociais dos Princípios Pós-Cartesianos.)

Os novos programas interligados dos movimentos de cidadãos

Essas novas cosmovisões já estão gerando melhores instrumentos e modelos políticos: avaliações tecnológicas, estudos de impacto na sociedade e no emprego, relatórios de impacto ambiental, pesquisas do futuro, estudos de impacto cruzado, construção de cenários possíveis, modelagem global e previsões não mais baseadas na extrapolação das tendências passadas. No nível das bases populares, nas universidades e em todas as nossas instituições, começou a política de reconceitualização (v. Nota 7). Nós a vemos nos programas recém-interligados dos movimentos de cidadãos, que convergem para a ECO-92, a cúpula da Terra no Rio de Janeiro, e na afirmação gradual dos direitos humanos e da cidadania planetária. Todos esses movimentos pressupõem uma nova ordem mundial baseada no uso de energia e recursos renováveis, formas sustentáveis de produtividade e consumo *per capita*, ciência e tecnologias com base ecológica e justa distribuição dos recursos dentro de cada país e entre os países, como o único caminho para manter a paz e dar novo destino aos bilhões gastos na corrida armamentista global.

O público vem demonstrando que está à frente dos políticos. Uma pesquisa de 1991, da ATIF, descobriu que 86% dos norte-americanos apóiam um imposto internacional sobre a venda de armas e 93% são a favor de os Estados Unidos tomarem a liderança para resolver os problemas ambientais globais. Os cidadãos que se sentem privados de seus direitos por grupos especiais de interesses estão fazendo "política por outros meios" em nível local: política solar e de recursos renováveis, comercialização direta do produto para o consumidor, cooperativas, políticas de agricultura orgânica, cuidado holístico da saúde, participação acionária dos empregados e novas formas de gerenciamento, política ambiental e assim por diante. Essas pessoas já podem formar uma coalizão vitoriosa juntamente com os movimentos pelos direitos humanos, os grupos formados para exigir responsabilidade das empresas, os pacifistas, trabalhistas e feministas.

Uma das mais criativas e responsáveis iniciativas populares para lidar com a crescente crise de onde armazenar os detritos das usinas nucleares norte-americanas é o Projeto de Tutela Nuclear (*Nuclear Guardianship Project*), que criaria empresas públicas supervisionadas por comissões de cidadãos para proporcionar um vigilante controle desses detritos radiativos e plena transparência pública.[8] Uma pesquisa da *Americans Talk Issues*, de junho de 1991, descobriu que 59% dos norte-americanos eram a favor de um imposto de 5% sobre o petróleo importado. A nova economia está nascendo: uma economia da Era Solar[9] que pode ajudar a assegurar o caminho rumo a uma nova ordem mundial mais eqüitativa, pacífica e ecologicamente sensata para nossos filhos.[10]

Em julho de 1991, convocados pelo físico Niels Meyer, cerca de cem dos principais especialistas em energia solar e renovável de todo o mundo reuniram-se na Universidade Técnica da Dinamarca e prepararam um relatório de trezentas páginas sobre a viabilidade de se alcançar a transição para uma Era Solar, intitulado "Colaboração Global para o Desenvolvimento da Energia Sustentável". Esse documento pedia mudanças radicais nas políticas energéticas, uma nova agência da ONU para promover as transições, imediata taxação do CO_2 nos países industriais e maior paridade entre Norte e Sul. Grupos de cidadãos por todos os Estados Unidos e no mundo todo estão promovendo o Dia do Sol, buscando apoio popular para a transição para a Era Solar.[11]

Notas — Introdução

1. *The Economist*, "Oil's New World Order", 13 de julho de 1991.

2. Hazel Henderson, *Creating Alternative Futures: The End of Economics,* Putnam & Sons, NY, 1978.

3. Daniel Deudney e Christopher Flavin, *Renewable Energy, The Power to Choose*, Worldwatch Institute, Washington, DC, 1983.

4. *Basic Call to Consciousness*, Akwesasne Notes, Nação Mohawk, via Rooseveldtown, NY, 1978.

5. Garry Paul Nabhan, *The Desert Smells Like Rain,* North Point Press, São Francisco, 1982.

6. Franz Schurmann, "No Longer Spending Machines: The Habits of American Women have Remade the Global Economy", maio de 1983.

7. Essas pesquisas, ações populares e batalhas jurídicas estão discutidas em detalhe no Boletim do Rocky Mountain Institute, 1739 Snowmass Creek Road, Snowmass, CO 81654-9199.

8. O Projeto de Tutela Nuclear foi co-fundado pela ecologista Joanna Macy, em 1989, em Berkeley, Califórnia.

9. Ver por exemplo: *Consumer Guide to Solar Energy* (1991) e *Solar Today*, a revista da American Solar Energy Society, de Boulder, Colorado.

10. As pesquisas de opinião da *Americans Talk Issues Foundation* (ATIF) podem ser obtidas no seguinte endereço: 907 Sixth Street SW, Suite 602C, Washington, DC 20024.

11. Para maiores informações, entre em contato com Public Citizen, Attn: SUN DAY, 215 Pennsylvania Ave SE, Washington, DC 20003.

As Três Zonas de Transição

FIGURA 1-1

Capítulo 1

Para cavalgar o tigre da mudança

Não é novidade para ninguém que as sociedades industrializadas estão passando por grandes mudanças estruturais e se realinhando num processo de globalização econômica e tecnológica. Hoje, esse processo de planetização está se acelerando visivelmente, e é possível distinguir três zonas dessa transição sem precedentes para ajudar os tomadores de decisões a movimentar-se em terreno desconhecido: 1) a Zona de Ruptura, 2) a Zona de Fibrilação, e 3) a Zona de Evolução.

Já que todos nós vivemos em uma ou mais dessas zonas e poucos métodos de previsão são amplos o suficiente para capturar essa dinâmica geral, precisamos deixar de elaborar modelos do *conteúdo* (ou seja, a quantificação diária dos eventos e dados) para começar a modelar o *contexto* mais amplo no qual se desenrolam esses eventos e os *processos* globais envolvidos. Essa heróica tarefa de modelagem faz de todos nós simples amadores; no entanto, ela é fundamental para a criação das novas ferramentas conceituais necessárias para que possamos aprender a interpretar esses eventos e cavalgar o tigre da mudança.

Dentro desse contexto geral de globalização acelerada, evidente nas áreas de serviços bancários e finanças, de telecomunicações via satélite, de informatização, de transporte aéreo, de militarização e no avanço rápido da inovação tecnológica, podemos também esperar uma crescente turbulência e novas instabilidades. Além disso, é de se esperar que boa parte das mudanças que vemos sejam *irreversíveis*, embora notando que a maioria das ferramentas conceituais usadas para mapeá-las — tais como as abordagens econômicas e científicas convencionais — ainda se baseiam nas idéias newtonianas de mecânica e modelos reversíveis de locomoção num universo concebido como um relógio. Portanto, podemos também esperar um acelerado choque do futuro (para usar a expressão de Alvin Toffler), mesmo em áreas antes estáveis das nossas vidas e instituições pessoais e políticas. Tudo isso ocorrerá no contexto de mudanças mais repentinas e amplas das condições ambientais, à medida que novos limiares vão sendo transpostos; como, por exemplo, no fato de o aumento de dióxido de carbono na atmosfera estar hoje produzindo uma variação climática maior. Outro efeito a ser observado será a *ambivalência* desses eventos, com mais confusão e interpretações conflitantes por parte de cientistas, dos governos e da mídia, ou seja, a síndrome do "isso é uma boa ou uma má notícia?" Nosso mapa das três zonas pode

Diagramas Simples de Dois Grandes Tipos de Sistemas Cibernéticos

Sistema estável, em equilíbrio
(morfoestático)
(estruturalmente estável)

p. ex.: sistema mecânico controlado por termostato; economias agrárias primitivas ou de produção em pequena escala (tal como são concebidas nas teorias de equilíbrio do mercado pela oferta/demanda); componentes e decisões reversíveis.

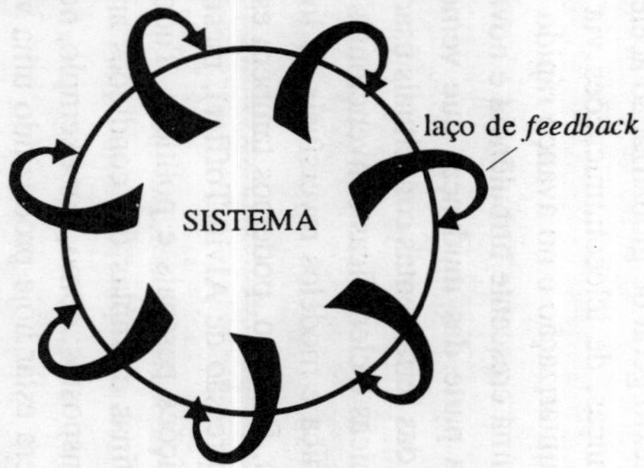

Sistema internamente dinâmico, mas a estrutura estável é mantida governada por laços de *feedback negativos*.

Sistema instável, em desequilíbrio
(morfogenético)
(nova estrutura em evolução)

p. ex.: sistemas vivos biológicos, sociedades humanas; sistemas econômicos sociotecnológicos de grande escala; rápida inovação e evolução estrutural; muitos componentes e decisões irreversíveis.

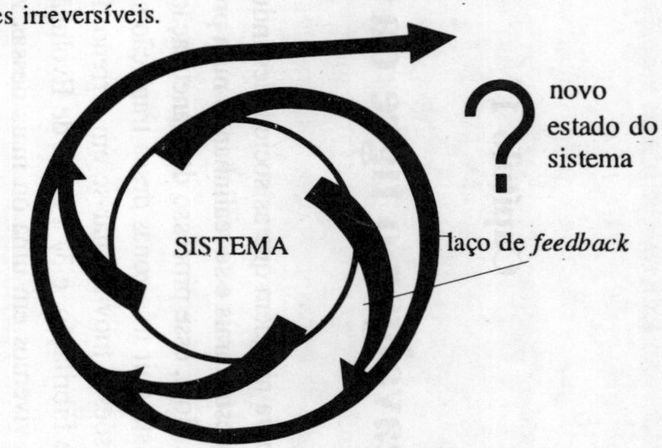

Sistema internamente dinâmico e estruturalmente dinâmico, governado por laços de *feedback positivos*, que podem amplificar pequenos desvios iniciais em grandes desvios imprevisíveis, os quais às vezes cruzam limiares e conduzem o sistema para um novo estado estrutural.

FIGURA 1-2

ser útil, servindo como um quadro para selecionar as coisas por nós mesmos e apontar com precisão o lugar onde nos encontramos. Já que essas três zonas coexistem simultaneamente, podemos também lembrar que mapas verbais, como este livro, são menos eficazes que mapas pictóricos (ver Figura 1-1) e que, mesmo então, os mapas unidimensionais na página impressa são menos representativos que um globo tridimensional — o palco real onde as três transições estão ocorrendo.

Os paradoxos do paradigma da Zona 1

Muitos países ainda presos ao paradigma industrial procuram lidar com suas patologias tentando "reintegrar" grupos e áreas marginalizados da sociedade — que o são precisamente porque as forças e fundamentos lógicos subjacentes à industrialização, ao longo dos últimos duzentos anos, produzem continuamente efeitos centralizadores. Essas forças centralizadoras, e agora globalizadoras, continuam a produzir a própria marginalização que agora buscam remediar. Ao mesmo tempo, as forças globalizantes da tecnologia e da produção; da militarização; do comércio, finanças e informação; do trabalho, emprego e migração; os efeitos humanos sobre a biosfera; o consumo e a cultura de massa; bem como as interações entre todos esses fatores, estão hoje orientando os realinhamentos geopolíticos e a reestruturação interna da maioria dos países e de suas instituições internas. Essa reestruturação global alcançou um novo patamar no final dos anos 80 e vai se acelerar nos anos 90, devido às crescentes interconexões e interatividade.

À medida que os Estados Unidos e a URSS lentamente perceberam que a Guerra Fria começara a dizimar suas economias e que o único vencedor havia sido o *Japão*, começou-se a repensar *qual* seria a "nova ordem mundial" a surgir. Assim, as forças centralizadoras do industrialismo em nível global estão criando forças descentralizadoras nos níveis nacional e local — derrubando antigos centros de poder e oferecendo novas oportunidades para que povos e regiões antes marginalizados desempenhem um novo papel num novo jogo mundial, com novas regras e, inevitavelmente, novos "placares" para avaliar "progresso" e "sucesso" numa era de interdependência global. Esse novo contexto global produzirá cada vez mais mudanças no paradigma da pesquisa política e dos instrumentos de avaliação, levando na verdade a uma revolução epistemológica que reestruturará as instituições e currículos acadêmicos. A noção unidisciplinar e fragmentada de conhecimento terá de ser reintegrada, já que a maioria dos problemas de hoje residem nas interfaces entre as disciplinas e exigem abordagens sistêmicas e multidisciplinares. Do mesmo modo, a cosmovisão herdada de René Descartes e Isaac Newton — de que o todo pode ser compreendido através da análise de suas partes num universo essencialmente "mecânico como um relógio", com sua ênfase na precisão e exatidão, na certeza e no equilíbrio — não está sendo capaz de compreender a mudança dinâmica e os sistemas biológicos. A maior parte da pesquisa política e dos instrumentos de avaliação está presa nessa "dobra do tempo", mapeando sistemas extintos com ferramentas inadequadas, em particular as do gerenciamento macroeconômico ainda baseado em premissas de equilíbrio.

As Diferenças entre as Percepções, Premissas e Estilos de Previsão de Economistas e Futuristas

ECONOMISTAS		FUTURISTAS
Prevêem a partir de dados passados, extrapolando as tendências	⇨	Constroem cenários "E se...?"; tendências não são fatalidades
Também usam previsões otimistas e pessimistas	⇨	Identificam "Futuros Preferíveis" — traçam tendências para impactos cruzados
Vêem a mudança como desequilíbrio (isto é, pressupõem o equilíbrio) — se tudo o mais permanecer como está, as condições "normais" retornarão	⇨	Pressupõem a mudança como fator fundamental (isto é, pressupõem a transformação) — não existem condições "normais" em sistemas complexos
Reativos (pressupõe-se o controle de uma mão invisível)	⇨	Ativos (dão ênfase às escolhas e responsabilidades humanas)
Raciocínio linear; modelos reversíveis	⇨	Raciocínio não-linear; modelos irreversíveis, evolutivos
Modelos de sistemas inorgânicos	⇨	Modelos de sistemas vivos, orgânicos
Enfocam as ciências e dados "*hard*" (exatas)	⇨	Enfocam as ciências biológicas, sociais, "*soft*" (não-exatas), dados imprecisos, indeterminação
Determinísticos, reducionistas, analíticos	⇨	Holísticos, síntese, buscam sinergia
Pensam no curto prazo (p. ex., taxas de desconto na análise de custo/benefício)	⇨	Pensam no longo prazo; custos, benefícios e trocas entre as gerações
Vêem os dados sobre os setores não-econômicos e não-monetarizados como "coisas externas" (p. ex., setores comunitários, voluntários, produção não-remunerada, recursos ambientais)	⇨	Incluem dados sobre o social, produtividade de voluntária não-remunerada, valores, estilos de vida e condições ambientais em mutação; mapas, contextos, variáveis externas (usam modelos pós-econômicos: avaliação de tecnologia, estudos de impacto ambiental e social)
Seus métodos tendem a ampliar as tendências existentes (p. ex., a psicologia de Wall Street)	⇨	Métodos "dialéticos" (p. ex., buscam anomalias, verificam propensões nas percepções e normas culturais)
"Instinto gregário" em investimentos, tecnologias, desenvolvimento econômico	⇨	Identificam potencialidades latentes
Empreendedores quando o "mercado" é identificado	⇨	Socialmente empreendedores (Schwartz) (p. ex., imaginam necessidades futuras, criam mercados)
Previsões precisas e quantitativas (p. ex., PIB do próximo trimestre, âmbito anual)	⇨	Ênfase no qualitativo (p. ex., estudos para o ano 2000, democracia antecipatória), dados de múltiplas fontes, traçam variáveis interagentes, tendências no contexto global de longo prazo

FIGURA 1-3

Ironicamente, os perigosos acontecimentos no Oriente Médio estão oferecendo novas oportunidades para um rápido aprendizado social, à medida que os políticos percebem que um mundo mais interdependente só pode ser administrado com mais cooperação (apesar da aparente "vitória" das teorias econômicas de mercado enraizadas na concorrência). O que é preciso é um novo equilíbrio entre as estratégias de competição e as de cooperação (ambas igualmente presentes em todos os sistemas naturais, apesar de Charles Darwin ter dado ênfase à primeira). Os acontecimentos recentes estão exigindo respostas pragmáticas com as quais se possam aprender lições mais profundas. Atualmente, por exemplo, admite-se cada vez mais a existência da chaga global da má distribuição de riquezas entre os muito ricos e os que nada têm; a marginalização das culturas tradicionais, tais como a do islamismo, e suas fortes reações contra o "imperialismo cultural" e a tecnologia do Ocidente; a bizantina política global de recursos naturais, o petróleo por exemplo, e a vulnerabilidade das economias industrializadas regadas a combustível fóssil e desperdício, vulnerabilidade esta que o Iraque foi capaz de explorar. Muitas dessas mesmas questões foram levantadas na Rodada Uruguaia do GATT (Acordo Geral de Tarifas e Comércio) e em outras instâncias internacionais o mesmo se pode dizer dos problemas mais recentes de como reduzir as ameaças ambientais à biosfera, que foram discutidos na ECO-92, no Brasil. Nenhuma dessas questões pode ser resolvida unilateralmente, e os líderes nacionais estão começando a compreender a perda de soberania e a erosão do poder dos Estados Nacionais; cada vez mais eles se vêem impossibilitados de cumprir suas promessas eleitorais de proporcionar pleno emprego, manter baixas a inflação e as taxas de juros, lidar com os déficits ou administrar a economia interna no atual cassino financeiro global.

Esta nova Era de Interdependência Global levou a uma maior confiança na Organização das Nações Unidas (ONU) e nas suas agências — a única entidade supranacional que existe. Isso criou muitas novas oportunidades, mesmo para os marginalizados. Por exemplo, ao longo dos últimos quarenta anos, a ONU devotou grande parte de seus esforços às preocupações e atividades humanitárias em prol dos povos pobres e marginalizados do mundo. Por fim, é possível fazer com que planejadores políticos de alto nível dirijam o olhar para as causas básicas da pobreza mundial, que são inerentes às ideologias e epistemologias subjacentes à Revolução Industrial — tanto as de esquerda como as de direita, com a cosmovisão predominante do "economismo", palavra cunhada pelo ex-presidente da Venezuela Carlos Andrés Pérez, co-diretor da Comissão do Sul, cujo relatório final intitulou-se *Um Desafio para o Sul* (1990).[1] Essa voz, a melhor e mais recente a discutir os problemas dos países marginalizados do Hemisfério Sul, vai bem além das prescrições do relatório de 1987 da Comissão Brundtland, *Our Common Future*.[2]

Começa a se impor a idéia de que o espectro esquerda/direita das ideologias econômicas subjacentes às abordagens macroadministrativas do capitalismo, do socialismo, do comunismo e também de todas as economias "mistas", era, quando visto em retrospectiva, bastante superficial. Tanto Karl Marx quanto Adam Smith teriam concordado com as metas do industrialismo: "modernização", eficiência e determinismo tecnológico, materialismo, secularização, produção industrial em perpétua ex-

A Tradicional Torta Econômica do PIB

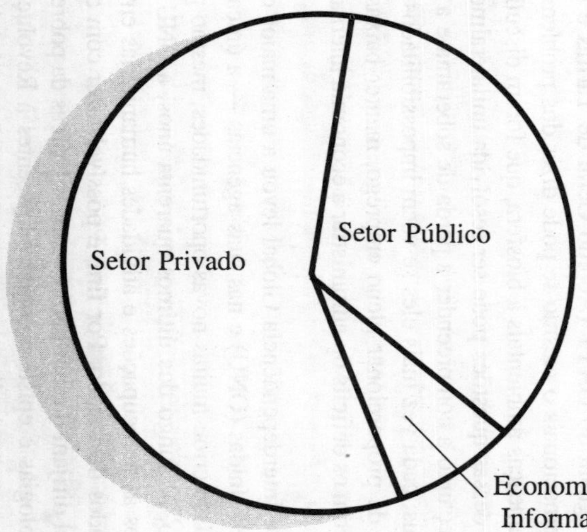

FIGURA 1-4

pansão e racionalização de métodos de produção em todo o Planeta.[3] O debate superficial sobre como fazer isso tornou-se bastante amargo e cristalizado no retraimento da Guerra Fria. Esses debates continuam apesar da descrença cada vez maior, no Sul, na idéia de que as economias possam alcançar o ponto mágico de "decolagem" imortalizado por Walt W. Rostow em *Stages of Economic Growth* (1960). Até bem recentemente, poucos tomadores de decisão se preocupavam com questões *fundamentais*, tais como: o processo econômico de buscar o crescimento industrial (medido pelos aumentos no PIB e PNB *per capita*, nos níveis de poupança e investimento, de inflação e taxas de juros, etc.) não estaria levando a uma marginalização *sistemática* dos mais fracos? Por quanto tempo a Natureza continuaria tolerando o aumento da população humana e a intensificação das atividades industriais? A maioria deles dava ênfase à otimização da distribuição da renda e da produção industrial, ao mesmo tempo que proporcionava pleno emprego nos setores econômicos formais e contabilizados no PIB.

As ferramentas de avaliação (quer do passado, quer do presente) baseadas em modelos macroeconômicos e usadas para medir o "sucesso" industrial estão hoje obsoletas, a julgar pelos pontos de vista da justiça global, do desenvolvimento humano, da conservação ambiental e da administração de recursos. Assim, essas ferramentas de avaliação continuam a operar a marginalização de grupos que não se amoldam aos valores industriais, e de regiões que não conseguem competir com os regimes sociotecnológicos típicos da industrialização. Quer tais grupos aspirem aos propagandeados bens da produção de massa; quer rejeitem esses bens e as ideologias de modernização por motivos religiosos ou culturais; quer sejam simplesmente dominados por eles, isso parece fazer pouca diferença. O resultado quase sempre é a marginalização.

Tomemos o caso da meta sacrossanta do "pleno emprego" que, mencionada na Introdução, revelou-se agora como um dos maiores embustes do industrialismo.[4] O que economistas e planejadores realmente queriam dizer com essa expressão era o pleno emprego dos "chefes da família" (isto é, apenas metade da população adulta e em geral homens). As tradicionais sociedades de subsistência deveriam, nessa cosmovisão, ser "modernizadas" e trazidas para o sistema de produção industrial (em geral mais urbanizado, para beneficiar-se das "eficiências de escala", estreitamente calculadas, que ignoravam os custos sociais e ambientais). Do mesmo modo, assumia-se que mulheres e crianças não eram "economicamente ativas" apesar das muitas horas em que trabalhavam nas colheitas, carregando água, cuidando de rebanhos, pajeando os irmãozinhos, os idosos ou enfermos, etc. As mulheres que trabalhavam para educar os filhos, transmitir a cultura, prestar serviços voluntários, só eram levadas em conta pelas estatísticas do "pleno emprego" se recebessem dinheiro por esse trabalho.[5] Tudo isso representava um subsídio colossal aos setores medidos pelo PIB.

Esse subsídio oculto foi corroído quando as mulheres ingressaram na força de trabalho remunerada devido às mobilizações do tempo de guerra e ao apelo do dinheiro vivo. As tensões que isso impôs aos setores contabilizados no PIB tornaram-se claras depois da Segunda Guerra Mundial, e a "resposta" estatística ao fluxo de novos ingressantes na força de trabalho foi redefinir o "pleno emprego" — da definição de 2% de desempregados nos anos 50 e 60 aos 7% de hoje. Desse modo, a estatística e a metodologia das contas nacionais eram claramente *derivadas* das premissas culturais de ideários industriais macroeconômicos, embora também desempenhassem um papel poderoso para fortalecer o *status quo* e as premissas predominantes. Poucos ousavam questionar se uma economia industrializada poderia realmente empregar e pagar *todos* os seus membros adultos capacitados, ou se isso iria "quebrar a banca" ou inflacionar a moeda, despovoar as áreas rurais, corroer a vida familiar e comunitária e deixar crianças, idosos e doentes sem cuidados. No final dos anos 70, enquanto o êxodo rural continuava e a força de trabalho inchava com o ingresso de mais mulheres e membros de minorias, as estatísticas já não conseguiam redefinir a situação e a OCED começou a se referir aos anos 80 como uma "década de crescimento econômico sem emprego".

Tais exemplos profetizaram os sinais hoje difundidos do colapso do paradigma do industrialismo/economismo, evidente nas diferenças cada vez maiores entre os mais ricos e os mais pobres e na destruição ecológica, desmatamento e desertificação que crescem a olhos vistos. Exemplos mais recentes incluem a crise da administração macroeconômica nos Estados Unidos, onde as ideologias competitivas e individualistas do *laissez-faire* estão impedindo o Congresso de solucionar os déficits orçamentários, e as ideologias de desregulamentação que levam à derrocada no setor de poupança e empréstimos, aos superendividamentos e às orgias especulativas em Wall Street e nos setores bancários e de seguros. Os modelos orientados para o crescimento do PIB ainda confundem a política em muitos países do Terceiro Mundo bem como em países industrializados como a Nova Zelândia, por exemplo, onde os dois maiores partidos, de esquerda e de direita, são incapazes de oferecer aos eleitores qualquer alternativa à "Rogernomics" (a versão local da Reaganomics e da Thatchernomics), que se resume a inchar de qualquer maneira o PIB e levar avante a desregulamentação e a privatização para dar aos números uma cara "mais bonitinha". Os modelos alternativos de desenvolvimento econômico, fundados no consumo local e na autonomia local, que dependem menos de investimentos vindos de mercados de capital distantes e mais das associações locais de crédito, das microempresas e dos setores informais, não-remunerados e de permutas, não são considerados "sérios". Conseqüentemente, de 35 a 40% do eleitorado estava "indeciso" ou pensava em não comparecer às urnas.[6]

Portanto, não se pode esperar que a invenção de melhores estatísticas ou abordagens de avaliação tenha por si só o poder de vencer ou se contrapor a essas poderosas tendências ou às estratégias e paradigmas que as alimentam. Contudo, muito dos absurdos desses velhos modelos de crescimento industrial/econômico tornaram-se agora perfeitamente visíveis; na verdade, muitos estão alcançando proporções críticas, em especial nos países do Hemisfério Sul, assim como os problemas urgentes dos guetos urbanos e da decadência rural em muitos países industrializados. Hoje, enquanto os políticos redobram seus esforços para aplicar remédios fiscais e monetários em doses cada vez maiores, mesmo os jornais econômicos estão noticiando as anomalias. A *Business Week* dos Estados Unidos declarou em editorial: "Está claro que os principais problemas econômicos não se prestam a soluções macroeconômicas."[7] De fato, com o início da Quarta Década de Desenvolvimento da ONU nos anos 90, tornou-se claro para um número cada vez maior de países do Hemisfério Sul que todo modelo de crescimento econômico medido pelo PIB não apenas saíra pela tangente, levando

O Sistema Produtivo Total de uma Sociedade Industrializada (Bolo de Três Camadas com Cobertura)

METADE DO BOLO MONETARIZADA NO PIB
As duas camadas superiores, monetarizadas e oficialmente mensuradas no PIB, geram todas as estatísticas econômicas (15% de economia ilegal e "informal" e sonegação de impostos)

METADE DO BOLO PRODUTIVA E NÃO-MONETARIZADA
As duas camadas inferiores, a "contra-economia" altruísta e compartilhadora, não-monetarizada, subsidiam os dois setores superiores monetarizados do PIB com trabalho não-remunerado e custos ambientais absorvidos ou não-contabilizados, passando os riscos às gerações futuras

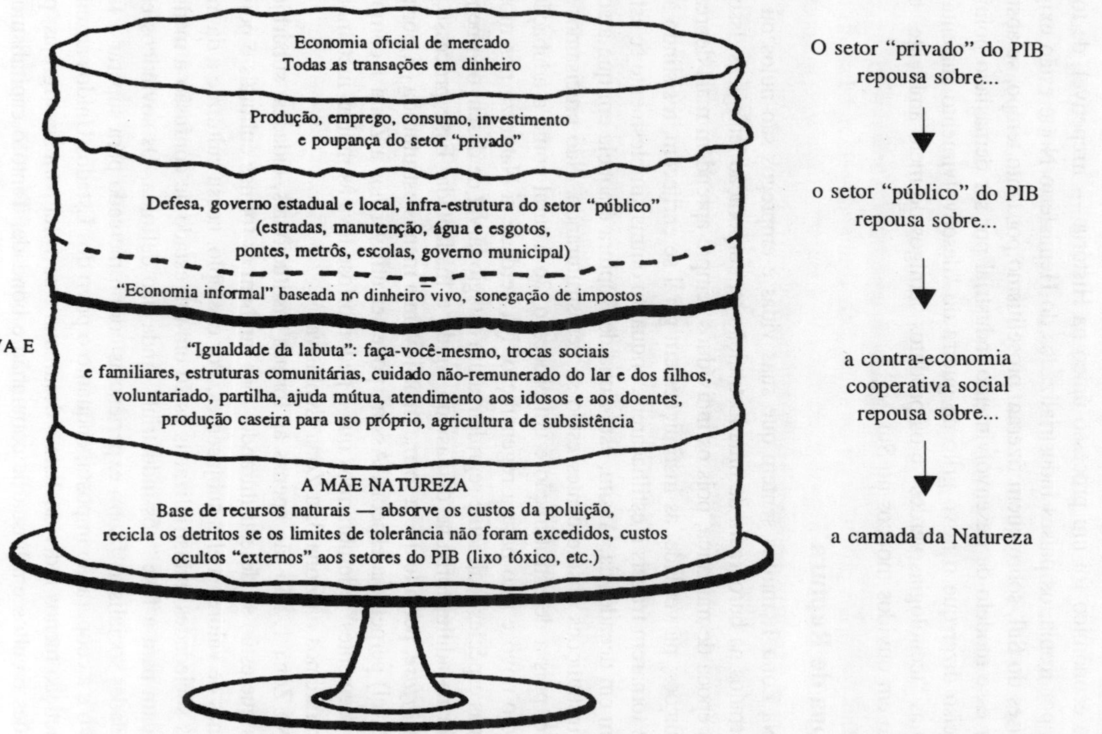

FIGURA 1-5

a um aumento da dívida externa, da fome e da devastação ecológica, como também engatara marcha à ré.

Hoje, muitos estão convencidos de que esse modelo tradicional de desenvolvimento econômico foi um processo único na História — irrepetível, de todo modo. Hoje, por ironia, os países industrializados do Hemisfério Norte estão exigindo que os países do Sul, sobre quem fizeram proselitismo por tanto tempo, se abstenham de imitar esse modelo de desenvolvimento industrial por ser demasiado poluidor. Nem é preciso dizer que o novo grito de guerra do "desenvolvimento sustentável", bem como as "tecnologias verdes" e os produtos "amigos do meio ambiente" continuam caindo em ouvidos moucos no Sul.

A Zona de Ruptura

Na Zona 1, muitos sentem que suas vidas e empregos são nulos ou que estão emperrados na burocracia de uma instituição ou corporação letárgicas. Isso é natural numa época de mudança, pois os indivíduos sempre aprendem mais depressa que as instituições; na verdade, as instituições em geral se enrijecem, resistindo à mudança até se tornarem frágeis e estilhaçarem, enquanto outras simplesmente se estagnam ou entram em decadência. Assim, esta Zona de Ruptura é aquela em que a sociedade e suas instituições obsolescentes estão se desestruturando. Não precisamos entrar em pânico, pois a desestruturação é um processo tão natural como a adubação, criando um solo novo e rico para a regeneração. Na verdade, a Natureza nos mostra como algumas espécies realmente regridem a um estágio larval de desenvolvimento quando sua forma adulta torna-se demasiado rígida e inadaptada. Esse processo, chamado *pedomorfose*, permite que a forma mais jovem e menos estruturada (e, portanto, mais adaptável) perpetue a espécie. Assim, pode ser útil vermos a Zona 1 como contendo essas "sementes" e lembrarmos que a pedomorfose leva às muitas metamorfoses que encontraremos na Zona 3, a Zona Evolutiva.

Na Zona 1, não são apenas as formas institucionais, cidades, subúrbios e áreas rurais que estão se desestruturando, mas também as formas culturais e políticas e os sistemas de valores a elas subjacentes. Por exemplo, nossa cultura e a da maioria das outras sociedades industrializadas estão em um estado de confusão à medida que se deslocam para a fase "pós-industrial" ainda não definida. Os soviéticos e as outras sociedades socialistas fazem experiências com o mercado para superar a falta de incentivo e a cooperação imposta, enquanto o povo dos Estados Unidos anseia por uma competição menos individualista e desumana e se volta para suas igrejas, para novas religiões e cultos em busca de comunhão e bondade. Tanto o capitalismo quanto o comunismo mostram que são apenas ideologias superficiais preocupadas unicamente com os métodos de produção e distribuição, e não profundas filosofias de vida. Do mesmo modo, a imposição de um ou outro desses obsoletos estilos europeus de industrialização ao resto do mundo está fracassando, da Ásia à África, da América do Sul à Central. A China, apesar do retrocesso da Praça da Paz Celestial, ainda parece estar encontrando um "terceiro caminho" à medida que suas cidades e províncias litorâneas se abrem à economia mundial. O industrialismo, imposto como modelo único de desenvolvimento, é hoje inadequado para a rica variedade das diversas sociedades do mundo, cada qual com sua expressão singular a oferecer para o cadinho global.

Por isso, a Zona 1 é também uma zona de guerra, com culturas, ideologias e religiões conflitantes se entrechocando na nova aldeia global — vindo acrescentar-se à antiga competição entre as nações por territórios e recursos. O mais recente e mais trágico exemplo dessa luta armada dos anos 90 é, claro, o conflito ainda inconcluso no Oriente Médio. Mesmo que o conflito nuclear acidental seja evitado, podemos esperar a proliferação de guerras substitutas, como as da América Central, da África e de outros países do Terceiro Mundo. Essa violência aberta ou encoberta, junto com as constantes desigualdades e injustiças, continuará a alimentar revoltas, insurreições e terrorismo, enquanto as estratégias de guerrilha e as cartas-bomba continuarão a ser a resposta natural ao poderio militar e aos programas nucleares tipo Guerra nas Estrelas.

A Zona 1 é também a "zona dos acidentes" e a zona das crises em "câmara lenta", como a da poluição. Os acidentes, desde Chernobyl, Three Mile Island, Times Beach, Love Canal e Bopal até a explosão da Challenger, são efeitos a serem esperados à medida que o ser humano tenta gerenciar e coordenar organizações cada vez mais gigantescas e complexas e tecnologias sempre mais poderosas. As crises em câmara lenta a serem observadas incluem o ritmo crescente de extinção das espécies, a perda cada vez maior de florestas devido à chuva ácida e a ampliação dos desertos no Sahel e perto dos vales superirrigados da Califórnia.

A melhor definição da arena política da Zona 1 é "a política do último hurra", isto é, uma inadaptação à mudança na qual governos de todos os matizes se enrijecem e tentam defender suas fronteiras contra as ondas de globalização que hoje invadem sua bem-amada "soberania" nacional. Isso é mais evidente na esfera econômica, onde algo em torno de US$ 500 bilhões (ninguém sabe ao certo) de dinheiro avulso dá a volta ao Planeta a cada 24 horas e onde fundos transferidos eletronicamente são investidos pela nova geração de gerentes de ativos que passa as 24 horas do dia jogando novos jogos, como os de negócios programados, no moderno "cassino global" tão bem descrito nas páginas da *Business Week*. A informação tornou-se dinheiro e o dinheiro tornou-se informação. À medida que se acelera a "pista de alta velocidade" global, o dinheiro perde seu significado e deixa de funcionar como um meio viável de acompanhamento ou controle do jogo.

Foi sob essa luz que Peter Drucker demonstrou em *Foreign Affairs* (edição da primavera de 1986) que a economia mercantil se "separara" da economia industrial, que a economia industrial se separara da economia de emprego e que o comércio mundial se separara dos fluxos financeiros mundiais. Em seu artigo, muito bom sob outros aspectos, Drucker não vai suficientemente longe ao singularizar essas áreas. Mantendo-se dentro do paradigma tradicional da análise econômica e monetária, Drucker passa por alto os setores chamados não-monetários da produtividade total e deixa de ver a medida na qual esse novo e engraçado jogo global do dinheiro (ou "sistema de símbolos", como Drucker o chama) tem hoje pouco a ver com as realidades de qualquer setor da produção, consumo, investimento ou comércio mundial, ou de qualquer região geográfica ou ecossistema reais do Planeta. Com efeito, os anos 90 verão o fim do atual monopólio monetário global, à medida que as pessoas que estão à margem do sistema monetário aprenderem uma infinidade de novos modos de comercializar e "trocar" suas mercadorias em nível local, regional e global, através das redes de computadores.

Enquanto isso, os políticos lutam com o desemprego, o comércio interno, o retreinamento e as políticas industriais (um conceito irremediavelmente obsoleto), todos os quais lidam com a geografia real e com pessoas reais, implementando políticas que levam *anos* de preparação e elaboração. No entanto, todos esses planos de política interna, por mais bem-elaborados e executados que sejam, são desestabilizados *diariamente* quando os mercados de câmbio abrem em Londres, Nova York e Tóquio a cada manhã. Tratados e teorias econômicas dirigidos à concorrência e às políticas comerciais *internacionais*, ou ao desemprego, inflação, déficits ou taxas de juros em nível nacional, são varridos por essa maré montante de fluxos financeiros, bem como a dívida externa do Terceiro Mundo, o sobe-e-desce do câmbio, os preços do petróleo — indicadores da necessidade de cooperação econômica global e de um novo Bretton Woods para escrever as regras de um jogo em que todos ganham, operando o novo "bem comum" econômico global, ou seja, um "campo comum" global de todos os jogadores.

Alguns governos respondem às condições da Zona 1 reconceitualizando esse novo bem comum global, enquanto outros se enrijecem, tentam fazer voltar o relógio, lançam-se em aventuras militares que têm por objetivo desviar a atenção, camuflam os números ou mesmo praticam a desinformação, confundindo seus próprios cidadãos ao embaralhar os assuntos. Os comportamentos políticos menos adaptativos são, evidentemente, o totalitarismo e o anarquismo. Portanto, se você perceber que está passando a maior parte do tempo na Zona 1, reconheça que é hora de avaliar suas opções, reciclar suas aptidões e sondar oportunidades a fim de se preparar para um salto bem-informado para a Zona 3, a Zona Evolutiva. No entanto, para realizar isso você precisa explorar e lidar com a Zona 2.

A Zona de Fibrilação

A Zona 2 é caracterizada pelo termo "fibrilação", como quando o músculo do coração humano vacila temporariamente sob a tensão, levando ou a um ataque cardíaco e possível morte, ou à mudança para outro ritmo regular. Assim, na Zona 2, que está se expandindo rapidamente à medida que a globalização se acelera, a atmosfera é de "elevar as apostas" e de um aumento todo-abrangente do risco e da incerteza. A Zona 2 é uma zona de "massa crítica" de *bifurcação* (termo usado por matemáticos, teóricos do caos e pelas ciências físicas e biológicas), termo que se refere aos vários modos pelos quais um sistema pode mudar, ou está em vias de mudar, quanto à sua natureza ou estado. Entre esses modelos dinâmicos e orgânicos de sistemas em mutação[8] incluem-se os modos da "catástrofe" do matemático francês René Thom, que descreveu sete modos diferentes de transformação por bifurcação; os modelos da "ordem através da flutuação" do belga Ilya Prigogine, prêmio Nobel de química; e os modelos de "mudança através da atração" do matemático norte-americano Ralph Abraham, cujas simulações em computador dos processos de mudança sistêmica apresentam três "atratores" orgânicos (atratores locais, atratores periódicos e atratores caóticos) que, à semelhança de um ímã, "puxam" o sistema para novos estados. Eles parecem bastante imprevisíveis, porque as mudanças minúsculas que causam podem dar origem a resultados muito diferentes ou amplos. O melhor resumo desses avanços nas modelagens matemáticas é o *best-seller* de James Gleick, *Chaos* (1987). A partir desses modelos, é possível ver como os processos desestruturantes da Zona 1 fazem surgir incertezas e um número máximo de oportunidades para fazer mudanças de marcha, reconceitualizar, redesenhar e reestruturar, ou seja, para cavalgar o tigre da mudança na terceira zona, a Zona Evolutiva.

A Zona 2 também é caracterizada por processos de "flip-flop" [uma súbita mudança de direção ou ponto de vista] quando sistemas inteiros entram nessa zona de transformação por bifurcação, ficando suspensos no "vértice" dessas mudanças de estado. Por exemplo, uma corporação em estado de rápido crescimento subitamente é confrontada com uma escolha-chave, a qual, quando feita, ou irá levá-la à falência ou à conquista de novos mercados sob uma forma reestruturada. As estratégias de alto risco costumam ser as mais eficazes, ao passo que não fazer nada pode ser a "ação" mais perigosa. Na Zona 2, mais pessoas, instituições e nações precisam fazer escolhas por estarem se aproximando de seus limiares e fazendo pressão contra suas margens e condições limitativas. Por exemplo, hoje as fronteiras e sistemas de crenças nacionalistas dos Estados Nacionais se tornaram obsoletos. Renunciar à parte da "soberania nacional" (por exemplo, à economia interna) é arriscado, mas menos arriscado do que fazer tudo sozinho. Assim, na Zona 2, as escolhas e ações são necessárias — mas, a menos que a situação também seja reconceitualizada e remapeada, a ação pode ser antiadaptativa e projetar o sistema ou a pessoa de volta à Zona 1. Portanto, a Zona 2 exige um reexame muito claro e rigoroso das premissas, prioridades, metas e dos próprios valores a elas subjacentes, uma vez que os valores são a força motriz de todos os sistemas técnicos, econômicos e políticos. Esse reexame é, em si, uma tarefa de alto risco porque as velhas verdades e instituições precisam ser desafiadas, o que inicialmente contribui para o processo de desestruturação da Zona 1. Contudo, o preço de *não* desafiar as velhas formas é a perda da liderança, aqueles "atratores" (em termos políticos, aqueles com visões mais atraentes do futuro) que "puxam" o sistema para seu novo estado.

Outro aspecto-chave da Zona 2 é que podemos esperar mais e melhores boas notícias, e mais e piores más notícias. Esse efeito é evidente nos preços flutuantes do petróleo, e é simplesmente mais um indicador de que os sistemas estão atingindo os limites e limiares das condições de máxima tensão. Ele ajuda a explicar por que as mudanças quantitativas costumam ser ineficazes. Somente as políticas que se dirijam às causas *básicas* dos problemas podem ter esperança de sucesso, ao passo que as políticas dirigidas apenas a melhorar ou a suprimir sintomas podem piorar a situação. Por exemplo, tentar lidar com a economia interna instável usando os remédios estreitos e superficiais das tradicionais políticas macroeconômicas da "terra plana" — inflacionar ou deflacionar, regulamentar ou desregulamentar, privatizar ou estatizar, aumentar ou diminuir as taxas de juros, como se a sociedade fosse um sistema hidráulico — pode deixar o paciente ainda pior, talvez irreversivelmente pior. Como dissemos, já que a globalização mudou o jogo, só os acordos globais podem funcionar, bem como a reavaliação fundamental de todos os setores econômicos, a reanálise dos dados e o desenvolvimento de novos indicadores de desempenho, além do modelo simplista do Produto Interno Bruto. Os políticos devem agora dedicar pelo menos 50% de seu tempo às questões de interdependência global a fim de "nivelar o campo de jogo global", como se discutirá mais adiante neste livro.

Assim, as boas e más notícias que proliferam na Zona 2 tornam-se também cada vez mais ambivalentes, e se afasta cada vez mais da realidade aquele que compreende quaisquer notícias segundo o prisma categórico do "ou isto ou aquilo". Os analistas de mídia não podem mais apenas relatar os acontecimentos, já que a *interpretação é tudo*; examinar as motivações e pressupostos dos atores e da platéia é a chave para se decifrar o enredo. Por exemplo, muitos futurólogos frisaram as chamadas boas notícias da Era da Informação, e havia uma abundância delas: a tendência a uma maior participação, cidadãos mais informados, descentralização, bem como o *high touch* que John Naisbitt, autor de *Megatrends*, vê como equilibrando o lado menos agradável da revolução *high-tech* e a "escassez" de mão-de-obra hoje generalizada. (Ou seja, mais analfabetos não-qualificados estão fora do mercado de trabalho e se integram à "subclasse" permanente. Em 1991, o índice de desemprego para homens negros de 20 a 24 anos ainda era de 25%.) Entretanto, as plenas dimensões da Era da Informação levam a mais ambivalência: a informatização mais eficiente do setor militar pode acionar um conflito nuclear acidental; a rápida desagregação do mundo devido à automação; os efeitos da revolução dos computadores sobre a saúde e a privacidade; e uma crescente fartura de dados "crus" não avalizados nem digeridos. Como sempre, os limites da Era da Informação dependem da atenção e do tempo que os tomadores de decisão são capazes de dedicar aos dados que recebem, afetando sua capacidade de *utilizar* as volumosas torrentes diárias de informações.

Assim, se alguém está vivendo na Zona 2, a melhor coisa a fazer é cavar mais fundo em busca das respostas, virar do avesso as questões ou acontecimentos (quer sejam relatados como "boas" ou "más" notícias) para ver todas as suas facetas, pesquisar a mais ampla gama possível de interpretações fornecidas pelos políticos, líderes empresariais, sindicalistas, acadêmicos ou futurólogos. A Zona 2 é a região da escolha entre *adaptação* e *adaptabilidade*. Se nós ou nossas instituições nos tornamos demasiadamente bem-adaptados a condições que hoje desaparecem, temos uma capacidade menor de adaptabilidade para enfrentar as novas condições — a síndrome do "nada fracassa tanto quanto o sucesso". Os antropólogos chamam a isso A Lei da Liderança em Declínio. Vemos essa lei em ação na medida em que os países menos industrializados, como a China, a Índia e o Sri Lanka, talvez sejam capazes de tomar uma rápida dianteira, adotando o melhor de todos os experimentos anteriores da Europa, da América do Norte e do Japão, e dar o salto para uma Terceira Via, ingressando na Zona 3.

A Zona Evolutiva

Esta zona de avanços ficou quase invisível durante as décadas de 1960 e 1970 porque não poderia surgir à tona até que tivesse ocorrido uma desestruturação suficiente. À medida que a Zona Evolutiva se ampliou e levou à expansão da Zona de Fibrilação, os avanços cresceram e se tornaram mais visíveis: novos pactos entre os países, como daqueles às margens do Mediterrâneo para limpar sua poluição comum; os tratados para impedir a militarização do espaço exterior e para proteger o Pólo Sul da exploração; bem como as muitas conferências promovidas pela ONU sobre a Lei do Mar e assuntos globais que cruzam as fronteiras nacionais: alimento, população, saúde, educação, hábitat, fontes renováveis de energia e ciência e tecnologia para o desenvolvimento. Esses bravos primeiros passos para criar novas tecnologias de gerenciamento social global acoplaram-se à nova capacidade humana de desvendar o código básico da vida, a molécula de DNA, e a avanços tais como a erradicação da varíola. Uma crescente consciência das capacidades humanas e de nossas responsabilidades quanto ao uso mais apropriado das ciências e tecnologias para aumentar a duração da vida humana e suas potencialidades, bem como dar fim à fome e às doenças, levaram a novos diálogos entre as nações ricas e pobres dos Hemisférios Norte e Sul sobre uma economia global mais justa.

Novas sensibilidades surgiram, permitindo apreciar a diversidade e riqueza das culturas étnicas; e, por fim, uma visão concreta da identidade planetária lampejou do espaço para toda uma geração da família humana.

A Zona 3 é aquela em que os velhos "problemas" e "crises" se revelam como novas oportunidades, e onde ficam evidentes as boas notícias contidas nas más notícias. Mesmo a bomba nuclear foi capaz de manter a paz durante 40 anos, e assim a nova rodada de proliferação atômica forçou milhões de cidadãos a exigir tratados de redução de armamentos e uma nova destinação para os recursos investidos na militarização perigosamente crescente, de modo a finalmente lidar-se com a pobreza, a doença, a fome e a guerra — os quatro cavaleiros do *verdadeiro* apocalipse. Ao longo dos anos 70 e 80, cresceram em todos os países movimentos populares pela paz, direitos humanos, sensatez ecológica, responsabilidade governamental e empresarial. Investimentos socialmente responsáveis e fundos mútuos bem-sucedidos, como o Calvert Social Investment Fund de Washington, DC, proliferaram com esses movimentos. Regimes tirânicos caíram no Irã, no Haiti e nas Filipinas, enquanto outros começaram a vacilar, inclusive o da África do Sul, desestabilizado pela coragem de seus cidadãos negros e pelo desinvestimento incitado por pressão popular de outros países. No Haiti, a luta pela democracia e as crises de liderança podem ser vistas como uma clássica manifestação de fibrilação, a luta para chegar a um acordo com a Zona 2 e ultrapassá-la. Ao mesmo tempo, a crescente oposição ao industrialismo ocidental nas culturas islâmicas alimentou conflitos no Oriente Médio e em toda a URSS. Do mesmo modo, tornou-se patente a obsoleta organização do industrialismo à velha moda, baseado numa compreensão inadequada das necessidades e potenciais humanos e com a sua limitada percepção do papel crucial da Natureza na produção; hoje, isso está levando à formação de organizações mais humanas e participativas, de cooperativas, de empresas possuídas e dirigidas pelos empregados e de muitas microempresas e empreendimentos de pequena monta, bem como de métodos de produção, incluindo sistemas de reciclagem e recuperação, que trabalham junto com a Natureza e dentro dos limites de tolerância ecológica. À medida que mais operários e gerentes perdiam seus em-

Estrutura Ampla de uma Política Humana

FIGURA 1-6

pregos devido aos "cortes de pessoal", iam inchando as fileiras dos que trabalham por conta própria: 8,7 milhões de pessoas em 1991, ou 7,7% da força de trabalho.[9]

Hoje, já estamos ultrapassando a Era da Informação, baseada nas tecnologias eletrônicas, e entrando na Era da Luz com suas tecnologias de ondas luminosas: saímos do *laser*, das fibras ópticas, dos *scanners* ópticos e da computação, e entramos nos processos fotovoltaicos e muitos outros processos térmicos e químicos de conservação de energia, baseados numa compreensão mais profunda da Natureza e pautados nos processos desta — dos coletores solares baseados nos cloroplastos existentes em todas as folhas verdes às biotecnologias baseadas no código genético, ainda em sua infância moral à medida que exploramos esses novos poderes faustianos. Como nos lembra Robert Muller, então assistente do secretário-geral da ONU, em seu livro *New Genesis* (1984), somos uma espécie muito jovem em termos do desenvolvimento do nosso Planeta e, na nossa breve história, aprendemos muita coisa; se nos recusarmos a desesperar ou a entrar em pânico, poderemos ainda aprender as lições da globalização que agora estão diante de nós. Nosso Planeta é um ambiente de aprendizagem perfeitamente projetado e programado, tal como as famosas caixas do psicólogo B. F. Skinner, que nos oferece todas as lições e os *feedbacks* positivos e negativos necessários para conduzir-nos ao longo do caminho.

Vemos a aprendizagem que hoje ocorre em função das "crises" da nossa agricultura dispendiosa, mecanizada, química e dependente de energia, e da produção em massa de monoculturas que estão saturando os mercados mundiais. O futuro está nas formas de agricultura de menor custo e de menor uso de insumos, nas fazendas de pequena escala, nas novas culturas que vão da jojoba e do guaiúle até frutas e legumes étnicos, alimentos orgânicos e especialidades, piscicultura intensiva e variedades geneticamente desenvolvidas que toleram solos pobres, salinidade excessiva e escassez de água.

Também neste ponto vemos que o estoque planetário de diversidade genética é um "bem comum", assim como o são os oceanos e o ar que respiramos. Portanto, precisamos também concluir pactos globais com a maior rapidez possível a fim de instituir as regras de um jogo em que todos ganhem, gerenciando esses preciosos recursos de modo cooperativo, para o benefício de toda a família humana, em vez de fazê-lo segundo o molde obsoleto, autodestrutivo e competitivo das atuais corporações e do setor de biotecnologia, cuja base de pesquisa tem sido financiada por recursos públicos e impostos. Essas tecnologias são demasiado preciosas e potencialmente perigosas para serem deixadas à mercê de umas poucas empresas inescrupulosas ou negligentes, as quais podem pôr em risco e eliminar as opções das gerações futuras. Do mesmo modo, as premissas doutrinárias do *laissez-faire* impediram o desenvolvimento mais amplo do setor de computadores, onde as regras competitivas de soma zero ("eu ganho — você perde") criam uma torre de babel de incompatibilidades, impedindo um maior uso dos computadores em redes globais, às quais eles são naturalmente adequados, baseadas no modelo de acesso aleatório dos sistemas telefônicos. Em 1991, nos Estados Unidos, Albert Gore, então senador pelo Tennessee, ainda lutava para aprovar leis criando vias e infra-estrutura de comunicações para preparar uma sociedade do século 21.

A ameaça de caos econômico global está forçando governos e consultores econômicos a abandonar as velhas ideologias e a voltar-se para o novo programa de moedas e fluxos financeiros estabilizados, e a buscar *nichos* mais realistas de verdadeira vantagem e simbiose comparativas. Vemos que a concorrência frontal para produzir uma gama estreita de bens em mercados já saturados é hoje um exercício destrutivo em que o vencedor é aquele que reduziu os salários ao máximo e levou ao limite a destruição ecológica, acelerando as atividades econômicas do mercado em direção a um sumidouro moral global de soma zero.

Assim, a Zona 3 envolve não só avanços, reestruturação, novas formas e adaptações, como também uma ampla "política de reconceitualização" de todas as premissas e condições básicas subjacentes aos problemas e crises da Zona 2. O conhecimento é reestruturado; das velhas disciplinas isoladas, como a economia, chega-se a novas ferramentas políticas transdisciplinares; da macroeconomia por exemplo, avança-se para os estudos de políticas "pós-econômicas" que incluem avaliação de tecnologias, estudos de impacto ambiental, estudos do futuro, elaboração de cenários, análise de impacto cruzado, avaliação de riscos, estudos de impacto social e pesquisa de sistemas — tudo visto no quadro global, e não nacional.

À medida que esses mapas aclaram o novo terreno, novos critérios de sucesso e novos indicadores e medições de desempenho e desenvolvimento vão surgindo; por exemplo, o PIB está vagarosamente cedendo lugar em muitas instâncias governamentais e livros acadêmicos a indicadores mais amplos, como o índice do Bem-Estar Nacional Líquido (*NNW — Net National Welfare*) do Japão, o Índice de Qualidade Física de Vida (*PQLI — Physical Quality of Life Index*) do Conselho de Desenvolvimento Internacional, o indicador de Necessidades Humanas Básicas (*BHN — Basic Human Needs*), desenvolvido pelo Programa Ambiental das Nações Unidas, bem como indicadores mais recentes discutidos no Capítulo 7. Usando esses indicadores, emerge um quadro bem diferente, e países como o Sri Lanka e a China se destacam por alcançarem progresso na saúde, educação, moradia e meio ambiente, bem como uma melhoria dos padrões de vida (em lugar da renda *per capita*, que em geral mascara sérias desigualdades na distribuição da renda). À medida que esses novos indicadores vão se firmando, torna-se claro que países como a China estão alcançando sucesso em parte devido à redefinição de prioridades; por exemplo, os gastos militares da China foram reduzidos nos últimos 20 anos. Do mesmo modo, o sucesso do Japão é devido em parte à prioridade de atender os mercados civis, em vez de se unir à custosa e mortífera competição da corrida armamentista.

Na Zona 3, vemos também que o velho debate do "ou isto ou aquilo" cede lugar a uma visão da complementaridade entre o "yin" e o "yang". O debate agora vai além de uma suposta opção exclusiva entre competição *ou* cooperação; compreende-se que ambos esses princípios de igual importância operam simultaneamente em todos os níveis de todas as sociedades humanas e na Natureza.

A Zona 3 está repleta de novos conceitos: idéias tais como as imagens onipresentes do experimento de paradigmas e de uma identidade cultural planetária; os conceitos de formas de produção sustentáveis, de recursos renováveis, de tecnologias apropriadas e da nova economia (ou "eco-economia", como querem alguns) que respeita as capacidades dos vários ecossistemas, sem mencionar as novas e animadoras visões da natureza humana e seus potenciais, que crescem a partir das pesquisas sobre o cérebro e a mente, resumidas por Jean Houston em *The Possible Human*. A Zona 3 está repleta de modelos e de exemplos de estratégias em que todos saem ganhando. Contudo, aos olhos dos cientistas newtonianos formados em disciplinas isoladas ou modelos mecânicos, esses modelos e exemplos parecem "insignificantes" em vez de tomarem a feição de "atratores" de novos modelos sistêmicos e orgânicos tais como os já mencionados. Do mesmo modo, a maioria das "câmeras" estatísticas ainda enfocam os fenômenos evanescentes de um mundo passado, mais descontínuo, estático e ordenado. Por exemplo, a política social nos Estados Unidos ainda se baseia largamente em dados falhos e obsoletos; as estatísticas econômicas ignoram os fluxos de serviços no comércio mundial, hoje imensos, enquanto os modelos econômicos não conseguem abarcar a mais recente e a mais difundida de todas as mercadorias: a informação. Como a informação não se esgota, ela se harmoniza com os jogos em que todos ganham, e não, de modo algum, com a competição de soma zero.

Hoje, é bom para a nossa saúde mental lembrar que a atmosfera sobrecarregada em que vivemos à medida que avançamos para os modos flip-flop da Zona 2 ainda é o foco da maior parte dos meios acadêmicos, estatísticos e de comunicação de massa. Assim, os avanços são continuamente esquecidos ou desaparecem sob a avalanche diária de relatos de choques, ameaças, confrontos e violência gratuita da Zona 1, enquanto as oportunidades e opções da Zona 2 são sub-relatadas ou mal-interpretadas. Por exemplo, dá-se ampla cobertura à "crise" dos seguros, em parte causada por imóveis imprestáveis, portfólios de ações sem nenhum valor, seguradoras *yuppies*, advogados *yuppies* e o sistema jurídico; ora, essa "crise" é uma oportunidade de ouro para se examinar os limites de tecnologias inerentemente arriscadas para tratar de tarefas que podem ser desempenhadas de outros modos menos arriscados, bem como as premissas "mecanicistas" newtonianas subjacentes à maioria dos atuais modelos de avaliação de riscos e probabilidades, e *também* aos valores sociais implícitos no atual sistema de seguros.

A silenciosa construção e reestruturação que estão ocorrendo na Zona 3 são "boas notícias em câmera lenta" e não podem ser sintetizadas em 30 segundos de imagens nos intervalos comerciais dos nossos programas; no entanto, elas são imensamente mais importantes para o nosso futuro do que a maioria do "fotojornalismo de ocasião" dos dias de hoje. Ouvimos, por exemplo, notícias sobre todas as corporações gigantescas que vão à falência ou fecham algumas fábricas, enquanto a maioria das 700.000 novas microempresas criadas a cada ano passam despercebidas porque o Departamento Censitário não conta as empresas com menos de 20 empregados. À medida que a mudança se acelerar, "notícias" e "fatos" estarão cada vez mais defasados em relação ao cenário em mutação.

Aqui, mais uma vez, descobrimos que muitas crises e problemas são oportunidades; por exemplo, descobrimos que o "problema" da população mundial pode na verdade ser estabilizado se salvarmos vidas. Para evitar que a diarréia causasse milhões de mortes desnecessárias de bebês em muitos países, a Organização Mundial de Saúde (OMS) usou um remédio simples, rápido e barato: administrar uma solução de água, glucose e sal. Ao fazê-lo, essa terapia de reidratação oral (TRO) também reduziu as taxas de nascimento, ao invés de aumentá-las conforme esperavam os estudos de orientação newtoniana. A verdadeira boa notícia é que muitas soluções estão se revelando simples e baratas, em vez de exigirem novas tecnologias pesadas e dispendiosas. Quando as crises e problemas são fundamentalmente reexaminados, em geral as soluções surgem nesse processo de repensamento, como no "pensamento lateral" e nos exercícios de criatividade usados por muitos teóricos do desenvolvimento e transformação organizacionais. Por exemplo, sistemas médicos imponentes, dispendiosos e de alta tecnologia para "curar" as doenças estão cedendo espaço para remédios menos caros: um estilo de vida mais saudável, alimentação em menor quantidade e de melhor qualidade, mais atividade física, educação e prevenção, bem como uma nova compreensão dos efeitos benéficos da redução da tensão e de uma visão mais positiva da vida.

À medida que os meios de comunicação de massa começarem a compreender seu papel enquanto sistema nervoso do corpo político da família humana, eles também poderão encontrar, apresentar e interpretar os eventos e oportunidades das Zonas 2 e 3, reduzindo assim os níveis gerais de tensão e as reações de pânico e, ao mesmo tempo, ampliando nosso conhecimento de todas as escolhas saudáveis que estão abertas para nós. Claramente, a espécie humana está em uma nova encruzilhada evolutiva e passa pelo drama atemporal de todas as espécies: o jogo entre adaptação e adaptabilidade, entre inadaptação, pedomorfose, aprendizado, transformação e metamorfose. Ao lidar com as apostas mais altas da Zona de Fibrilação, com suas escolhas inevitáveis, cada um de nós pode e deve fazer sua parte para integrar os milhões de pequenos passos necessários e tomar as muitas sábias decisões, a maioria das quais conhecemos intuitivamente e que, juntas, irão amplificar os "atratores" que nos levam a uma maior expansão do território da Zona Evolutiva. A visão da globalização bem-sucedida irá governar a política em que todos ganham e que pretende construir um Planeta eqüitativo, culturalmente diversificado, ecologicamente harmonioso e, portanto, pacífico. Nesse contexto abrangente, todos os nossos interesses individuais se tornam idênticos aos interesses da grande família humana, agora verdadeiramente interdependente.

Notas — Capítulo 1

Partes deste capítulo foram extraídas de um artigo, de mesmo nome, publicado originalmente no *Inquiry Magazine*.

1. *Challenge to the South*, Oxford University Press, Nova York e Londres, 1990.

2. *Our Common Future*, World Commission on Environment and Development, Oxford University Press, Nova York e Londres, 1987.

3. Hazel Henderson, *The Politics of the Solar Age: Alternatives to Economics*, edição atual pela Knowledge Systems, Inc., Indianápolis, 1988.

4. *Ibid.*, pp. 245-282.

5. Marilyn Waring, *If Women Counted*, Harper & Row, São Francisco, 1988.

6. Pesquisa feita em julho de 1990, durante viagem da autora para palestra na Nova Zelândia.

7. *Business Week*, 25 de setembro de 1989, p. 166.

8. Hazel Henderson, "From Economism to Systems Theory", *Technological Forecasting & Social Change*, maio de 1990, Elsevier, Nova York.

9. *Business Week*, 22 de julho de 1991, p. 14.

Leituras também recomendadas:

Frank Feather, *G-Forces: Reinventing the World,* Summerhill Press, Toronto, 1989.

Lester Milbrath, *Envisioning a Sustainable Society: Learning Our Way Out*, State University of New York Press, Buffalo, NY, 1989.

Satélites, Propulsores e Fragmentos

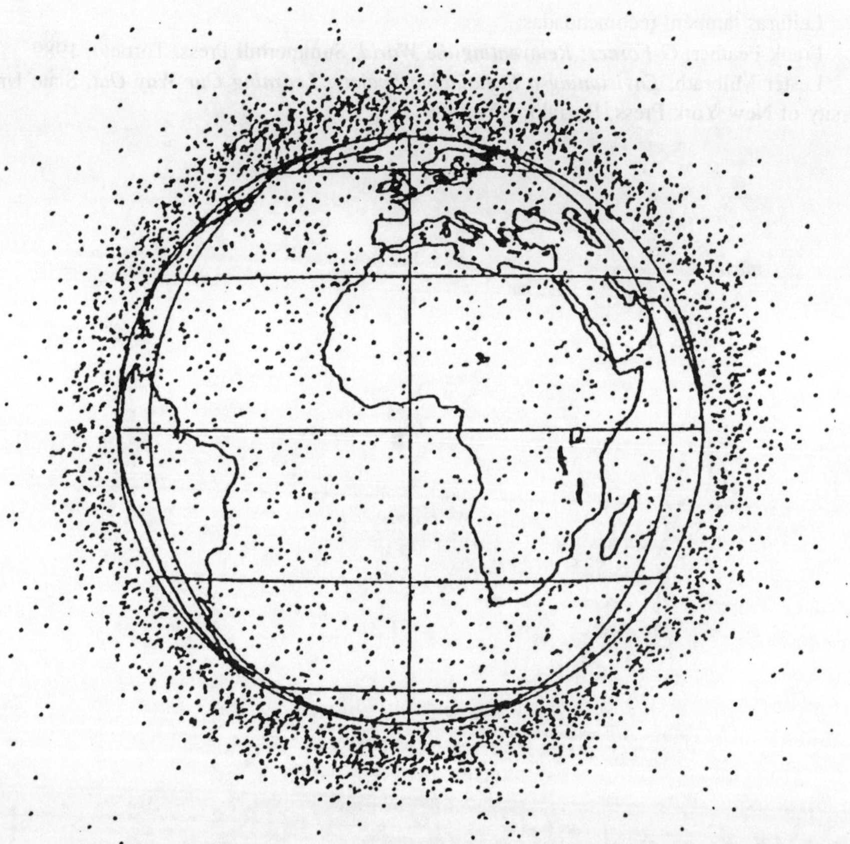

SATÉLITES, FOGUETES PROPULSORES E FRAGMENTOS com diâmetro de 10 centímetros ou mais aglomeram-se em volta da Terra neste desenho computadorizado feito pelos engenheiros da Lockheed. O desenho baseia-se em dados do Comando de Defesa Aeroespacial dos Estados Unidos.

FIGURA 2-7

Capítulo 2

Viver co-criativamente as lições da Terra

Uma parábola: Trancar a Mãe Terra numa Prisão Espacial?

Todos nós brincamos, quando crianças, de "ligar os pontinhos" para fazer surgir um desenho oculto. Hoje, os cientistas espaciais estão lidando com uma nova e sinistra versão desse jogo: "Quanto tempo teremos até que os milhões de pontinhos de lixo espacial, que hoje orbitam nosso Planeta e se multiplicam a cada nova atividade espacial, se tornem densos o suficiente para formar virtuais barras de prisão, asfixiando o futuro da humanidade enquanto espécie interplanetária?"

A maioria dos especialistas em espaço continua a não dar importância ao entulho espacial, afirmando que até agora não houve nenhum acidente sério e que a probabilidade de colisões com astronaves ainda é mínima. No entanto, muitos deles reconhecem que essa probabilidade está aumentando, e o Centro Espacial Johnson da NASA, em Houston, já tem um grupo projetando blindagens para as espaçonaves que permitam a absorção de choques diretos com essas granadas espaciais. Por isso, talvez já seja tempo de reavaliarmos esses riscos, bem como nossas atuais premissas políticas que ainda tendem a perpetuar esse pensamento que não olha para a frente, mas para trás.

O lixo espacial vem se acumulando há décadas, desde o Sputnik nos anos 50. Os Estados Unidos e a URSS são responsáveis pela maior parte dos cerca de 7.000 objetos (propulsores usados e similares) do tamanho de uma bola de beisebol ou maiores, rastreado pelo Comando de Defesa Aeroespacial dos Estados Unidos (NORAD), e dos 40.000 outros objetos, menores que uma bola de beisebol e maiores que uma ervilha, que estavam em órbita em 1986 (Figura 2-7). A velocidades orbitais, mesmo um objeto do tamanho de uma ervilha ou até menor pode causar danos significativos, tais como a lasca de tinta que danificou o pára-brisa do ônibus espacial *Challenger* em 1984. A *Scientific American* chamou a atenção para esse problema crescente em 1986 e relatou que, já então, os funcionários do Programa de Defesa Estratégica (SDI) estudavam essa nova crise de lixo. Esta última evidência de nossa mentalidade de jogar fora as coisas — que hoje sobrecarrega os aterros sanitários e polui a atmosfera e os oceanos aqui na Terra — talvez se mostre mais devastadora no espaço, como o testamento final das ambições e da arrogância humanas.

A crise do lixo espacial do SDI

Agora que os contratos militares são a mais recente indústria em declínio, tornou-se moda entre as empresas ligadas à defesa militar dos EUA fazer um trabalho mais intenso de *lobby* em favor de aumentos no orçamento do programa "Guerra nas Estrelas" (SDI). De fato, agora que a Guerra Fria chega ao fim, o Guerra nas Estrelas é visto pelos fornecedores de alta tecnologia como a última esperança para diversificarem e substituírem os contratos de armamentos perdidos. Contudo, o Guerra nas Estrelas baseia-se numa estratégia que, além de literalmente explodir ogivas ou satélites no espaço ou em baixas órbitas, explodiria também — mais cedo ou mais tarde — o atual problema de lixo espacial do planeta, transformando-o numa crise de amplas proporções. Assim como ocorre com outras questões planetárias, tais como a acumulação dos gases do efeito estufa e o buraco na camada de ozônio, as sociedades humanas não estão preparadas para responder a essas "crises em câmara lenta" que afetam todos os elementos do bem comum global. Esses assuntos de segurança comum exigem diplomacia e tratados internacionais, bem como a redefinição da natureza das ameaças e riscos à vida humana.

As debilidades dos muitos argumentos anteriores em favor do Guerra nas Estrelas, bem como em favor das armas anti-satélites e da militarização do espaço, estão bem documentadas. Elas foram oficialmente resumidas num relatório do Escritório de Avaliação Tecnológica do Congresso norte-americano em maio de 1988, depois de serem retidas pelo Pentágono durante sete meses. O relatório foi apresentado por um Grupo Consultor composto de representantes da elite científica dos principais laboratórios (inclusive Sandia, Lawrence-Livermore e Los Alamos), universidades (inclusive Caltech e MIT) e grandes fornecedores (inclusive Hughes Aircraft, Honeywell, McDonnell Douglas, International Business Machines (IBM) e Digital Equipment Corporation) norte-americanos.

Esse relatório concluiu que o cronograma do programa do SDI (baseado em premissas otimistas tais como "ritmos extraordinariamente rápidos de pesquisa, desenvolvimento e produção") era "um ato de fé", e que o mais provável era que ele "sofresse um fracasso catastrófico" assim que fosse posto em prática, só sendo exeqüível no período 1995-2000. Concluiu também que as contramedidas soviéticas poderiam igualar os cronogramas norte-americanos; que só se poderia esperar que o SDI destruísse "uma fração pequena ou, no máximo, modesta" das armas visadas; e que até o *software* necessário excedia os desenvolvimentos da engenharia de *software* projetados para o futuro previsível.

No geral, o alardeado "escudo impenetrável" do Guerra nas Estrelas, mostrado nas inúmeras simulações e cenários idealizados da NASA e do Departamento de Defesa que saturaram as telas da TV norte-americana nos anos 80, acabou mostrando ser apenas um cenário simulado, enquanto milhares de cientistas rescindiam lucrativos contratos para expor os fundamentos lógicos defeituosos do Guerra nas Estrelas em matéria paga nos jornais.

A mudança do contexto de segurança global

Hoje, o Guerra nas Estrelas já não é justificado como o era por Ronald Reagan, em 1983, que o apresentava como um meio defensivo de sair da Guerra Fria de Destruição Mutuamente Assegurada. O orçamento do governo Bush para o ano fiscal 1991 pedia um aumento de 22% aos US$ 4,6 bilhões do SDI, alegando que "ele faz mais sentido do que nunca" — e apresentando-o, desta vez, como um sistema defensivo e dissuasivo, bem como um sistema ofensivo anti-satélites (ASAT). Contudo, as dúvidas proliferavam. Não só o conceito do raio X *laser* tinha provado ser quase inviável do ponto de vista técnico, mas, também, como notaram muitos, o fim da Guerra Fria tornava descabido todo o programa do SDI. E há argumentos ainda mais fundamentais e convincentes para suspender-se o Guerra nas Estrelas.

O debate sobre a segurança global é hoje mais visto em termos econômicos e ambientais, em vez de basear-se apenas em fatores militares. Do mesmo modo, estamos percebendo a importância das habilidades diplomáticas e de negociação em nosso mundo interdependente, isto é, o *software* da resolução de conflitos e da diplomacia hábil em vez do *hardware* militar agora tão catastrófico que está tornando obsoleta a própria guerra. Além disso, a nova importância estratégica dos satélites, de qualquer nacionalidade, para o emergente sistema de segurança global que verifica o cumprimento dos tratados de armamentos e cumpre tarefas gerais de monitoramento das condições ambientais para a "preservação da Terra", exclui qualquer possibilidade de militarização do espaço. Os ASATs inevitavelmente derrubariam muitos desses satélites civis e de inspeção, bem como os "pássaros" rotineiros de telecomunicações, levando assim a perigosas interrupções e "pontos cegos" regionais no monitoramento dos tratados.

Mas o pior é que qualquer teste (sem falar no uso efetivo das tecnologias do Guerra nas Estrelas, incluindo o novo Brilliant Pebbles, desenvolvido pelos Laboratórios Livermore e apoiado na proposta orçamentária de Bush) desencadearia o cenário de crise do lixo espacial: ligando os pontinhos que giram em volta do nosso Planeta e estreitando ainda mais as "janelas de lançamento" da humanidade — pondo em perigo, talvez de modo irrevogável, nossa capacidade de compreender o sistema solar e a nossa galáxia, bem como nossas esperanças de colonizar o espaço.

A limpeza espacial

Até agora, o dilema dos fragmentos espaciais produziu alguns contratos para elaboração de métodos de limpeza do lixo espacial, e empresas como a JPL da Califórnia participam desse mais recente mercado de limpeza ambiental. O desenvolvimento de tecnologias para recuperar satélites perdidos está avançando e os Estados Unidos demonstraram alguma capacidade para essa tarefa no programa do ônibus espacial. Ironicamente, o que precisa ser protegido do Guerra nas Estrelas é o próprio programa espacial e os satélites dos Estados Unidos.

Além disso, no *front* do *software* diplomático, agora parece que mesmo as tarefas de inspeção podem se tornar mais rotineiras, sem precisar de alta tecnologia; dependeriam mais da vigilância feita por aviões, como em acordos recentes. O espaço é uma herança comum de toda a humanidade e sua militarização não só trai o futuro dos nossos filhos, como é agora claramente desnecessária e insensata. Em outubro de 1990, o Escritório de Avaliação Tecnológica dos Estados Unidos confirmou a extensão do problema do lixo espacial em seu relatório "Fragmentos Orbitais: Um Problema Ambiental do Espaço", afirmando que se as nações que usam o espaço não trabalharem em conjunto para reduzir a quantidade de fragmentos orbitais que produzem a cada ano, é provável que as futuras atividades espaciais sofram perda de capacidade, perda de rendimentos e mesmo perda de vidas como resultado de colisões entre espaçonaves e fragmentos. No entanto, as prioridades da NASA continuaram fixadas em Marte, negligenciando a limpeza da sujeira existente, enquanto George Bush tentava reviver o orçamento para o SDI em 1991, embora a URSS tivesse deixado de ser uma ameaça. Seria irônico, com efeito, se o "escudo" defensivo absoluto prometido pelas sereias do SDI acabasse criando, em vez disso, "barras da prisão" que prendessem o ser humano à Terra, transformada numa imensa colônia penal girando no espaço, da qual jamais alguém conseguiria escapar — um destino adequado para uma espécie insensata.

Por isso, a década de 1990 verá o desenrolar de um grande drama humano: Será que aprenderemos que nossos esforços egocêntricos para explorar a Terra são fúteis? Aprenderemos a mudar nossas percepções e sistemas de valores para refletir a verdade das palavras do Chefe Seattle: "A Terra não pertence ao homem, o homem pertence à Terra"?

* * *

Quando usamos a Terra, a deusa viva Gaia, como nossa moldura de referência, nossa epistemologia, nosso guia e currículo de estudos, e quando aprendemos a interpretar os sinais que ela fornece em resposta às nossas ações, somos capazes de manter aquela percepção holística e aberta que é necessária para o verdadeiro aprendizado. Quando nossos programas espaciais e analistas de sistemas abraçarem plenamente a percepção de que *só o sistema pode modelar o sistema* — ou seja, o sistema de que se trata é a *própria* Terra e suas relações com a Estrela Mãe, o Sol —, eles terão um contexto suficientemente abrangente para modelarem subsistemas, desde ecossistemas até organizações e culturas humanas. Quando a família humana por fim enxergar a si mesma como uma parte responsável e consciente do corpo vivo da Terra, co-criando o futuro em simbiose, reestruturaremos nosso conhecimento, universidades, escolas e relacionamentos.

Vamos agora examinar como a Terra sempre foi o modelo e guia para a criação de nossas ferramentas, hábitats e tecnologias. Quando percebemos até que ponto todas as tecnologias humanas imitam a Natureza, podemos usar a Terra de modo mais consciente para encontrar o melhor caminho rumo a um novo modelo de "desenvolvimento", ecologicamente compatível e humanamente sensível. Agora, em nome da clareza, é melhor abandonar por completo o adjetivo "econômico", como eu e Fritz Schumacher (autor de *Small is Beautiful*, 1973) insistimos, pois ambos concordamos que a economia tornou-se uma forma de "lesão cerebral". Em vez disso, insisto para que usemos as muitas ferramentas políticas mais abrangentes que já temos à nossa disposição, descritas em *The Politics of the Solar Age*[1] e em meu artigo "Políticas pós-econômicas para as sociedades pós-industriais".[2] À medida que mais seres humanos assumem uma plena identidade planetária e começam a ter empatia com a Terra e a religar-se de modo mais visceral com os ritmos e processos naturais, bem como uns aos outros, os muitos estados de negação e barreiras à consciência criados por nossas velhas fronteiras nacionalistas, acadêmicas e ideológicas começam a cair. Vemos com mais clareza, a nós mesmos, ao nosso Planeta e ao relacionamento da Terra com sua vivificante Estrela Mãe: o Sol. Este estágio da consciência humana e as muitas reconceitualizações que crescem a partir dele foram o tema de *The Politics of the Solar Age*, onde lembramos que, como o sabiam todas as culturas anteriores ao industrialismo, a nossa Terra é nutrida pelo fluxo diário dos fótons vivificantes do Sol. Assim, a Era Solar de consciência também está oferecendo a oportunidade de irmos além da Era Industrial e da Era da Informação, amadurecendo para a recém-chegada Era da Luz, com o advento das tecnologias de ondas luminosas e o desabrochar da nossa consciência numa *nova* Era de Iluminação.

Desde os anos 60 surgiram muitas metáforas de transição que ajudaram a mapear a reestruturação das sociedades industriais. *The Coming of Post Industrial Society* (1973), de Daniel Bell, encontrou ressonância imediata, mesmo como uma imagem "retrospectiva" do amadurecimento e declínio da Revolução Industrial. A inesquecível imagem da *Spaceship Earth* de Barbara Ward, em 1966, apontou para a realidade atual da economia globalizada. A atenção mundial começou a expandir-se para além das antigas rivalidades entre os dois principais estilos de industrialismo — o capitalismo e o socialismo, que se cristalizaram na Guerra Fria entre Leste e Oeste —, e aos poucos se encetou um maior diálogo entre os países industrializados e o resto do mundo. Em *Creating Alternative Futures* (1978), resumi essa emergente visão global com a expressão "O Fim da Economia", já que a economia (de esquerda e de direita) preocupava-se basicamente com o industrialismo enquanto método de produção de bens materiais com eficiência e crescente virtuosismo tecnológico. (Ver Figura 1-3: As Diferenças entre as Percepções, Premissas e Estilos de Previsão de Economistas e Futuristas.)

Novas imagens de sociedades pós-industriais proliferaram nos anos 70 à medida que se acelerava a reestruturação das sociedades industrializadas. A maior globalização aumentou a turbulência geral, forçando uma nova conscientização da inviabilidade da guerra nuclear e do nacionalismo competitivo. O *Future Shock* (1970) de Alvin Toffler abriu caminho para uma espantosa visão da caminhada humana desde a "primeira onda" (agricultura), passando pela "segunda onda" (industrialismo), até a emergente "terceira onda" (*Third Wave*, 1980), uma cultura humana globalizante baseada na informação, no uso mais apropriado da tecnologia e na desmassificação da uniformidade industrial, com indivíduos mais produtivos e ativos superando o consumismo. Essa visão de uma cultura mais globalizada e descentralizada, com tecnologias em escala humana e crescimento do potencial humano, foi ampliada e repetida por muitos futurólogos, como John Naisbitt, em *Megatrends* (1982). Schumacher afirmou essa visão com toda a clareza em seu *Small is Beautiful* e enfatizou comigo as dimensões ecológicas e as implicações morais dessas mudanças.

Robert Theobald também delineou em diversos livros, incluindo *Alternative Futures for America* (1970), aquilo que chamava de "Era da Comunicação" e um deslocamento na direção do poder da comunidade, automação, maior disseminação de informações e uma redefinição de trabalho e lazer como frutos da automação a serem

Uma Cosmovisão Científica Pós-Cartesiana

(Baseada numa visão global, nas ciências biológicas e sistêmicas, e não em modelos inorgânicos, estáticos, de equilíbrio ou mecânicos)

PRINCÍPIOS	
INTERCONEXÃO	em todos os níveis sistêmicos
REDISTRIBUIÇÃO	reciclagem de todos os elementos e estruturas
HETERARQUIA	redes e teias, intercomunicação em vez de hierarquias; muitas variáveis sistêmicas interativas; auto-organização, autopoiese, causalidade mútua
COMPLEMENTARIDADE	substitui a lógica dicotômica do "ou isto ou aquilo" pela metalógica do "yin-yang"; "todos ganham", em vez dos jogos de soma zero
INCERTEZA	dos modelos estáticos, e baseados no equilíbrio mecanicista para os modelos probabilísticos, morfogenéticos, oscilantes e cíclicos. Visão biológica de sistemas vivos auto-organizadores, auto-reprodutores e auto-referenciais
MUDANÇA	enfoque sobre fenômenos irreversíveis, bem como os tradicionais modelos reversíveis; visão evolucionária, espaço-tempo macroscópico, a mudança como algo fundamental, a certeza como algo limitado

FIGURA 2-8

amplamente compartilhados. Ele propôs uma renda garantida para todos, idéia esta compartilhada com o economista conservador Milton Friedman, que insistia num "imposto de renda negativo" similar. Ambas as perspectivas transcendiam a visão da escassez da teoria econômica tradicional. A idéia de superar a escassez pela automação também fazia parte da imagem de Herman Kahn em *The Next 200 Years* (1967), um contínuo *boom* hiperindustrial que acabaria por alcançar todos os povos do Planeta. Schumacher e eu, por outro lado, antevimos a superação da "escassez": primeiro, mediante a reestruturação das sociedades para reconhecer que é através do cumprimento de tarefas livremente escolhidas e de desafios pessoais que nos expressamos e crescemos; e segundo, mediante um repensar do conceito de "satisfação" de "necessidades" da teoria econômica tradicional, indo além de sua propensão materialista de ver as "necessidades" como "insaciáveis", que lançou as sociedades industrializadas pelo caminho escorregadio e insustentável do "crescimento econômico" contínuo, medido pelo PIB, e que destruiu os sistemas sustentadores da vida na Terra. Minha própria visão da ação popular, tanto em *Creating Alternative Futures* como em *The Politics of the Solar Age*, era que a informação disseminada mais amplamente poderia permitir o surgimento de redes de cidadãos capazes de romper as velhas estruturas do poder, facilitar o aprendizado e dar início a uma política difundida de reconceitualização, transformando a nossa cosmovisão fragmentada em um novo paradigma baseado na consciência planetária e numa visão da natureza humana. (Ver Figura 2-8: Cosmovisões Pós-Cartesianas.)

Além disso, o alvorecer da Era Solar significou muito mais: uma nova priorização da administração de recursos renováveis e de formas sustentáveis de produção, há muito defendida pelos ecologistas e promovida pelos colegas do Instituto Worldwatch, da Sociedade Cousteau, do Conselho de Prioridades Econômicas e do Fundo Calvert de Investimento Social. A Era Solar também foi baseada numa nova visão da ciência que venerava a Terra e trabalhava em cooperação com a Natureza, em vez de proceder segundo os velhos modos manipulativos e exploradores do industrialismo. Para mim, a Era Solar iria além da Era da Informação, que se tornou uma imagem onipresente, confirmando com desembaraço velhas idéias de "progresso econômico" e coincidindo com o surgimento do "setor de serviços" (que eu chamo de "setor burocrático") como previra Daniel Bell, bem como com o espantoso crescimento das tecnologias de informação, computação e automação.

No entanto, a Era da Informação deixou de ser uma imagem adequada, mesmo para o presente, que dirá como um guia para o futuro. Ela ainda dá ênfase às tecnologias de *hardware*, produção de massa, modelos econômicos estreitos de eficiência e concorrência, e é mais uma extensão das idéias e métodos industriais do que um novo estágio do desenvolvimento humano. A informação é um recurso abundante, difícil de embalar, armazenar e vender. Ela não combina com a economia da escassez; mais que uma mercadoria material, ela é compartilhada e de livre fluxo. Isso exige novas regras: das velhas regras competitivas de soma zero, o "eu ganho-você perde", para as novas regras da cooperação em que todos ganham — do local para o global, achatando hierarquias e dando poder pessoal aos cidadãos na nossa aldeia global. Mas uma atenção voltada apenas para os aspectos informacionais dessas mudanças pode

A Escala de Qualidade da Informação

(isto é, o grau de pertinência do significado da informação para os propósitos humanos)

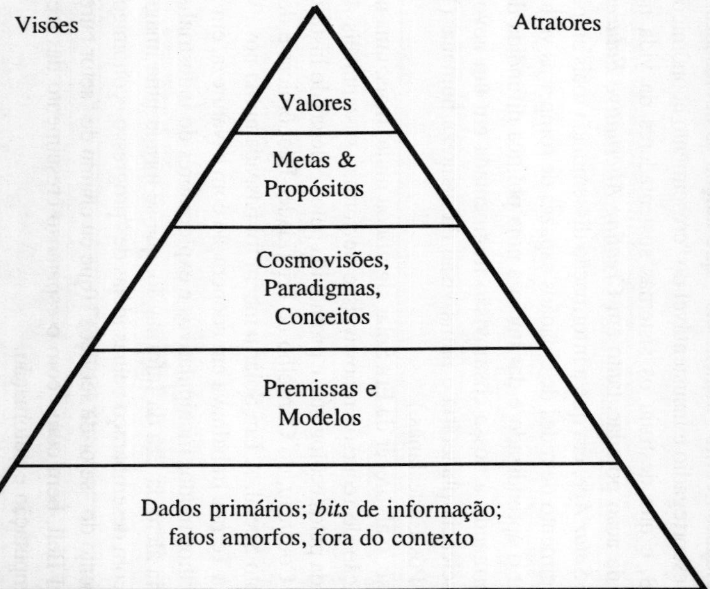

FIGURA 2-9

nos cegar a toda a desinformação ou propaganda desse ambiente dominado pela mídia. A mera informação levou simplesmente à sobrecarga dos bilhões de *bits* cada vez menos significativos de dados primários fragmentados, e não à busca de novos padrões significativos de conhecimento. (Ver Figura 2-9: A Escala de Qualidade da Informação.)

Minha visão da nascente Era Solar envolve esse tipo de reformulação da desmoralizada Era da Informação, nada menos que uma mudança de paradigma, onde tiramos os velhos óculos de todas as disciplinas separadas e estreitas (economia, sociologia, física, engenharia, psicologia e o resto) e compomos todos esses fragmentos em uma visão holística de toda a família humana, agora inseparavelmente ligada em uma nova cultura planetária pelas tecnologias que envolvem o globo. Essa visão é compartilhada por muitos com quem tive o privilégio de trabalhar: William Irwin Thompson, em *Pacific Shift* (1985); Fritjof Capra, em *The Turning Point* (1981); Barbara Marx Hubbard, em *The Evolutionary Journey* (1982); Erich Jantsch, em *The Self-Organizing Universe* (1980); Peter Russell, em *The Global Brain* (1982); e Jean Houston, em *The Possible Human* (1982).

A Era da Luz, que é discutida mais amplamente no Capítulo 9, transcende a visão inorgânica da ciência e tecnologia industriais: a de que a Terra é matéria inerte a ser explorada e manipulada. Já que a Terra é reconcebida como Gaia (em honra à deusa grega da Terra), um planeta vivo, a visão mais apropriada é orgânica: as ciências dos sistemas vivos, que são dinâmicas e auto-organizadoras. As ciências biológicas tornam-se óculos mais úteis para mapearmos um planeta vivo e a abundante riqueza de seus ecossistemas; e não é por acaso que as biotecnologias estejam provando ser as nossas novas ferramentas mais faustianas. A Era Solar é uma imagem que nos lembra que a luz do Sol é o que move nosso extraordinário Planeta azul e que são os fótons do Sol que dirigem todos os processos da Terra: os ciclos de carbono, nitrogênio, hidrogênio, os ciclos da água e a "máquina" climática. São esses processos movidos a luz, mediados pela fotossíntese das plantas, que mantêm as condições para que nós, seres humanos, continuemos nossa evolução para além da Era da Informação. A Figura 9-50 mostra como as tecnologias, embora novas, ainda imitam a Natureza.

A lógica da nova ciência pós-cartesiana finalmente transcenderá a "objetividade" e o dualismo. Será baseada na lógica auto-referencial, autopoiética, na qual o observador deve levar em conta sua posição lógica no sistema que quer descrever. Isso produzirá uma ciência mais honesta, na qual admitir-se-á claramente que o papel e o impacto do observador afetam o fenômeno ou a experiência. Proporcionará também uma "plena revelação" das razões e motivações pessoais do cientista para estudar um fenômeno e não outro, já que a primeira decisão normativa de qualquer cientista é decidir a que prestar atenção dentre o número indefinido de dados existentes "lá fora". A ciência pós-cartesiana será uma ciência reverente, suavemente descritiva e exploradora, sem a compulsão de interferir. Ela produzirá uma revolução na tecnologia, que passará do *hardware* ao *software*; pensaremos com mais cuidado antes de interferir, e um problema de produção nem sempre evocará visões de fábricas e máquinas. Em vez disso, faremos a varredura dos ecossistemas em busca de sinais de potencial

Realinhamentos Geopolíticos da Nova Era de Interdependência Global

1945-1988
"Era da Guerra Fria"
Superpotências
Mundo bipolarizado

JOGO:
"Destruição Mutuamente Assegurada"
Confronto militar
Luta ideológica pelo "Terceiro Mundo"

1988-?
Mundo multipolarizado
Declínio das superpotências
Japão vence a Guerra Fria
Megablocos de comércio

JOGO:
"Desenvolvimento Sustentável Mutuamente Assegurado"
Novas estratégias nacionais
Múltiplas lutas ideológicas quanto ao conceito de "desenvolvimento"
Repensar o "progresso"; economia além da convergência esquerda-direita
Movimentos verdes

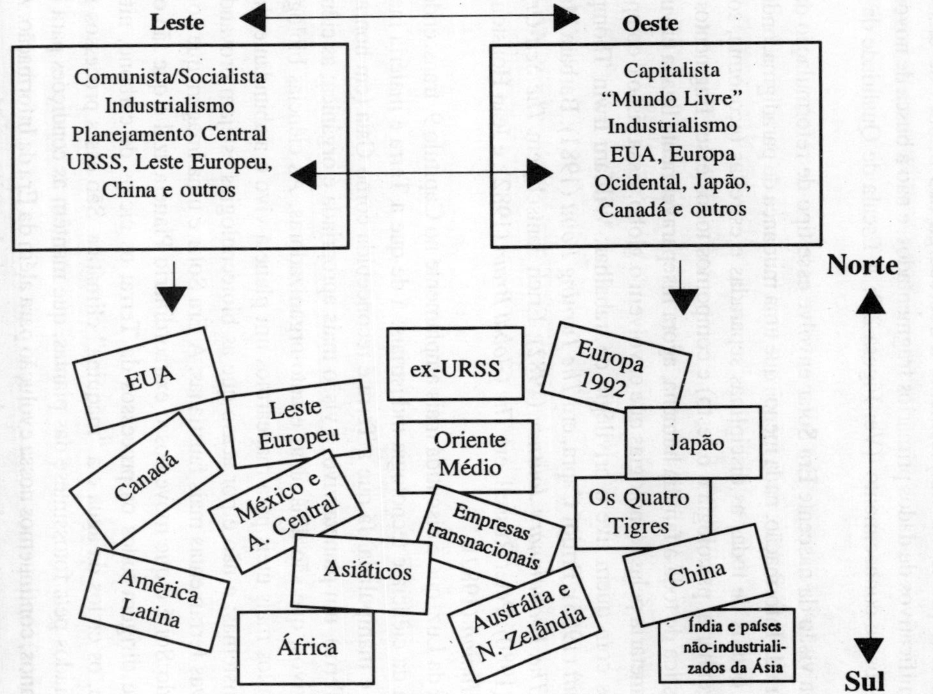

FIGURA 2-10

redundante ou situações em que a produção natural de um ecossistema possa ser aumentada, conforme descrevo mais detalhadamente em meus outros livros.

Com essas novas sensibilidades, podemos imaginar a direção que os empreendimentos humanos tomarão à medida que aprendermos a co-criar nosso futuro com a Terra. Como Walter Truett Anderson observa em seu livro *To Govern Evolution*,[3] precisamos aceitar a responsabilidade das muitas e contínuas intervenções que podemos empreender para remodelar ecossistemas, em vez de negar esse papel que vimos desempenhando ao longo da história. A nova página da agenda humana aberta diante de nós envolve muito aprendizado: na verdade, como reparar alguns dos danos que criamos, como reflorestar e recuperar o verde da Terra. Esta deve ser a tarefa fundamental de qualquer novo "desenvolvimento" e porá à prova como nunca nossas aptidões, engenhosidade e compreensão, já que muitos dos nossos ecossistemas estão simultaneamente sob tensão e ultrapassando seus limiares, tal como o lixo espacial que hoje ameaça as comunicações por satélite e o buraco cada vez maior na camada de ozônio. A hora já chegou e os sinos estão mais altos do que nunca, mas não temos outro caminho a seguir senão aprender como interferir com maior responsabilidade para curar a Terra. À medida que redefinimos "desenvolvimento"[4] e ultrapassamos a Guerra Fria entrando no novo cenário de "Desenvolvimento Mutuamente Assegurado", podemos ver que aspecto teria um sistema inédito de comércio planetário depois do surgimento de um novo e mais eqüitativo sistema monetário global e de sucessivos acordos sobre moeda e trocas comerciais.

Pode-se imaginar esse futuro sistema mundial de comércio baseado em *software* e não em *hardware* (isto é, bens e matérias-primas). Cada região terá as aptidões básicas para produzir os "produtos" básicos da vida cotidiana: alimento, abrigo, transporte, manufatura de bens básicos, enquanto o processo de imitar novos produtos e inovações dos países industrializados, tais como a "clonagem" imediata de novos computadores e eletrônica, se tornará a regra. A inovação tecnológica e os fundos gastos em pesquisa e desenvolvimento serão cada vez menos recuperáveis pelas empresas, Estados ou nações, já que essa inovação é baseada em conhecimento e está se tornando o mais novo "bem comum", apesar dos esforços para patenteá-la e conservá-la como "propriedade privada". Isso é visto como um "dilema" para corporações e nações, que ainda tentam competir pelo avanço tecnológico e constituem novos blocos comerciais na Europa, América do Norte e Ásia.

Contudo, de uma perspectiva planetária, podemos ver essas nações e empresas como "vagens maduras" que alcançam a plenitude de seu potencial e inevitavelmente espalham seu conhecimento no campo comum do mundo. O esforço para reter a inovação deve tornar-se cada vez mais dispendioso e fadado ao fracasso e, à medida que todas as sociedades aprenderem a produzir o básico para si mesmas, o comércio global voltar-se-á mais para o *software* e o intercâmbio das melhores expressões das diferentes culturas combinadas com a singularidade de seus ecossistemas locais. Esse verdadeiro "nicho" estratégico não é competitivo e sim cooperativo, já que essas expressões quintessenciais de cada cultura, seja sob a forma de programas de computador, literatura, inovações na arte de governar (tais como a invenção dos parlamentos e sistemas jurídicos) ou novas matrizes para resolução de problemas, tenderão a ser

Os Diferentes Modelos de Mercados e Bens Comuns

Economistas	Futuristas/Sistêmicos
Mercados Setor Privado... • Decisões individuais • Concorrência • Mão invisível • Antitruste	**Sistemas Abertos** • Recursos divisíveis • Regras do "eu ganho-você perde" • (As regras de Adam Smith)
Bens Comuns Setor Público... • Propriedade de todos • Monópolios sob regulamentação • Consórcios	**Sistemas Fechados** • Recursos indivisíveis • Regras em que todos ganham • Cooperação • Acordos

Nota: Lembremo-nos de que todas essas esquematizações são, quando muito, aproximações, e em geral culturalmente arbitrárias.

FIGURA 2-11

cada vez mais singulares. Esse tipo de sistema comercial mundial desmaterializado já é visível; por exemplo, os holandeses podem exportar suas tecnologias de construção de diques com pouca concorrência, já que nenhuma outra sociedade pode equiparar-se à sua experiência. Do mesmo modo, um dos mais bem-sucedidos produtos de exportação britânicos desde a Segunda Guerra Mundial tem sido a excentricidade, isto é, os Beatles, a moda *punk* e Boy George — exportações perfeitas para uma sociedade insulana de limitados recursos naturais. Pode-se imaginar toda uma economia construída sobre a música, assim como era a Áustria durante o apogeu de Mozart e seu grande período musical. Ao voltarmos nossa atenção para a identificação desse "DNA cultural", daremos valor às grandes tradições espirituais, à arte e à poesia que todas as sociedades emprestaram umas das outras, no mesmo nível dos produtos eletrônicos e automóveis predominantes no comércio mundial de hoje. À medida que os países industrializados do Hemisfério Norte vão envelhecendo, suas populações mais idosas e menos numerosas precisarão cada vez mais dos jovens em suas próprias sociedades e nas do Terceiro Mundo, e esses darão o correspondente valor. Já existe uma crescente consciência de que o investimento básico hoje deve ser nas pessoas, para atrair as mentes jovens e manter o aprendizado como uma atividade de toda a vida.[5]

O desenvolvimento será reconceitualizado como investimento em pessoas e na restauração e manutenção de ecossistemas. A nova realidade demográfica das envelhecidas sociedades industrializadas já está forçando um novo repensar. A matéria de capa da *Business Week* de 10 de agosto de 1987 alardeava a nova "escassez de mão-de-obra que pode durar até o ano 2000". Hoje em dia, na maior parte das sociedades industrializadas, o cargo fica vago ou por ser tão mal-remunerado que não proporciona sustento ou porque os jovens estão crescendo pobres, despreparados e analfabetizados, mesmo nos Estados Unidos, onde um em cada três a cinco adultos são funcionalmente analfabetos. Do mesmo modo, um relatório publicado em setembro de 1987 pelo Comitê para o Desenvolvimento Econômico, organização de Nova York orientada para o mundo dos negócios, pedia um aumento do investimento público na área da saúde e educação das crianças pequenas, e citava estudos mostrando que um dólar investido na qualidade da educação pré-escolar reduziria em cinco dólares os custos de assistência pública e combate ao crime.[6] Por isso, mesmo os economistas estão vagarosamente aprendendo a respeito dos custos sociais e ambientais, e que a prevenção é sempre melhor e mais barata que o conserto ou a cura. Talvez os norte-americanos venham a descobrir que seu melhor "produto de exportação" é sua Constituição e sua Carta de Direitos, que podem continuar servindo como um ímã para pessoas brilhantes e audazes do mundo todo, que continuarão a dar o melhor de si para sua nova pátria.

Os processos de reestruturação interna pelos quais passam todos os países variam desde o deslocamento "esvaziante" da manufatura para os serviços nos Estados Unidos e da glasnost e reformas econômicas na ex-URSS, até os passos dados rumo à democracia no Leste Europeu e na América Latina. Essas reestruturações são acompanhadas pelos inevitáveis realinhamentos do comércio e da segurança entre os países, à medida que eles buscam aprender novos meios de jogar no novo "campo global" e de andar na montanha-russa do comércio mundial. Em grande parte, a nova ordem do dia vai além dos velhos debates entre esquerda e direita sobre como permanecer "competitivo" (quer em termos militares, quer econômicos) no "jogo global". A nova ordem do dia (implícita nas conversas sobre "nivelamento do campo de jogo") é nada menos que a criação de algumas regras novas e a tomada das necessárias medidas de responsabilidade para administrar e manter o próprio "campo" de jogo: a economia global (agora indivisível), a disseminação da tecnologia, o controle de armas, o desarmamento e a manutenção dos bens comuns globais, nossos rios, oceanos, ecossistemas, atmosfera e espaço.

Essa nova ordem do dia de "administração do Planeta" é demonstrada em detalhes em estudos tais como *Gaia: An Atlas of Planet Management*, organizado por Norman Myers e uma equipe de cientistas, e os relatórios sobre "O Estado do Mundo", do Instituto Worldwatch. A nova ordem do dia se nos impõe — quer estejamos prontos ou não — e pode oferecer a maior experiência de aprendizado e oportunidade de desenvolvimento cooperativo para que a família humana dê o próximo passo em sua caminhada neste Planeta. Toda a capacidade industrial de cada país e região é necessária para esta nova tarefa de administrar o Planeta: restaurar e recuperar o verde das regiões desérticas, reflorestar as áreas erodidas, desenvolver colheitas mais vigorosas e diversificadas e distribuí-las de maneira mais racional; proteger o estoque de recursos genéticos da Terra; alcançar a meta da Organização Mundial de Saúde, saúde para todos até o ano 2000; construir a infraestrutura necessária em muitos países (em especial os do Hemisfério Sul) e com isso criar mercados viáveis para os produtos civis de um sistema de comércio reprojetado. Como se todos esses desafios não fossem suficientemente atraentes para todas as nações e complexos militar-industriais ainda envolvidos nos velhos jogos de competição e destruição mutuamente assegurada, há também o novo e entusiasmante jogo do desenvolvimento cooperativo no espaço e da exploração do sistema solar, hoje claramente além dos recursos de qualquer nação isolada.

Já que essa nova ordem do dia quase salta aos olhos, sendo uma abordagem sensata do nosso futuro global adotada por incontáveis acadêmicos, cientistas e milhões de cidadãos, o que está atrasando as coisas? E por que o mundo ainda não entrou neste novo jogo do Desenvolvimento Mutuamente Assegurado? A resposta está em que o novo jogo, na verdade, já **começou**! Contudo, as velhas percepções e sistemas de crenças obsoletas ainda impedem que a maioria das pessoas, inclusive os chamados líderes dos governos, negócios e meios de comunicação de massa, **vejam** esse novo jogo se desdobrando diante de nossos olhos.

O novo jogo é pouco conhecido (por definição) e bem diferente dos velhos jogos competitivos de soma zero (eu ganho-você perde) que a maioria de nós aprendeu (evidentes, por exemplo, na *premissa* subjacente ao nosso sistema legal antagonístico). O novo jogo é cooperativo, onde ninguém ganha a menos que todos ganhem; nele, os indivíduos funcionam *melhor* se levarem em conta as necessidades dos outros, e *pior* se agirem de modo egoísta. Por exemplo, se algumas pessoas insistem em ficar de pé para ver melhor a partida num estádio superlotado, todos os outros acabarão forçados a ficar de pé, e embora *ninguém* veja melhor o jogo, *todos* estarão mais desconfortáveis. Os jogos em que todos ganham são sempre a regra quando um sistema de recursos é "propriedade comum", ou "bem comum", e só pode ser usado indivisivelmente por todos, assim como o ar que respiramos. Os sistemas de recursos que podem ser usados individualmente sem infligir dano aos outros são mais conhecidos por nós como "mercados", e neles as regras competitivas (como a da famosa mão invisível de Adam Smith) parecem funcionar melhor. Vemos hoje que à medida que todos os nichos vão sendo preenchidos em qualquer mercado, esse mercado se torna um bem comum. Uma parte do novo cenário e uma prova de que o novo jogo está surgindo podem ser vistas no fato de que tanto os soviéticos como os chineses estão repensando suas abordagens à administração de recursos, através da reinstalação dos jogos de mercado. Ao mesmo tempo, o processo de globalização também está criando novos "bens comuns" a partir daquilo que os países costumavam considerar bens "livres", como a água e o ar, o espectro eletromagnético, a biodiversidade genética e o espaço.

Contudo, a chave para compreender ambos os jogos fundamentais é o *feedback*, a informação sobre os efeitos que essas estratégias têm sobre cada parte e sobre o todo, a fim de tornar possível uma contínua correção de curso. Desse modo, o velho debate entre esquerda e direita vê virtudes somente em uma ou outra das estratégias: competição *ou* cooperação. Hoje, aprendemos com o *feedback* que todos os sistemas sociais (como todos os outros sistemas vivos) precisam ter um equilíbrio entre a cooperação e a competição — ambas são estratégias vitais para a sobrevivência e o sucesso; e, ainda mais importante, ambas têm de aprender e corrigir seus cursos a partir do *feedback* para permanecer saudáveis. Assim como o corpo humano permanece saudável mediante o uso constante de *feedback* (informações sobre a temperatura do ar, situações estressantes, sons, visão e todos os sentidos), também uma sociedade tem sucesso na medida em que se estrutura para extrair benefícios do *feedback* fornecido por seus próprios cidadãos (democracia), pelo meio ambiente, pelos outros países e pelas novas condições de mudança, tais como o aumento da população humana para os espantosos cinco bilhões. Assim, não é mais uma questão de esquerda ou direita, de competição ou cooperação, mas da medida em que uma sociedade é capaz de se estruturar para *utilizar o feedback* e, quando apropriado, mudar o jogo e escrever novas regras.

Hoje, o processo acelerado de globalização consiste precisamente em tomar consciência dos sistemas como um todo, aquilo que em épocas anteriores e menos populosas parecia ser um mercado "livre" para todos: o ar, os oceanos. Agora, enquanto "bens comuns", eles exigem um jogo em que todos ganhem. A expressão "bens comuns" (*commons*) vem da Inglaterra do século 14, onde cada aldeia tinha um espaço verde "comum" no qual todos podiam fazer pastar seus rebanhos. A hoje famosa "Tragédia dos Comuns" diz respeito ao erro comportamental dos aldeões que tentaram maximizar o próprio ganho fazendo pastar uma parte maior de seus rebanhos no "comum" — até que o excesso de animais destruiu-o para todos eles.

Na atual globalização, vemos que criamos o mais recente "comum": a própria economia global, nova e indivisível. Cada nação e empresa multinacional tenta maximizar sua própria posição num jogo competitivo total que só pode mesmo destruir o "comum" econômico global e trazer um colapso ou depressão mundial. Cada jogador, ao contrário do que ocorreu na crise de 1929, está hoje a par de mais informações e *feedback*, e é capaz de *simular* com antecedência os resultados de uma ação individual antevista. Assim, todos os jogadores também vêem que precisam abrir mão da preciosa "soberania" individual, ou partilhá-la.

Por isso, os agentes econômicos do mundo, apesar de si mesmos e de suas antigas ideologias, estão caminhando em direção a um tipo novo de estrutura de acordos (sobre moedas, déficits comerciais e gerenciamento) análogo a um novo "Bretton Woods", que hoje deve incluir todos os jogadores. Esse passo rumo à construção de um mundo em que todos ganhem é quase imperceptível, mas seus sinais são visíveis: desde os tratados já assinados para eliminar os clorofluorcarbonos (CFC) que destroem a camada de ozônio até a Cúpula da Terra, ECO-92, promovida pela ONU. Vemos essa mesma guinada rumo a estratégias cooperativas na produção e comercialização de automóveis e bens eletrônicos de consumo, que vai se tornando cada vez mais internacionalizada. A sede nacional de uma empresa multinacional torna-se menos relevante, e o mesmo ocorre com as estatísticas bilaterais de comércio e as estratégias e indicadores econômicos nacionais, agora que os mercados financeiros passaram a dedicar-se a um gerenciamento contínuo (24 horas por dia) de ativos na arena global. Também o *feedback* torna-se mais imediato à medida que os noticiários e comentários da TV levam a melhor sobre os canais oficiais e diplomáticos dos governos, produzindo rápidas correções de curso, tal como ocorre nos debates sobre o aquecimento global.

Os velhos jogos do tipo ganhador-perdedor estão agora começando a prejudicar seus jogadores — em especial, como resultado da competição militar entre os Estados Unidos e a URSS, Gorbachev ainda tentava reviver sua economia decadente, enquanto os Estados Unidos lutam para compreender seu próprio declínio relativo no mundo e a queda brusca que fez deles a maior nação devedora. Enquanto isso, os japoneses estão se lançando na frente, ao criarem a economia mais bem-sucedida do mundo com base em bens civis e se tornando os principais banqueiros do mundo com 25% das reservas de capital do Planeta. Os veteranos da Guerra Fria ainda se queixam de que os japoneses alcançaram essa economia de bens de consumo por decreto dos Estados Unidos e "sob o guarda-chuva nuclear norte-americano". Verdade é — mas assim era o antigo jogo ganhador-perdedor, e não podemos culpar os japoneses por criarem um jogo novo *aderindo* às regras fixadas pelos Estados Unidos.

Hoje, muitas propostas de largo alcance estão vindo dos pensadores mais globalizantes e visionários do Japão: eles procuram reciclar seu superávit de ienes de maneira mais criativa do que a reciclagem dos petrodólares na década passada. Novos "Planos Marshall" são propostos, nos quais o Japão espera ser acompanhado pelos outros países que participaram do Plano Marshall para reconstruir a Europa e o comércio mundial depois da Segunda Guerra. O dr. Masaki Nakajima, ex-diretor do Instituto de Pesquisas Mitsubishi, vem promovendo há dez anos sua visão de um Fundo de Infraestrutura Global. Todas essas propostas estão hoje ganhando apoio internacional de cidadãos proeminentes dos setores público e privado.

Diversas conferências recentes exploraram essas propostas de um novo "Plano Marshall" para ajudar a desenvolver os países do Sul, propostas que vão desde a construção de represas e outras grandes obras com projetos questionáveis do ponto de vista da ecologia até a recuperação do verde nos desertos e o reflorestamento. A Conferência de Tarrytown, que convoquei em Nova York juntamente com o empresário Robert L. Schwartz em maio de 1987, concentrou-se no acordo sobre um novo modelo de desenvolvimento, além da economia, e deu ênfase à sustentabilidade ecológica e ao desenvolvimento de fluxo ascendente, e não de fluxo descendente.[7]

A Conferência da ONU sobre a Relação entre Desarmamento e Desenvolvimento, realizada em Nova York em setembro de 1987, deu um passo para romper o impasse do velho pensamento ganhador-perdedor. O governo Reagan, pego com a guarda aberta em seus "paradigmas", tolamente boicotou a Conferência. A União Soviética decidiu aderir e apresentou uma proposta própria para criar um canal internacional que aplicaria no desenvolvimento econômico do Terceiro Mundo os fundos poupados com futuros acordos de desarmamento. É claro que se pode esperar muita retórica das nações que ainda jogam os velhos jogos militares, porque muitas delas ainda são grandes comerciantes de armas para o mundo todo (um setor que movimenta quase um trilhão de dólares por ano). Enquanto as velhas definições de progresso não forem além do crescimento do PIB, e o conceito de "segurança" redefinida não ultrapassar o ponto de vista militar, outras tragédias como a Guerra do Golfo serão inevitáveis. Contudo, os 145 países e as 500 organizações não-governamentais que participaram da Conferência testemunham o poder crescente do novo jogo de "desenvolvimento mutuamente assegurado".[8]

Assim, o novo jogo de construir um mundo em que todos ganhem já está em andamento, uma vez que é o único jogo possível para a sobrevivência humana. Muitos países estão reinterpretando o "desenvolvimento" segundo seus próprios contextos culturais. Se os países industrializados do Hemisfério Norte e seus governos decidirem apoiar as novas propostas de desenvolvimento de alguns de seus próprios cidadãos visionários, tais como a proposta apresentada no relatório de 1987 da Comissão das Nações Unidas sobre Meio Ambiente e Desenvolvimento, *Our Common Future*, então será atingida a massa crítica necessária para desencadear irreversivelmente o jogo, muito mais atraente, do "desenvolvimento mutuamente assegurado". Precisamos tirar nossos antolhos nacionalistas e identificar e apoiar os "cidadãos planetários" de todos os países, que transcenderam suas velhas identidades "patrióticas" e agora se identificam plenamente com toda a família humana e com a Mãe Terra. Na verdade, a Terra é um ambiente de aprendizado perfeitamente programado, mais maravilhoso e eficiente do que as caixas de B. F. Skinner, dando a todos os seus filhos todos os laços de *feedback* positivo e negativo necessários para nos levar a alcançar nosso pleno desenvolvimento.[9]

Todos os sistemas naturais do Planeta Terra apresentam as estratégias de competição e cooperação de modo eqüitativo e equilibrado: a competição entre as espécies, os grupos, as organizações e os indivíduos, bem como entre as idéias, limita o crescimento excessivo e doentio. As estratégias cooperativas entre todos esses mesmos jogadores são igualmente importantes — criando a "cola" que mantém orquestrados os grupos e os indivíduos e criando as regras da interação. Conforme afirmei diante do Comitê Econômico Conjunto do Congresso dos Estados Unidos em 1975, os eco-

As Implicações Sociais dos Seis Princípios (Pós-Cartesianos) Emergentes

• INTERCONEXÃO	cooperação planetária das sociedades humanas, modelos políticos de sistemas vivos
• REDISTRIBUIÇÃO	justiça, igualdade, equilíbrio, reciprocidade, partilha
• MUDANÇA	reformulação de instituições, aperfeiçoamento dos meios de produção, mudança de paradigmas e valores
• COMPLEMENTARIDADE	unidade e diversidade, da lógica do "ou isto ou aquilo" para a lógica do "isto e aquilo"
• HETERARQUIA	redes e informações distribuídas, sem organizações ou hierarquias rígidas
• INDETERMINAÇÃO	muitos modelos, pontos de vista, conciliação, humildade, abertura, evolução, "sociedades de aprendizado"

FIGURA 2-12

nomistas precisam agora mudar seus modelos e premissas para se adaptar à nova realidade: os "insumos" para a produção são a energia, os recursos e o conhecimento, enquanto os "produtos" devem ser seres humanos mais plenos.

Assim, em termos gerais, estamos bastante conscientes dos princípios básicos sobre os quais uma Nova Ordem Mundial deve ser construída. Fundamentalmente, esses princípios estão se consubstanciando em alguns dos primeiros índices de desenvolvimento que vão além do crescimento do PIB; por exemplo, o PQLI (Índice de Qualidade de Vida Física) e o BHN (Índice de Necessidades Humanas Básicas), desenvolvidos nos anos 70. Esses princípios são (tal como expus em *The Politics of the Solar Age*):

- o valor de todos os seres humanos;
- o direito à satisfação das necessidades humanas básicas (físicas, psicológicas e metafísicas) de todos os seres humanos;
- a igualdade de oportunidades para o autodesenvolvimento de todos os seres humanos;
- o reconhecimento de que esses princípios e metas devem ser alcançados dentro da tolerância ecológica das terras, mares, ar, florestas e da capacidade total de sustentação da biosfera;
- o reconhecimento de que todos esses princípios se aplicam com igual ênfase às gerações futuras de seres humanos e aos seus sistemas de sustentação da vida, e por isso incluem o respeito por todas as outras formas de vida e pela própria Terra.

Historicamente, o desenvolvimento humano pode ser visto como somatória de muitas experiências locais de criação de ordens sociais; mas tais ordens em geral se baseiam em conceitos parciais, ou seja, elas funcionam para *algumas* pessoas às custas de *outras* pessoas e baseiam-se na exploração da Natureza. Além disso, funcionam no *curto* prazo, mas parecem ter fracassado no *longo* prazo. Hoje, quando vistas numa perspectiva planetária, todas essas experiências de desenvolvimento humano local e parcial assumem o aspecto de fracassos de um tipo ou outro, baseadas em alguma forma de exploração a curto prazo (desestabilização).

Hoje, sabemos que essas sociedades são impossíveis de serem mantidas e que a desestabilização sobre a qual elas se construíram está afetando sua estabilidade governamental interna e a estabilidade global do Planeta. É interessante notar que todas essas instabilidades podem ser descritas em termos científicos:

1. na termodinâmica clássica do equilíbrio, em termos da Primeira e Segunda Leis: a Lei da Conservação e a Lei da Entropia. Todas as sociedades humanas (e todos os sistemas vivos) tomam a negentropia (formas disponíveis de energia e materiais concentrados) e a transformam, segundo proporções diversas, em detrito entrópico; é possível medir e observar essas atividades ordenadoras e a desordem que elas criam em outro lugar (por exemplo, a estruturação dos países europeus no período colonialista ao preço de muitas

desordens simultâneas em suas colônias, tanto em termos culturais como de recursos);

2. nos termos da biologia e do princípio da evolução, "Nada fracassa tanto quanto o sucesso"; ou seja, o caráter antagônico da estabilidade e da estrutura de curto e longo prazo; a adaptação *versus* a adaptabilidade;
3. nos termos da teoria sistêmica geral, o fenômeno da sub-optimização, isto é, optimizar os subsistemas às custas dos sistemas envolventes;
4. nos termos da ecologia, como violações do princípio geral da interconexão dos ecossistemas e da biosfera como um todo, ou seja, o ciclo contínuo de todos os recursos, elementos, matérias-primas, energia e estruturas. Essa interconexão de todos os subsistemas do Planeta Terra é muito mais fundamental do que a interdependência dos povos, nações, culturas, tecnologias, etc.

Desse modo, as aspirações por uma nova ordem mundial não se baseiam apenas em princípios éticos e morais, por mais importantes que sejam estes novos valores planetários para a sobrevivência da nossa espécie. A necessidade de uma Nova Ordem Mundial pode ser agora *cientificamente* demonstrada. Vemos o *princípio da interconexão* brotar da própria base da ciência reducionista e, junto com ele, a realidade ecológica concomitante de que a redistribuição também é um princípio básico da Natureza. Já que todos os ecossistemas periodicamente redistribuem energia, matérias-primas e estruturas por meio de processos e ciclos bioquímicos e geofísicos, todos os sistemas sociais da espécie humana também devem se harmonizar aos *princípios da redistribuição* desses mesmos recursos que usam e transformam, sejam a energia primária e as matérias-primas, seja a "riqueza" delas derivada (capital, dinheiro, estruturas, meios de produção), seja o "poder", sejam as instituições em contínua mudança.

Assistimos ao surgimento de seis princípios nascidos da própria ciência ocidental, que implicam uma adaptação comportamental humana semelhante à que agora se verifica. Esses princípios pós-cartesianos, como observamos na Introdução e apresentamos na Figura 2-12, são: Interconexão, Redistribuição, Mudança, Complementaridade, Heterarquia e Indeterminação.

Será uma simples ruptura ou um avanço? A tensão é o instrumento da evolução, e hoje estamos sendo pressionados a mudar e a evoluir como nunca antes. Nesse sentido, os novos limites de recursos e os desafios que enfrentamos são boas notícias. Eles nos obrigam a crescer — nos obrigam a nos tornarmos tudo o que podemos ser, descobrindo os "humanos possíveis" que somos.

Notas — Capítulo 2

1. Hazel Henderson, ***The Politics of the Solar Age: Alternatives to Economics***, edição atual de Knowledge Systems, Inc., Indianápolis, 1988.

2. Hazel Henderson, "Post-Economic Policies for Post-Industrial Societies", ***ReVision***, inverno de 1984.

3. Walter Truett Anderson, *To Govern Evolution*, Harcourt Brace Jovanovich, Nova York, 1987.

4. Ensaios selecionados (inclusive da autora) de A Outra Cúpula Econômica, em Londres, 1984-1985, em *The Living Economy*, org. Paul Ekins, Routledge and Kegan Paul, Londres.

5. Ver por exemplo *Florida Sunrise*, relatório do Comitê de Conselheiros Econômicos sobre o Futuro (do qual a autora participa), que chegou à conclusão de que a educação era o fator básico do "desenvolvimento econômico" e insistiu que o Estado "invista nas pessoas". Florida House of Representatives, The Capitol, Tallahassee, Flórida.

6. *The New York Times*, 7 de setembro de 1987.

7. *Inquiry*, "Saving The World — Japanese Style", Ziauddin Sardar, vol. 4, número 7, Londres, julho de 1987.

8. *The New York Times*, 23 de agosto de 1987, primeira página.

9. Para uma revisão de algumas das possibilidades, ver:

- Jerome Clayton Glenn, *Future Mind: Artificial Intelligence, Merging the Mystical and the Technological in the 21st Century,* Acropolis Books, Washington, DC, 1989.
- Fritjof Capra, *The Turning Point*, Simon & Schuster, 1982. (*O Ponto de Mutação*, publicado pela Ed. Cultrix, São Paulo, 1986.)
- Robert Ornstein e Paul Ehrlich, *New World, New Mind,* Doubleday, Nova York, 1989.
- Anna F. Lemkow, *The Wholeness Principle*, Quest Books, 1990.
- David Loye, *The Sphinx and the Rainbow*, Shambala, New Science Library, Boulder, 1983.
- Mary E. Clark, *Ariadne's Thread*, St. Martin's Press, 1990.
- William Irwin Thompson, *Gaia: A Way of Knowing*, Ed. Lindisfarne Press, Nova York, 1987.
- Erich Jantscah, *The Self-Organizing Universe*, Pergamon Press, Londres, 1980.
- E. F. Schumacher, *Small is Beautiful*, edição atual da HarperCollins, Nova York, 1989.
- John Button, org., *The Green Fuse*, Quartet Books, Londres, 1990.
- *The Schumacher Lectures*, 1983-1988.
- *Rethinking the Curriculum: Toward an Integrated Interdisciplinary College Education*, orgs. Mary E. Clark e Sandra A. Wawrytko, Greenwood Press, Westport, CT, 1990.
- Helena Norberg Hodge, *Ancient Futures*, Sierra Books, São Francisco, 1992.

A Velha Roda do Desenvolvimento Econômico Insustentável

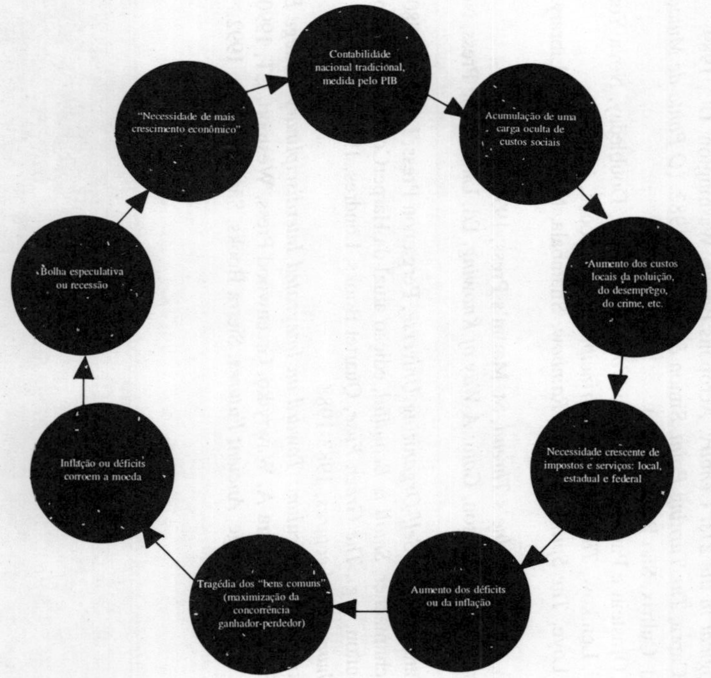

FIGURA 3-13

Capítulo 3

Do economismo à ética da Terra e à teoria sistêmica

O ambientalismo tem sido visto, até agora, como uma questão "segura", que diz respeito sobretudo à classe média. Quem poderia ser contra a pureza do ar e da água, a limpeza das ruas, a reciclagem, a preservação das espécies e das regiões selvagens? Este foi o tipo de plataforma na qual George Bush se sentiu à vontade e que chegou até a ser adotada por Margaret Thatcher.[1] Contudo, quanto mais fundo mergulhamos nos assuntos ambientais, tanto mais se faz sentir uma verdade há muito reconhecida pelos ambientalistas: o ambientalismo é nada menos que uma grande filosofia nova, de âmbito global, que desafia praticamente todos os sistemas filosóficos ocidentais existentes. No momento em que novas vozes — como a de Francis Fukuyama, do Departamento de Estado norte-americano — anunciam o fim da história e da evolução da ideologia humana,[2] a entrada dos ambientalistas na cena mundial mostra que a questão está longe de ser resolvida. Essa ecofilosofia emergente, em qualquer cultura na qual tenha surgido (e hoje há Partidos Verdes em mais de uma dúzia de países), desloca a nossa atenção do antropocentrismo para o biocentrismo, isto é, dos assuntos humanos e culturais para os assuntos do Planeta Terra enquanto sistema vivo de espécies interdependentes. A Hipótese Gaia, dos biólogos James Lovelock e Lynn Margulies, proposta há duas décadas, penetrou na cultura ocidental e está ajudando a impulsionar a nova ecofilosofia.[3]

De súbito, a partir dessa nova perspectiva ecológica, toda a orgulhosa saga da humanidade se resume no breve relato de uma espécie bípede recém-chegada que hoje passa por uma clássica e banal "explosão reprodutiva" (como diriam os biólogos), mostrando padrões de comportamento semelhantes aos das outras espécies, tais como cervos, roedores e marsupiais. Quando uma espécie excede os limites de seu nicho ecológico, o comportamento dos fenótipos (isto é, os membros individuais dessa espécie) muda. Eles podem se tornar agressivos ou apáticos, começar a ignorar suas crias ou dar sinais de canibalismo, etc., até que o hábitat cada vez mais reduzido cause fome e doenças e a ecologia mutante reduza seu número para adequá-lo à capacidade limitada de sustentação. As conclusões éticas extraídas dessa visão biológica da humanidade são desde os desumanos convites à "triagem"[4] até a idéia de que somos instintivamente altruístas.[5]

A maior parte do edifício do conhecimento e da cultura das sociedades industrializadas cai por terra em face dessas novas cosmovisões que surgem da crescente consciência de que dependemos da biosfera planetária. É atingida, em particular, nossa herança cultural ocidental — o Iluminismo como um "progresso", a racionalidade científica e a marcha do positivismo —, sem mencionar nossas tradições judeu-cristãs, que vêem os seres humanos (ou pelo menos os homens) como o ápice de uma ordem hierárquica da criação, com domínio sobre todas as outras espécies e sobre a Terra.[6] Ainda assim, mesmo nesse campo a ecofilosofia lançou uma semente; muitas dessas confissões religiosas realizaram conferências, com profundo exame de consciência, ao longo da última década, e reformularam a noção de "dominação" para a idéia mais ecumênica (embora não menos arrogante) de "intendência".[7] Também o humanismo foi equiparado a um vulgar antropocentrismo — uma acusação da qual ele não conseguiu escapar.[8]

Não causa surpresa que a nova geração de ambientalistas tenha começado, durante os anos 60, a correr o mundo em busca de outras tradições culturais e religiosas que respeitassem mais a Terra e as outras formas de vida.[9] Assim, elementos do budismo, do taoísmo, do hinduísmo e das tradições islâmicas se combinaram com a sabedoria ecológica de muitas antigas culturas indígenas, desde os aborígines australianos até os índios norte-americanos. E essas combinações, por sua vez, foram entremeadas com vislumbres da pré-história, dos adoradores neolíticos matrilineares da Grande Mãe Terra em todas as suas formas icônicas; assim fizeram Erich Neumann,[10] Marija Gimbutas,[11] Joseph Campbell[12] e Riane Eisler.[13]

Essa busca que envolvia todo o globo tinha por meta encontrar sistemas de valores com horizontes espaço-temporais radicalmente ampliados. Os ambientalistas acreditavam que somente por meio dessa reconceitualização da breve história da espécie humana e de seu lugar neste antigo Planeta vivo poderiam ser encontrados princípios éticos mais profundos.[14] Essas molduras temporais mais amplas poderiam gerar uma maior preocupação pelas gerações futuras e promover a sobrevivência humana à medida que a população mundial continua a crescer de modo explosivo. Além disso, muitos ambientalistas, eu inclusive, achavam que o próprio Planeta Terra precisava ser "ressacralizado", como nos antigos tempos, sendo visto como algo que incorpora o espírito e o milagre da criação.[15] Esperávamos que isso pudesse valer como um antídoto contra as filosofias antropocêntricas de superioridade humana e dominação da Natureza que ajudaram a estimular os espetaculares, mesmo que ambivalentes, sucessos da Revolução Industrial.

Todo esse semear de novas percepções, valores e paradigmas continuou pelos anos 70 e 80, quando se pensou que o ambientalismo estava em declínio. Ele foi realmente eclipsado pelo reaganismo nos Estados Unidos e pelo thatcherismo na Inglaterra, pelo auge dos paradigmas dominantes do industrialismo, do materialismo, do otimismo tecnológico e da desatenção geral aos recursos naturais — o que recebe hoje o nome de "economismo".[16] No entanto, o ambientalismo continuou a florescer em outros países, em especial na Alemanha, com o surgimento do primeiro Partido Verde.[17] Nos Estados Unidos, após oito anos da "política de negação" de Ronald Reagan, ressurge nos anos 90 um interesse pelos problemas do mundo real, que foram deixados apodrecendo durante essa última grande orgia materialista: pobreza, falta de habitações, analfabetismo, toda uma gama de problemas de reestruturação global e o estado de deteriorização do próprio Planeta. Com efeito, no final dos anos 80, o Planeta assumiu o papel de grande mestre da humanidade. À medida que o *feedback* da Natureza se tornava negativo — chuva ácida, buraco na camada de ozônio, lagos secando e desertos se alastrando, tudo isso visível nas fotos tiradas por satélites —, a atenção humana finalmente começou a se concentrar nos efeitos desastrosos, e muitas vezes irreversíveis, que causamos ao nosso sistema de sustentação da vida.

Hoje, quando os políticos e executivos das grandes empresas correm a tomar lugar no trem ambiental, também eles estão desvendando esta mensagem mais profunda: todo o nosso sistema industrial de valores, que as nações tecnologicamente "avançadas" do Hemisfério Norte se apressavam a prescrever e promover no Hemisfério Sul em nome do progresso e do "desenvolvimento econômico", malogrou. Na verdade — como mostram muitos países hoje famintos, desesperados, endividados e ecologicamente devastados —, depois de três décadas de desenvolvimento, os processos entraram em marcha à ré; e muitos desses países percebem que o modelo europeu de industrialização foi um caso único na história.[18]

A ironia é que tanto a ecofilosofia quanto o chamado Terceiro Mundo apresentam seus desafios igualmente aos dois métodos principais de industrialismo macroeconômico, ou seja, as sociedades socialistas centralmente planejadas e os modelos mistos, de livre mercado, de industrialismo capitalista.[19] Com efeito, ambos compartilham as mesmas metas do *industrialismo*, e a maioria dos economistas seguidores tanto de Adam Smith quanto de Karl Marx, da esquerda à direita, compartilham de seu entusiasmo pelo industrialismo como a melhor resposta às aspirações humanas; desde o tratado sobre "Os Estágios do Crescimento Econômico" de Walt W. Rostow nos anos 60, passando pelo muito citado "Fim da História" de Fukuyama em 1989, até Deng Xiaoping na China e muitos no mundo comunista em reestruturação, a meta do desenvolvimento econômico industrial ainda é dominante. Mal e mal lhes ocorreu a idéia de que o ambientalismo global e sua ecofilosofia subjacente constituem um importante paradigma todo-abrangente que, de agora em diante, irá competir com o economismo e o industrialismo tanto no Leste quanto no Oeste, tanto no Norte quanto no Sul, no século 21.

Cada vez mais os partidos políticos, as declarações de ética das empresas, as grandes revistas e novas publicações periódicas estão aderindo ao ambientalismo[20] — e descobrindo que suas inescapáveis conclusões desafiam quase tudo em que lhes ensinaram a acreditar: o crescimento econômico, o progresso tecnológico, a ética protestante, o materialismo, a concorrência individual no mercado e até mesmo as teorias científicas baseadas nas cosmovisões mecanicistas de Isaac Newton e René Descartes.[21] Um bom exemplo é a recente pesquisa sobre o meio ambiente, "O Custo da Terra", publicada pela revista inglesa *The Economist*.[22] O contorcionismo intelectual dos editores fica evidente já no título do artigo, bem como no editorial "O Crescimento Pode Ser Verde", que fazia heróicos esforços para preservar a Economia, essa disciplina doente, cujos sistemas contábeis estreitos e míopes provaram claramente ser culpados por muitos problemas ambientais. O crescimento econômico, admitia *The*

A Nova Era de Interdependência Global

(Novo campo de jogo dos processos de globalização, realinhamento e reestruturação)

Forças propulsoras: as seis grandes globalizações:

1. Globalização do industrialismo/tecnologia
2. Globalização das finanças/comunicações/informações (montanha-russa comercial 24 horas por dia)
3. Globalização do emprego, trabalho, migração
4. Globalização dos efeitos humanos sobre a biosfera/poluição, etc.
5. Globalização da militarização (trilhões de dólares em vendas de armamentos, armas nucleares e químicas)
6. Globalização do consumo, da cultura, dos movimentos de cidadãos mundiais impulsionados pela mídia

E a sétima globalização (*feedbacks*):

- Interações
- Reações
- Realinhamentos
- Reestruturações

FIGURA 3-14

Economist, poderia ser reformado, e "o crescimento verde seria, sem dúvida, um pouco mais lento do que o esperado para a variedade suja";[23] e acrescentava que

> no presente, a maioria das atividades econômicas mal leva em conta os custos que impõe sobre o ambiente à sua volta. As fábricas poluem os rios como se as águas limpas fluíssem gratuitamente; as usinas de força queimam carvão sem cobrar de seus clientes os efeitos do dióxido de carbono lançado na atmosfera; as madeireiras destroem florestas sem ligar para o impacto sobre a vida selvagem ou o clima. Essas contas são deixadas para que outros as paguem — os vizinhos, os cidadãos de outros países, as gerações futuras.

Vale a pena citar mais um trecho da mudança de sentimentos de *The Economist:*

> as estatísticas convencionais de crescimento econômico são [...] particularmente cegas ao meio ambiente; as contas da renda nacional (PIB) não levam em conta o valor dos recursos naturais: um país que derrubasse todas as suas árvores, as vendesse como toras de madeira e desperdiçasse o dinheiro em especulações [...] pareceria, em suas contas nacionais, ter ficado mais rico em termos do PIB *per capita*. Do mesmo modo, as estatísticas mostram as medidas para atacar a poluição como um bônus e não como uma obrigação. [...] Seria mais fácil para os políticos falar racionalmente a respeito dos efeitos das políticas ambientais sobre o crescimento se os governos concordassem em remover algumas dessas excentricidades de seus livros-caixa.

Essa rápida reconceitualização e retratação de erros da teoria e prática econômicas, que a revista ignorara durante 50 anos, é um crédito para *The Economist*. Os ambientalistas podem ser gratos porque finalmente as críticas que foram ignoradas nos últimos 20 anos estão pelo menos sendo ouvidas. Contudo, prostrar-se diante dessa total reviravolta como se ela fosse uma nova verdade, já abraçada pela teoria econômica, é uma desavergonhada prestidigitação intelectual à qual muitos da profissão já estão recorrendo. Mas não; os dois curtos parágrafos acima resumem nada menos que uma verdadeira revolução social, econômica e filosófica que mal se iniciou. A implementação dessas novas concepções e metas ambientais exigirá uma reestruturação das atuais sociedades industrializadas ainda maior do que as extraordinárias reestruturações que testemunhamos no final dos anos 80.

Enquanto isso, esse tipo de precipitação intelectual da classe dos economistas, já competitiva e superlotada, busca atenuar os séculos de teorização errônea. Os economistas estão hoje abraçando valores ambientais sem pausar sequer por um momento para refletir sobre a ética implícita da ecofilosofia. Quando o fizerem, eles encontrarão valores que avançam muito no tempo e dizem respeito a todas as gerações, o que impede que se deixem reduzir a qualquer fórmula puramente econômica.[24] Foi por esta razão que passei os últimos 15 anos fazendo palestras e escrevendo sobre o *fim* da economia enquanto abordagem teórica generalizada das políticas públicas. Em seu lugar, apontei as muitas ferramentas de política *pós*-econômica e modelos interdisciplinares prontamente disponíveis para mapearmos os assuntos de mais amplo alcance e o comportamento dinâmico das sociedades complexas em rápida reestruturação.[25]

A Nova Era de Interdependência Global

6 Globalizações
Novos diferenciais

\+

Feedbacks
Interações — Reações

↓

- Perda da soberania nacional
- Aceleração e
- Irreversibilidade das mudanças

↓

Exigindo uma mudança do paradigma que governa os métodos de conhecimento/pesquisa

Deixando de ressaltar a exatidão, o equilíbrio estático, o reducionismo clássico

Passando a ressaltar os métodos de pesquisa/ferramentas políticas baseados na versão sistêmica: Modelos de desequilíbrio dinâmicos, não-lineares, probabilísticos, orientados por *feedback* (p. ex., as teorias do caos)

FIGURA 3-15

Hoje, por fim, até mesmo a imprensa econômica está repleta de piadas sobre os economistas e suas previsões fracassadas e, como notamos, a *Business Week* afirmou recentemente: "Está claro que os grandes problemas econômicos não se prestam a soluções macroeconômicas."[26] Muitos economistas honestos que transcenderam sua disciplina estão começando a admitir de público que estavam adotando ferramentas políticas mais novas e aguçadas. Herbert Simon, por exemplo, ao aceitar o Prêmio Nobel de Economia, afirmou que não usava métodos econômicos já há uma década e mudara para a teoria dos jogos e outras ciências da decisão.[27] A Figura 1-3 (As Diferenças entre as Percepções, Premissas e Estilos de Previsão de Economistas e Futuristas) sumariza as diferentes abordagens usadas por economistas, futuristas e teóricos de sistemas, mostrando claramente que o novo enfoque recai sobre horizontes cada vez mais longos e fatores sociais mais amplos. Na Figura 3-16 (Novos Modelos de Mudança), esboçamos os principais modelos de mudança que estão sendo hoje usados para mapear os sistemas dinâmicos.

Nos dias de hoje, a mudança social e a reestruturação geral das nações e de suas instituições estão sendo impelidas por pelo menos seis processos massivos de globalização, que analisei em outra obra:[28] a globalização de 1) tecnologia e produção; 2) trabalho, emprego e migração; 3) finanças, informação e débito, e o fator novo de que o dinheiro e a informação agora se tornaram intercambiáveis; 4) o alcance global das armas militares e a corrida armamentista; 5) os impactos humanos sobre a biosfera planetária; e 6) a emergência de uma cultura global e padrões de consumo globais. O sétimo grande processo de globalização envolve a reação aos seis primeiros, isto é, essas novas interdependências estão levando às atuais reestruturações e realinhamentos entre as nações. O efeito mais surpreendente de toda essa interatividade é a perda de soberania de todas as nações, com os líderes nacionais não sendo mais capazes de cumprir suas promessas costumeiras de proteger os cidadãos em tempo de guerra, preservá-los da poluição e riscos ambientais, manter o pleno emprego ou "administrar" a economia interna. As variáveis necessárias para controlar essas condições agora migraram para a arena global, além do alcance interno. Além disso, toda essa interatividade acelera a mudança e é claramente irreversível, o que exige uma mudança correspondente das nossas estruturas de conhecimento, currículos e métodos de pesquisa; mudança essa que, como mencionei, já está em curso. Reconhecendo essa confusão, diversos movimentos populares estão indo além dos sucessos que conquistaram nos últimos 25 anos ao desafiar políticas obsoletas e, na verdade, estão até derrubando governos, como no Leste Europeu e por toda a ex-União Soviética.

O hoje difundido interesse por novos indicadores de desenvolvimento e sustentabilidade global produziu muito debate nos círculos acadêmicos. O Instituto Internacional de Análise Aplicada de Sistemas, da Áustria, produziu alguns bons trabalhos nessa área, como por exemplo a revisão feita por R. E. Munn dos modelos não-lineares interdisciplinares de mudança global, que são adaptativos e interculturais.[29] O "Relatório sobre o Estado do Mundo, 1988", do Instituto Worldwatch, analisa os investimentos de capital necessários como "primeira parcela" para a sustentabilidade, em seis áreas: 1) proteger o solo e as terras aráveis; 2) reflorestar a Terra; 3) desacelerar o crescimento populacional; 4) aumentar a eficiência energética; 5) desenvolver a energia renovável; e 6) resgatar a dívida externa do Terceiro Mundo. A seguir, o Relatório apresenta dois orçamentos alternativos para a segurança global: 1) dando continuidade aos US$ 900 bilhões projetados a serem gastos anualmente com a segurança militar; e 2) definindo a segurança global em termos de desenvolvimento sustentável. Neste último caso, o orçamento militar cai a cada ano, passando de US$ 845 bilhões em 1990 a US$ 751 bilhões no ano 2000, enquanto o orçamento da sustentabilidade se eleva de US$ 46 bilhões em 1990 para US$ 149 bilhões no ano 2000.[30]

Os maiores propulsores para essas novas definições de "segurança comum" continuarão a ser a exaustão econômica dos Estados Unidos e a queda da URSS, bem como a aceleração das forças globalizantes já discutidas. Uma tremenda atividade política por parte dos "cidadãos globais" de todas as nações será necessária para impor essas prioridades aos políticos e outros líderes no campo empresarial e acadêmico, nos sindicatos e outros grupos sociais. Quanto mais tivermos indicadores sociais e econômicos adequados para fornecer um bom *feedback* sobre nosso caminho atual, mais cedo irão os políticos unir-se para a mudança necessária nas políticas. Em especial, é preciso dar a conhecer os custos sociais do nosso caminho atual, desde os US$ 30 bilhões que os Estados Unidos terão de gastar para limpar o lixo tóxico até os US$ 60 bilhões anuais que o cigarro custa em cuidados médicos e absenteísmo nos Estados Unidos. Esses dados estão disponíveis — embora poucos governos paguem para cotejá-los —, por exemplo, no trabalho do dr. Peter Draper no Reino Unido, que tornou possível relacionar tipos de consumo com tipos de doença (como os flocos de cereais açucarados e a cárie dentária), de modo a permitir que tais custos sociais sejam cobrados aos fabricantes.[31]

Outro propulsor rumo à cooperação global é a necessidade crescente nos países industrializados de coordenar as políticas tecnológicas em setores *high-tech* e usar os escassos fundos de P&D (pesquisa e desenvolvimento) de modo mais racional. A necessidade global de uma grande transformação tecnológica está clara nos dias de hoje: das obsoletas tecnologias com uso intensivo de capital, energia e matérias-primas, baseadas em fontes não-renováveis, para a minimização do teor de energia e matérias-primas e reciclagem de todos os componentes. (Ver Figura 3-19: A Reestruturação das Economias Industrializadas.) Somente por meio da "recuperação do verde" nas nossas tecnologias humanas, aumentando sua sofisticação e baseando-as em alicerces biológicos, poderão os seres humanos alinhar suas sociedades com as realidades ecológicas. Ao mesmo tempo, é necessário um financiamento maciço como incentivo a essas tecnologias, bem como à restauração dos ecossistemas e ao controle populacional. Neste ponto, o governo dos Estados Unidos ainda está no paradigma econômico neoclássico, acreditando mais na "magia das forças de mercado" que na política consciente. Por exemplo, a Casa Branca de Bush censura a "política industrial" (isto é, os subsídios do governo a P&D e tecnologias específicas) ao mesmo tempo que se recusa a admitir que as prioridades orçamentárias dos Estados Unidos em P&D (47% para a defesa durante os anos 80, crescendo até 61% no início desta década) *são, em si, uma política industrial* — e não orientadas pelo mercado.

Novos Modelos de Mudança

A ciência sistêmica da Terra	interdisciplinar: placas tectônicas, processos biogeoquímicos e solares, estratosfera e mesosfera (Programa da NASA para a Divisão Internacional de Mudança Global, Washington, DC, 20546)
A matemática da catástrofe	representa pelo menos sete modos pelos quais os sistemas mudam de estado; isto é, bifurcações (René Thom, *Structural Stability and Morphogenesis*, Paris, 1972)
Modelos cibernéticos	homeostase e metamorfose governadas por *feedbacks* negativos e positivos (Magoroh Maruyama, "Paradigmatology", em H. Henderson, *The Politics of the Solar Age*, 1981)
A ordem através dos modelos de flutuação	(Ilya Prigogine, *From Being to Becoming*, São Francisco, 1980)
A teoria do caos baseada em atratores	atratores pontuais, periódicos e caóticos podem "puxar" os sistemas para novos estados (Ralph Abraham, *Dynamics: The Geometry of Behavior*, Santa Cruz, 1984)

FIGURA 3-16

A concorrência no mercado, como vimos, não é uma estratégia apropriada quando o mercado se torna interligado ou superpopuloso e se transforma em um "bem comum". No caso das estratégias de pesquisa e desenvolvimento dos Estados Unidos, os fabricantes norte-americanos de *chips* reconheceram essa mudança em seu ambiente; isto é, o *mercado* de *chips* globalizou-se e o mercado interno tornou-se um "bem comum", exigindo que as regras mudassem do "eu ganho-você perde" para o "todos ganham". Assim, os fabricantes norte-americanos de *chips* para computadores criaram *lobbies* junto ao governo Bush, desde o começo de seu mandato, para: 1) relaxar as leis antitruste, a fim de poderem cooperar e combinar seus fundos para P&D (uma vez que o custo de preparar-se para produzir a próxima geração de *chips* de memória está hoje acima de US$ 1 bilhão, inacessível a qualquer empresa isolada); e 2) estruturar uma política industrial específica para essas inovações tecnológicas a fim de impedir que os Estados Unidos percam a liderança também nessa área. Até agora, eles têm sido frustrados em sua tentativa de mudar as prioridades, que hoje são a defesa nacional e a estação espacial de US$ 40 bilhões da NASA, para as tecnologias críticas, tais como os supercondutores, computadores e matérias-primas, ou de fazer com que os U. S. National Laboratories se dediquem menos à defesa militar e mais às tecnologias industriais que visam fazer da competitividade (global) uma prioridade primeira.[32] Os fabricantes de *chips* foram ao Congresso e promoveram o Ato Nacional de Produção Cooperativa, que relaxa as leis antitruste para permitir um programa conjunto de P&D, mas, em agosto de 1991, esse Ato caiu em outro problema de paradigma: o Congresso queria que ele excluísse qualquer co-produção ou associação em P&D com mais de 30% de capital "estrangeiro" — isto é, o Congresso ainda não compreende a globalização do investimento, da tecnologia e da produção; quando, já em 1985, 40% de todas as "importações" dos Estados Unidos eram intra-empresas, de empresas norte-americanas que possuíam operações no além-mar. Como era de se prever, a Casa Branca anunciou que vetaria a legislação.[33]

Em última análise, deve ser propagada uma compreensão fundamental do papel do dinheiro. O *dinheiro* é informação usada para rastrear transações e marcar pontos entre empresas e indivíduos — ele não é, em si mesmo, uma mercadoria. O sistema financeiro global dos dias de hoje, que reduziu o dinheiro a uma série de *blips* em milhares de terminais eletrônicos comerciais, tornou possível ver que o dinheiro e a informação são equivalentes e intercambiáveis. Essa nova concepção gera uma grande demanda por reformas quando esses sistemas simbólicos do dinheiro são usados para dominar os assuntos humanos, como ocorre com a dívida externa do Terceiro Mundo. Do mesmo modo, o uso excessivo do sistema de preços para implementar políticas sociais tornou-se um mau hábito nos Estados Unidos, cuja economia de "livre mercado" é na verdade uma louca colcha de retalhos de preços administrados, créditos tributários, subsídios e incentivos, todos gerenciados pelas estreitas ferramentas políticas do marionete fiscal e monetário, enquanto as relações econômicas internacionais cedem lugar a políticas grosseiras e oscilantes do dólar e das taxas de juros, alimentando as instabilidades globais. A reforma das políticas monetárias e do papel dos Bancos Centrais na emissão de dinheiro e crédito está ganhando terreno no Ocidente.

Bifurcação de Valores nas Sociedades Pós-Industriais

Visão curta
(o auge dos velhos valores)

- reducionista, "microrrigorosa"
- quantitativa
- hierárquica, dominadora
- ávida, individualista, competitiva
- especulação, ardis dos ativos em papel
- empréstimos, aquisições forçadas, etc.
- déficits orçamentários e comerciais, dívida externa
- financiamento de dívidas, cartões de crédito
- negociação de "futuros", opções, etc.
- valores e vícios consumistas
- sociedade e organizações viciadas
- "o estilo de vida dos ricos e famosos"
- propaganda dirigida a desejos infantilizados
- modelos de crise para a solução dos problemas; soluções paliativas
- "apuros" tecnológicos
- Produto Nacional Bruto e macroeconomia
- comercialização de licenças para poluir o meio ambiente
- pouca preocupação ambiental
- não-ratificação do tratado da Lei do Mar
- prioridades governamentais para armamentos e *hardware*
- as normas tributárias subsidiam a exaustão dos recursos
- "os negócios de sempre", o "economismo" venceu

Visão extensa
(os novos valores)

- integrativa, "macrorrigorosa"
- qualitativa
- participativa, parcerias
- preocupação pela comunidade, cooperação
- investimentos socialmente responsáveis
- princípios "Valdez", critérios de investimento Sullivan e outros
- investir nas pessoas: a nova "Riqueza das Nações"
- aumento das taxas de poupança, equilíbrio do orçamento
- redução dos orçamentos armamentistas
- frugalidade, busca da satisfação "interior" e do crescimento pessoal
- educação globalizante
- guias de compras para um mundo melhor
- produtos "eco-rotulados"
- identificação de problemas pró-ativa, preventiva
- reconceitualização e reprojeto sistêmico
- novos indicadores de desenvolvimento rastreiam importantes tendências sociais para oferecer *feedback* a metas sociais específicas
- ascensão de partidos e movimentos verdes
- Tratado de Montreal, etc.
- prioridades governamentais para negociações, resolução de conflitos
- impostos "verdes" e taxação de usuários
- preocupação e debates sobre ética, valores

FIGURA 3-17

Na era de interdependência que vai se delineando, a nova visão sistêmica global está permitindo um questionamento de todas as nossas disciplinas tradicionais, incluindo a economia e o papel apropriado do dinheiro em relação à riqueza palpável e ao trabalho, aptidões e conhecimento humanos. Também nessa área, quem está abrindo o caminho são os grupos populares que nada têm a ganhar com a perpetração do paradigma dominante, tais como os Local Exchange Trading Systems (LETS), criados no Canadá por Michael Linton e que hoje proliferam, os consórcios agrícolas comunitários, os projetos de construção de habitações em mutirão, o *Community Capital Bank* de Nova York, os clubes de microempréstimos e os grupos de desenvolvimento comunitário tal como o *First Nations Financial Project*, encabeçado por Rebecca Adamson, índia norte-americana, que cria empresas e oferece formação gerencial e mercadológica aos habitantes nativos da América do Norte. Mesmo nos Estados Unidos, novas cooperativas estão florescendo. O Instituto para a Economia Comunitária de Springfield, Massachusetts; o *Bank Notes*, do Banco Cooperativo Nacional, de Washington, DC; e o *Economic Alternatives*, do Co-op America, de Washington, DC — todos eles são fonte constante de novidades nesses desenvolvimentos.

Hoje, uma dúzia das 500 maiores corporações dos Estados Unidos são cooperativas, a maioria delas no setor alimentício. Além disso, 21 cooperativas norte-americanas agora ostentam vendas anuais acima de US$ 1 bilhão, algumas delas no setor varejista, como a Ace Hardware Stores. A participação acionária dos empregados nas empresas também está crescendo. O Centro Nacional de Participação dos Empregados (NCEO) de Oakland, Califórnia, demonstra o crescimento dos Planos de Participação Acionária dos Empregados (ESOPs): 9.870 planos cobrem hoje 11,3 milhões de empregados, ou 13% da força de trabalho civil. Apesar do uso dos ESOPs como defesa contra aquisições hostis, os empregados se beneficiaram da triplicação, desde 1980, de seus ativos em ações, para US$ 120 bilhões. Eu própria venho afirmando a necessidade de mais ESOPs desde os anos 70.

Agora que todos os caminhos de desenvolvimento estão interligados e interativos através das comunicações de massa, o sistema comercial mundial — como mencionei no Capítulo 2 — dará menos ênfase ao *hardware* e mais ao *software* à medida que o conhecimento se difundir com rapidez cada vez maior. As empresas multinacionais terão menos oportunidades de lograr retorno de seus investimentos em P&D; quando a IBM introduz uma nova linha de computadores, "clones" produzidos por terceiros logo aparecem no mercado mundial. Essa tendência representa aquele modelo do comércio mundial que chamei de modelo da "vagem madura": as empresas e países industrializados maduros liberam seu conhecimento e o "espalham", apesar das patentes. Isso encontra feroz resistência por parte das corporações e negociações comerciais, e ajudou a afundar a Rodada Uruguaia do GATT em 1991. Contudo, já que a informação "flui" e não é "escassa" como o são os bens, ela pode ser compartilhada num jogo em que todos ganham. Imensos ganhos de eficiência podem ser assim alcançados e tecnologias ambientalmente saudáveis podem ser compartilhadas, com imensa economia de energia, transporte e distribuição. À medida que os países são forçados a pensar com mais seriedade sobre qual é o seu verdadeiro "nicho" de mercado, eles buscarão a vantagem *criativa* e se tornarão mais singulares em suas exportações e menos sujeitos à concorrência. Os dons únicos de cada país poderão ser mutuamente oferecidos, e todos terão condições de saborear a crescente diversidade da família humana, assim como hoje saboreamos a comida, a arte, a música e a cultura uns dos outros.

À medida que as sociedades industrializadas se aproximam dessa visão de "serviços" e "amenidades", além da produção propriamente dita, a ênfase também se desloca dos ciclos de obsolescência e inovação para a durabilidade e a otimização geral. Um problema intrínseco de toda a contabilidade da renda nacional é o foco sobre os *fluxos*, e não sobre os *estoques*, enfatizado — este último — naquele que ainda é o livro fundamental do Ocidente sobre a revisão dos modelos econômicos: *The Entropy Law and the Economic Process*, do cientista romeno Nicholas Georgescu-Roegen. A China já apresenta essa visão mais ampla e sistêmica, que é de bom augúrio para um desempenho e eficiências gerais. Os estudos China 2000 são um modelo para outros países, inclusive para os Estados Unidos, onde estudos semelhantes, como o *Relatório Global 2000* apresentado ao presidente Carter em 1979, foram ignorados. Hoje, a nova "Escola da Solvência", liderada por Paul Kennedy, autor de *The Rise and Fall of the Great Powers*, e que reúne James Chace, Mancur Olsen, David Calleo, George Kennan e outros, ganhou a mais ampla credibilidade. Os cidadãos norte-americanos finalmente estão despertando para o declínio *relativo* dos Estados Unidos em um novo mundo multipolarizado com vigorosos novos parceiros comerciais. A importância da briga a respeito dos indicadores pode ser vista como essencialmente política; e quanto mais suspeitos e inexpressivos se tornam os indicadores econômicos convencionais do "progresso", mais os políticos precisam recorrer às pesquisas de opinião pública, que em sua maior parte são superficiais. Uma nova prova do "*flap* de produtividade declinante", que examinei em *Politics of the Solar Age*, confirmou minha hipótese de uma "computadorização irrefletida" e custos sociais crescentes. *The Economist* explorou o problema em seu artigo "Excesso de computadores entornam o caldo" e descobriu que o aumento de compras de computadores, de 11% de todos os equipamentos duráveis em 1970 para 51% em 1989, tinha produzido um aumento mínimo, se tanto, da produtividade da mão-de-obra — criando um excesso de informações inúteis e muitas vezes impondo uma "sobrecarga de informações" sobre os gerentes (24 de agosto de 1991, p. 30). A baixa eficiência energética, como já se notou, é uma outra causa.

Muito embora esse declínio seja real (ver Figura 3-18: O Declínio Relativo dos Estados Unidos no Mundo), é fundamental para os Estados Unidos a tarefa política de fazer ver esse declínio relativo em termos *positivos* — não nas alegações frívolas de alguns comentaristas de que os Estados Unidos "venceram" a Guerra Fria e o capitalismo se fez valer, mas salientando a visão positiva de um mundo mais seguro e multipolarizado que agora se apruma para construir uma nova era de interdependência e de cooperação global rumo ao Desenvolvimento Mutuamente Sustentável, em conjunto com todos os novos parceiros industriais e os países do Sul. À medida que se continua a debater em muitos níveis as mais recentes definições de "segurança" em termos econômicos, sociais e ambientais, o debate nos Estados Unidos pode ajustar-se às novas realidades globais — em especial se novos indicadores sociais de progresso forem elaborados. Hoje, dois terços dos norte-americanos concordam com a Escola da Solvência em que os Estados Unidos se enfraqueceram em comparação com outros países, enquanto 45-50% acreditam que o país está "escorregando perigosamente", de acordo com uma pesquisa de Stanley B. Greenberg feita em 1988.[34]

Embora a Escola da Solvência denuncie corretamente a exaustão econômica mútua das superpotências, ela não vê o conjunto mais fundamental de tensões que a rivalidade entre as superpotências impõe às comunidades humanas e aos sistemas naturais, uma vez que, evidentemente, poucos indicadores dessas dimensões são publicados. Só quando esses indicadores oferecem um *feedback* científico e oportuno sobre uma ampla gama de variáveis, dentro de parâmetros mais amplos e globais, é que as nações podem pilotar a nau do Estado com painéis de instrumentos dotados de suficiente exatidão e sensibilidade para continuamente corrigirem o curso no caminho rumo ao desenvolvimento sustentável. Está claro que a maioria dos dados já está disponível — sobre educação, saúde, alfabetização, expectativa de vida, mortalidade infantil, abrigo, qualidade do ar e da água — para complementar as médias de renda *per capita*. Outras categorias que precisam ser trabalhadas são os direitos humanos e a participação política, e muitos dados sobre esses temas podem ser obtidos junto à Anistia Internacional e outras organizações defensoras dos direitos humanos. Menos acessíveis, embora também disponíveis, são os "preços-sombra" (ou "preços contábeis") equivalentes aos serviços e à produção não-remunerada, incluindo a troca e o contracomércio — bem como grande parte do trabalho produtivo de sistemas naturais. Por exemplo, as fontes renováveis de energia são na verdade bem mais abundantes do que os combustíveis fósseis, e se os "defensores da oferta de energia" tirassem os antolhos de seus velhos paradigmas econômicos, veriam que ao longo dos próximos 30 anos os países industrializados poderiam reduzir pela metade o uso de energia *per capita*, sem prejudicar suas economias.

Um *Paper 100* do Worldwatch, de dezembro de 1990, salienta os ganhos de eficiência e reduções de custo que decorreriam da adoção da energia solar, fotovoltaica, eólica, de biomassa, hidrogênio, e o potencial ainda enorme para ganhos de eficiência nos projetos de construção, iluminação, calefação, etc. Ao longo das últimas duas décadas, por exemplo, o preço da eletricidade solar caiu de 30 dólares por quilowatt/hora para 30 centavos de dólar. E se carros elétricos fossem usados para 25% de todas as viagens terrestres nos Estados Unidos, o uso total de eletricidade só aumentaria em 7%. O hidrogênio de base solar poderia ser usado para gerar essa eletricidade, e as células combustíveis de hidrogênio para esses carros elétricos já têm uma eficiência de 70% (comparada à eficiência inferior a 25% dos motores a gasolina).

A disponibilidade de capital é o dilema e o sintoma tanto do processo de globalização quanto da reestruturação, imprevista em sua maior parte, da economia norte-americana. Os mercados de capital foram desregulamentados nos Estados Unidos e o capital tornou-se altamente centralizado, como resultado disso e da busca global por vantajosas taxas de juros e diferenciais monetários nos mercados financeiros mundiais hoje intimamente interligados. Isso deixa a maior parte das localidades desprovida da liquidez necessária, à medida que o dinheiro gerado no local é "aspirado" por filiais dos grandes bancos investidores. Esse déficit crônico de liquidez para a circulação e

O Declínio Relativo dos Estados Unidos no Mundo

Alguns pontos fundamentais esquecidos:

- Defasagem de investimentos em recursos de "capital humano"
- Setor energético ainda relativamente ineficiente
- Setor de saúde
- Gerenciamento "desperdiçador"
- Custos ambientais e índice de esgotamento de recursos
- Infra-estrutura ineficiente, envelhecida, decadente
- Código tributário ineficiente
- Cultura orientada para o consumidor
- Visão de curto prazo
- Defasagem na produtividade do setor de serviços

FIGURA 3-18

o comércio locais, bem como para investimentos e outros fatores, é a causa básica da vulnerabilidade local. Não causa surpresa que novas formas de troca operadas por computador, de intercâmbio de aptidões e outras "moedas" locais estejam em uso em milhares de localidades dos Estados Unidos e Canadá.[35] Enquanto isso, as únicas que têm capital para investir são aquelas empresas gigantescas e bem-sucedidas que localidades são forçadas a procurar "atrair", concorrendo abertamente com outras cidades, Estados e até outros países.

Ao mesmo tempo, em Wall Street, bilhões de dólares de dinheiro "quente" e faminto competem ferozmente por oportunidades cada vez mais escassas de implantar projetos tecnológicos cada vez mais avançados, com a esperança de emplacar ao menos um grande vencedor. Uma empresa que não oferecer um retorno anual de pelo menos 30% sobre o investimento sequer é levada em conta, enquanto milhões de microempresas modestas e úteis, que atendem a necessidades do mercado local e regional, ficam demasiado desprovidas de capital para se expandir e muitas são levadas à falência quando passam por um aperto temporário de caixa. Assim, muitas necessidades locais de bens e serviços produzidos localmente, que construíram uma economia local estável, deixam de ser atendidas, e muitas pessoas precisam viajar longas distâncias para adquirir bens e serviços essenciais nas revendedoras regionais das grandes empresas multinacionais. Desse modo, a iniciativa local é estrangulada, de modo quase idêntico ao que acontece numa economia centralmente planejada. Esse tipo de absurdo ocorre quando se permite que as forças do mercado reinem soberanas, em vez de desempenhar um papel equilibrado na alocação de recursos. É claro que a economia tradicional reconhece isso na teoria dos monopólios, e espera-se do governo dos Estados Unidos que regulamente os monopólios. No entanto, o poder político, as contribuições de campanha, o trabalho dos *lobbies*, a propaganda e o serviço de "pesquisa" permitem que muitas dessas empresas monopolistas controlem os meios de comunicação, grandes áreas da produção e do fabrico de armas, ganhando enormes contratos governamentais e influenciando as políticas econômicas.

Muitas localidades dos Estados Unidos estão despertando para a impossibilidade de continuar adotando o velho "modelo colonial" de desenvolvimento econômico, uma vez que ele as deixa totalmente expostas à nova montanha-russa do comércio mundial, vulneráveis aos súbitos deslocamentos dos investimentos, às oscilações cambiais, aos saltos das taxas de juros e à concorrência por menores salários, enquanto seus planos locais cuidadosamente elaborados caem por terra a cada manhã, à medida que os mercados financeiros vão abrindo as portas em diversas cidades do mundo. Na Flórida, um relatório de 1987, *Florida Sunrise*, desloca a ênfase do modelo colonial para um modelo no qual a educação e o investimento nos cidadãos são vistos como um novo caminho para o desenvolvimento.

Assim, a velha visão do desenvolvimento econômico como "crescimento" se deparou com esses novos empecilhos, e a maior parte dos Estados norte-americanos está agora desenvolvendo planos de "gerenciamento do crescimento" e "taxas de impacto do desenvolvimento", que cobram das construtoras e empreiteiras uma parte dos custos infra-estruturais decorrentes de seus projetos. Muitas das grandes empresas que perdem essas novas brigas com os governos locais, ou se recusam a pagar as "taxas de impacto", simplesmente se mudam para o outro lado da fronteira com o México e estabelecem suas fábricas, as conhecidas *maquiladoro plants*, em cidades politicamente fracas da fronteira mexicana. Também essas cidades estão se tornando sobrecarregadas com o influxo de migrantes em busca de emprego, e suas bases tributárias são insuficientes para proporcionar infra-estrutura e serviços básicos. Todos esses assuntos vieram à tona no Acordo de Livre Comércio EUA-México. Não causa surpresa que muitos funcionários e políticos estaduais e municipais estejam agora aprendendo que o desenvolvimento no mundo de hoje exige uma abordagem em dois tempos: primeiro, aprender a desempenhar um papel bem mais esperto na pista global de alta velocidade e encontrar estratégias de exportação que não sejam facilmente copiadas pelos outros, isto é, nichos genuínos de verdadeira vantagem *comparativa* (e não competitiva), parcialmente baseados nos conceitos de Adam Smith; segundo, desenvolver uma economia local para oferecer segurança básica e atender às necessidades locais com recursos locais em empresas de menor escala. Pode-se ver elementos comuns dessa abordagem nos Estados Unidos e no sistema de contrato agrícola da China, que hoje se difunde pela ex-URSS.

O "atraso" intelectual é evidente não só nas ciências sociais e políticas como também nas universidades, com seu foco estreito sobre disciplinas fragmentadas e sistemas de distribuição de cargos. Atrasos semelhantes em nossas instituições, incluindo o governo, as empresas, os sindicatos e as confissões religiosas, criam frustrações, já que os indivíduos aprendem muito mais depressa do que as instituições. Vemos assim, à medida que essas grandes mudanças globais se desenrolam, as três zonas dessa grande transição, já descritas no Capítulo 2: 1) a zona de ruptura, na qual as velhas instituições e formas estão se desestruturando; 2) a zona de bifurcação, a de maior incerteza, na qual as pessoas vão tomando novas posições enquanto o velho solo se torna instável; e 3) a zona evolutiva, onde assistimos ao surgimento de novas formas, estruturas, conhecimentos, valores e objetivos. Vemos também, na maior parte das sociedades industrializadas maduras, tais como os Estados Unidos e a Inglaterra, a ocorrência de uma clássica bifurcação de valores industriais (ver Figura 3-17: Bifurcação de Valores nas Sociedades Pós-Industriais), com o auge dos valores expansionistas de curto prazo que foram tão bem-sucedidos no passado: concorrência, avidez, consumo material e individualismo, levando a dívidas enormes, ao duplo déficit, vícios e outros problemas sociais que hoje enfrentamos. Por outro lado, assistimos ao surgimento de novos valores mais adequados ao estágio pós-industrial, num século globalmente interdependente: maior ênfase na cooperação, poupança, investimentos e estratégias gerenciais de prazo mais longo, conservação ambiental e formas sustentáveis de desenvolvimento (definidos como valores que satisfazem às necessidades das populações atuais sem excluir as opções pelas quais as gerações futuras poderão atender a essas mesmas necessidades).

Ao entrarmos no século 21, a nova era é uma era de interdependência global e de desenvolvimento mutuamente assegurado, já que nenhuma nação ainda pensa ser capaz de alcançar a hegemonia mundial. A maioria vê que todo o nosso Planeta está se tornando um único bem comum global, uma vez que todos temos de compartilhar sua atmosfera, seus oceanos e seu espectro eletromagnético. Mesmo o sistema financeiro global, que nasceu de um mercado mundial competitivo, adquiriu as feições de um bem comum "sem quebras nem emendas" — feito de investigadores e gerentes de ativos financeiros que trabalham 24 horas por dia, mercados de ações e nações devedoras e credoras —, todos no mesmo barco. Como já discutimos, quando todos os nichos de um mercado ficam ocupados e o mercado se torna todo interligado, ele passa a ser um bem comum (isto é, um recurso que todos precisam partilhar) e começam a valer as regras de um jogo em que todos ganham (a cooperação). Se as regras do "eu ganho-você perde" ainda forem aplicadas, como se o bem comum fosse um mercado, todos acabarão perdendo, como se explica no Capítulo 2. A teoria econômica hoje se esforça para atualizar, através de pesquisas, o modo de gerenciar esses recursos comuns, já que este é o assunto do futuro. Contudo, na maioria dos textos econômicos, as teorias sobre esses bens comuns costumam ser relegadas a uma simples menção ou nota de rodapé, sob o termo mais conhecido de "fracassos do mercado". Os teóricos dos sistemas reformularam a questão, vendo-a sob os prismas dos sistemas abertos (mercados) e os dos sistemas fechados (bens comuns); o problema da destinação dos recursos é visto sobretudo em termos da teoria dos jogos. (Ver Figura 2-11: Os Diferentes Modelos de Mercados e Bens Comuns.) Dois textos úteis a esse respeito são *The Evolution of Cooperation*, de Robert Axelrod (Basic Books, 1984), e *No Contest*, de Alfie Kohn (Houghton-Mifflin, 1986).

Os debates atuais sobre a reestruturação, quer se trate da perestróica na antiga União Soviética, quer das reformas econômicas, da desregulamentação, etc., em outros lugares, concentram-se em dois temas fundamentais: 1) *O que é importante* sob as novas condições?; e 2) *Quem, o que, quando, por que, onde* e *como* regulamentar ou desregulamentar? Isso porque todas as economias são, em essência, conjuntos de regras derivadas de vários sistemas culturais de valores que determinam, de modos diversos, quais metas são importantes e quais atividades e empregos são úteis para se alcançar essas metas. O fracasso dos modelos econômicos de desenvolvimento está relacionado com sua incapacidade de aceitar essas diversas metas e valores, que distinguem as diferentes culturas, e tentar, em vez disso, impor fórmulas a respeito do que é "correto" em termos de políticas, coeficientes capital/trabalho e modelos de "eficiência" e "produtividade" que não só são estranhos a muitas culturas, mas que, hoje sabemos, também ignoram o papel produtivo dos sistemas naturais.

O novo debate sobre o que é o "desenvolvimento sustentável" gira em torno de todos esses temas e vai além das fórmulas elegantes, buscando decodificar os vários "DNA culturais" de cada sociedade específica para descobrir o que seus povos consideram importante e qual o *menu* de bens, serviços e amenidades que eles pensam ser o melhor. Saindo da retórica economista, está agora claro que o *papel do governo é fundamental*, quer intervindo para promover o mercado, quer "comandando e controlando" métodos de administração, tanto nos países industrializados quanto nos países "em desenvolvimento".[36] Nas empresas, do mesmo modo, o papel do gerenciamento é vital; nesse campo, são fundamentais a redistribuição da autoridade e a reforma do estilo autoritário; além de uma nova percepção e preocupação pelo social, como diz Taichi Sakaya em *The Knowledge-Value Revolution* (Kodansha International, 1991).

Do economismo à teoria sistêmica

Para muitos, o importante não é fazer com que um país seja centralmente planejado, misto (como é a maioria) ou capitalista, uma vez que os efeitos do modelo industrial subjacentes são os mesmos em todo lugar; o essencial é que as sociedades sejam *ciberneticamente projetadas* para incorporar — em todos os níveis de tomada de decisão, desde a família e a comunidade até os níveis estadual e nacional — o *feedback* proporcionado pelas pessoas *afetadas* pelas decisões. Assim, o instinto dos líderes nas sociedades centralmente planejadas (e nas corporações gigantescas!) é descentralizar o processo decisório e incorporar uma parte maior desse *feedback*, seja usando preços (corrigidos pelos custos sociais, espera-se) ou votos (isto é, mediante a democracia). Mas, como discutimos no Capítulo 2, preços e votos não são as únicas formas de *feedback* de que as sociedades complexas precisam para corrigir o curso de seus processos decisórios. Outros *feedbacks* vitais são os meios de comunicação de massa (a televisão, em especial), genuinamente livres e até mesmo voltados para a investigação e a denúncia, organizações cívicas de consumidores e trabalhadores, todos os tipos de associações livres, inclusive grupos empresariais — desde que nenhum deles possa dominar os outros e obter acesso indevido aos processos políticos e econômicos — e, é claro, todos os *feedbacks* da Natureza que agora se começam a perceber. Todos esses novos assuntos adequam-se muito mais às molduras amplas e interdisciplinares da teoria sistêmica, dos estudos futurológicos e de ferramentas políticas pós-econômicas tais como a avaliação tecnológica, os estudos de impacto ambiental, os indicadores sociais e outras, do que ao beco sem saída da teoria econômica. Um foco gerencial macroeconômico, além disso, pode voltar a precipitar os debates no antigo eixo direita/esquerda da Guerra Fria entre as ideologias comunista e capitalista.[37] As sociedades em reestruturação do Leste Europeu e do antigo império soviético poderiam deixar de lado as velhas ideologias que insistem nas "forças mágicas do mercado", e aderir à nova onda de inovação gerencial que promove a participação dos empregados, estilos cooperativos de liderança e novos valores. Alguns livros recentes que podem ser úteis são: *Creative Work* (Knowledge Systems, 1990), de Willis Harman e John Hormann; *Worklife Visions* (American Society for Personnel Administration, 1987), de Jeffrey Hallett; *Equitable Capitalism* (Stuart Speiser, org., Apex Press, 1991); *Integrative Management* (Basil Blackwell, 1991), de Pauline Graham; *Second to None* (Business One-Irwin, 1992), de Charles Garfield; bem como o clássico de Fred Emery e Eric Trist, *Toward a Social Ecology* (Plenum Press, 1973).

Hoje, podemos tirar as velhas lentes ideológicas do "economismo" e ver que a história do século 20, em grande parte, gira em torno de tentativas de controlar sociedades humanas que atingiram níveis populacionais sem precedentes. Como espécie biológica, não temos nenhuma experiência de comportamentos que não os aprendidos em pequenas comunidades e tribos, nos ambientes agrícolas, rurais e descentralizados.[38] Neste século, a maioria das experiências de urbanização, nacionalização e governo aglutinado de amplas e diversificadas regiões e etnias foi insatisfatória, pois somos uma espécie jovem. Mostraram-se instáveis todas as tentativas de sintetizar ideologias capazes de arregimentar a lealdade de muitos e organizar amplos esforços produtivos, seja ao redor de reis, generais ou líderes religiosos; instáveis os grandes empreendimentos do Estado, as cruzadas ou até mesmo a promoção da xenofobia, que se vê em toda parte. Essas tentativas culminaram em esforços organizadores chocantes, como o Terceiro Reich de Hitler, as duas guerras mundiais, os Gulags de Stalin e a China de Mao. Agora o jogo mudou irrevogavelmente e nós, seres humanos, precisamos aprender a superar nossos deficientes sistemas de crenças, todos os "ismos", desde o nacionalismo e o tribalismo até as intolerâncias religiosas, o comunismo, o capitalismo e mesmo o industrialismo. Só resta ver se o ambientalismo consegue evitar cristalizar-se num conjunto de dogmas.

Ao nos aproximarmos do século 21, estamos verdadeiramente em um ponto de mutação. De pouco nos adiantará agora continuar a debater sobre quem é o culpado pelos colossais erros do passado. Tampouco é útil perpetuar as rivalidades da Guerra Fria esfregando o sal da queda do comunismo nas feridas dos soviéticos, europeus orientais ou chineses. É hora de sepultar de vez tanto Karl Marx quanto Adam Smith e reformular os velhos debates em contextos bem mais amplos e em termos interdisciplinares. De todo modo, lembremo-nos de que as fracassadas tentativas organizacionais da maioria da humanidade se fizeram, pelo menos, *em nome* do progresso e da melhoria da condição humana. Hoje, todos nós aprendemos muito com essas experiências, mesmo que terríveis, e os líderes tanto dos países socialistas quanto dos capitalistas podem aprender alguma coisa uns com os outros. A cooperação imposta pelo Estado requer o fermento do incentivo aos indivíduos; por outro lado, a concorrência imposta pelo Estado e a maximização do lucro individual requerem molduras éticas, tais como as que buscamos hoje. Os líderes socialistas estão estudando as economias de mercado mistas e regulamentadas do Ocidente e descobrindo que elas quase nada têm que ver com os compêndios econômicos neoclássicos. Em vez disso, eles observam as características constantes dos mercados predominantemente criados e regulamentados pelos governos, sobre os quais buscam aprender mais. Por exemplo, o lema da reforma econômica de Deng Xiaoping é "o governo regula os mercados e os mercados guiam as empresas". Os chineses estão ficando para trás em reformas democráticas, mas estão à frente dos soviéticos em reformas econômicas.

Em parte alguma são mais superficiais os gritos anunciando o triunfo do capitalismo e do mercado do que na nova cria do economismo que se autodenomina "economia ambiental ou de recursos", ou mesmo, mais pretensiosamente, "economia ecológica" — tentando desesperadamente igualar o passo com os acontecimentos e as novas questões de política econômica. Como discuti em *Politics of the Solar Age*, um dos problemas é a superlotação da classe dos economistas e o número excessivo de economistas recém-graduados que saem das linhas de produção acadêmicas, o que leva ao "efeito de caça aos desastres" que vemos também na área jurídica. Encontramos, entre os economistas, a mesma bifurcação dos valores entre as preocupações de curto e longo prazo: por um lado, os economistas cujo nicho de mercado é tentar socorrer os setores declinantes das sociedades industriais (isto é, as empresas irrecuperavelmente comprometidas com processos, bens e serviços que fazem uso insustentável ou excessivo de recursos e energia, desde a energia nuclear e sistemas de armas de devastação até embalagens não-recicláveis e automóveis movidos a combustível fóssil) e, por outro lado, os economistas que apostaram em setores emergentes

A Reestruturação das Economias Industrializadas

Setores obsolescentes (insustentáveis, entrópicos)

- Indústrias e empresas baseadas no uso intenso de energia e materiais não-renováveis
- Burocráticos, grandes, menos flexíveis
- Produtos e embalagens não-recicláveis
- Contratos militares
- Produtos feitos de materiais tóxicos, não-biodegradáveis e poluidores; produtos descartáveis
- Obsolescência planejada
- Pesticidas químicos, fertilizantes inorgânicos
- Equipamentos agrícolas pesados
- Bens de capital, processos mecânicos e sistemas de processamento poluidores e ineficientes
- Indústrias extrativas com baixo valor agregado
- Combustíveis fósseis, energia nuclear
- Cuidados de saúde baseados em alta tecnologia hospitalar
- Alimentos altamente processados
- Publicidade encorajando desperdício e práticas poluidoras
- Investimento em *shopping centers*
- Especulação imobiliária
- Veículos grandes e ineficientes do ponto de vista do combustível
- Monoculturas agrícolas
- Produtos de madeira de lei e das florestas tropicais

Setores emergentes (sustentáveis, baixa entropia)

- Indústrias e empresas baseadas no uso ineficiente de energia, materiais e aptidões humanas
- Empreendedores, pequenos, flexíveis
- Produtos recicláveis, remanufatura
- Conservação, inovação
- Motores, carros e transporte público eficientes do ponto de vista do combustível
- Sistemas de energia solar e renovável
- Comunicações, informação, serviços
- Infra-estrutura, educação, treinamento
- Satélites de comunicação
- Manutenção da paz, observância dos tratados
- Bens de capital e processos eficientes
- Indústrias restauradoras, reflorestamento, recuperação do verde dos desertos, gerenciamento da qualidade da água
- Promoção da saúde e prevenção de doenças
- Agricultura orgânica, sistemas de baixo cultivo
- Gerenciamento integrado de pragas
- Controle, limpeza e prevenção da poluição
- Alimentos naturais
- Reciclagem e reutilização do lixo
- Projeto e planejamento comunitário
- Setor "amoroso"

FIGURA 3-19

baseados em princípios ecológicos de sustentabilidade a longo prazo (por exemplo, empresas que fazem uso de energia renovável, conservação, reciclagem, remanufatura, transporte público movido a energia renovável, manutenção da saúde, prevenção de doenças, agricultura orgânica).

Está claro que a economia, quando a serviço de um ou outro desses dois setores divergentes e de suas metas e valores, assume feições bem diferentes. Para o *setor insustentável*, ela tende a ser a economia das ações de retaguarda: jogar para ganhar tempo, fazer *lobby* contra regulamentações e promover soluções "de mercado", tais como licenças de poluição e semelhantes. Para o emergente *setor renovável* (em sua maioria, empresas pequenas ou novas), as análises econômicas são engrenadas para combater os velhos gigantes e seu poder de mercado e sua influência no estabelecimento das regras, quantificando os custos sociais e ambientais de subsídios e incentivos prévios, etc. Desse modo, a economia é por fim desmascarada: ela não é a ciência "livre de valores" que alega ser, mas apenas uma profissão (na qual há pouco controle de qualidade, aliás), com todas as propensões e compromissos com valores sociais que caracterizam qualquer outra profissão. A partir desse ponto de vista, a economia também é uma ideologia das mais suspeitas em suas pretensões quantitativas e técnicas. A economia colonizou nossos processos democráticos ao afirmar que importantes choques entre velhos e novos valores seriam "solucionáveis" através da razão custo/benefício e da análise de risco, com toda a desacreditada bagagem da economia do bem-estar: o Grau Ótimo de Pareto ainda impingido sobre um público incauto, como discutimos em detalhes em *Politics of the Solar Age*. Por exemplo, o valor de um mangue (um dos sistemas mais produtivos do Planeta) é comparado com o de um projeto habitacional — a ser feito aterrando-se o mangue — em termos de preço, usando-se o princípio da "disposição a pagar": pergunta-se a pessoas que não tenham qualquer interesse financeiro no projeto habitacional, o quanto estariam dispostas a pagar a fim de que fosse conservado o mangue! Esses absurdos, que são comuns à maior parte das aplicações desse tipo de economia, não merecem mais comentários.

Os valores são as forças primárias em todas as sociedades humanas (apesar da teoria marxista). Os valores impulsionam todos os diversos sistemas econômicos, que, como dissemos, são apenas programas de regras (na terminologia da computação); e impulsionam os produtos de tais sistemas: várias configurações de "mobiliário" tecnológico e diversas infra-estruturas, sistemas educacionais, normas, etc. Os indicadores, como o PIB, desempenham a função "compradora", para garantir que o programa esteja rodando de modo adequado, conforme as regras. Quando há mudanças nas condições externas, tais como as vividas hoje por todas as sociedades à medida que se aceleram os processos atuais de globalização, os cidadãos precisam encontrar novas instâncias — além do voto ocasional nas eleições — nas quais possam dar sua opinião acerca dos temas e valores nos quais se deve continuar a insistir. Isso deve ser feito em linguagem vernácula, não mais tornada ininteligível pelos algoritmos econômicos que ocultam premissas e valores obsoletos. Vemos essas novas instâncias nas reuniões anuais das corporações, nos programas de debates e entrevistas da TV e do rádio e no grande aumento, na maioria das sociedades industrializadas, do número de movimentos populares em favor da proteção ao meio ambiente, da proteção ao consumidor,

A Visão Econômica

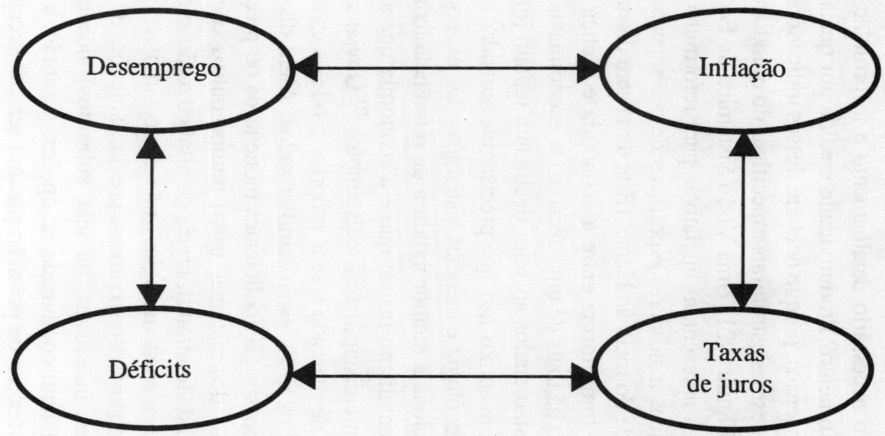

FIGURA 3-20

da responsabilidade empresarial, dos direitos humanos, dos direitos dos animais, etc., e em toda uma infinidade de boletins informativos e *press releases*.[39]

Não é de admirar que a velha política bipartidária esteja fracassando, dominada como é pelos grupos de interesse do setor insustentável e seu poder sobre o mercado e a política. Até que os novos valores e preocupações éticas recebam a atenção que lhes é de direito nos partidos políticos e nos meios de comunicação de massa, os eleitores continuarão a abster-se de votar. Por razões similares, o gerenciamento macroeconômico está fracassando, usando modelos que ainda são demasiadamente estáticos, de curto prazo, e baseados nas premissas de equilíbrio, todos eles em níveis heróicos de agregação — níveis de investimento, de taxas de juros e de desemprego —, o que não permite o necessário detalhamento e a formulação de perguntas tais como: que *tipo* de investimento? Produtividade medida por quais *critérios*? É impossível chegar a novos consensos, porque nenhum desses indicadores macroeconômicos consegue lidar com as questões estruturais específicas do mundo real (ver Figura 3-20: A Visão Econômica, e Figura 3-21: Uma Visão Sistêmica da Economia Global). Assim, hoje diversos países apresentam iniciativas para reformular o PIB e acrescentar aos indicadores econômicos indicadores específicos de desempenho social — na saúde, na educação, na qualidade do meio ambiente. (Este tema será discutido no Capítulo 6.)

O debate que hoje toma forma entre a economia e a ética ambiental de longo prazo já está cozinhando há mais de uma década. Os economistas cujos investimentos intelectuais e clientes estão atados ao setor declinante tentam influenciar os ambientalistas, insistindo em que somos *nós* que precisamos aprender economia, e não *eles* que precisam aprender ecologia e ciências sistêmicas. Os economistas ainda alegam que a economia proporciona a melhor moldura de referência teórica geral para a política, enquanto o ambientalismo insiste que é a economia que agora deve encontrar seu lugar em modelos interdisciplinares mais amplos.[40] Obviamente, os economistas preferem as "soluções" de mercado e seus próprios modelos estreitos de "eficiência" e "produtividade", com os quais estão familiarizados. Além disso, têm propensão a reduzir tudo o que for possível a coeficientes monetários ou preços — "sombra". Os ecologistas e os teóricos dos sistemas usam muitos outros coeficientes — tempo, hectares de terra, mortalidade infantil, níveis de alfabetização, etc. — e esta "política de métodos de pesquisa e epistemologias" não é tão simples, ou simplista, quanto aquela.[41] O governo Bush endossou, como se previa, "soluções de mercado" tais como impostos sobre efluentes, incentivos (ou seja, subsídios), licenças de poluição, etc. Isso tudo tem seu lugar num combinado de opções. Contudo, a proposta mais controvertida é que essas licenças de poluição possam ser comercializadas entre as empresas nos mercados recém-abertos, a fim de que as empresas submissas aos padrões de qualidade do ar, por exemplo, possam vender seus direitos de vomitar mais poluição às empresas que ainda violam os padrões ou às empresas que querem entrar naquela área e erguer novas instalações poluentes.[42] Essa perversão da teoria de mercado foi usada em alguns casos durante o governo Reagan, e apresentei argumentos detalhados contra ela em outro livro (*Politics of the Solar Age*, pp. 245-282). Essas políticas crescem, como ervas daninhas, a partir da teoria de mercado neoclássica e dos compêndios de economia que não dão conta do modo como os mercados são distorcidos pelo poder e pelo acesso desigual à informação e às oportunidades de lucro.

Esse tipo de má aplicação da teoria de mercado aos problemas políticos, sociais e de saúde pública surgiu da famosa Escola de Chicago (Chicago School of Economics), e seu principal proponente é Milton Friedman, co-autor de *Free to Choose,*[43] onde se salienta o ponto básico de sua teoria: a liberdade *individual* no mercado, em vez dos novos interesses do bem comum global. As doutrinas da Escola de Chicago penetraram em muitas das escolas de Direito dos Estados Unidos e são ensinadas nas disciplinas de "Direito e Economia". Elas pressupõem que nosso sistema político democrático seja simplesmente análogo a um mercado onde os conflitos possam ser resolvidos entre pessoas físicas e grupos de interesse mediante a aplicação de princípios econômicos de bem-estar, tais como a compensação por danos causados a terceiros por atividades de mercado, sua disposição de pagar para evitar danos, etc., assim evitando a necessidade de demasiada regulamentação. Algumas dessas idéias ainda funcionam bem em pequenas comunidades, onde o tecido social esteja intacto e sanções éticas sejam aplicadas para controlar o comportamento puramente egoísta ou danoso. No entanto, são irremediavelmente obsoletas nos casos em que é necessário compartilhar recursos *comuns* como o ar, a água e o espaço aberto, nas sociedades urbanizadas e superpopulosas de hoje, cujo jogo carece de regras em que todos ganhem para que todos tenham acesso a esses recursos. Até mesmo o juiz Bork, em sua malograda audiência de confirmação para um assento na Suprema Corte, afirmou que abandonara a crença em grande parte da teorização por trás do "Direito e Economia".

Embora essas teorias de mercado deslocadas talvez sejam as mais inadequadas para lidar com nossos bens comuns ambientais e globais, elas são defendidas por muitos funcionários da Agência de Proteção Ambiental (EPA), do Congresso e mesmo de alguns grupos ambientalistas que contam com economistas persuasivos em seus quadros. As propostas de comercialização das licenças de poluição costumam ser entremeadas com toda uma gama de outros usos menos questionáveis do código tributário, subsídios, incentivos e outros sinalizadores de preços, que podem impulsionar a mudança tão bem ou melhor do que algumas regulamentações (tais como maiores impostos para a gasolina que, na minha opinião, são essenciais). No geral, sou favorável à taxação dos fabricantes e usuários e me coloco contra os subsídios e incentivos. Os subsídios tendem a criar um conjunto de empresas "clientes" ou todo um ramo de produção que então adquire poder de mercado para exercer influência a favor da perpetuação desses subsídios — dificultando ou inviabilizando a entrada de novas empresas nesse mercado. Por exemplo, o "Projeto 88: A utilização das forças de mercado para proteger nosso meio ambiente", um estudo patrocinado pelos senadores Tim Wirth e John Heinz, contém muitas propostas políticas úteis para criar novos mercados e sinalizadores de preços.[44] Pelo menos o estudo afirma claramente a verdade de que são os *seres humanos* que criam os mercados, e não Deus ou forças mágicas; e reconhece ainda os custos para os contribuintes desses subornos adicionais, comparando-os ainda às rendas de impostos sobre efluentes e aos custos da regulamentação, dos atrasos legais e de vigência e dos infindáveis processos que se seguirão.

Uma Visão Sistêmica do "Círculo Vicioso" da Economia Global (Rápidos Laços de *Feedback*)

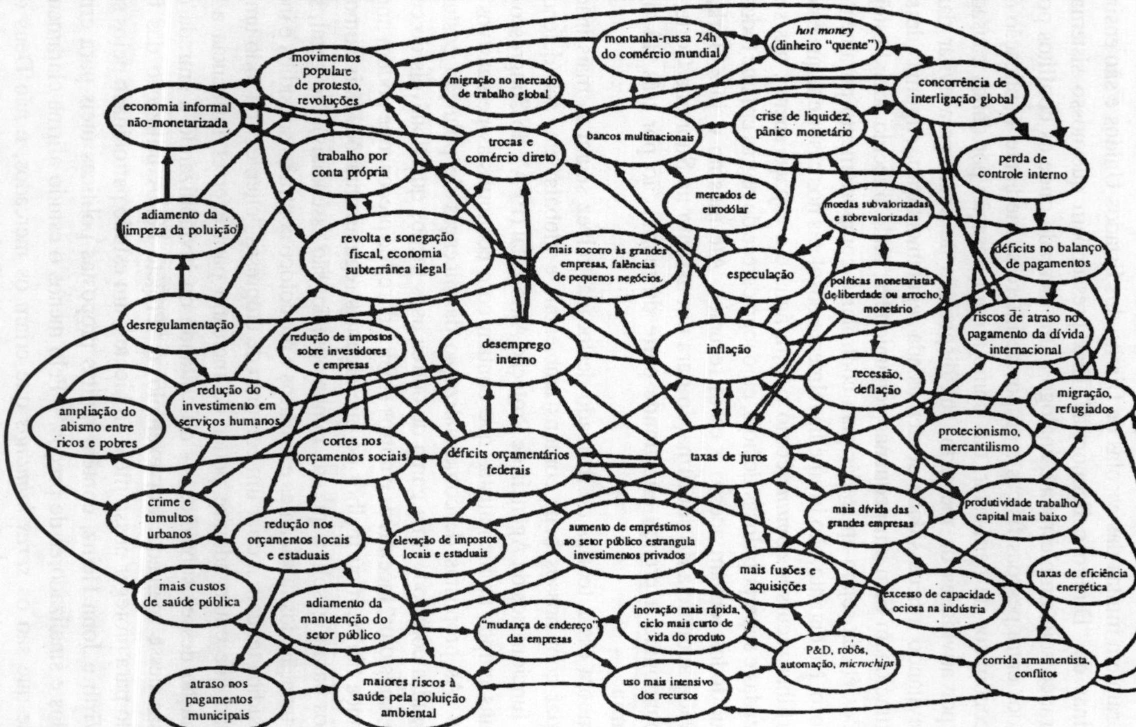

FIGURA 3-21

Pressupõe-se que todas essas variáveis complexas e interagentes possam ser trabalhadas com as ferramentas econômicas, e que os ambientalistas participantes tinham pleno conhecimento das falhas desses modelos. Contudo, a teoria econômica é tão perversamente impenetrável que a pessoa precisa ser uma especialista a fim de criticar as premissas enterradas em suas profundezas, e é mais provável que os não-economistas tenham ficado intimidados ou não tenham querido demonstrar sua incompreensão. O Projeto 88, porém, também recomenda que sejam criados mercados para comercializar os direitos e licenças de poluição, bem como para o controle da poluição do ar, chuva ácida, gases do efeito estufa e poluição do solo e dos lençóis freáticos. Esta idéia exige um exame muito mais crítico e pode ser refutada por várias razões.[45]

A existência de licenças de poluição comercializáveis implica, apesar de protestos em contrário, que existe um *direito* de poluir; e, já que atualmente não existe o direito constitucional de poluir, toda a abordagem está na contramão. O espetáculo de empresas privadas comercializando o direito alheio de respirar ar puro é sinistro. Os direitos humanos não podem ser descontados com tanta facilidade, em especial quando nem as vítimas potenciais nem seus representantes estão sentados à mesa de negociação. Por isso, a criação desses mercados de poluição surge na arena sociopolítica de maneira inédita; ela precisa ser amplamente debatida, e não apenas avaliada segundo os parâmetros econômicos de "eficiência". Por exemplo, o relatório do Projeto 88 foi dirigido por economistas com verbas provenientes de fundações. Um grupo popular, o *Environmental Policy Institute*, serviu somente como "agente fiscal" do projeto, "como parte do esforço para estimular diversos pontos de vista sobre os problemas ambientais". Vários representantes de grupos ambientalistas concordaram em ser ouvidos apenas como "colaboradores, revisores ou auxiliares", com advertências de que o relatório não necessariamente refletia as opiniões desses grupos ou das "outras fontes de financiamento do agente fiscal". Eu, na qualidade de antiga conhecedora do *establishment* científico e político, acho que o Projeto 88 tem todo o jeito de ser fruto da imaginação de um setor financeiro e econômico bem específico, mais comprometido com a questão retrógrada de abrir o pára-quedas para o declinante setor insustentável do que preocupado em criar mercados e sinalizadores de preços para fertilizar o crescimento dos setores sustentáveis do futuro.

Os argumentos em favor da comercialização das licenças de poluição incluem: 1) a regulamentação não funcionou bem e a poluição é um fato da vida industrial; 2) já que a poluição não pode ser eliminada, por que não reconhecer de uma vez a realidade, e taxá-la ou licenciá-la?; 3) precisamos usar tanto o atrativo dos subsídios quanto a ameaça dos impostos e regulamentações; 4) dar o direito de comercializar as licenças de poluição permitirá que as empresas mais limpas ganhem mais dinheiro vendendo essas licenças às empresas mais sujas; e 5) essas políticas nos darão mais "eficiência" e "ímpeto para a arremetida do controle da poluição".

Esses argumentos são falhos pelas seguintes razões, além da razão constitucional já mencionada: 1) É escandaloso alegar que a regulamentação não funcionou bem, já que bastante progresso foi alcançado; foi só durante a era Reagan que ela começou a fracassar, uma vez que a política de seu governo foi desregulamentar toda a economia e a EPA foi escolhida a dedo para sofrer cortes orçamentários sistemáticos, sendo praticamente dizimada. 2) Um dos verdadeiros bloqueios ao melhor cumprimento da lei foi que o ônus da prova, nos casos de poluição e riscos tóxicos ambientais, recaía sobre o público em geral, a EPA e a outras agências executórias, e não, como no caso da Food and Drug Administration, sobre os fabricantes de remédios ou alimentos, aos quais cabia provar que as substâncias haviam sido testadas até se adequarem aos padrões GRAS (geralmente vistos como seguros). Essa reversão do ônus da prova permitiu incontáveis e custosos atrasos legais e exigiu que as agências executórias contratassem milhares de cientistas e advogados para testemunhar em processos de apelação que se arrastaram ao longo dos anos. Isso, em geral, impediu a regulamentação lógica desses riscos *na fonte*. O Artigo 65 da Lei de Tóxicos da Califórnia, implementado em 1988, transfere de novo o ônus da prova ao mercado, economizando milhões de dólares dos contribuintes e acelerando o processo de regulamentação; em 1989 (em apenas *12 meses*), a Califórnia classificou como tóxicos mais produtos químicos do que a EPA conseguira fazer nos *12 anos* anteriores, sob o Decreto para Controle de Substâncias Tóxicas.[46]

A luta sobre a comercialização das licenças de poluição mal começou. Como disse Jon Mills, ex-porta-voz da Câmara dos Deputados da Flórida, "Se esses direitos existem, o que impede que eu e um grupo de amigos ambientalistas entremos nesses mercados e façamos um lance maior que o das empresas poluidoras? Poderíamos tirá-las do mercado — mas é isso que *pagamos às agências governamentais* para fazer! Ah, agora você me diz que só os *poluidores* podem entrar nesses mercados, e *não* os cidadãos respeitadores da lei? Isso é justo, por acaso?".[47] E eu acrescentaria: o que nos impede de criar mercados para comercializar licenças de *cometer crimes graves?* E haverá dinheiro suficiente no Tesouro para subornar *todos os cidadãos* para que cumpram a lei? Apesar de tudo, a comercialização das licenças de poluição foi permitida no Decreto do Ar Puro, em 1991. As experiências anteriores, dos anos 70, não são um bom augúrio. Como observa Richard Ayres, presidente do conselho da Coalizão Nacional pelo Ar Limpo, o número de "créditos de poluição" possuídos por um empresa depende do quanto ela reduziu suas emissões, o que deve ser atestado pela EPA. Nos anos 70, houve muitas tramóias no cálculo dessas contas, tais como a venda dos direitos de fábricas fechadas vários anos antes. E uma análise da *Business Week*, "O direito de poluir não deve estar à venda", concluiu que a nova legislação acabaria nos dando água e ar mais sujos ou pelo menos criando "focos" de poluição, a menos que essas transações fossem cuidadosamente monitoradas. Retomaremos este assunto no Capítulo 7.

A boa notícia sobre toda a confusão cultural a respeito dessas mudanças de valores, metas, ética e regulamentação, é que estes assuntos estão se expondo mais à consciência do público e sendo submetidos a um debate — no Congresso, em Wall Street, no setor empresarial e nas comunidades, escolas e famílias. O mundo todo mudou, e estamos agora debatendo sobre como mudar o jogo, as regras e o sistema de marcação de pontos.

Os argumentos favoráveis ao uso da "magia das forças de mercado" para alcançar metas sociais e de regulamentação têm sido um refrão constante e sensato na política norte-americana. A confusão surgiu porque estávamos tão cegos pelo dogma econômico que aceitamos *também* a crença contraditória de que *não* somos nós que criamos esses mercados; eles seriam derivados de algum estado de graça original ou da "natureza humana". Como afirmei em outra obra, invocar a "natureza humana" em apoio a crenças políticas ou regras econômicas é uma estratégia muito antiga. Além disso, embora seja verdade que, como dizia Adam Smith, o ser humano tem propensão a negociar — com efeito, é isso que fazemos desde que saímos das cavernas —, a idéia de criar um sistema nacional de mercados como o mecanismo primeiro de alocação de recursos é uma invenção brilhante e bastante recente (*Politics of the Solar Age*, pp. 155-241). Foi somente há uns 300 anos, na Inglaterra, que um pacote de legislação social criando esse sistema nacional de mercados foi apresentado e aprovado pelo Parlamento. Essas leis predominaram sobre velhos costumes culturais de obrigações e direitos feudais e sobre os métodos mais antigos de alocação de recursos que ainda são usados por muitas sociedades (inclusive Estados Unidos e Inglaterra): reciprocidade e redistribuição.[48] Com efeito, um dos erros mais críticos da teoria econômica foi ter omitido de seus modelos os setores informais e não-remunerados (criação dos filhos, faça-você-mesmo, ajuda mútua, serviço voluntário, agricultura de subsistência, trocas, etc.); tudo aquilo a que me refiro como a "economia do amor" e que as sociedades atoladas no "economismo" estão agora redescobrindo (ver Figura 1-5: Bolo de Três Camadas com Cobertura) como a sua metade *invisível*.

Portanto, é evidente que podemos criar novos mercados para ajudar a eliminar a poluição ou mantê-la dentro dos limites de tolerância regeneradores da Natureza. Mas devemos *dar crédito* à nossa inteligência, em vez de continuar a manter a farsa de que se trata de "forças mágicas", ou de que a propensão do ser humano a negociar foi *inventada* por Adam Smith, ou de que o capitalismo é o único contexto no qual essas forças são ou podem ser usadas. E lembremos que todas as sociedades humanas dependem de conjuntos de valores explícitos e implícitos, de uma ética e de uma moral — quanto mais esses fatores forem apresentados e inculcados como parte das *responsabilidades* que vêm junto com nossos direitos, tanto menos haverá necessidade de policiamento e imposições legais externas.[49] O fato é que podemos usar os mercados, muito mais do que o fazemos hoje, para modernizar nossos setores insustentáveis e desperdiçadores e criar todo um conjunto de novas indústrias baseadas na limpeza e na reciclagem, na sustentabilidade futura e mesmo na melhora e restauração ambientais.

Para seguir em frente e alcançar essas metas, já existe um amplo consenso entre economistas e ambientalistas de que precisamos, o mais cedo possível e através de uma gama de meios apropriados, adotar o preço de custo global (*full-cost pricing*), isto é, incorporar o mais breve possível, aos balanços das empresas, todos os custos sociais e ambientais de longo prazo decorrentes da produção, a fim de que os produtos e serviços possam ter fixados seus preços reais. É evidente que há muitos custos de longo prazo que não se poderão determinar por completo, tais como os efeitos sobre a camada de ozônio, os riscos à saúde pública, etc., e é por isso que nunca poderemos confiar apenas nos preços. Outras formas de *feedback*, já mencionadas, deverão ser usadas quando se mostrarem adequadas para o problema em questão. Esses custos externos podem ser incorporados por meio de regulamentações, exposição dos fatos nos meios de comunicação, voto, opinião pública, ação dos consumidores, boicotes a produtos infratores e "promoção" de produtos ambientalmente superiores,[50] maiores subvenções a latas e garrafas recicláveis, sem mencionar os esforços de vendas das empresas que controlam a poluição, das empresas de reciclagem e conservação e, é claro, as contínuas campanhas educacionais promovidas pelos grupos ambientais e seu trabalho de *lobby*. A educação do consumidor e a rotulagem de produtos, tais como os eco-rótulos "Selo Verde" nos Estados Unidos e "Anjo Azul" na Alemanha, já estão criando oportunidades de *marketing* em vários setores:[51] alimentos orgânicos e livres de pesticidas, cosméticos naturais, linhas ambientalmente corretas de produtos de papel reciclado, produtos de limpeza doméstica, lâmpadas e artefatos solares e poupadores de energia; bem como indústrias inovadoras que ajudam as velhas empresas a mudar seus processos, conservar energia e reciclar seus "subprodutos" e antigos "detritos" e "poluentes", reincorporando-os à corrente de produção ou encontrando novos usos para esses recursos depreciados.

É claro que todos esses mercados novos são impulsionados por valores ou por regulamentações. Por exemplo, em recente reunião do Conselho Mundial de Negócios, um dos participantes, Dean L. Buntrock, presidente da multibilionária Waste Management, Inc., começou sua palestra dizendo claramente que sua empresa e seu crescimento espetacular eram "impulsionados pela regulamentação". Seguindo adiante até os mercados de papéis negociáveis, vemos o extraordinário sucesso da promoção de melhores práticas ambientais pelo movimento investidor socialmente responsável, cujos investidores hoje contam com ativos no valor de US$ 650 bilhões, escolhidos por suas preocupações sociais e ambientais de longo prazo. Também neste caso, a mudança de valores criou esse crescente nicho de mercado, de início escarnecido pelo pessoal de Wall Street. Os Princípios Valdez e os Princípios Sullivan (que determinam os investimentos na África do Sul) elaborados por esse movimento são hoje cobertos regularmente pela imprensa financeira devido a seus efeitos sobre os conselhos de administração das empresas.[52] O mercado de conservação de energia se mantém firme desde sua criação, forçada pela OPEP e pelos padrões de eficiência energética estabelecidos nos anos 70 e não completamente eliminados na era Reagan. Esse mercado está pronto para voltar a crescer nos Estados Unidos, à medida que redescobrimos que nossa dependência da energia importada *aumentou* e que nossa competitividade internacional ainda é dificultada pelo fato de que os Estados Unidos precisam de 2,5 *vezes* mais energia para criar uma unidade de PI equivalente a uma unidade japonesa ou de nossos parceiros comerciais europeus. Com os novos problemas apresentados pelas tendências de aquecimento global, é inevitável que os combustíveis fósseis sejam deixados para trás em favor da conservação e de uma energia alternativa e renovável. Com efeito, em meu próprio trabalho ambiental, é necessário ir ainda mais acima e pesquisar todas essas mudanças sociais e de valores, bem como a globalização e as tendências planetárias dos ecossistemas, a fim de ver onde estão surgindo novos mercados e novos bens comuns, e onde ainda é necessário negociar novas regras, que garantam a vitória de todos e escrever novos tratados.

Exploração do Novo Campo Global

Novos mercados	Novos bens comuns
• Serviços de telecomunicações	• Ciência sistêmica do espaço e da Terra
• Recuperação do verde nos desertos	• Espectro eletromagnético
• Controle da poluição	• Recursos dos oceanos e das águas
• Energia renovável	• Atmosfera, camada de ozônio
• Reciclagem e gerenciamento dos recursos ecológicos	• Segurança, manutenção da paz
• Setor "amoroso" (creches, aconselhamento, reabilitação social, enfermagem)	• Florestas
• Infra-estrutura (ampliação dos transportes, telecomunicações, etc.)	• Saúde
• Restauração de ecossistemas, cura biológica	• Economia global

FIGURA 3-22

As novas oportunidades, tanto nos novos mercados quanto nos novos bens comuns, incluem todos os tipos de restauração e melhora ambiental, reflorestamento e novos usos para os insumos renováveis e menos tóxicos em centenas de processos industriais. Como previ em meus livros e ensaios anteriores,[53] a mudança do paradigma — deixando de acentuar as ciências mecânicas e inorgânicas e os métodos de produção do industrialismo, e frisando a sociedade pós-industrial, os sistemas biológicos e os métodos ricos em informação — já ocorreu. Descrevi essa mudança de paradigma afirmando que, depois dela, um problema de produção não mais evocaria visões de máquinas, fábricas ou *hardware*, mas sim um pensamento mais cuidadoso e uma sondagem dos ecossistemas em busca de suas capacidades inerentes e dos potenciais inexplorados que o conhecimento humano poderia usar e ampliar, adequando-os às nossas necessidades com mais destreza. Um exemplo dessa nova conceituação de "desenvolvimento" em um Planeta vivo e superpovoado é a florescente indústria da recuperação do verde nos desertos, a qual promete tornar-se um imenso mercado global no século 21. Muitos métodos diferentes são praticados hoje e algumas regiões, tais como o meu Estado natal da Flórida, têm todas as espécies vegetais nativas e a biotecnologia agrícola necessárias para criar uma nova indústria de exportação, juntamente com as nossas tecnologias de gerenciamento da qualidade da água, que agora estão sendo aperfeiçoadas devido à necessidade ambiental. As empresas de capital de risco estão começando a ver as novas oportunidades e diversas firmas novas foram abertas em 1990.

As novas visões do comércio mundial no século 21 vão bem além das teorias econômicas que concebem nações competindo no mercado global através de vantagens comparativas ou do protecionismo. Na nova era de interdependência global, os países aprenderão estratégias que superem a concorrência em torno de uma estreita gama de bens, tal como ocorre em nossos dias com automóveis e produtos eletrônicos. Os países praticarão as outras duas estratégias comerciais importantes: a *cooperação*, quando os bens comuns exigem regras em que todos ganhem, tais como as que valem na exploração espacial; e, mais importante, a *criatividade*, isto é, repensar o próprio jogo. Hoje, tenta-se impor uma conformidade industrial a todos os parceiros comerciais, dilatando-se as teorias econômicas protecionistas até o ponto de tentar homogeneizar todos os valores sociais e culturais de todos os povos, como ocorre no debate sobre "obstáculos estruturais" entre os Estados Unidos e o Japão. Em vez disso, as nações podem aprender que cada cultura e seu próprio ecossistema produzem dádivas singulares a serem oferecidas no comércio mundial; o jogo então se deslocará do *hardware* (compra e venda de bens) para o *software* (especialização, técnica, inovações sociais). Esse modelo de "nicho cultural" é derivado da teoria *ecológica* (onde a diversidade é um princípio básico) e espelha a cooperação e a simbiose que, na Natureza, são tão comuns quanto a competição. Competição, cooperação e criatividade são todas elas estratégias importantes, apropriadas em várias circunstâncias, e nenhum algoritmo econômico, seja do socialismo, seja do capitalismo, pode ser aplicado dogmaticamente.[53]

Mas o maior mercado global da ética ambiental é aquele que está agora nascendo da diminuição dos gastos com armas na Guerra Fria e impedindo uma nova corrida armamentista na esteira da Guerra do Golfo. Os cidadãos devem exigir que a redução de armamentos ocasionados pelo fim da Guerra Fria produza dividendos de paz — apesar do *lobby* dos fabricantes de armas. A redestinação de parte desses orçamentos anuais de trilhões de dólares é urgente para que se possa enfrentar os verdadeiros cavaleiros do apocalipse: a pobreza, a fome, a doença, a ignorância e a destruição do sistema de sustentação da vida no Planeta. O crescimento do comércio mundial respeitando essas metas básicas da humanidade como um todo espera apenas que se reconheça de modo mais pleno que a economia global, tão estreitamente entrelaçada, também é um bem comum; um bem comum que exige mais regras em que todos ganhem e mais acordos sobre dívidas externas, flutuações monetárias e direitos especiais de saque, além de uma reflexão sobre como será o "campo de jogo nivelado" depois de retirados os óculos do economismo. A renegociação da dívida externa deve ir além das trocas atualmente tão em moda, de frações da dívida pela conservação da natureza ou participações acionárias (que em geral não passam de paliativos baseados em premissas éticas obscuras). Os banqueiros internacionais e ministros de Finanças precisam enfrentar o fato de que a inadimplência já ocorreu, e que a maioria dos remédios recentes apenas reconhece parte dessa realidade. A anulação da dívida dos países do Terceiro Mundo é um ponto de partida necessário, mas não suficiente, para a posterior reciclagem das moedas das nações superavitárias — o iene, o marco alemão, etc. — em mercados secundários mais organizados para o desconto daquilo que chamei de "debêntures nacionais sucateadas".[54]

À medida que a dívida externa do Terceiro Mundo vai ficando para trás, o campo de jogo global pode ser reforçado com a construção de uma "base" ética; base esta composta de um amplo vigamento de acordos e protocolos sobre produtos químicos tóxicos, proteção ao trabalhador e ao consumidor, padrões ambientais e, por fim, o nivelamento de alguns dos diferenciais realmente sérios de salários (medidos não em termos do PIB, mas em unidades equivalentes de Paridade do Poder de Compra — PPC).[55] Essas diferenças de grau de exploração do trabalho humano, ao lado das diferenças excessivas de respeito ao consumidor, segurança do trabalhador e proteção ambiental, são o motivo das migrações excessivas e doentias de populações através das fronteiras em busca de trabalho e de empresas em busca de vantagens de mercado a curto prazo. Essas migrações em massa estimulam ainda mais os processos de globalização e o permanente cassino financeiro onde o dinheiro é divorciado da riqueza real e se resume a meros *blips* de informação nos milhares de terminais eletrônicos comerciais, e onde as oportunidades de explorar diferenças de câmbio e taxas de juros não duram mais que alguns nanossegundos.

Grande parte desse vigamento feito de tratados, acordos e protocolos, que forma a base ética do campo de jogos global, já está sendo construído pelas agências especializadas da ONU e por meio de tratados tais como o de Montreal, em 1987, sobre os CFCs (clorofluorcarbonos) e o da Lei do Mar, que ainda aguarda a ratificação norte-americana depois de toda uma década de táticas protelatórias. Somente depois que esse vigamento ético estiver no lugar, só então as empresas eticamente conscientes e responsáveis poderão viver de acordo com seus códigos morais, sem medo da concorrência desleal de outras empresas dispostas a explorar as pessoas e o meio ambiente para obter ganhos de curto prazo.

Na breve história da família humana, a maioria dos grandes líderes éticos e morais pregou a necessidade de imperativos éticos semelhantes, geralmente codificados na clássica Regra de Ouro da teoria sistêmica, e nos lembrou que "deus" também está dentro de nós, tanto quanto fora. Nós somos dotados de livre-arbítrio, razão, compaixão e da inteligência necessária para interpretar os sinais de *feedback* oferecidos por todos os níveis das nossas sociedades e do meio ambiente. Além dos direitos individuais, existem também as responsabilidades concomitantes. Um órgão que está discutindo estes temas é o novo boletim *Rights and Responsibilities*, organizado por Amitai Etzioni, autor de *The Moral Dimension: Toward a New Economics* (1989). O assunto mais importante para a nossa sobrevivência é o estudo dos valores, da ética e do potencial humano para o altruísmo, e não só para um interesse pessoal mais amplo. Pois, quando nossos interesses individuais são vistos no contexto mais amplo da família humana no Planeta Terra, vemos que todos eles são idênticos, como mostra Elise Boulding em seu livro profético, *Building a Global Civic Culture: Education for an Interdependent World* (Teachers College Press, Universidade de Colúmbia, 1988). Faz parte do interesse mais amplo de cada um de nós ajudar a criar e embasar os mercados éticos e ambientais do século 21, pois são eles que nos proporcionarão a maior garantia de sobrevivência e verdadeiro desenvolvimento humano.

Notas — Capítulo 3

1. *The Economist*, 2 de setembro de 1989, citando o crescimento das políticas "verdes", desde 1973 e do livro *Small is Beautiful* de E. F. Schumacher até a "conversão" de Margaret Thatcher de "Dama de Ferro em Deusa Verde".

2. F. Fukuyama, "The End of History?", *The National Interest*, verão de 1989.

3. W. K. Stevens, "Evolving Theory Earth as a Living Organism" ["Uma teoria em evolução vê a Terra como um organismo vivo"], *New York Times*, 29 de agosto de 1989.

4. G. Hardin, *The Limits of Altruism*, Indiana University Press, Bloomington, 1977.

5. P. Sorokin, *The Ways and Powers of Love*, originalmente publicado pela Beacon Press, Boston, 1954.

6. Hazel Henderson, *Creating Alternative Futures: The End of Economics*, G. P. Putnam and Sons, Nova York, 1978.

7. M. Daly, *Pure Lust*, Beacon Press, Boston, 1984.

8. D. Ehrenfeld, *The Arrogance of Humanism*, Oxford University Press, Oxford, 1978.

9. Fritjof Capra, *The Tao of Physics*, Shambala Press, Berkeley, CA, 1983.

10. E. Neumann, *The Great Mother* (R. Manheim, trad.), Bollingen Series, Princeton University Press, Princeton, NJ, 1955.

11. M. Gimbutas, *The Goddesses and Gods of Old Europe*, University of California Press, Berkeley, 1982.

12. Joseph Campbell, *The Power of Myth*, Doubleday, Nova York, 1988.

13. Riane Eisler, *The Chalice and the Blade*, HarperCollins, São Francisco, 1987.

14. O costume ameríndio de submeter todas as decisões políticas ao teste de seus efeitos sobre a "sétima geração", que tipifica essa ética de longo alcance, é discutido por Gary Paul Nabhan em *The Desert Smells Like Rain*, North Point Press, 1982.

15. Hazel Henderson, "The Politics and Ethics of the Solar Age" ["A política e a ética da Era Solar"], Horace Albright Lecture, Universidade da Califórnia, Berkeley, 1982 (monografia).

16. Comissão do Sul, *Toward a New Way to Measure Development*, Caracas; prefácio do presidente da Venezuela, Carlos Andrés Pérez, 1989.

17. Charlene Spretnak e Fritjof Capra, *Green Politics*, E. P. Dutton, Nova York, 1984.

18. *The Economist*; a edição de 23 de setembro de 1989 traz um artigo especial, "Pesquisa: O Terceiro Mundo", salientando a clássica visão "econômica", isto é, que esses países não deveriam perder a esperança e que a década de 80 foi um "retrocesso temporário".

19. Os editores de *The Economist*, na pesquisa citada acima, não incluem critérios ecológicos ao comparar os países do Terceiro Mundo, embora adotem de bom grado esses critérios em sua Pesquisa sobre o Meio Ambiente.

20. *New York Times*, "Environment Magazines Spring Up" ["Desabrocham as revistas ambientais"], 28 de setembro de 1989.

21. Hazel Henderson, *The Politics of the Solar Age: Alternatives to Economics*, edição atual da Knowledge Systems, Inc., Indianápolis, 1988.

22. *The Economist*, "Costing the Earth" ["O custo da Terra"], 2 de setembro de 1989.

23. *The Economist*, "Growth Can Be Green" ["O crescimento pode ser verde"], 26 de agosto de 1989.

24. David Collard, em *Altruism and Economy*, Oxford University Press, 1978, faz um heróico esforço para encontrar, dentre os textos de teoria econômica, os poucos ensaios e estudos sobre o tema da ética de longo prazo.

25. Hazel Henderson, "Post-economic Policies for Post-industrial Societies" ["Políticas pós-econômicas para as sociedades pós-industriais"], *Re-Vision*, inverno-primavera de 1984/5.

26. *Business Week*, 25 de setembro de 1989, p. 166.

27. H. Simon, "Rationality as a Process and Product of Thought" ["A racionalidade como processo e produto do pensamento"] (Nobel Memorial Lecture), *American Economic Review*, 1978.

28. Ver Introdução da atual edição de *Politics of the Solar Age*.

29. R. E. Munn, "Environmental prospects for the next century: implications for long-term policy and research strategies" ["Perspectivas ambientais para o próximo século: implicações para as políticas e estratégias de pesquisa de longo prazo"], *Technological Forecasting and Social Change*, p. 33, 1988.

30. Lester Brown, et. al., *State of the World Report 1988*, WorldWatch Institute, Washington, 1988.

31. P. Draper, "Economic Conventions: Health vs. Wealth" ["Convenções econômicas: saúde *vs.* riqueza"], *Royal Society of Health Journal*, 1977.

32. *Business Week*, 15 de julho de 1991, p. 128.

33. *Business Week*, 29 de julho de 1991.

34. Stanley B. Greenberg, "The'88 Election" [A eleição de 1988], *World Policy Journal*, verão de 1988.

35. Por exemplo, o *Local Exchange Trading System* (LETS) desenvolvido em Courtenay, Colúmbia Britânica, Canadá, por Michael Linton, Landsman, Inc.

36. *The Economist*, 23 de setembro de 1989, em sua Pesquisa sobre o Terceiro Mundo, admite que "nos anos 50 e 60, os economistas colocaram o Terceiro Mundo no caminho errado", e que a *intervenção governamental* (quer apta, quer inapta) era a variável fundamental.

37. *The Economist*, 23 de setembro de 1989, em sua Pesquisa sobre o Terceiro Mundo, por exemplo, estrutura toda a sua discussão (58 páginas) sobre as "questões do desenvolvimento" nos moldes da teoria econômica, como se as variáveis do gerenciamento macroeconômico (políticas de exportação, diferenciais monetários, abordagens fiscais e monetárias) fossem primordiais, em vez de repensar as ditas questões a partir de sua descoberta de que todas essas políticas são simplesmente políticas de *intervenção governamental* — a qual é realmente primordial. As variáveis sociais, culturais e ambientais foram quase totalmente ignoradas.

38. *Business and Society Review*, número 70, verão de 1989. Em "Do Good Ethics Ensure Good Profits?" ["A boa ética assegura bons lucros?"], o cientista social Amitai Etzioni e o antropólogo Lionel Tiger lançam luz sobre esses profundos fatores culturais e antropológicos e afirmam que o fato de a humanidade ter vivido sempre em pequenos grupos nos permitiu confiar na "plena divulgação" e nas sanções sociais — mecanismos que precisamos reinventar para o mundo populoso de hoje.

39. Hazel Henderson, "Information and the New Movements for Citizen Participation" ["Informação e os novos movimentos pela participação dos cidadãos"], *Annals of the American Academy of Political and Social Science* 412, pp. 34-43, 1974.

40. Hazel Henderson, "Ecologists Versus Economists" ["Ecologistas *versus* Economistas"], *Harvard Business Review*, julho-agosto de 1973.

41. Hazel Henderson, "Toward on Economics of Ecology" ["Por uma economia da ecologia"], *Columbia Journal of World Business* VIII(3), 1972.

42. *New York Times*, "Searching for Incentives to Entice Polluters" ["Em busca de incentivos para seduzir os poluidores"], 8 de outubro de 1989.

43. M. e R. Friedman, *Free to Choose: A Personal Statement,* Harcourt, Brace, Jovanovich, Nova York, 1980.

44. "Project 88: Harnessing Market Forces to Protect Our Environment — Initiatives for the New President" ["Projeto 88: A utilização das forças de mercado para proteger nosso meio ambiente — Iniciativas para o novo presidente"], estudo de política pública patrocinado pelos senadores Tim Wirth, Colorado, e John Heinz, Pensilvânia, 1988.

45. *New York Times*, 8 de outubro de 1989. "Em busca de incentivos para seduzir os poluidores" contém objeções adicionais levantadas por David G. Hawkins, advogado sênior do Conselho de Defesa Nacional dos Recursos, ao plano do governo Bush de aplicar esses direitos de comercialização à poluição causada pelos automóveis, caso em que a redução da poluição não é intercambiável, como talvez seria no caso da poluição específica ou das substâncias tóxicas.

46. C. Russell, "California Gets Tough on Toxics" ["A Califórnia endurece com os tóxicos"], *Business and Society Review* 70, pp. 47-54, 1989.

47. Jon Mills, diretor do Centro de Responsabilidade Civil do Holland Law Center, Universidade da Flórida em Gainesville, em comunicação pessoal à autora (24 de agosto de 1989) e gravada para o especial da TV PBS, "Beneficiando a Terra", que foi ao ar pela primeira vez em 16 de abril de 1990.

48. K. Polanyi, *The Great Transformation*, Beacon Press, Boston, 1944.

49. Ver, por exemplo, o Esboço da Declaração de Responsabilidades Humanas em vista da Paz e do Desenvolvimento Sustentável, apresentado à Assembléia Geral da ONU pelo governo da Costa Rica na pessoa de seu então presidente Oscar Arias Sanchez (sessão de outono de 1989).

50. Ver, por exemplo, *Shopping for a Better World*, publicado pelo Conselho de Prioridades Econômicas, 30 Irving Place, Nova York, NY, edições anuais, e também os catálogos *Seventh Generation, Coop America* e *Real Goods*.

51. São exemplos desses novos sistemas de rotulagem o Selo Anjo Azul, da Alemanha, e o Eco-Selo, do Canadá, ambos oferecidos às empresas que atendem aos padrões ambientais estabelecidos pelo governo.

52. *New York Times*, "Who Will Subscribe to the Valdez Principles?" ["Quem será a favor dos Princípios Valdez?"], 10 de setembro de 1989.

53. Hazel Henderson, "The Imperative Alternative" ["A alternativa inevitável"], *Inquiry*, Londres, junho de 1986.

54. *Redefining Wealth and Progress: New Ways to Measure Economic, Social and Environmental Change. The Caracas Report on Alternative Development Indicators,* Knowledge Systems, Indianápolis, 1989, pp. 29-37.

55. *The Economist*, "Feeling Poor in Japan" ["Sentir-se pobre no Japão"], 11 de junho de 1988.

Plano de Ação em Prol das Crianças do Mundo

O Ano 2000: o que pode ser alcançado?

A seguir apresentamos a lista completa de metas, a serem alcançadas até o ano 2000, que foram adotadas pela Cúpula Mundial da Criança, em 30 de setembro de 1990. Após ampla troca de idéias entre os governos e as agências da ONU, essas metas foram consideradas viáveis e financeiramente exeqüíveis no decorrer desta década.

Metas gerais para 1990-2000

- Redução, em um terço, das taxas de mortalidade entre crianças menores de cinco anos (ou redução para menos de 70 por 1.000 nascidas vivas, o que for menor).
- Redução pela metade das taxas de mortalidade materna.
- Redução pela metade da desnutrição, severa ou moderada, entre as crianças menores de cinco anos.
- Água pura e saneamento básico para todas as famílias.
- Educação básica para todas as crianças e conclusão do curso primário por pelo menos 80% delas.
- Redução pela metade da taxa de analfabetismo entre os adultos; conquista de iguais oportunidades educacionais para homens e mulheres.
- Proteção aos muitos milhões de crianças em circunstâncias particularmente difíceis; aceitação e observância, em todos os países, da *Declaração dos Direitos da Criança*, recentemente promulgada. Em especial, os anos 90 deveriam assistir a uma aceitação cada vez mais rápida da idéia de proteção especial às crianças em épocas de guerra.

Proteção às meninas e às mulheres

- Educação e serviços voltados ao planejamento familiar deverão estar disponíveis a todos os casais, capacitando-os a evitar a gravidez indesejada e o nascimento de filhos "em número excessivo ou muito próximos uns dos outros", e filhos de mulheres "demasiado jovens ou demasiado idosas".
- Todas as mulheres deverão ter acesso aos cuidados pré-natais, atendimento especializado durante o parto e atendimento hospitalar em caso de gravidez de alto risco ou emergências obstetrícias.
- Reconhecimento universal das necessidades especiais de saúde e nutrição da mulher durante a primeira infância, adolescência, gravidez e lactação.

Nutrição

- Redução da incidência de nascimento de bebês com peso abaixo da média (2,5 kg ou menos) para menos de 10%.
- Redução, em um terço, da anemia ferropriva entre as mulheres.
- Eliminação total dos distúrbios causados por deficiência de vitamina A e de iodo.
- Todas as famílias deverão conhecer a importância de dar apoio à mulher na tarefa do aleitamento materno exclusivo durante os primeiros quatro a seis meses de vida da criança, e de atender às necessidades alimentares especiais da criança pequena durante seus anos de fragilidade.
- O monitoramento e promoção do crescimento deverão ser institucionalizados em todos os países.
- Disseminação do conhecimento para capacitar todas as famílias a garantir a pureza dos alimentos consumidos no lar.

Saúde infantil

- Erradicação da poliomielite.
- Eliminação (por volta de 1995) do tétano neonatal.
- Redução de 90% dos casos de sarampo e redução de 95% das mortes causadas pelo sarampo, comparando-se aos níveis de pré-vacinação.
- Conquista e manutenção de pelo menos 85% de imunização de crianças de um ano, e vacinação universal contra o tétano para as mulheres nos anos férteis.
- Redução pela metade das mortes infantis causadas pela diarréia e redução de 25% na incidência de doenças diarréicas.
- Redução, em um terço, da mortalidade infantil causada por infecções respiratórias agudas.
- Eliminação da filariose.

Educação

- Além da expansão do ensino primário e seus equivalentes, o conhecimento e as aptidões hoje essenciais poderiam ser postos à disposição de todas as famílias através da mobilização da imensa capacidade atual dos meios de comunicação.

FIGURA 4-23 *Fonte*: UNICEF, Nova York

Capítulo 4

Além do PIB: relembrar a Totalidade

A Ética da Terra que agora vai se delineando confunde as velhas fronteiras e mostra como o "progresso" medido pelo PIB ignorava outras realidades. Por exemplo, é evidente que o destino das crianças no mundo todo, o destino da Terra e o futuro da família humana estão inextricavelmente ligados. Ainda assim, a mentalidade prevalecente no mundo de hoje nega sistematicamente muitas dessas ligações e a teia inconsútil de relacionamentos que os seres humanos mantêm uns com os outros e com a Natureza. Há outros exemplos de negação da realidade, como a recente alegação do governo dos Estados Unidos de que não existe "nenhuma ligação" entre o desarmamento e o desenvolvimento, razão pela qual o país não participou, em 1988, da Conferência da ONU sobre Desarmamento e Desenvolvimento. A negação dessas ligações óbvias não é só uma atitude estratégica dos governos; é também parte de uma mentalidade muito mais arraigada, que predomina na política, no mundo dos negócios, na mídia, nos meios acadêmicos e na maioria das instituições modernas; que tolera e até mesmo prega a adoção de perspectivas fragmentadas que nos impedem de lembrar que o mundo em que vivemos é um todo. No jornalismo e na mídia, o efeito dessa mentalidade é o relato compulsivo dos acontecimentos, por mais triviais que sejam, às custas de se examinar as tendências e processos mais profundos a eles subjacentes. Por exemplo, a cobertura do recente e trágico conflito no Oriente Médio logo perdeu de vista suas causas mais profundas e concentrou-se nos boletins diários divulgados pelos militares, nos quais os pormenores de cada ataque e enfrentamento eram amplificados *ad nauseam* e os países envolvidos se tornavam um mero "teatro". Esse processo de "assepsia" da Guerra do Golfo (a "guerra cirúrgica") e as celebrações da vitória mascararam a terrível realidade de pelo menos 150 mil iraquianos mortos, as imensas baixas civis, a devastação ecológica do Kuwait, o sofrimento dos curdos, o fracasso em derrubar Sadam Hussein e a permanência da repressora monarquia kuwaitiana — deixando muitos norte-americanos num estado de esquizofrenia moral.

Esse tipo de compartimentação da realidade, essa cosmovisão analítica e reducionista, se apoderaram da imaginação do homem europeu durante o século 17 e se tornaram a oculta mola-mestra da revolução industrial e científica — aquilo que hoje chamamos de Era das Luzes.[1] Após séculos de dominação pela Igreja na época medieval, essa radical mudança de paradigma, da fé para a ciência, foi anunciada pela nova leva de pensadores seculares, como Galileu, Kepler, Descartes e Newton. Aquilo que hoje conhecemos como cosmovisão cartesiana difundiu suas idéias básicas: de que o mundo material e secular poderia ser estudado e manipulado para os propósitos humanos; de que os sonhos do paraíso poderiam se realizar aqui na Terra, e não apenas nos Céus; e de que o poderoso método de investigação a que hoje damos o nome de "reducionismo" (compreender o todo através do exame de suas partes) poderia, parafraseando Francis Bacon, "forçar a Natureza a revelar seus segredos ao homem". Esta foi a fórmula, o "código do DNA cultural" que deu origem ao florescimento sem precedentes das habilidades humanas a que chamamos Revolução Industrial. Essa fórmula foi fortalecida, além disso, pela antiga crença judeu-cristã de que Deus, o Pai, encarregara os seres humanos (ou, mais especificamente, os homens) de exercer o domínio sobre a Terra.

Não há dúvidas de que o período das Luzes produziu uma abundância de invenções científicas e tecnologias novas e melhorou as condições de vida de milhões de pessoas. É provável que, enquanto caminho de desenvolvimento, ele tenha sido inevitável para uma espécie como a humana, abençoada ou amaldiçoada com um polegar oposto aos outros quatro dedos e com a postura ereta que lhe deixa as mãos livres para a inventividade. A cosmovisão de Descartes e Newton reduziu o Universo e os mistérios do nosso Planeta vivo, Gaia, a um gigantesco "relógio" que poderia ser compreendido pelo nosso modo de cognição racional, do hemisfério esquerdo do cérebro. Isso, por sua vez, levou a uma especialização cada vez maior e à fragmentação progressiva das disciplinas acadêmicas; estilhaçou o todo da criação até que os próprios átomos foram divididos para entregar seu terrível poder aos seres humanos.

Hoje, as conseqüências poderosas e muitas vezes inesperadas dessa visão estreita da realidade — a qual o poeta inglês William Blake chamou de "o sono de Newton" — são inevitáveis: céus poluídos, lixo tóxico, vazamentos de petróleo, desertos que avançam, florestas que encolhem, famílias e comunidades dispersas e milhões de crianças negligenciadas — 40 mil das quais morrem de fome a cada dia, enquanto milhões de outras estão subnutridas ou vagam pelas ruas de nossas cidades, sem lar e abandonadas. Hoje, cerca de trezentos anos após o início do Iluminismo Científico, sua força cultural ainda vive — dominando a política da maioria dos líderes do mundo. Os argumentos e a segmentação da realidade que marcaram o Iluminismo se perpetuam, por exemplo, nos debates deste século entre comunismo e capitalismo, que levaram à Guerra Fria. Visto em retrospectiva, esse debate se afigura bastante superficial. Tanto Karl Marx quanto Adam Smith, e seus seguidores, concordam a respeito da *meta* básica do industrialismo — divergindo apenas quanto aos melhores meios de alcançar essa meta com *eficiência*. Essa busca de eficiência produtiva — entendida de modo estreito — deu origem à economia e a suas fórmulas racionalistas para o emprego dos recursos e povos da Terra; a economia que viria a tornar-se uma disciplina poderosa e preeminente, oferecendo aos governos os instrumentos políticos para o gerenciamento macroeconômico. (Ver Figura 1-3: As Diferenças Entre as Percepções, Premissas e Estilos de Previsão de Economistas e Futuristas.) As crianças e as mulheres, ainda vistas como "bens móveis", tornaram-se os mais explorados operários das primeiras fábricas. As próprias fábricas baseavam-se na idéia cartesiana de afastar a produção de suas raízes culturais no lar e na comunidade e racionalizar o processo, dividindo-o em centenas de tarefas irracionais. Hoje, à medida que a industrialização se difunde por todo o mundo, as áreas urbanas incham como câncer enquanto as comunidades rurais, as culturas e povos tradicionais são deixados à míngua pelo "crescimento econômico" e pelo "progresso". Grupos tais como o Appropriate Technology International estão tentando reverter esse dano.[2]

Na década de 90, todos esses "efeitos colaterais" da busca de um Produto Interno Bruto (PIB) em crescimento constante estão demasiado visíveis para ser negados e suas conexões causais são demasiado óbvias para que se possa acreditar em justificativas inteligentes. Em toda parte, as pessoas estão despertando desse "transe tecnológico", como o teólogo Thomas Berry chama a cosmovisão cartesiana. Os meios de comunicação ajudaram enormemente nesse despertar — chegando, porém, muito tempo depois que a destruição ambiental e os custos sociais fizeram nascer o movimento ambientalista, nos anos 60. "Histórias de terror" ambiental, já com vinte anos de idade e bem documentadas em milhares de boletins de grupos ambientalistas, de súbito se tornaram notícia por volta de 1989 e começaram a aparecer nas revistas e na televisão. No crescendo da cobertura da imprensa ao Dia da Terra, em 1990, começaram a aparecer artigos sobre a ascensão e a queda da "moda" ambientalista. O "*marketing* verde" tornou-se a mais nova arma no arsenal dos publicitários para aumentar o consumo.

As ligações e interconexões entre todas essas histórias e acontecimentos, relatadas separadamente, e o impacto global sobre a Terra das nossas economias orientadas para o consumo de massa, tornaram-se de uma obviedade inescapável. Os perdedores na corrida industrial também se tornaram mais visíveis: os "países menos desenvolvidos" só poderiam se desenvolver como os países industrializados do Norte se o Norte se tornasse mais frugal e compartilhasse os recursos remanescentes da Terra com mais justiça. A "marginalização" das populações rurais e das etnias, das mulheres, das crianças e dos mais fracos, começou a ser vista como conseqüência inevitável do processo de buscar cegamente o crescimento do PIB e das definições cartesianas de eficiência e progresso.

Em relação às crianças: cumpramos nossas promessas

Em setembro de 1990, a consciência da humanidade deu um novo salto: 71 presidentes e primeiros-ministros foram levados a participar da Primeira Cúpula Mundial da Criança. O novo paradigma de aceitação das interconexões da vida se manifestou quando eles assumiram pública responsabilidade pela condição das crianças em todo o mundo. Ao longo da história, as crianças foram vistas como adultos em miniatura e mão-de-obra disponível e depois transformadas em "servas" das primeiras fábricas industriais. No fragmentado mundo cartesiano só saíram perdendo: quer como peões nas brigas jurídicas pela guarda dos filhos, quer esquecidos tanto pela família quanto pelo Estado. Na Cúpula Mundial da Criança, assumiu-se um novo compromisso: tentar diminuir, por volta do ano 2000, a atual escala de mortalidade e desnutrição infantil, e proporcionar proteção básica ao desenvolvimento físico e mental de todas as crianças do mundo. A Cúpula expôs a "catástrofe silenciosa": não só 40 mil crianças morrem a cada dia, como 150 milhões das que sobrevivem têm má saúde e crescimento deficiente;[3] e 100 milhões delas, entre os seis e os onze anos, estão fora da escola. Por fim, estas chocantes estatísticas foram publicamente *ligadas*, nos níveis mais elevados, ao fato de que os meios para pôr fim a essa catástrofe silenciosa estão hoje disponíveis e ao nosso alcance. Essa ligação também deu a entender que a abordagem racionalista e estreita (o "lado esquerdo do cérebro") estava se expandindo para incluir novamente a apreensão mais intuitiva (o "lado direito do cérebro") dos inteiros sistemas necessários para tratarmos a intratável *problématique* do mundo: a destruição ambiental, a pobreza e o descaso social num contexto de população crescente, e recursos em processo de exaustão, com dívidas externas altíssimas acompanhando o crescimento do PIB num número cada vez maior de países. (Ver novamente a Figura 3-13: A Velha Roda do Desenvolvimento Econômico Insustentável.)

A Cúpula Mundial da Criança, contudo, deu um passo gigantesco: ligou os muitos fragmentos da história, antes dissociados, e lançou os alicerces para sua promessa histórica e seu Plano de Ação para o Ano 2000. (Ver Figura 4-23: Plano de Ação em Prol das Crianças do Mundo, 1991.) Assinalou-se também a ligação vital entre o crescimento populacional e a mortalidade infantil, que reverteu a visão malthusiana de que as taxas de mortalidade devem estar em equilíbrio com as de natalidade. No que diz respeito à mortalidade infantil, o inverso é verdadeiro: quando as crianças sobrevivem com remédios simples e baratos como a terapia de reidratação oral (TRO) para a diarréia, as taxas de natalidade podem ser reduzidas. *O estado das crianças do mundo, 1991* observa que o custo total desses programas baratos de prevenção e tratamento é de US$ 2,5 bilhões anuais (o mesmo que os cidadãos soviéticos gastam por mês em vodca, ou os gastos anuais dos Estados Unidos com propaganda de cigarro). O retorno do investimento é salvar a vida de nove milhões de crianças. Esses números grotescos e comparações estranhas mostram claramente a diferença entre dinheiro e riqueza, e indicam os absurdos de se definir "progresso" pelo crescimento do PIB. Nos Estados Unidos, o país "mais rico do mundo", uma em cada cinco crianças vive na pobreza; mais de dez milhões delas não têm qualquer tipo de seguro de saúde; meio milhão se evade das escolas a cada ano; e o país é o 22º em taxa de mortalidade infantil e o 29º em número de nascimentos abaixo do peso normal.

Tudo isso faz parte do declínio real dos Estados Unidos durante os anos 80, mascarado pela subida do PIB e do mercado de ações. Enquanto isso, acelerou-se a "mobilidade descendente" do operariado norte-americano, cuja renda real não aumentou durante uma década. À medida que a realidade vinha à tona nos anos 90, "descobriu-se" uma subclasse permanente; até mesmo a *Business Week* comentou o abismo cada vez maior existente entre os ricos e os pobres[4] e, em agosto de 1991, apresentou uma matéria de capa, "O que aconteceu com o sonho americano?", explorando o dilema dos "menores de 30 anos" que descobrem que a casa própria está fora de seu alcance, cujas famílias não conseguem equilibrar o orçamento nem mesmo juntando toda a "renda familiar", e poucos dos quais esperam ter um salário igual ou maior que o de seus pais.[5]

Todas essas dolorosas ligações entre conjuntos de dados, antes separados uns dos outros, é outro passo rumo à "retotalização" da nossa compreensão do mundo — e as fotos da Terra vista do espaço nos mostram essa mesma verdade. Não causa surpresa que os movimentos populares para curar a Terra e cuidar das crianças do mundo sejam mais eficientes em pressionar os políticos do que os movimentos de especialistas e acadêmicos. A preocupação apaixonada, poderosa e reintegradora mostrada pelos grupos populares, seja o movimento asiático Chipko, ou o movimento africano Cinturão Verde — ambos os quais têm por objetivo restaurar e proteger as florestas —, sejam os esforços mundiais para levar os meios de comunicação a divulgar histórias sobre a condição das crianças, ajudou a dar às crianças e ao meio ambiente um *status* mais alto no quadro de prioridades globais. O outro elo na corrente dos problemas mundiais é o conjunto complexo de temas envolvendo o papel da mulher, que vem forçando nova reflexão sobre o debate "desenvolvimentista". Dois novos estudos importantes sobre este assunto são *If Women Counted,* de Marilyn Waring, ex-membro do Parlamento da Nova Zelândia (HarperCollins, 1989) e *Women and the World Economic Crisis*, de Jeanne Vickers (Zed Books, 1991). Outro estudo útil vem finalmente questionar o estarrecedor sexismo existente na própria ONU, *Making Women Matter: The Role of the United Nations*, de Hilkka Pietila e Jeanne Vickers (Zed Books, 1990).

Muitos países subdesenvolvidos quase desistiram do diálogo Norte-Sul da década passada, pois suas propostas para uma Nova Ordem Econômica Internacional eram ignoradas. A Comissão do Sul, co-presidida por Julius Nyerere, ex-presidente da Tanzânia, e por Carlos Andrés Pérez, então presidente da Venezuela, definiu um novo rumo na reunião realizada em Kuala Lumpur em 1987. A Comissão resolveu redefinir o "desenvolvimento sustentável, eqüitativo e centrado nas pessoas" sem a ajuda dos tradicionais teóricos eurocentristas do desenvolvimento industrial. O termo "desenvolvimento sustentável" ganhou ampla aceitação desde que foi defendido, em *Nosso Futuro Comum*, pela Comissão Mundial do Meio Ambiente e Desenvolvimento, presidida pela dra. Gro Harlem Brundtland, da Noruega. Muitos trabalhos criativos estão em andamento para operacionalizar esses novos conceitos de desenvolvimento, como na Venezuela. Na verdade, os dez anos de melhora nos padrões de vida na China não se refletiram em seu PIB, o que prova que a renda média *per capita* e as convenções contabilísticas nacionais não são, de modo algum, os melhores indicadores do bem-estar geral ou do progresso. Contudo, a China ficou para trás da ex-URSS em reformas democráticas. Ambos os países, apesar dos fracassos operacionais, seguem o espírito original com que Karl Marx formulou a palavra "socialismo", isto é, uma visão sistêmica mais abrangente, transeconômica.

Visões de desenvolvimento mais amplas são essenciais, pois é desse contexto que vem o critério de sustentabilidade, ou seja, atender eqüitativamente às necessidades da atual geração sem colocar em perigo as necessidades das gerações futuras. Assim, a tarefa atual de redefinir desenvolvimento é muito mais do que apenas evitar os ciclos de prosperidade/colapso das economias capitalistas, dominadas pelo mercado, ou a rigidez do planejamento central, à moda stalinista, das economias soviéticas; significa, também, corrigir a poluição excessiva e a exaustão dos recursos da Terra causadas por esses dois modelos desenvolvimentistas — e que hoje excluem quaisquer oportunidades para o Sul. Nos Estados Unidos e em outras sociedades industrializadas amadurecidas, os excessos do consumo de massa deram origem a crises morais: corrupção dos padrões éticos, abuso de drogas, crime, analfabetismo, famintos e desabrigados por toda parte, um abismo crescente entre os ricos e os pobres, famílias e comunidades desfeitas.

O problema básico é que a ideologia do industrialismo, cristalizada na teoria econômica, não é suficientemente científica para servir de base para um desenvolvimento eqüitativo e sustentável; é necessária uma estrutura teórica mais ampla, baseada em conceitos interdisciplinares, como discutimos no Capítulo 3. Alguns economistas estão hoje explorando os modelos do caos e os modelos desenvolvidos pelas ciências biológicas, na esperança de retificar sua disciplina. A necessidade de uma abordagem econômico-administrativa "positiva", normativa e regulada pelas metas quase não foi posta em evidência pelos economistas — com as notáveis exceções de Robert Heilbroner e Adolph Lowe.[6]

Uma vez transcendida a "caixa" do economismo e seu pseudo-universalismo, veremos que muitos debates insolúveis entre economistas, tais como os debates sobre planejamento *versus* mercado e competição *versus* cooperação, etc., podem ser superados. A questão fundamental não é, como ainda acreditam muitos economistas, saber se os países são sistemas de mercados ou centralmente planejados, e sim até que ponto os países funcionam *ciberneticamente*, isto é, incorporam em todos os níveis decisórios os necessários laços de *feedback* das pessoas e sistemas de recursos afetados pelas decisões já tomadas, como discutimos no Capítulo 3. (Ver novamente a Figura 1-2: Diagramas Simples dos Dois Principais Sistemas Cibernéticos.)

Ver o todo da economia

Infelizmente, à medida que a tecnologia se torna mais complexa e aumentam as interligações sociais e tecnológicas, também é preciso que aumentem a escala e o alcance do gerenciamento para tentar controlar essa complexidade. Cada ordem de magnitude da escala tecnológica e gerencial no setor de mercado exige uma equivalente ordem de magnitude de regulamentação governamental (em especial nas democracias, onde os cidadãos as exigem politicamente).

Da perspectiva de uma teoria sistêmica geral, todos os sistemas econômicos são conjuntos de *regras*, projetadas para se adequarem à cultura, às metas e aos valores específicos de cada sociedade. Assim, mesmo as chamadas economias de livre mercado ou *laissez-faire* são projetadas por seres humanos e trazidas à vida através de *legislações*, enquanto os preços e salários refletem os valores de cada sociedade e seu estado de conhecimento de sua real situação no mundo físico. Na verdade, a noção de preços "objetivamente estabelecidos" em um "mercado livre" revelou ser um mito (ainda que um mito politicamente útil), já que todos os mercados são, de um modo ou outro, criados por mãos *humanas* e não por alguma mão "invisível". Os métodos de destinação de recursos, seja planejamento, preços, regulamentação, racionamento, troca ou reciprocidade, são tão bons quanto o for o estado do conhecimento humano.[7]

Essa visão teórico-decisória dos sistemas econômicos como "jogos" com regras humanas, isto é, sistemas gerenciais que empregam muitos *feedbacks* e estratégias, permite uma visão geral do planejamento, do mercado e outras ferramentas de política econômica. Como já mencionamos, tanto a competição quanto a cooperação são estratégias igualmente úteis, que devem estar sempre equilibradas em todas as sociedades. O cientista sistêmico Stafford Beer vem projetando esses modelos já há muitos anos e atualmente os aplica, com subvenção da ONU, no Uruguai.

As decisões e preços referentes à ecologia e aos recursos naturais são tão bons quanto o for o conhecimento científico humano, e devem ter boa base científica em modelos sistemáticos e dinâmicos. Muitos teóricos dos sistemas, como Fritjof Capra, Leonard Duhl e a própria Organização Mundial de Saúde, propuseram a "saúde" como o critério básico para o desenvolvimento, isto é, terra e água saudáveis, cidades saudáveis, políticas públicas saudáveis — tudo isso em vista de pessoas saudáveis.[8] O governo chinês, num projeto conjunto com o Instituto de Recursos Mundiais, concentra-se numa das causas fundamentais da destruição ambiental, o desperdício de recursos, e procura saber conservá-los por meio da correção dos preços para que incluam os custos sociais. A fixação de preços por custo global ofereceria um método mais preciso de alocação de mercado, mesmo que a contabilidade adicional dos custos ambientais e sociais produza um efeito inflacionário, já que a maioria dos países vem há décadas exagerando sua produtividade. Por exemplo, o relatório de 1991 da Academia Nacional de Ciência, "Implicações Políticas do Efeito Estufa", pede uma "fixação de preços por custo global" para avaliar com mais exatidão o uso de combustíveis fósseis e moderar as emissões de gases causadoras do efeito estufa. Em resposta, o Sindicato dos Trabalhadores das Indústrias Petrolíferas, Químicas e Atômicas (OCAW) mostrou que o relatório não foi suficientemente longe ao calcular os preços por custo global, pois omitiu os custos de reespecialização e seguro-desemprego dos trabalhadores demitidos pelas indústrias poluidoras.[9]

Os modelos de desenvolvimento econômico com base no crescimento do PIB, derivados dos modelos macroestatísticos e de "clima empresarial" (tais como os do escritório contábil Grant Thornton, com sede nos Estados Unidos, preparado para auxiliar seus clientes a decidir onde instalar as firmas), hoje marginalizam claramente as áreas, negócios e trabalhadores locais tanto na economia formal como na informal, além de induzir a exploração do meio ambiente e dos recursos naturais locais. Com as atuais taxas de juros internacionais, os bancos ligados à economia global com filiais em comunidades locais simplesmente "aspiram" os depósitos locais e os lançam nos sistemas eletrônicos globais de transferência de fundos. Como já dissemos, isso agrava os déficits locais de moeda para completar transações e investimentos e fortalece o efeito marginalizante dos estudos de "clima empresarial" no contexto de um crescimento econômico medido pelo PIB.[10] Dei a isso o nome de "modelo colonialista" moderno, isto é, determinado local precisa competir com outros locais para "atrair" uma grande empresa que construa uma fábrica a fim de dar emprego aos habitantes do local. Para fazer isso, a comunidade precisa colocar-se numa espécie de leilão, oferecendo isenções fiscais, terra barata, mão-de-obra barata, impostos baixos, poucas regulamentações ambientais (ou quaisquer outras), e tem de mostrar-se hostil aos sindicatos de trabalhadores. Essa louca estratégia de abrir mão do poder local é sublinhada pelo fato de que nos Estados Unidos, por exemplo, pelo menos 25 mil governos municipais e estaduais e grupos de desenvolvimento empresarial publicam belas brochuras alardeando esse tipo de "clima empresarial" — todos eles à caça de 500 decisões de localização de empresas anuais. A economia global de hoje piora o quadro.

A atitude popular

À medida que retotalizam sua percepção fragmentada, os seres humanos começam a ver que a abordagem desenvolvimentista de "atrair investidores de fora" é autodestruidora e vai ficando cada vez mais arriscada. Hoje, para toda uma geração de tecnologias, o ciclo de vida entre a inovação e a obsolescência pode ser de três anos ou menos. Assim, concentrar-se na "economia local" é uma abordagem mais segura. Essa estratégia básica oferece uma "rede de segurança" mínima até que a montanha-russa do comércio mundial seja domada por novos acordos globais, tais como aqueles que os países do G-7 já estão dando mostras de querer assinar (apesar de suas preferências pelo "livre mercado").

O ponto comum das novas abordagens nos Estados Unidos, uma das sociedades industrializadas mais amadurecidas do mundo e com uma das mais altas rendas *per capita* e níveis de PIB, é a noção de que o desenvolvimento sustentável deve começar em nível local, com os movimentos populares e a agricultura básica, e não impor-se de cima para baixo como no industrialismo. Essa noção já está amplamente disseminada. Um bom exemplo da abordagem popular é o movimento Sarvodya Shramadana, do Sri Lanka, que promove o desenvolvimento segundo a tradição budista do "despertar para todos" em mais de 8 mil aldeias, as quais são inclusive registradas como "empresas". (Maiores informações podem ser obtidas através do Sarvodya-U.S., One Madison Avenue, New York, NY 10100.) O modelo industrial via as comunidades rurais e os agricultores como pessoas atrasadas que deviam ser mobilizadas para a produção industrial. Mas, como se descobriu na maioria dos países, o caminho rumo ao desenvolvimento sustentável não tem atalhos fáceis; ele envolve um esforço firme e a prevenção de conseqüências danosas e inesperadas que são caras de remediar, ou mesmo irreversíveis.

O Escritório de Avaliação Tecnológica (OTA) dos Estados Unidos, de cujo Conselho Consultor fiz parte durante seus primeiros anos, 1974 a 1980, publicou um estudo, em junho de 1988, sobre o "Desenvolvimento através dos Movimentos Populares" na África, no qual se analisavam os esforços para capacitar os pobres a participar do processo de desenvolvimento. O OTA analisou 19 países onde projetos desse tipo haviam sido financiados por uma nova agência criada pelo Congresso norte-americano, a Fundação para o Desenvolvimento Africano (ADF). Entre 1984 e 1987, a ADF destinou verbas a 114 projetos cujos valores iam de US$ 700 a US$ 250 mil, dois terços dos quais se destinavam a atividades agrícolas, tratamento de água, colheitas para consumo local, melhora da saúde dos rebanhos, aluguel de tratores, criação de cooperativas e similares. O estudo do OTA confirmou a validade das premissas da ADF quanto à participação como chaves para formas mais saudáveis de desenvolvimento social sustentável. O Banco Mundial está examinando outros modelos de desenvolvimento com raízes populares, tais como o Grameen Bank, de Bangladesh, e a rede do Women's World Banking, com sedes em Nova York e Amsterdã e filiais em 55 países. Outro modelo cooperativo é o do Seikatsu, no Japão, um bem-sucedido e multimilionário clube de compras organizado por mulheres.[11]

Uma das aparentes chaves para o desenvolvimento sustentável, já bastante conhecida, é aquilo que o Banco Mundial chama de "empréstimo capilar", onde se buscam canais para repassar grandes somas de dinheiro diretamente a organizações de pequenos municípios — evitando as influências governamentais e políticas das capitais. Assim, é de se pensar se o Banco Mundial ainda poderá reciclar eficientemente os recentes superávits japoneses.

Um olhar aos setores informais

Todas essas novas políticas de empréstimos populares, tanto nas sociedades industrializadas amadurecidas, como os Estados Unidos, o Canadá e vários países europeus, quanto nos países subdesenvolvidos, provam uma vez mais a obsolescência das velhas ideologias de esquerda ou direita associadas com modelos econômicos. Por exemplo, o Banco Mundial é pressionado, tanto pela esquerda quando pela direita, a interromper seus grandes e inadequados projetos atrelados aos interesses de governos e infra-estruturas nos países beneficiários; o excesso de investimentos em projetos centralizados de energia já chega a US$ 30 bilhões no mundo inteiro. Os conservadores, em nome do livre mercado, exigem que a iniciativa parta das bases populares e do setor privado, enquanto os liberais querem menos danos ambientais e melhor distribuição da renda. Ainda assim, quase não se fala do verdadeiro ponto cego, a saber: a economia informal de produtividade e trabalho não-remunerados continua a não ser computada em nenhum modelo de contabilidade nacional. Esses setores informais ainda proporcionam as redes de seguranças básicas em todas as sociedades, mesmo nos Estados Unidos, Canadá e Europa Ocidental. Os sociólogos (e não os economistas) coletam esses dados usando métodos para contagem das horas passadas em trabalho produtivo, sejam remuneradas ou não. A maioria desses estudos, na França, Suécia, Canadá e Reino Unido, mostra que cerca de 50% de todo o trabalho produtivo não é remunerado,[12] enquanto outros estudos mostram que 80% ou mais de toda a formação e investimentos de capital no mundo não são monetarizados,[13] fato este bem conhecido por milhões de pessoas que se dedicam à agricultura de subsistência, pelos empresários rurais e pela maioria das mulheres em todo o mundo.

Contabilizar a produção não-remunerada é uma maneira de tratar a inflação de preços e identificar modos específicos de manter a correspondência dos preços com o valor real. Um bom exemplo do problema das estatísticas sobre a renda média *per capita* baseada apenas na produção monetarizada é o que ocorre no Japão. A revista britânica *The Economist* discutiu esse problema em sua edição de 11 de junho de 1988 sob o título "Sentir-se pobre no Japão". O artigo mostrou que a renda *per capita* japonesa, medida pelo PIB, é equivalente a US$ 19.100 por ano (acima dos US$ 18.200 dos Estados Unidos). Mas, quando a Organização para Cooperação e Desenvolvimento Econômico (OCDE) investigou o que o dinheiro realmente compra em cada um desses dois países, isto é, a *paridade do poder de compra,* o Japão mostrou-se bem mais pobre que os Estados Unidos. Cada japonês tem apenas US$ 13.100 em comparação com os US$ 18.200 de cada norte-americano. A diferença, é claro, envolve os vários indicadores da qualidade de vida.

Contudo, embora as paridades do poder de compra sejam um novo e importante indicador social, elas ainda não alcançam toda a gama de custos e benefícios sociais em cada país. No Japão, mostrou *The Economist*, os bens de consumo extra são consumidos em ambientes cada vez mais desagradáveis, e mesmo os nova-iorquinos têm dez vezes mais espaço verde *per capita* do que os japoneses; embora a expectativa de vida dos japoneses seja de oitenta anos, a moradia é proibitivamente cara devido ao preço exorbitante da terra, e a locomoção da casa para o trabalho nas cidades leva mais de duas horas por dia ida e volta. No Reino Unido, o poder de compra "real" permaneceu achatado por mais de uma década, enquanto os salários nominais aumentaram. Uma das tarefas principais é examinar os setores informais e não-remunerados e, quando necessário, criar localmente sistema de troca a fim de que o bem-estar real possa ser aumentado sem aumento de salários e da inflação. Um exemplo recente dessa maneira comunitária de resolver problemas são os "vales" de 25 centavos de dólar vendidos pelos comerciantes de Berkeley, Califórnia, para que as pessoas possam dá-los aos mendigos e desabrigados com a certeza de que serão trocados por alimentos e não por bebidas alcoólicas ou cigarros. Outro exemplo nos é dado pela unida comunidade de Great Barrington, Massachusetts, onde uma microempresa típica, que enfrentava o aperto creditício de 1991, decidiu expandir sua confeitaria vendendo "Deli-Dollars" por US$ 9,00 cada, os quais poderiam ser resgatados por refeições no valor de US$ 10,00 num prazo de seis meses. É imenso o número dessas maneiras baratas de financiar os pequenos negócios. Maiores informações podem ser obtidas junto à Self-Help Association for a Regional Economy (SHARE), de Great Barrington, Massachusetts. A possibilidade de intercâmbio entre o dinheiro e a informação é a chave para se construírem "sociedades de informação" locais, com base na troca, e redes de intercâmbio de aptidões. Do mesmo modo, os sistemas de troca são empregados quando os países que desejam fazer comércio não dispõem de moeda estrangeira para esse propósito; veja-se, por exemplo, as trocas comerciais entre a China e a URSS e o fato de que 25% de todo o comércio mundial hoje é feito seguindo esse sistema de troca. Os países do Sul, por sua vez, poderiam estabelecer redes de trocas comerciais, computadorizadas e altamente sofisticadas, criando assim entre si múltiplos sistemas de troca e evitando os atuais canais financeiros e comerciais.

A cegueira da contabilidade nacional

A premente necessidade de revisar a contabilidade nacional tal como definida pelo Sistema de Contas Nacionais da ONU (UNSNA), é salientada pelo "economista descalço" chileno Manfred Max-Neef, ganhador do Prêmio Nobel Alternativo, que observa que "quase metade da população do mundo e mais da metade dos habitantes do Terceiro Mundo são estatisticamente invisíveis em termo econômicos". Em *The Other Path*, Hernando de Soto documenta a extensão do setor informal no Peru, que responde por 38,9% do PNB daquele país; enquanto Marilyn Waring, em *If Women Counted,* disseca as estatísticas do UNSNA para mostrar como elas fortalecem a dominação masculina na maioria dos países. O presidente da Venezuela, Carlos Andrés

Pérez, propõe um novo paradigma para os índices de desenvolvimento, baseando-se em seu conceito de "desenvolvimento integral". A fórmula de Pérez não diz respeito à quantidade de bens a serviços produzidos, mas à qualidade de vida, e se resume no seguinte: 1) satisfazer as necessidades básicas e tratar as pessoas como seres indivisíveis; 2) auto-suficiência sempre que possível; e 3) sustentabilidade definida como distribuição eqüitativa dentro de padrões ambientais determinados.

Uma revisão e uma reformulação abrangentes dos atuais indicadores econômicos estão sendo feitas no Reino Unido sob os auspícios da *New Economics Foundation*, dirigida por Victor Anderson. Nos Países Baixos, as pesquisas seguem a mesma linha, baseando-se no trabalho de Roefie Hueting, Wil Albeda e outros, que inclui a contabilidade dos estoques de recursos naturais e do trabalho não-monetarizado no setor informal. Muitos pesquisadores europeus, como Gershuny e Robertson no Reino Unido, Ingelstam e Ackerman na Suécia, Giarini na Itália, Dyson e Nicholls no Canadá e Huber na Alemanha, estudaram os setores informais não-monetarizados da produção, mas até o momento estes não foram plenamente incluídos na contabilidade nacional. O italiano Orio Giarini, autor de *Dialogue on Wealth and Welfare* e *The Emerging Service Economy*, acredita que será necessário incorporar os setores não-monetarizados a fim de compreender as economias pós-industriais de serviços que agora surgem na Europa e na América do Norte. James Robertson, em *Future Work*, chega à mesma conclusão; ele cunhou a expressão "ownwork" (trabalho próprio) para referir-se ao número crescente de trabalhadores em meio período ou autônomos do Reino Unido e da América do Norte. Na verdade, como já dissemos, o trabalho por conta própria está em ascensão nos Estados Unidos, no Reino Unido e em outros países industrializados amadurecidos — às vezes como resultado de uma busca de independência, ou senão devido ao "enxugamento" empresarial.[14] Tanto Robertson quanto Giarini concordam que esse tipo de trabalho, assim como o trabalho em meio período, devem ser mais bem vistos e prestigiados; o fomento e a expressão desses novos setores de serviços complementarão os setores formais, monetarizados. Essas visões estão de acordo com a visão que eu mesma expressei em *The Politics of the Solar Age*, com a de Scott Burns em *The Household Economy* e com o novo estudo de Graeme Shankland sobre o Reino Unido, *Wonted Work* (Bootstrap Press, NY, 1988).

A re-totalização do debate populacional: "pombas" e "falcões" chegaram a um acordo

Foi no campo das políticas populacionais onde ficou mais evidente que o pensamento fragmentado é um fracasso. Mas, mesmo nesse campo, novos paradigmas estão aparecendo, embora devagar. Nos anos 90, os debates sobre a população irão centrar-se em temas como a igualdade Norte-Sul, tecnologias ecologicamente sustentáveis e, por fim, os problemas relativos à mulher no mundo.

Nos anos 60, a tendência dos "falcões" (a linha dura) da política de controle populacional era enxergar unicamente o aumento bruto da população, em especial nos países subdesenvolvidos do Sul. Percebia-se claramente que o ponto de vista dos falcões tinha matizes racistas e sexistas; os pobres, as mulheres e mesmo os bebês costumavam ser retratados como "o problema". O que predominava era a ansiedade a respeito de alimentos, recursos, escassez e destinação de bens. Buscava-se a resposta na tecnologia; pílulas anticoncepcionais, preservativos e programas de esterilização eram as grandes armas naquela batalha malthusiana. Não causou surpresa que, no início dos anos 70, tenham entrado em franco conflito o Norte e o Sul nas conferências da ONU sobre meio ambiente e população. Os países subdesenvolvidos articularam sua próprias teorias. A partir de seu ponto de vista, o problema populacional era causado pelo excesso de consumo e desperdício de recursos no Norte industrializado.

As "pombas" do Norte e do Sul argumentavam que, para poder representar com mais exatidão os padrões de consumo de recursos, os números brutos da população deveriam ser interpretados de modo diferente. Por exemplo, a fórmula dos "equivalentes indianos" deveria ser amplamente encorajada (o impacto de um bebê norte-americano sobre os recursos mundiais é pelo menos 50 vezes mais forte do que o impacto de um bebê indiano). De acordo com esses cálculos, a população dos Estados Unidos seria equivalente a dezenas de bilhões de pessoas, afigurando-se como o principal fator do problema populacional global.

Os debates entre os falcões e as pombas, com seus pontos de vista diametralmente opostos, dominou os anos 70 e 80, levando a que se travassem discussões mais sistêmicas sobre o papel da tecnologia e o impacto da industrialização, tal como interpretada pelas fórmulas econômicas de crescimento e progresso com base no PIB. As mulheres (as doadoras da vida) e as crianças (as vítimas) continuavam a ser amplamente ignoradas nesses furiosos debates.

À medida que os movimentos feministas deslancharam após a Conferência da ONU sobre a Mulher, realizada na Cidade do México em 1975, a questão da população foi aprofundada e examinaram-se de modo mais atento as transições demográficas que antes se supunha acompanharem automaticamente a industrialização e o crescimento do PIB. As mulheres alegavam não só que esse tipo de desenvolvimento dissipava os recursos da Terra, como também que a queda da taxa de fertilidade era mais uma função da liberação econômica, social e política da mulher do que da industrialização por si. As sociedades industrializadas amadurecidas da Europa Ocidental começaram a se aproximar do crescimento populacional zero no final dos anos 80, à medida que as mulheres exigiam seus direitos e optavam por ter menos filhos. Ao mesmo tempo, o custo de se criar um filho subia vertiginosamente e o divórcio criava legiões de pais descasados — ou, com mais freqüência, mães. No final dos anos 80, as políticas passaram lentamente a concentrar-se em problemas ligados a mulheres: educação, cuidados pré-natais e pós-natais, cuidados com o bebê, prevenção de nascimento de bebês com peso abaixo da média, a amamentação como o mais eficiente método contraceptivo natural, e prevenção das doenças da primeira infância e da desnecessária mortalidade infantil.

A evolução das políticas populacionais ao longo dos últimos vinte anos pode ser representada pela mudança de enfoque que observamos nos livros de Paul e Ann Ehrlich: em 1968 eles escreveram *The Population Bomb*, quando a população mundial era de 3,5 bilhões de pessoas; já em 1990, com uma população de 5,3 bilhões, seu novo livro é *The Population Explosion*. Embora os Ehrlich ainda acreditem que a população é o problema principal do mundo, eles agora adotaram sua própria fórmula de "equivalentes indianos", chamada IPAT:

Impacto = tamanho da População × Afluência *per capita* × dano causado pela Tecnologia usada para suprir cada unidade de consumo.

Evidencia-se, mais uma vez, um novo paradigma que vê não só as oportunidades criadas pela tecnologia, mas também os problemas. Neste caso, o que estava em questão era a escala de tecnologia, seus impactos ambientais e sociais, a classificação de tecnologias específicas como não-democráticas, centralizadoras ou descentralizadoras (tais como as tecnologias solares, bicicletas e máquinas de costura). O livro de Schumacher, *Small is Beautiful,* catalizou o debate internacional em 1973. Schumacher foi um dos meus mentores e escreveu o prefácio para meu primeiro, *Creating Alternative Futures* (1978).

Embora os falcões e as pombas, o Norte e o Sul (Figura 4-24: Tendência da População Mundial e Distribuição Norte-Sul), tenham por fim chegado a uma espécie de acordo em torno de questões como as abordagens tipo IPAT para controlar o crescimento populacional, ainda há um longo caminho a ser percorrido. As mulheres ainda são os peões na maioria das estratégias políticas e as crianças ainda são as vítimas, conforme documenta o trágico relatório da ONU "O estado das crianças do mundo, 1991".

Esse relatório enfatiza os padrões desiguais de desenvolvimento industrial que marginalizam as populações rurais, as mulheres e as crianças, ao mesmo tempo que fazem uso excessivo dos recursos. Enquanto isso, somente 3% da ajuda prestada em 1986/87 pelos países industrializados foram para programas de saúde, planejamento familiar, educação e saneamento básico, que são as áreas prioritárias para o controle do crescimento populacional. É claro que ainda existe uma corrente intelectual, particularmente nos Estados Unidos — exemplificada pelo colunista Ben Wattenburg, bem como por Julian L. Simon em seu livro mais recente, *The Economic Consequences of Immigration* (Basil Blackwell, 1991) —, que vê a população crescente como um fator positivo, em especial para "estimular" o crescimento econômico medido pelo PIB. O governo Reagan, apoiado pela direita religiosa, viu com bons olhos essas opiniões e levou os Estados Unidos a sabotar muitas iniciativas da comunidade mundial para estabilizar a população durante os anos 80. Hoje, muitos economistas ainda adotam o ponto de vista de que a população crescente é um fator benéfico para o progresso econômico de um país (ver, por exemplo, na edição de 12 de março de 1990 da *Business Week*, "Os Estados Unidos precisam de mais massas amontoadas? Sim!").

"O caminho mais seguro para se alcançar um declínio sustentável da taxa de fertilidade é dar nova prioridade ao investimento social ou em recursos da mulher", diz o dr. Nafis Sadik, diretor-executivo do Fundo da ONU para Atividades Demográficas, "melhorando a saúde de mães e filhos, o *status* da mulher e a educação, e colocando, tanto quanto possível, o planejamento familiar à disposição tanto das mulheres quanto dos homens." Nos anos 90, os principais obstáculos ao controle demográfico em muitos países são as políticas paternalistas que ainda dirigem a maioria

Tendência da População Mundial e Distribuição Norte-Sul

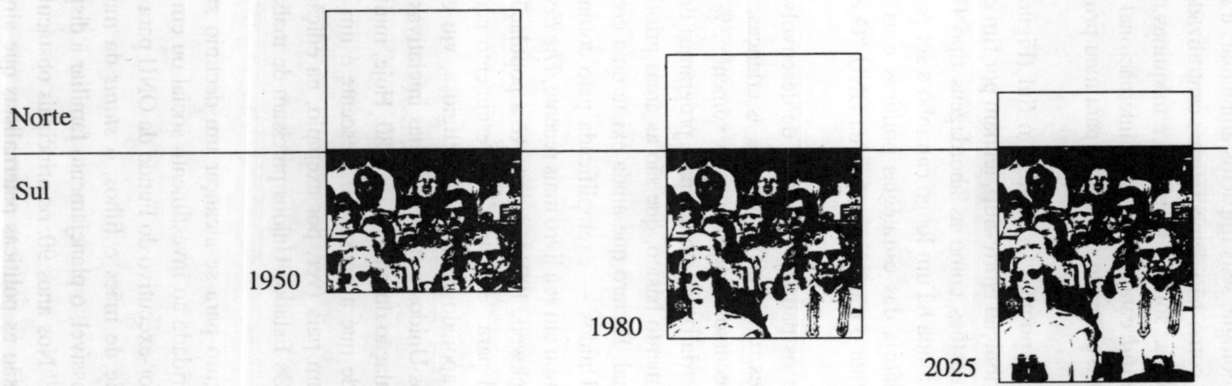

Fonte: World Paper, Boston, MA, 1991

FIGURA 4-24

dos recursos para o crescimento industrial insustentável medido pelo PIB, a concorrência internacional e, correlativamente, a defesa militar. A problemática situação do Oriente Médio pressagia possíveis conflitos futuros entre "os que têm muito" e "os que nada têm" num Planeta cada vez menor. Várias ONGs e grupos políticos feministas acreditam que as atuais táticas internacionais de ameaça (competitivas e dominadas pelos homens) nunca conseguirão o controle populacional — ou formas sustentáveis e eqüitativas de desenvolvimento humano.

O Congresso Mundial da Mulher, realizado em novembro de 1991 — que reuniu parlamentares e outros líderes, grupos tais como o movimento africano Cinturão Verde, o movimento indiano Chipko, a Associação das Mulheres Autônomas, o Banco Mundial da Mulher e muitas outras organizações populares —, advogou modelos de parceria e a reestruturação das instituições hierárquicas nacionais e internacionais para garantir uma participação mais plena. O equilíbrio entre os sexos em todos os níveis decisórios também é uma necessidade urgente, a fim de proporcionar um melhor *feedback* sobre o impacto de políticas em "grupos-alvo". Hoje, do Banco Mundial e círculos do GATT aos grupos de investimentos, a mensagem está sendo ouvida, mesmo que ainda não atendida: as políticas tradicionais de crescimento do PIB estão fracassando, enquanto passam a ter sucesso as inovações baseadas na microempresa e no desenvolvimento rural com tecnologia e recursos localmente controlados.

Esse consenso vai ainda mais longe. Para muitas agências estatísticas, como veremos no Capítulo 7, parece que o *status* da mulher é um importante indicador geral de desenvolvimento, altamente correlacionado com o aumento das taxas de alfabetização, o declínio da mortalidade infantil e os avanços na expectativa de vida mostrados por novos indicadores de desenvolvimento geral que agora concorrem com o PIB. Esses novos indicadores são, entre outros, Índice de Desenvolvimento Humano (do Programa de Desenvolvimento da ONU), o Índice de Qualidade de Vida Física (PQLI), o novo Índice de Bem-Estar Econômico Sustentável (ISEW) de Herman Daly, economista do Banco Mundial, e meus *Country Futures Indicators*. Muitos desses novos indicadores incluem o *status* da mulher e das populações minoritárias, os direitos humanos e a participação democrática, bem como a exaustão dos recursos e a poluição.

Hoje, um dos aspectos importantes da política populacional é a avaliação dos sucessos e fracassos da última década. Merece particular atenção o caso da China, onde a maior experiência demográfica da história está em andamento há mais de dez anos: a política do filho único. Durante os anos 80, quando essa política se firmou, a China era a "queridinha" dos falcões favoráveis à redução populacional. Hoje, nos anos 90, os impactos sociais e as conseqüências de longo prazo dessa política precisam ser compreendidas. As revistas populares costumam relatar os efeitos sociais relativamente menores desse programa, tais como a nova geração de filhos únicos — os "pequenos imperadores e imperatrizes"— e a nova leva de psicólogos e psiquiatras que ajudam os pais a lidar com os caprichos dessas crianças. As conseqüências mais sérias dessa transição demográfica sem procedentes ainda são pouco relatadas. Por exemplo, como irá esse pequeno exército, que hoje ingressa na força de trabalho, lidar com a tarefa gigantesca de sustentar os milhões de cidadãos mais velhos, com sua expectativa de vida de 70 anos? O que motivará cada um desses jovens "imperadores e imperatrizes" a trabalhar duro para sustentar não só os próprios pais como também os outros idosos sobreviventes? Em apenas uma década, a China — ainda uma sociedade em desenvolvimento — assumiu o mesmo fardo que hoje é carregado pelos países pós-industriais da Europa Ocidental, América do Norte e Japão, onde irrompem conflitos entre as gerações e os sistemas de aposentadoria enfrentam imensas dificuldades na medida em que um número menor de pessoas economicamente ativas precisa sustentar um número crescente de dependentes idosos.

Está evidente que somente novos acordos globais sobre o controle demográfico poderão assegurar que países pioneiros, como a China e Cingapura (outro país que adotou essa experiência) não venham a abandonar as políticas de controle populacional, como já começa a acontecer. Uma possível solução seria a fundação de um Banco de Crédito Populacional Norte-Sul que pudesse recompensar políticas bem-sucedidas. Usando o IPAT, ou medidas similares, novos "créditos de desenvolvimento sustentável" poderiam ser oferecidos a esses países a fim de reduzir o impacto sobre os recursos globais. Espera-se que o acordo entre falcões e pombas possa progredir ainda mais nos anos 90, à medida que nós, seres humanos, aprendermos que o gerenciamento de nossos bens comuns globais exigirá muitas dessas negociações que buscam garantir a vitória de todos.

A respeito da mídia: redefinindo o progresso

Por fim, é preciso lembrar que os meios de comunicação de massa são o sistema nervoso do corpo político e, também nesse campo, há sérios problemas de paradigma. O problema do noticiário econômico nos dias de hoje é que a maior parte é feita por economistas. E os economistas são formados para lidar com estatísticas, não com pessoas.

Para nos dar uma imagem fiel e integral do desenvolvimento mundial — ou nacional —, os meios de comunicação precisam ir além dos números e passar a refletir com seriedade sobre o que é o desenvolvimento humano. Os jornalistas precisam pensar sobre o desenvolvimento e as necessidades humanas no contexto de outras molduras disciplinares, uma vez que a moldura econômica é bastante inadequada. Se eu fosse a editora de jornalismo econômico de uma rede de comunicações, exploraria todos os outros números que são indicadores bem melhores do bem-estar humano. Por exemplo, eu procuraria saber o que a Organização Mundial de Saúde tem a dizer sobre a expectativa de vida e a mortalidade infantil em vários países. Eu investigaria, junto ao Programa Ambiental da ONU, quais as medidas tomadas em vários países para proteger a qualidade da água e do ar. Eu buscaria, junto à Anistia Internacional, dados comparativos sobre liberdade política; e, junto às organizações educacionais, dados sobre as taxas de alfabetização e outras medidas do desenvolvimento individual.

Todos esses indicadores de progresso social já estão disponíveis — só que são negligenciados pela maioria dos editores ou considerados menos importantes do que as estatísticas do PIB. Um fato ainda mais significativo seria os editores compreenderem que quem reúne esses dados não são os economistas. Então, eles consultariam pesquisadores multidisciplinares, como antropólogos, ecologistas e sociólogos. Na verdade, quem costuma reunir os dados econômicos mais significativos são os sociólogos, porque estudam o número real de horas que as pessoas dedicam ao trabalho produtivo sejam elas remuneradas ou não. Eles não medem apenas o tempo gasto cuidando dos filhos, fazendo trabalho voluntário numa comunidade, cuidando da casa ou na agricultura de subsistência.

O fato é que, para identificar e interpretar as tendências, os editores terão de pensar muito para descobrir quais, dentre as estatísticas quantitativas existentes, realmente indicam se uma sociedade está fazendo progresso. Vemos que, em quase todos os casos, os dados econômicos têm uma relevância mínima, e que a renda *per capita* — essência e razão de ser do PIB — já provou ser um péssimo indicador da qualidade de vida. Na verdade, tentar administrar uma sociedade complexa com base em um único indicador como o Produto Interno Bruto é o mesmo que tentar pilotar um 747 com um único instrumento funcionando no painel. Não seria possível saber se os *flaps* estão abaixados ou recolhidos, quanto combustível resta no tanque ou qual é a altitude. Em suma, seria um vôo cego. Ou então imagine que o médico, na hora do *check-up*, se limitasse a medir a sua pressão arterial!

Claro está que a televisão e a maioria dos outros meios de comunicação não apresentam senão os índices-padrão de sempre, os quais, graças à inflação e às flutuações da moeda, são mais que inúteis — são sem sentido. Talvez o mais sério problema de paradigma da mídia norte-americana seja sua dedicação ao "comercialismo". Tendo em vista que praticamente toda a sua receita provém da publicidade, como se poderiam transmitir mensagens sobre a conservação de recursos e a *redução* do consumo? Muitos de nossos problemas com drogas e outras dependências são exacerbados pelas constantes mensagens que tendem a realimentar esses vícios. O Centro de Estudos sobre o Comercialismo, em Washington, discute abertamente essas questões, assim como o faz a corajosa revista *Media and Values,* de Los Angeles.

Notas — Capítulo 4

1. Hazel Henderson, *The Politics of the Solar Age: Alternatives to Economics,* Cap. 13, edição atual de Knowledge System, Inc., Indianápolis, 1988.

2. Ver, por exemplo, *Opening the Marketplace To Small Enterprise,* Ton de Wilde, Styntje Schreurs e Arleen Richman, que descreve essa abordagem "Small is Beautiful". Kumarian Press, Hartford, W. CT, 1991.

3. *State of the World's Children, 1991,* UNICEF, organização das Nações Unidas, NY.

4. *Business Week,* "America's Income Gap" (As diferenças de renda nos EUA), 17 de abril de 1989.

5. *Business Week,* "What Happened to the American Dream?" (O que aconteceu ao sonho americano?), 19 de agosto de 1991, p. 80.

6. Ver, por exemplo, *Rethinking the Future: The Correspondence between Geoffrey Vickers and Adolph Lowe,* com prefácio de Robert Heilbroner, org. por Jeanne Vickers, Transaction Publishers, New Brunswick, NJ, 1991.

7. Ver, por exemplo, Severyn T. Bruyn em *A Future for the American Economy: The Social Market,* que explora a nova consciência dos problemas causados pela cega adesão ao lucro e ao mercado. Stanford University Press, CA, 1991.

8. Para exemplos da aplicação deste critério a diversos campos de pesquisas, ver *Healing the World... and Me,* org. por Mark Macy, Knowledge Systems, 1991.

9. *Global Warming Watch,* Instituto de Saúde Pública em conjunto com o Sindicato dos Trabalhadores na Indústria Petrolífera, Química e Atômica (OCAW), NY, vol. 1 , número 4, agosto de 1991.

10. Os modelos de "clima empresarial" incluem aqueles desenvolvidos por escritórios contábeis para seus clientes pessoas jurídicas, tais como os de Grant Thornton, Inc., de Chicago, IL. Esses modelos estão hoje perdendo espaço para os modelos mais realistas de outras agências, tais como a SRI International, da Califórnia, e a Corporation for Enterprise Development, de Washington, DC.

11. Katsumi Yokota, *I Among Others* (1991) em inglês, do Seikatsu Club Seikyo Kanagawa, Kawaasa Building 3F, 2-11-5 Shin Yokohama, Kohoku-ku, Yokohama, Japan, 222.

12. *The Informal Economy* (ver Notas do Capítulo 6 e Figura 1-5: Bolo de Três Camadas com Cobertura).

13. Orio Giarini, *Dialogue on Wealth and Welfare,* Pergamon Press, Londres e Nova York, 1980.

14. Ver, por exemplo, o extraordinário sucesso dos manuais que ajudam os moradores dos "chalés eletrônicos" a tornar bem-sucedidas suas empresas caseiras. Três títulos foram lançados em 1991 pelos "gurus" do negócio caseiro e do trabalho por conta própria, Paul e Sarah Edwards: *The Best Home Businesses for the 90s, Making It On Your Own* e *Getting Business to Come to You* (todos da Tarcher Press, Los Angeles, CA).

INTERLÚDIO

Ode à energia da vida

Um casal de borboletas,
polinizando, propagando as espécies,
adejando
por cima de longa procissão de culturas,
se encontra num magnífico dia santo
descortinando a ampla Baía azul
que Drake "descobriu"
para os ingleses.

Hoje, a ampla Baía azul fervilha
com uma abundância de imagens, sons e aromas,
bondinhos elétricos e peregrinos saciados de frutos do mar,
uma multidão de velas e asas.
Comerciantes, todos, de tudo —
alguns em escala humana, gentis mascastes
adestrados à antiga moda da China.
Outros, agigantados,
dinossauros em roupas enfadonhas,
nos edifícios anônimos
do escuro *canyon*
a que chamam "Montgomery".

Extraordinário casal,
a encontrar-se no espaço mítico.
Esta Ísis e este Osíris
seguem uma trilha chamada "Grant",
esquivando-se de bombinhas e busca-pés,
de dragões dançantes de papel crepom,
a caminho de casa, coletando, rastreando,
sondando o néctar.
Encontrando o Pólen Sagrado na perdida arca do tesouro,
antigos brincos, sedas do Oriente

há muito esquecidas.
Familiares tesouros
que celebram a Família Humana,
a ser preservados, reformados e então
reoferecidos ao mundo.

Essas borboletas, em grupos amigos,
dançam à frente das culturas,
subindo e descendo as colunatas da história,
atraindo, seduzindo,
mostrando novos caminhos,
acenando a novos Campos Elíseos.
Enxames de guerreiros ternos e felizes
que transmutam a força bruta em canções
e em visões do Vir-a-ser.

Muitos as seguem. Alguns, curiosos.
Outros com redes,
buscando capturar e
prender com alfinetes suas asas adejantes.
Mas estas alquimistas se esquivam — como
PEIXES escorregadios!
Sua missão enzimática pede
que elas sejam livres.
Livres para amar o Graal universal,
livres para tecer os fios sagrados
que ligam o todo da vida
na sublime GAIA.

E elas adejam,
dançando, sorvendo as alegrias e medos terrenos,
os sonhos e pesadelos,
evoaçando na escuridão,
circulando e reciclando sementes, idéias,
as gemas da terra e as flores,
as pontas de flecha perdidas nos cemitérios indígenas e
os conflitos,
tudo o que desabrocha no silêncio.
Rearranjando os tesouros da Terra
e plantando as sutis sementes
da Vida Universal.

Elas são, contudo, humildes criaturas
que vestem, não as belas asas da borboleta monarca,

mas o simples traje
da comum borboleta amarela,
para melhor entrar em sintonia com os outros
seres mortais.
Bom senso, para que todos
possam ouvir o seu chamado:
uma simples canção em louvor à beleza
e à fé imorredoura
da evolução.

Novo Adão e Nova Eva,
eles esquadrinham as culturas do passado
com respeito mágico
e redescobrem as sagradas escrituras
num Barco Polinésio,
numa Cerimônia Hopi.
Homem e Mulher Selvagens.
À vontade em muitas selvas:
da cultura, de concreto ou da floresta.
Fortes e frágeis,
sempre amorosos e
Eternamente livres.

Novo Homem e Nova Mulher
ardentes no compromisso
de alimentar o precioso desdobramento
do Futuro.
Louvam a Mudança e
cantam a ode à Mutação,
enquanto honram o código vivo e estável do DNA.
Cantam o renascer da Criança Divina
para bebês renascidos em todo o mundo,
para toda a eterna juventude do mundo,
para a sempre-mutante GAIA, a azul
Mãe Terra
que orbita em nossos corações
e na Eternidade.

CAPÍTULO 5

Além da guerra dos sexos

Não causa surpresa que, nos dias de hoje, o rico fermento novo de idéias alternativas — culturais, espirituais e de ação — esteja vindo de cientistas "rebeldes", que não se deixam intimidar por seus colegas, e dos grupos que foram reprimidos ou subordinados durante a Era Industrial, marcada por exigências crescentes de uniformidade. Toda cultura é um sistema de expressões e repressões do pleno espectro dos modos humanos de ser e agir. Hoje, essas alternativas surgem das etnias e povos indígenas do mundo, das culturas de subsistência e da sabedoria tradicional, das mulheres de todo o mundo e do nascente princípio feminino, cujas energias nutridoras são vistas na nova geração de homens pacíficos.

A saga desse novo tipo masculino começou nos Estados Unidos, estimulada pelo poeta Robert Bly e pela popularização das obras de Joseph Campbell por obra de Bill Moyer. O fenômeno do "grupo dos homens" mereceu uma matéria de capa na *Newsweek* (24 de junho de 1991), intitulada "O que os homens querem?" A capa mostrava o "novo homem", de peito nu, com a gravata ainda em volta do pescoço, um bebê escarranchado num quadril e um tambor africano no outro. Esses homens estão dispensando os grilhões do "macho" industrial, a necessidade de competir entre si e a necessidade doentia de controlar, dominar e "possuir" não só uns aos outros como também as mulheres, as crianças, os animais, as plantas e toda a Mãe Natureza. Os psicólogos sabem que esses impulsos doentios estão enraizados no medo da morte e no senso de alienação do mundo natural produzido pelo surgimento da mente dividida em dois hemisférios distintos e reforçado pela dualística cultura ocidental. Como observa Ken Wilber em *Up from Eden* (Anchor Books, 1981), "Sempre que há um *outro*, há o medo". A consciência isolada e egoísta, na medida em que se sente apartada do todo da vida, vê sua morte individual como uma extinção final, uma perda total de significado, que leva necessariamente à ansiedade existencial. Esse medo esteve por trás de milhares de anos de dualismo nas culturas humanas. Ele moldou a arte, a literatura e a erudição ocidentais, desde Aristóteles e seu axioma lógico e/ou — o Princípio do Terceiro Excluído ("A" não pode ser igual a "não-A"). Esse mesmo medo da morte e da perda de significado levou à neurótica noção de objetividade científica, que acabou sendo abalada, se não mesmo anulada, pela física de Werner Heisenberg e seu Princípio da Incerteza. Vemos o medo na longa saga da literatura patriarcal, desde os mitos gregos do herói e da jornada do herói até a angústia existencial e a alienação da Natureza cujo eco se faz ouvir em Hegel, em Marx, na Escola de Frankfurt, em Hermann Hesse, nos existencialistas, em Sigmund Freud e seus seguidores.

Creio que esse tipo de erudição separatista e essa "objetificação" da experiência, junto com a ciência cartesiana reducionista, estão hoje se tornando um beco sem saída: jogos mentais de regressão infinita que terminam num nó cego lógico. Este pode ser mais um aspecto do dilema das sociedades patriarcais. Pois essa ansiedade sobre a "alienação" é, atrevo-me a dizer, uma experiência um tanto mais masculina que feminina. Já que em termos biológicos os seres humanos vêm em duas formas físicas assimétricas, está claro que é diferente viver a vida num corpo masculino e viver a vida num corpo feminino. Biologicamente, a maioria das mulheres do mundo ainda sente de modo muito vívido sua inserção na Natureza, e alimenta poucas ilusões sobre sua liberdade e separação dos ciclos de nascimento e morte. A experiência masculina pode dar aos homens a sensação de ter um pouco mais de liberdade e individualismo; nos últimos 6 mil anos, essa sensação, junto com a alienação por ela provocada, foi amplificada. Toda a cultura, a erudição, as instituições e a história patriarcais refletiram e amplificaram a experiência masculina e a universalizaram como se ela fosse a experiência humana. Evidentemente, ela não é, como Mark Gerzon afirmou com sensibilidade em *A Choice of Heroes* (Houghton Mifflin, 1982). Mas as mulheres, até época bem recente, guardaram um relativo silêncio a respeito de sua própria experiência e de sua própria história, as quais, como nos mostram a literatura e a arte feministas, são radicalmente diferentes. A espiritualidade das mulheres está vindo para o primeiro plano, como ocorre, por exemplo, com a radical revisão da tradição cristã por Barbara Marx Hubbard em *The Book of Co-Creation* (1992). A espiritualidade feminina afirma e celebra a inserção humana na Natureza e a confirma através da pesquisa das primitivas culturas matriarcais e da grande religião universal da humanidade, o culto da Grande Deusa Mãe. A filósofa Charlene Spretnak reinterpreta as principais tradições da sabedoria em seu novo e brilhante livro, *States of Grace* (HarperCollins, 1991).

O ecofeminismo de hoje está restaurando essa primeira pré-história, e suas artes e rituais de celebração da Natureza, como uma ordem que, em princípio, não é plenamente cognoscível, porque os seres humanos são parte dela. O estudo mais influente sobre esse período pré-histórico é *The Chalice and the Blade*, de Riane Eisler (HarperCollins, 1987), que também buscou inspiração nas pesquisas inovadoras de Marija Gimbutas, arqueóloga da Universidade da Califórnia. O ecofeminismo resacraliza a Natureza. Compreende o valor heurístico da incerteza, que permite a cada geração reformular sua experiência, sua cognição, sua epistemologia e seus sistemas de valores à luz das novas condições. A incerteza é valiosa porque nos mantém despertos e atentos, ao passo que a certeza e a exatidão nos permitem "programar" as respostas ao nosso meio ambiente, tornando-nos rígidos ou mentalmente adormecidos. O ecofeminismo também vê a maternidade, o cuidado e educação dos filhos e a manutenção de hábitats confortáveis e comunidades coesas como o trabalho *mais altamente produtivo* da sociedade — e não como o trabalho mais desvalorizado, tal como ocorre no contexto dos valores e da economia patriarcal, onde essas tarefas não são reconhecidas nem remuneradas.

A educação patriarcal agora está começando a compreender alguns desses padrões mais sutis da sociedade, às vezes de modo experimental, à medida que entram em colapso muitos dos sistemas de apoio oferecidos pelas mulheres. Na ciência tradicional, compreende-se que a alienação e a visão dualística, ego-individualista, talvez tenham sido uma peça pregada pela mente humana. Essas visões da ciência indígena são difundidas através de redes em todo o Planeta por estudiosas como a advogada Riane Eisler; as biólogas Lynn Margulis (co-autora da Hipótese Gaia) e Elisabet Sahtouris, autora de *Gaia*: *The Human Journey from Chaos to Cosmos*; e a antropóloga Pam Colorado, fundadora do The World Indigenous Science Network. O espantoso é que essas novas visões holísticas agora estão sendo alcançadas através de anomalias e mudanças de paradigma da própria ciência patriarcal, formuladas *intelectualmente* em novas teorias que englobam essas sutis indeterminações. Elas incluem interesses tais como os expressos pelo físico David Bohm, com a ordem *implicada* em vez da ordem *explicada*, e a visão nova e aberta de um Universo surpreendente, vivo, autopoiético, evolutivo, como no trabalho de Sheldrake e Prigogine, além de David Peat, Karl Pribram, Gregory Bateson, Erich Jantsch, E. F. Schumacher, Fritjof Capra, Humberto Maturana, Francisco Varela, Heinz von Foerster, James Lovelock, Ludwig von Bertalanffy, Ken Wilber, René Thom, Manfred Eigen, C. H. Waddington, Kenneth Boulding, Henryk Skolimowsky e outros.

Essa nova corrente de estudos, junto com o riquíssimo corpo de conhecimentos ancorado na ecologia, pode ser chamada de *ecofilosofia*, e representa a simultânea culminação, miniaturização, compressão e transcendência das formas cartesianas de representação; os ensaios *ecofeministas* mostram exatamente o mesmo conjunto de visões, mas, como nos modos orientais de cognição e representação, o ecofeminismo chegou a elas *experimentalmente*. Não houve até agora quase nenhuma comunicação entre a ecofilosofia e o ecofeminismo porque, embora abordando os mesmos fenômenos, eles têm pontos de partida diferentes. O ecofeminismo vê as brilhantes catedrais (a exposição abstrata, matemática, racional e patriarcal da unidade humana) como um trabalho *intelectual* sobre algo banal, quase trivial ("Por que tanto debate, por que todo esse estardalhaço? Será que *todos nós* não sabemos/sentimos a unidade humana nos nossos próprios ossos?"). Por outro lado, a ecofilosofia percebe essa indiferença e supõe que as mulheres não estão interessadas nessas heróicas realizações científicas. ("Afinal de contas, a jornada do herói é mesmo uma viagem masculina.") Além disso, os livros feministas são tão "imprecisos" e ilegíveis — para não dizer ameaçadores — com sua celebração de deusas, árvores, orgias, círculos, vibrações, danças, sexualidade, analogia, canções, bruxas, espíritos, fertilidade, *baals*, devas, mistério, hedonismo e "abrir mão", para aceitar o corpo, a dor, o envelhecimento, a entropia e o infindável ciclo de mortes e renascimentos!

Acho que essas duas correntes separadas de estudos e cosmovisões estão agora começando a fluir em conjunto, augurando uma nova síntese e o florescer de uma consciência mais androginizada em homens e mulheres. A comunicação ainda é hesitante, carregada de antigos medos, ressentimentos e inseguranças. Os homens mais jovens se esforçam para manifestar suas qualidades femininas, assumem maior responsabilidade pelos filhos e negam seus impulsos mais "machões". Por causa desses

Uma Nova Maneira de Ver a “Natureza Humana”

Visão tradicional: a natureza humana como imutável; por exemplo, na teoria econômica: avidez, egoísmo, competição e insaciabilidade como elementos fundamentais (Darwin, Hobbes, Bentham, etc.)

Novas visões: “potencial humano”, autodesenvolvimento, crescimento, subutilização de capacidade cerebral, *biofeedback* da capacidade física, exploração de feitos “iogues”, etc.

Exemplos: O humano possível (Houston)

Mudança de paradigma (Bateson, Capra, Thompson, Henderson)
Nova ética e novos estilos de vida (Todd, Rodale, Jackson, Lovins)
Novas comunidades (Davidson & McLaughlin)
Novas pesquisas cérebro-mente (Pribram, Ferguson)
Nova espiritualidade (Soleri, Thompson, Morton, Spretnak, Daly, Marx-Hubbard)
Campos morfogenéticos (Sheldrake)
Mudança psicotectônica (Fuller, Weiskopf, Sorokin)
(mudança na compreensão moral; p.ex., repudiar a escravidão)
(do conformismo à razão crítica, “a idéia cujo momento chegou”)

Interações entre:

1. a questão crítica percebida
2. a tecnologia
3. a mudança na percepção humana

Mais:

STRESS
DISSONÂNCIA COGNITIVA
CONFUSÃO CULTURAL

RUPTURA (dos sistemas de crença limitadores) ⟶ **IRRUPÇÃO** (novas visões culturais pessoais) ⟶ **EVOLUÇÃO**

FIGURA 5-25

esforços, são freqüentemente escarnecidos por seus colegas, pelos homens mais velhos e às vezes também pelas mulheres que participam de sua vida. Os homens patriarcais não-reconstruídos se refugiam na imagem de Rambo e em atividades masculinas, enquanto os homens ambivalentes tentam encontrar sua "parte selvagem" reprimida e aprendem a canalizar seus impulsos, em vez de temê-los. As mulheres aumentam progressivamente suas denúncias da sociedade patriarcal e, com freqüência cada vez maior, abrem processos por estupros cometidos pelo namorado e por assédio sexual no local de trabalho. A guerra dos sexos nunca foi tão amarga. As controvertidas audiências para a confirmação do juiz Clarence Thomas para a Suprema Corte dos Estados Unidos deixaram bem claro que homens e mulheres ainda habitam duas culturas diferentes. As comunicações mal começaram. Precisamos lidar não só com a natureza do assédio sexual, mas também com as ramificações sociais, bem mais amplas, dessa guerra. Alguns homens se vingam espancando as esposas e outros abandonam as parceiras, deixando-as cuidar sozinhas dos filhos. Os ciclos de censura e vitimização entre homens e mulheres talvez assinalem uma outra mudança de paradigma: as mulheres estariam indo além de seu impulso maternal "instintivo", enquanto os homens estariam deixando para trás os conhecidos impulsos masculinos de competição mútua, conquista da fêmea e territorialidade. Se queremos prescrever um remédio para a doença quase terminal das sociedades humanas dos nossos dias, precisamos escavar bem fundo para fazer um diagnóstico. Não podemos continuar observando apenas as manifestações superficiais, tais como as oferecidas pelos economistas: desemprego, inflação, produtividade decrescente, necessidade de segurança nacional, deter o comunismo, restaurar o livre mercado, mais inovação, oferta atendendo a demanda e todo o resto da linguaguem *psicótica* da alienação, do medo e da insegurança.

Deixando para trás a era do fenótipo

As mais resistentes tensões da psique humana estão relacionadas com a alienação e o medo da morte do ego, e com o conflito que esses dois sentimentos geram entre a vontade individual consciente e as exigências do grupo ou sociedade. Esses medos não levam apenas àquilo que chamei de Síndrome de "Kilroy esteve aqui", em geral confundida com o comportamento "machão" mais grosseiro ou com impulsos patriarcais, onde se busca a imortalidade deixando a própria marca no meio ambiente, seja erguendo um monumento, seja pondo abaixo uma floresta. Esses impulsos sempre foram parte do conflito fundamental que preocupou a ciência política, as teorias de controle social e estatística, as hipóteses sobre a "Natureza Humana" — vista como boa ou má — e as várias combinações possíveis no espectro que vai da anarquia ao autoritarismo.

Acredito que existe uma camada mais profunda subjacente a esses antigos problemas do poder, seja entre homens e mulheres ou entre o *indivíduo* e o *Estado*. Hoje, estamos em condições de analisar os problemas do poder de modo a lançar mais luz sobre os motivos que levaram à derrocada das culturas e religiões matriarcais e à ascensão dessa cultura patriarcal que agora entra em colapso. Talvez o conflito mais profundo e irreconciliável em termos biológicos seja aquele entre o *fenótipo* humano individual e o *genótipo* da espécie. A Natureza é sempre pródiga com os fenótipos, já que a diversidade e a gama de experimentos exigem uma profusão dessas novas gerações de formas finitas interagindo com os sucessivos conjuntos de condições ambientais únicas. Só um número estatisticamente insignificante de fenótipos chega a produzir uma inovação geneticamente útil de forma ou função que sobrevive e é incorporada ao "pool" genético humano. Do ponto de vista do genótipo (a espécie como um todo), o destino de cada fenótipo individual é irrelevante. Ora, nas *outras* espécies, esse destino desprezível pode não produzir um conflito psicológico no fenótipo. Nós, pelo menos, não aprendemos a nos comunicar suficientemente com as outras formas de vida (tais como as baleias, os golfinhos ou os chimpanzés) para sabê-lo, de um modo ou de outro. Mas sabemos, sim, que os seres humanos possuem essa incomum mente de dois hemisférios que está ciente de ter consciência de si mesma. Vivemos como fenótipos, com vontade e propósitos que vão além daqueles do genótipo da nossa espécie, e ultrapassamos a consciência pré-humana integrada na nossa experiência ontológica bem como na experiência filogenética infantil de unidade com a mãe e com o mundo.

Creio que o período matriarcal do desenvolvimento humano possa ter tido como cerne um sistema de valores que pendia para o genótipo, celebrando os *processos* da vida — seus ciclos de mudança, estações e energias sutis, bem como o valor positivo do envelhecimento, da entropia e da morte — que permitem que se desdobre a grande experiência da evolução. Os fenótipos, sejam masculinos ou femininos, *precisam* morrer para que cada nova geração — nossos filhos — possa ter sua chance. Mas a morte do corpo no plano material de existência é também uma outra transição (se temos uma visão mais ampla de nós mesmos como uma parte da criação, temporariamente formada como uma célula sensorial do corpo de Gaia) e tem uma dimensão transcendente, a crer no que dizem nossas tradições espirituais. Acredito que as primeiras revoltas — protagonizadas, na maioria das vezes, pelos machos da espécie — contra as sociedades adoradoras da Deusa Mãe foram em parte o grito de afirmação da percepção egóica recém-individuada, dos fenótipos rebelando-se contra a grande e implacável Deusa/Mãe/Terra — a imagem do genótipo que decretou o sacrifício e a sentença de morte dos indivíduos. Muitas manifestações folclóricas dão a entender que as culturas matriarcais existiram antes que a relação sexual fosse reconhecida como causa do nascimento das crianças. É claro que as mulheres teriam sido vistas como seres miraculosos — deusas dotadas do poder de produzir a vida —, em especial se elas pudessem guardar esse segredo ritualizando a relação sexual através de orgias grupais. Desse modo, os homens teriam sido mantidos na total ignorância do papel que desempenhavam na procriação. Esta hipótese explicaria o medo profundo e arraigado das mulheres, da mãe e da Terra, e sua conexão mítica com o envelhecimento, a entropia e a morte, que preocupou a mitologia e foi recentemente examinado pela psicologia masculina.[1]

Talvez estejamos deixando para trás esse período de revolta da percepção egóica individuada de machos e fêmeas. A Era do Fenótipo, na qual homens e mulheres individuados juntos exploraram o mundo, com sua postura ereta e seus polegares em oposição aos outros dedos, foi naturalmente um período de experiências com o mundo natural — "trocar os móveis de lugar".

Essa consciência individuada e manipulativa, tanto nos homens como nas mulheres, amplificou-se até chegar às formas insustentáveis de dualismo típicas da época patriarcal. A Era do Fenótipo, com sua brilhante criatividade manifestada na manipulação da Natureza, da cultura e da biologia humana, está hoje culminando na explosão da ciência cartesiana, da tecnologia, das instituições e formas de governo explicitamente administradas, e na difusão global do industrialismo. A espécie humana aprendeu muito nesse período extraordinário — a pensar no modo individuado, egóicomental-manipulativo com que essa aprendizagem se deu, talvez tenha aprendido até demais para o nosso próprio bem, já que agora enfrentamos a possibilidade de nos aniquilarmos acidentalmente.

A reintegração do genótipo

A nova cultura reencontra o equilíbrio ao levar em conta aqueles modos de ser que haviam sido reprimidos, baseados na mente bem como no coração: o sentimento, a partilha, a intuição, a aceitação da incerteza, o envelhecimento e o crescimento como processos correlatos, a transcendência dos medos da morte do ego, o "abrir mão" da necessidade de controlar e "possuir" os outros e o mundo à nossa volta. Essa nova cultura também parece estar pendendo de volta para o lado do genótipo e da evolução (por exemplo, nas preocupações com a radiação nuclear, os produtos químicos mutagênicos e outras transferências de riscos para as gerações futuras, sobre as quais a economia e a ciência política têm pouco a dizer). Portanto, parece não haver caminho que leve de volta ao individualismo austero ou ao estilo de vida auto-suficiente com que sonham os *survivalists*,* com seus abrigos, alimentos desidratados, medidores Geiger e armas. Tampouco podemos retornar à segurança individualista, baseada na propriedade privada, prometida pelos libertários, que repelem o governo mas parecem não notar que "os 500 maiores da *Fortune*" ainda estariam lá para assumir abertamente o governo.

Contudo, muitas propostas libertárias para repelir restrições e leis opressivas e burocráticas sobre o comportamento pessoal e interpessoal de adultos senhores de si, são bastante úteis — seja para enfrentar os esforços da Maioria Moral de controlar nossa vida sexual particular e nossas preferências por um estilo de vida, seja para fazer face às campanhas antiaborto da Igreja Católica com sua definição extremada do instante em que a vida se inicia, a qual, se posta em prática, significaria risco de prisão para milhões de pessoas. Mas tudo isso guarda um gostinho dos mesmos medos dos velhos patriarcas, que ainda mandam os filhos lutar e morrer por eles e procuram "possuir" suas mulheres e crianças em famílias comandadas autoritariamente pelo homem (e que, agora se sabe, abundam em violência, repressão, espancamento da mulher, incesto e maus-tratos a crianças). Hilkka Pietila e Jeanne Vickers, em *Making*

---

* Aqueles que pensam poder escapar a uma possível catástrofe ecológica ou nuclear preparando-se para viver em situações-limite, tomando lições de auto-suficiência, construindo abrigos nucleares, estocando alimentos, etc. (N.R.)

Women Matter: The Role of the United Nations [Dar importância às mulheres: O papel das Nações Unidas], (Zed Books, 1991), documentam o quanto a própria ONU ainda precisa progredir se quiser genuinamente defender os direitos das mulheres. Os patriarcas também querem continuar a dominar a Terra, explorando suas florestas, minerais e solos. Eles têm toda razão de ter medo do surgimento de um interesse andrógino, ecologicamente consciente, pelo futuro e pelas espécies como um todo: a memória do Genótipo no contexto da nova cultura planetária. O medo está por trás da Política da Negação, da mineração exploradora a céu aberto, da economia mesquinha e sexista do *Wealth and Poverty* [Riqueza e Pobreza; 1980], de George Gilder, e das ações retrógradas da Maioria Moral, quando tenta reconduzir as mulheres politizadas para a cozinha, esconder os *gays* no fundo do armário e mandar os negros e hispânicos de volta ao fim da fila. As fundações Heritage e Coors financiam o ataque da nova direita ao "politicamente correto", enquanto as universidades multiétnicas se vêem às voltas com questões de raça e sexo, Norte e Sul, currículos eurocêntricos *versus* currículos globais pluralísticos. Renderam frutos os esforços da direita norte-americana em ridicularizar as preocupações das comunidades e universidades para incorporar, com "correção política", as novas necessidades multiétnicas dos Estados Unidos. Os meios de comunicação de massa, obedientes, captaram o paradigma. As revistas *Time* e *Newsweek*, bem como programas de TV pseudo-sofisticados como o *McNeil-Lehrer News Hour*, tentaram desesperadamente enquadrar o assunto — e pouquíssimas vezes apontaram sua gênese nos sempre engenhosos "think tanks" (grupos de especialistas) conservadores. Mas o gênio se recusou a voltar para dentro da lâmpada — a revolução cultural já tinha ocorrido.

A política só ratifica uma mudança social depois de um período de pelo menos dez anos. O que aterroriza ainda mais os velhos patriarcas e suas mulheres "patetas" é saber que toda a cultura está "à disposição". Por exemplo, ele mudaria fundamentalmente em menos de uma geração SE as mulheres simplesmente reassumissem seus direitos reprodutores, dádivas da biologia e da Natureza. Tudo o que as mulheres precisariam fazer para criar uma revolução silenciosa seria retomar a velha prática de manter em segredo a paternidade dos filhos. Como sempre frisou Margaret Mead, a maternidade é um fato biológico — a paternidade é uma convenção social. Com um único golpe, se dinamitaria a família dominada pelo homem, as instituições de herança e os direitos de propriedade sobre a esposa e os filhos. A acumulação de grandes extensões de terra e imóveis se tornaria menos provável; surgiriam, por outro lado, consórcios de terra e famílias e grupos sociais diferentes, mais consensuais e democratizados. As crianças, onde quer que fossem criadas, teriam direitos enquanto pessoas, em vez de ser "legitimadas" por um contrato de casamento. Na verdade, hoje precisamos enfrentar o fato de que a família nuclear tradicional, com um pai provedor, uma mãe dona de casa e dois filhos, só compreende 12% de todas as famílias norte-americanas, e que 85% dos pagamentos do programa de Ajuda às Famílias Dependentes vão para mulheres e filhos de pais divorciados que se recusam a pagar a pensão ordenada pelos tribunais. A defesa da família nuclear já está se tornando uma causa perdida. Com efeito, é essa explosão da família nuclear que agora dilacera nossa sociedade com a força de vários megatons — outra dimensão de mudança que somos obrigados a enfrentar, junto com a acumulação do CO_2 na atmosfera, a destruição das grandes florestas equatoriais do planeta, o sacrifício da Bacia Amazônica à desesperada necessidade do Brasil de pagar sua dívida externa, e as instabilidades do sistema monetário global.

Só os modelos biológicos e morfogenéticos de mudança podem abarcar e nos ajudar a ver a transformação planetária que hoje está ocorrendo simultaneamente em tantas dimensões. Além disso, os Estados Unidos estão sendo agora revelados como um país onde o descaso pelas crianças é quase patológico, como observamos no capítulo anterior. Marian Wright Edeleman e seu Fundo de Defesa da Criança, em Washington, DC, tem feito um trabalho consciencioso e mantido uma vigília solitária em frente à sede do Congresso para protestar contra o problema. Tanto a ecofilosofia quanto o ecofeminismo mostraram ter capacidade de lidar com essas dimensões da ruptura e da evolução. Sua síntese — junto com os *insights* da ecologia e da teoria sistêmica geral, bem como de muitas tradições espirituais que compartilham uma filosofia perene — pode proporcionar a ética e os sistemas de valores para a Era Solar.

A síntese da ecofilosofia e do ecofeminismo, como tentei mostrar, está agora sendo trazida à luz por mulheres e homens, muitos dos quais tenho a honra de considerar meus amigos, em trabalhos como *The Time Falling Bodies Take to Light* (St. Martin's Press, 1981), de William Irwin Thompson; Fritjof Capra, *The Turning Point* (Simon & Schuster, 1982); James Robertson, *The Sane Alternative* (River Basin Press, 1980); Philip Slater, *Wealth Addiction* (1981) e *A Dream Deferred* (1991); Theodore Roszak, *Person/Planet* (1979); Kirkpatrick Sale, *Human Scale* (McCann & Hagan, 1981); e Mark Gerzon, *A Choise of Heroes* (1982) e *Coming Into Our Own* (1991). A brilhante e extraordinária efusão de literatura ecofeminista nas duas últimas décadas abriu um rico veio de análise social alternativa, a partir de Gloria Steinem, Adrienne Rich e Mary Daly, resumido por Charlene Spretnak em *The Politics of Women's Spirituality*. (Ver também a lista de leituras indicadas no final deste capítulo.)[2]

O amor — nosso recurso mais renovável

Há bilhões de anos, os organismos vivos da Terra evoluíram da simples divisão celular até a extraordinária inovação da reprodução sexual; e os seres humanos sempre procuraram chegar a um acordo com as conseqüências dessa inovação: a sexualidade e a morte. Esses dois grandes temas propuseram um desafio constante aos filósofos, aos cientistas e a quase todos os membros da espécie humana (e nós supomos que a nossa forma particular de autoconsciência faz deles problemas exclusivamente humanos).

Os cinco bilhões de habitantes que a Terra contava em 1987, juntamente com o surgimento de métodos confiáveis de controle da natalidade no pós-guerra, fizeram com que a gama de respostas à sexualidade humana se ampliasse com espantosa rapidez em várias esferas — desde a ética médica e a religião até as escolhas políticas e econômicas, bem como nas artes, na filosofia e nos mitos. As últimas décadas foram de revolução, experimentação e, acima de tudo, confusão, produzindo entusiasmo e alegria diante das novas liberdades e também muita dor, incompreensão, solidão e medo. Profundas crenças religiosas são abaladas; famílias se dividem; reestruturam-se instituições econômicas e mudam-se leis. Os extremos do comportamento sexual e todas as formas de pornografia e comercialização do sexo foram explorados; a sexualidade foi explicitada com tamanhos detalhes clínicos que se tornou banal.

Novos meios técnicos de reprodução, da fertilização *in vitro* e *in vivo* à "barriga de aluguel", alteraram a definição de paternidade/maternidade, enquanto os imortalistas, com seus sonhos criogênicos de serem congelados e depois ressuscitados para uma vida futura, uniam-se aos médicos para redefinir a morte. Por todas essas razões, somos forçados a reconsiderar nossos sentimentos mais básicos: o amor, o medo e o sentido da própria vida. Profundas questões existenciais ressurgem na literatura, nas artes plásticas e até mesmo em pesquisas feitas com os consumidores da Madison Avenue. Fugiremos do medo estreitando os laços familiares tradicionais e o amor romântico? Ou pularemos no desconhecido — redefinindo o amor, nesta Era de Interdependência, como cidadania planetária — e aprenderemos a celebrar nossos laços comuns enquanto membros de toda a família humana?

Muitos de nós não teremos outra escolha senão continuar a explorar essas novas fronteiras de relacionamentos. As fronteiras e identidades nacionais misturam-se num novo "cadinho" global. Os sete grandes processos de globalização (como mencionamos no Capítulo 2) estão sem cessar aumentando nossa interdependência: tecnologia e produção; trabalho e migração; militarização e corrida armamentista; degradação do meio ambiente; finanças, comércio e endividamento; consumo e cultura — estes seis fatores produzem, como reação, o sétimo processo, o realinhamento e a reestruturação interna das nações. Assim, esses processos de globalização são altamente interativos, dinâmicos, não-lineares, irreversíveis e, portanto, acelerados. Essa mudança planetária está ocorrendo naquilo a que chamei, no Capítulo 2, as três zonas de experiência humana: a Zona de Ruptura, na qual a reestruturação nacional e institucional ocorre em meio à poluição e à confusão cultural; a Zona de Bifurcação, na qual as pessoas, as famílias e as comunidades tentam reformular seus valores e escolhas de carreira; e a Zona Evolutiva, na qual ocorrem ajustes sucessivos e as velhas ideologias dão lugar ao novo terreno social, novas metas e novos critérios para o sucesso.

Uma das mudanças críticas será uma nova visão do amor. O amor romântico entre o homem e a mulher entrou na cultura ocidental na Europa do século 14, e talvez mais cedo em outras culturas. É evidente que essa forma de relacionamento entre machos e fêmeas tem servido bem à humanidade — oferecendo estabilidade para a criação dos filhos depois da tribo primitiva. No entanto, nos dias de hoje, em muitas sociedades industriais e pós-industriais, essa díade está fracassando. O divórcio aumenta, dando origem a um número crescente de famílias chefiadas por uma pessoa sozinha (com maior freqüência, encabeçadas por mulheres). Casais homossexuais e a vida em comunidade de pessoas não aparentadas são cada vez mais comuns. O ideal tradicional do Ocidente de encontrar o Príncipe/Princesa Encantado e constituir um relacionamento monogâmico para toda a vida vem se desvanecendo desde os anos 60.

A segurança emocional do casamento monogâmico foi obtida ao custo de um estreitamento dos horizontes, do tédio e da falta de estímulo educacional. Como bem o demonstram milhares de estudos de caso, se um dos parceiros passar por uma fase de crescimento interior, o relacionamento pode se romper. Outras tensões que afetam a díade foram postas a nu pelos movimentos de mulheres em muitos países, onde o casamento tradicional provou ser, com bastante freqüência, um terreno propício para a violência, o incesto e o descaso pelos filhos — bem longe de sua imagem benigna.

Em meio às convulsões sociais de hoje, cabe-nos redefinir o que queremos dizer por "amor" à medida que examinamos expressões novas e mais amplas de carinho e proteção para com os filhos e o número crescente de idosos. O amor continuará a ser um termo quase exclusivamente aplicado ao casal, com suas onipresentes implicações sexuais e parentais? Ou podemos alargar sua definição a fim de aumentar nossa capacidade de cuidar uns dos outros como um todo — segundo uma nova concepção multicultural, global e interdependente de família humana? A exclusividade associada ao amor implica que o amor é um produto escasso que, se concedido com demasiada largueza, será "diluído" e levará a relacionamentos superficiais, falta de compromisso ou promiscuidade.

Já é hora de reexaminar essas premissas. Não é o amor que é escasso. Na verdade, as sociedades modernas impõem a muita gente a frustração de suas expressões amorosas, devido à alienação e ao isolamento de origem tecnológica causado pela TV, pelos computadores, pela arquitetura anônima dos arranha-céus e, no Ocidente, pelo culto ao individualismo e à competição. Por certo que o nosso tempo é limitado pela morte, mas não precisamos estocar o amor ou só concedê-lo a uma única pessoa do sexo oposto ou à nossa família imediata. Ver o amor como um produto escasso nos põe num estado de ansiedade, medo de abandono e ciúme.

Vamos supor que mudemos nossa premissa e vejamos o amor como algo abundante e natural, que podemos evocar em nós mesmos e nos outros através de uma mudança das nossas atitudes. Poderemos, aos poucos, ultrapassar o estágio puramente procriativo do amor-sexualidade entre homem e mulher e o estágio sexo-recreação dos anos 60 e 70, com sua imaturidade e falta de compromisso.

Nós, seres humanos, precisamos escapar à prisão dos sexos, com sua bagagem geralmente imatura de amor romântico, união genital, rivalidade e medo, e aprender as lições mais profundas do amor incondicional — o único amor digno desse nome. Um esforço consciente para expandir e exercer nossa capacidade de amar e ter um comportamento altruísta e cooperativo é crucial para que possamos sobreviver nesta Era de Interdependência.

Hoje, a avidez individualista e a competição estão deixando de funcionar. É necessário que se ponha novamente em evidência a capacidade — tão importante quanto aquelas, mas ainda irreconhecida — de construir a comunidade. Não podemos mais ter a ilusão de "possuir" um ao outro ou nos apegar a "direitos" ao amor que não sejam livre e reciprocamente dados e renovados em amorosa comunidade. O cuidado assistencial já é, na verdade, um novo setor florescente — com creches, serviços de terapia e aconselhamento e auxiliares domésticos — que cresceu quase que por falta de quem suprisse a necessidade. Milhões de mulheres que costumavam oferecer esses serviços de graça em suas casas passaram para o mercado de trabalho a fim de obter reconhecimento e rendimento. A monetarização do trabalho de cuidados assistenciais reconhece a produtividade, antes não-contabilizada, que subsidia o setor oficial, dominado pelo dinheiro e medido pelo PIB (ver Figura 1-5: Bolo de Três Camadas com Cobertura).

Tudo o que se exige é o reconhecimento da cooperação altruísta existente entre nós e ignorada pelos economistas, já que é invisível em seus modelos. Na verdade, a teoria econômica supõe que o altruísmo é irracional! (Os sociólogos mediram a produtividade não-remunerada, como já dissemos; e, enquanto nos países industrializados o trabalho não-remunerado é responsável por 50% ou mais de todo o trabalho produtivo, nas sociedades tradicionais essa porcentagem é bem maior.) Quando o trabalho não-remunerado de cuidados assistenciais se tornar visível e for reconhecido pelas leis e costumes, a expansão de nossas capacidades altruístas passará a ser possível e mensurável. As pessoas que os prestam receberão o alto *status* que lhes cabe e terão como prêmio o reconhecimento e a emulação.

Desse modo, começamos a ver como os nossos arranjos sociais e econômicos fizeram do amor um artigo artificialmente escasso (junto com tantos outros produtos). Um novo senso de genuína abundância pode nutrir o desenvolvimento humano e nos conduzir para o fim da guerra dos sexos. Na verdade, viver mais plenamente em círculos cada vez mais amplos de relacionamentos criativos e amorosos pode ampliar nossa expectativa de vida e tornar a morte menos temível. Alcançamos, finalmente, o estágio da evolução onde o altruísmo se torna pragmático.

Notas — Capítulo 5

1. Wolfgang Lederer, MD, *The Fear of Women*, Harvest Books, Harcourt Brace Jovanovich Inc., Nova York, 1968.

2. Também são altamente recomendados:

Linda E. Olds, *Fully Human*, Spectrum Books, Prentice Hall, NY, 1981.

Eva Keuls, *The Reign of the Phallus*, HarperCollins, NY, 1985.

Mary Daly, *Pure Lust*, Beacon Press, Boston, 1984.

Elise Boulding, *Women in the Twentieth Century*, Halsted Press, John Wiley, NY, 1977.

Capítulo 6

A crise dos indicadores

Em busca de ferramentas pós-econômicas de ação política para as sociedades pós-industriais

Nos capítulos precedentes, vimos que a maioria das crises globais de hoje — a corrida armamentista, a fome, a poluição, o crime, as drogas e a falência social — são sintomas de crises mais profundas na percepção humana. Muitos futuristas, filósofos e líderes agora conseguem diagnosticar essa crise mais profunda como nada menos que a mudança de todo o sistema de crenças que sustentava a Revolução Industrial, à medida que nos aproximamos de um futuro "pós-industrial" ainda indefinido.

Essa mudança do sistema de crenças de uma cultura não é nova na história humana; na verdade, tais mudanças de paradigma ocorrem com bastante regularidade, sempre que transformações profundas no clima, no meio ambiente e nos recursos forçam o ser humano a mudar e responder com novas idéias, comportamentos e invenções técnicas. Essas mudanças integrantes do meio ambiente e do comportamento humano (ver a Parte II de *The Politics of the Solar Age*) são, é claro, a essência de toda a história humana. Um dos principais elementos de todos esses períodos de transição e novas cosmovisões é a mudança no conceito *daquilo que é importante, daquilo que tem valor, das metas* a serem atingidas e dos meios de medir o progresso coletivo em direção a essas metas. Os velhos *slogans* de progresso econômico, modernização industrial e PIB crescente agora competem com os *slogans* do novo paradigma: qualidade de vida, potencial humano e a busca de equilíbrio ecológico, justiça social e cidadania global em nosso pequeno e frágil Planeta Terra.

Não causa surpresa que a economia esteja passando por uma crise sua própria, já que ela se desenvolveu junto com a Revolução Industrial, como um estudo da escolha racional humana sob condições de escassez, mas no contexto imensamente diferente da Inglaterra do século 18. A economia tentou acompanhar a mudança dos padrões de industrialização, mas, compreensivelmente, mostrou ser mais apta a descrever as mudanças depois do fato consumado do que a segui-las passo a passo e menos ainda, a prevê-las. À medida que as mudanças tecnológicas se aceleram, a economia hoje nada mais faz do que nos levar de costas para o futuro, olhando pelo espelho retrovisor.

Country Futures Indicators™

(além do crescimento do PIB medido em moeda e dividido *per capita*)

PIB reformulado para corrigir erros e proporcionar mais informações:

- **PARIDADE DO PODER DE COMPRA (PPC)** — corrige as flutuações monetárias
- **DISTRIBUIÇÃO DE RENDA** — O abismo entre ricos e pobres está se alargando ou se fechando?
- **CONTABILIDADE BASEADA NA COMUNIDADE** — para complementar a atual contabilidade baseada nas empresas
- **PRODUÇÃO DO SETOR INFORMAL E DO LAR** — mede todas as horas trabalhadas (sejam remuneradas ou não)
- **DEDUÇÃO DOS CUSTOS SOCIAIS E AMBIENTAIS** — uma contabilidade "líquida" evita a dupla contagem
- **MEDIDA DE EXAUSTÃO DOS RECURSOS NÃO-RENOVÁVEIS** — análoga ao deflator do consumo de capital
- **RAZÃO ENTRE INSUMO DE ENERGIA E PIB** — mede a eficiência energética e a reciclagem
- **RAZÃO ENTRE OS ORÇAMENTOS MILITAR E CIVIL** — mede a eficácia do governo
- **CONTA DE ATIVOS DE CAPITAL PARA INFRA-ESTRUTURA CONSTRUÍDA E RECURSOS PÚBLICOS** (Muitos economistas concordam que este item é necessário. Alguns incluem o meio ambiente como um recurso.)

Indicadores complementares do progresso rumo às metas sociais:

- **POPULAÇÃO** — taxas de natalidade, superpopulação, distribuição etária
- **EDUCAÇÃO** — níveis de alfabetização, evasão escolar e índices de repetição de ano
- **SAÚDE** — mortalidade infantil, nascimentos abaixo do peso médio, razão peso/altura/idade
- **NUTRIÇÃO** — por exemplo, consumo de calorias por dia, razão entre proteínas e carboidratos, etc.
- **SERVIÇOS BÁSICOS** — por exemplo, acesso a água pura, etc.
- **ABRIGO** — disponibilidade/qualidade de moradia, desabrigados, etc.
- **SEGURANÇA PÚBLICA** — crime
- **DESENVOLVIMENTO INFANTIL** — OMS, UNESCO, etc.
- **PARTICIPAÇÃO POLÍTICA E PROCESSO DEMOCRÁTICO** — por exemplo, dados da Anistia Internacional, uso do poder econômico em eleições, índice de comparecimento às urnas
- **SITUAÇÃO DAS MINORIAS, POPULAÇÕES ÉTNICAS E MULHERES** — por exemplo, dados sobre os direitos humanos
- **QUALIDADE DO AR E DA ÁGUA, E NÍVEIS DE POLUIÇÃO AMBIENTAL** — poluição do ar nas áreas urbanas
- **EXAUSTÃO DOS RECURSOS AMBIENTAIS** — hectares de terras e florestas perdidas a cada ano
- **BIODIVERSIDADE E EXTINÇÃO DE ESPÉCIES** — por exemplo, os indicadores ambientais do Canadá
- **CULTURA E RECURSOS RECREACIONAIS** — por exemplo, Jacksonville (Flórida)

FIGURA 6-26

Economistas de todos os matizes ideológicos, de marxistas a *supply-siders*, tentaram com algum sucesso levar a efeito as metas das culturas industrializadas onde quer que elas tenham se desenvolvido: Oeste, Leste, Norte ou Sul. Essas metas envolviam uma expansão da produção de bens materiais baseada na eficiência tanto dos meios tecnológicos como da organização social, com o objetivo admirável de criar o paraíso aqui na Terra.

Com a mudança das metas sociais, o debate na economia atual se refere ao *que* medir, em vez de apenas *como* medir. O PIB, que já foi o mais conceituado indicador do sucesso de uma sociedade industrializada, hoje é contestado diariamente. Seu criador, o norte-americano Simon Kuznets, nunca pretendeu que o PIB fosse usado como uma medida geral de progresso. Os economistas ainda não demonstraram nenhuma vontade de esclarecer a limitada aplicabilidade do PIB ou alertar o público contra seu uso genérico como indicador do bem-estar humano. A maior parte dos países usa o PIB e também o indicador do Produto Nacional Bruto (PNB) para contabilizar seu "progresso". *Grosso modo*, o PNB reflete o valor total da renda obtida pelos cidadãos de um país, seja ela obtida dentro ou fora do país; enquanto o PIB mede o valor total dos bens e serviços produzidos internamente. A maioria dos países usa tanto o PIB quanto o PNB, às vezes escolhendo aquele que mostra sua economia sob um ângulo mais favorável. Por exemplo, no segundo trimestre do ano fiscal de 1991, o PIB dos Estados Unidos caiu 0,8% (anualizado); logo, em novembro daquele ano, o Departamento de Comércio, que publica esses indicadores, decidiu concentrar-se no PNB.[1]

Felizmente novos indicadores estão proliferando para desafiar o PIB, em meio aos compreensíveis gemidos dos economistas e estatísticos cujos investimentos intelectuais no PIB são ilíquidos (livros-texto, séries de dados, modelos computadorizados, sem falar nos programas de pesquisa, empregos e cargos altamente remunerados). Muitos desses novos indicadores foram desenvolvidos nos anos 60 e começaram a deduzir do PIB "bruto" alguns dos custos sociais de urbanização, congestão, crime, atrasos no transporte, etc., assim chegando a uma avaliação ligeiramente mais sóbria que chamava a atenção tanto para os "males" da industrialização quanto para seus "bens". São exemplos de tais indicadores a Medida do Bem-Estar Econômico (*Measure of Economic Welfare* — MEW) proposta por James Tobin e William Nordhaus, e o Bem-Estar Nacional Líquido (*Net National Welfare* — NNW) do Japão, que também deduz alguns tipos de dano ambiental e a exaustão do "capital" natural da Terra.

Já na década de 50, os estatísticos da ONU — no relatório de 1954 "Definições e Mensurações Internacionais dos Padrões de Vida", por exemplo — apontaram a necessidade de adotarem-se padrões alternativos de mensuração nas recomendações do Conselho Econômico e Social (ECOSOC), da Organização Internacional do Trabalho (OIT) e da Organização para a Alimentação e Agricultura (FAO). (Um bom resumo desses primeiros trabalhos é encontrado no Documento de Discussão Nº 6, de outubro de 1988, "Some Reflections on Human and Social Indicators for Development" [Algumas reflexões sobre os indicadores de desenvolvimento humano e social], de Dharam Ghai, Michael Hopkins e Donald McGranahan.) A maioria desses esforços pecava por procurar forçar a entrada desses indicadores na moldura econômica ou relegá-los à posição menor de "contas-satélite sociais". O ex-senador Walter Mondale foi um defensor do uso dos indicadores sociais pelo governo dos Estados Unidos no final dos anos 60 e início dos 70, enquanto alguns economistas, entre os quais Robert Eisner, do Escritório Nacional de Pesquisa Econômica, trabalhavam para manter uma melhor contabilidade da acumulação de capital, consumo e depreciação (ainda não realizada até os dias de hoje!), que incluiria o valor do "capital humano", a produção não-remunerada e o trabalho doméstico. Nem é preciso dizer que, sem uma clara pressão lobista, nunca se encontraram fundos para esses aperfeiçoamentos. Em 1972, o Instituto Americano de Auditores Independentes assumiu a causa e publicou um livro explorando o assunto, *Social Measurement*, que talvez ainda se encontre esquecido nas prateleiras de muitas bibliotecas. Os temas tratados nesse livro não perderam sua atualidade.

Os indicadores sociais têm sido tema de discussão em muitas sociedades industrializadas maduras há anos, mas sua aplicação foi frustrada pela resistência burocrática; pelos interesses intelectuais consubstanciados em métodos, livros-texto, etc.; e por preconceitos culturais (por exemplo, contra contabilizar o trabalho da mulher na criação dos filhos, a manutenção do lar, a agricultura de subsistência). Não se deve esperar que surja um único método "correto", pois múltiplos modelos e indicadores serão mais capazes de se adequar a cada situação local e ao diferente "DNA cultural" das diversas sociedades. O debate sobre os indicadores sociais resume-se na questão da desagregação de dados, revelando detalhes despercebidos nos níveis local e setorial e acrescentando todo um rol de aferidores ao "painel de instrumentos" das sociedades, a fim de que os tomadores de decisões tenham acesso mais rápido a informações mais precisas. Por exemplo, uma auditoria interna avaliou mil projetos do Banco Mundial e descobriu que nenhum deles alcançara as metas propostas — mesmo em termos *econômicos* tradicionais. Portanto, não há fórmulas fáceis e prontas para resolver a questão das necessidades dos países subdesenvolvidos por um novo desenvolvimento sustentável, igualitário e culturalmente sensível. A primeira preocupação dos agente de desenvolvimento deve ser a de "decodificar" o DNA cultural do país recipiendário e determinar quais os valores e metas ótimos para esse país, as quais talvez *não* sejam metas que os agentes de desenvolvimento estejam qualificados para ajudar a alcançar.

Já se disse que, na verdade, indicadores tradicionais como o PIB e o PNB foram desenvolvidos para propósitos de mobilização militar no Reino Unido e nos Estados Unidos, e que sua visão materialista do "progresso" não poderá ajudar a humanidade a ultrapassar o simples consumismo e alcançar o crescimento moral e um desenvolvimento sustentável. O importante papel da economia informal e do trabalho produtivo não-remunerado na agricultura de subsistência é hoje tema de um número pequeno, mas crescente, de trabalhos publicados. Além disso, os atuais sistemas de contabilidade nacional serão incapazes de distinguir entre bens e "males" (isto é, riqueza e "misérias"), uma vez que o álcool, o cigarro, os acidentes de automóvel, a limpeza da poluição e a multibilionária "indústria do *stress*" são contados como "progresso". É bem possível que nos Estados Unidos esses crescentes custos sociais e ambientais — bem como a crescente monetarização do trabalho de cozinhar, cuidar dos filhos e outros serviços antes não-remunerados — sejam os setores que mais contribuem para o "crescimento" do PIB. Contudo, qualquer tentativa de acrescentar impostos de "penitência" aos produtos danosos é ferozmente combatido pelo *lobby* industrial.

Nos anos 70, o debate ganhou a contribuição de economistas do porte de Irma Adelman e Cynthia Taft Morris,[2] Grace Chichilinsky e outros, que frisaram a tendência ao aumento das disparidades de renda junto com o crescimento do PIB nos países subdesenvolvidos, levando a uma brecha cada vez maior — hoje nossa conhecida — entre ricos e pobres, tanto dentro de cada país como entre os países. Esses debates e novos indicadores foram promovidos pelos trabalhos mais fundamentais e abrangentes de Barbara Ward, com seu estudo da economia da *Spaceship Earth* publicado em 1966; pelos esforços transformadores de Kenneth Boulding em *Beyond Economics,* 1966; e pelo trabalho dos suecos Gunnar e Alva Myrdal, para mencionar apenas alguns. A Sociedade para o Desenvolvimento Internacional apresentou o Índice de Qualidade de Vida Física (PQLI),[3] que chamava a atenção para novas medidas de qualidade de vida em ambientes mais adequados, habitação, cuidados de saúde e educação, bem como na renda monetária. Outro conjunto de indicadores sociais foi desenvolvido nos anos 70 pelo Prof. Richard Estes, da Universidade da Pensilvânia. Durante esse mesmo período, o Programa da ONU para o Meio Ambiente desenvolveu o Índice das Necessidades Humanas Básicas (BHN), que chamava a atenção para a mensuração do modo como os indicadores mais amplos de qualidade de vida afetavam todos os grupos de renda, e se concentrava especificamente em medir o sucesso das políticas econômicas de um país em função do atendimento dado às necessidades básicas de seus cidadãos mais pobres. Esses indicadores tocaram um nervo exposto em todos os países comprometidos com as metas da industrialização, pois a maioria dos economistas, desde os marxistas até os adeptos do *laissez-faire*, pareciam compartilhar o ponto de vista de que os processos iniciais de acumulação de capital até o mágico "ponto de decolada" seriam socialmente confusos e injustos, ou, na visão de Karl Marx: o socialismo teria de crescer no útero do capitalismo. Enfocar o modo como os governos atendiam a seus cidadãos mais pobres não era procedimento corrente nas sociedades orientadas para o mercado nem nas sociedades centralmente planejadas.

Na "estagflação" (estagnação econômica mais inflação) do início dos anos 70, surgiu a idéia de que talvez a industrialização não estivesse destinada a ser a panacéia universal. Cresceram os receios de que ela talvez funcionasse apenas para algumas pessoas, às custas das outras; para alguns países, às custas dos outros; ou, pior, que a industrialização só fosse sustentável a curto prazo — ela se atolaria nos antagonismos internos de cada país, na competição dos países por matérias-primas e capital, na degradação dos recursos e na poluição. O relatório revolucionário de 1978 da Organização para Cooperação e Desenvolvimento Econômico (OCDE) alertava que os anos 80 poderiam ser uma "era de crescimento econômico sem empregos", com o crescimento simultâneo dos níveis do PIB, da automação, do investimento de capital, do desemprego e da pobreza. No mesmo período, proliferaram as novas ferramentas de política pós-econômica — relatórios de impacto ambiental, avaliações de impacto social, avaliações de tecnologia, análises de impacto cruzado e estudos futurológicos

— às quais se uniram declarações de impacto sobre o nível de emprego, enquanto o medo da automação e da mudança tecnológica crescia e o desemprego aumentava.

Nos anos 80, a atenção deslocou-se para outra questão, mais fundamental, esclarecendo a diferença entre mão-de-obra remunerada e trabalho: como medir todo o trabalho produtivo, o consumo e o investimento realizados nos setores *não-monetários* das sociedades industrializadas e subdesenvolvidas, isto é, a "economia informal", composta de todo o trabalho que as pessoas realizam umas para as outras e para si mesmas — agricultura de subsistência; construção de pontes, canais de irrigação, escolas; armazenamento de sementes; cuidados assistenciais às crianças, aos idosos e aos enfermos; manutenção do lar; serviços voluntários para a comunidade; e todo o trabalho cooperativo vital que subsidia a metade "oficial", medida pelo PIB, das sociedades industrializadas. (Ver Figura 1-5: Bolo de Três Camadas com Cobertura.) Em sua origem, esse debate foi levado em frente por não-economistas, já que os economistas em geral se preocupam apenas com atividades e dados expressos em termos monetários. As economias não-monetárias haviam sido estudadas durante décadas por antropólogos e cientistas sociais como Marshall Sahlins, Karl Polanyi e Thorstein Veblen, bem como por filósofos do Iluminismo, desde Alexis de Tocqueville, Jean-Jacques Rousseau, Weber até Marx; e, mais tarde, por economistas como Barbara Ward, E. F. Schumacher, Kenneth Boulding e Nicholas Georgescu-Roegen. Mas nos anos 80, as políticas de gerenciamento macroeconômico centradas no PIB já estavam tão "loucas" que toda a categoria profissional dos economistas ficou embaraçada, e "piadas de economistas" viraram uma forma popular de humor.

No início dos anos 80, veio à tona uma porção de novos estudos econômicos sobre as economias "subterrâneas", realizados por Peter Gutman, Edwin Feige e outros e bem sintetizados na matéria de capa da *Business Week* de 5 de abril de 1983. Como era de se prever, todos esses estudos adotaram a visão "estatista" de que a maioria dessas atividades não-monetarizadas e pagas em dinheiro vivo eram ilegais e deveriam ser denunciadas, taxadas e acrescentadas ao PIB — melhorando assim o quadro geral de liderança e desempenho econômico e mostrando que o desemprego e a pobreza tinham sido superestimados. Em vez de identificar e separar as colossais atividades ilegais do narcotráfico, os sub ou superfaturamentos entre as multinacionais e suas afiliadas (estimados em cerca de 25% de todo o comércio mundial), o segundo emprego sem registro e a evasão fiscal como o "calcanhar de Aquiles" não-documentado do setor contabilizado pelo PIB, esses economistas em geral embaralhavam essas atividades ilegais com todo o trabalho tradicional, amoroso e não-remunerado nos setores de subsistência, manutenção do lar e comunitários, descritos primeiro por Sahlins, Polanyi e outros e em época mais recente por mim mesma e outros, como a cooperativa "economia do amor", a "economia informal" (James Robertson), a "economia dual" (Joseph Huber) e a "economia descalça" (Manfred Max-Neef e, em *Dialogue on Wealth and Welfare,* 1980, por Orio Giarini).

Nos anos 80, muitas pessoas começaram a prestar atenção no modo como os líderes usavam os indicadores seletivamente e, se necessário, manipulavam suas fórmulas para mostrar "progresso econômico" aos eleitores em épocas de eleição. George Orwell nos preveniu, em seu livro *1984*, contra a "novilíngua" dos líderes, na qual "guerra é paz" e "amor é ódio", e de como a história indesejada pode ser picada em fragmentos e "destruída" nos "buracos de memória". Ao longo da história, os líderes freqüentemente tentaram direcionar a atenção dos eleitores através de táticas diversionistas, não só fomentando guerras com outro país e buscando bodes-expiatórios no território nacional como antigamente, mas também através de manobras retóricas mais sutis. Nos anos 80, os líderes podiam acalmar seus eleitores concentrando-se em dois indicadores de desempenho aparentemente administráveis: a *inflação* e o *desemprego.* À medida que ficaram mais embaraçosos durante a Estagflação dos Anos 70, esses dois indicadores foram reformulados e "corrigidos", como discuti em profundidade nos meus livros anteriores.

Nos "80 de Orwell", novas manobras diversionistas se fizeram necessárias, já que a situação estava cada vez mais fora de controle. Três indicadores novos e indesejados surgiram na maioria das sociedades industrializadas: os alarmantes *déficits governamentais,* as *altas taxas de juros reais* e as desregradas *balanças comerciais.* Muitos líderes, inclusive Ronald Reagan e Margaret Thatcher, tentaram salientar a queda do indicador da inflação e expô-lo diante dos eleitores como prova de sucesso econômico — desviando a atenção dos outros quatro indicadores: *desemprego, déficits, balança comercial* e *altas taxas de juros reais.* Prometiam que estes quatro indicadores iriam "melhorar no devido tempo", à medida que o remédio deflacionário "fizesse efeito". Os eleitores ficavam cada vez menos dispostos a acreditar em tudo isso, à medida que ouviam pronunciamentos similares nas sucessivas reuniões de cúpula econômicas (ver Figura 3-20: A Visão Econômica).

Está claro que é possível reduzir a inflação às custas da piora desses outros quatro indicadores. A pressão tem de estourar em algum lugar, à medida que os gastos — basicamente com a corrida armamentista, exploração do espaço, energia nuclear, alta tecnologia, saúde pública, etc. — se aceleram. Vemos aqui mais manobras diversionistas "novilíngua"; exigia-se, por exemplo, o desenvolvimento do Guerra nas Estrelas e novos sistemas de armamentos para aumentar a "segurança nacional". Ronald Reagan chegou a pedir uma emenda constitucional em favor do equilíbrio orçamentário, enquanto acumulava mais déficits em seus oito anos de governo do que todos os demais presidentes dos Estados Unidos juntos! Muitos economistas conservadores dos Estados Unidos estão agora perguntando até onde isso tudo pode ir –— o "socorro" governamental à poupança, aos empréstimos, bancos e companhias de seguros, ao mesmo tempo em que os Estados Unidos são o país mais endividado do mundo.

Assim, por bem ou por mal, os novos indicadores que estão atraindo a atenção são os déficits, balanças comerciais, taxas de poupança e taxas de juros reais (isto é, descontando-se a inflação). A maioria dos líderes pode agora usar a economia e os indicadores econômicos como fatores diversionistas para ludibriar os eleitores e impedi-los de tomar parte ativa e plena nos debates nacionais. Atualmente, os eleitores de quase todas as sociedades industrializadas começam a perceber que a economia não passa de uma política disfarçada. Os líderes em geral governam gerenciando a ignorância e, como opinam as teóricas feministas, o poder é inerente à capacidade de *dar nome* às coisas, acontecimentos e metas, e escolher os indicadores pelos quais julgá-los.

É possível que um dos fatores da exigência de novos indicadores em todas as áreas relacionadas à qualidade da vida onde as mensurações econômicas são inadequadas seja o desejo natural dos cidadãos de ter conhecimento dos resultados reais da política, de modo a poder cobrar responsabilidade dos políticos. Os eleitores também estão exigindo mensurações dos custos sociais de produção que podem ser estimados, com o objetivo de finalmente encher aquela caixa vazia que traz o rótulo de "externalidades" (os custos que os produtores repassam aos consumidores, aos contribuintes e às gerações futuras) em tantos modelos econômicos tradicionais. Um bom exemplo são os estudos recentes sobre os custos sociais e ambientais da energia elétrica, hoje exigidos das empresas distribuidoras de energia pela Comissão de Utilidades Públicas da Califórnia (*Business Week*, 15 de julho de 1991, p. 136). Além disso, é preciso pensar nas premissas fundamentais relacionadas com a globalização dos padrões econômicos e decidir se pode continuar a vigorar a lógica da "vantagem comparativa", baseada na competição econômica global por mercados, tecnologia, capital, recursos humanos e naturais. Está claro que não, já que a "vantagem comparativa" leva a custos sociais e ambientais inaceitáveis, e parece ser um sistema belicoso de vencedores e perdedores que se torna mais aterrorizante a cada nova manchete nos jornais diários. Os indicadores obsoletos ainda sustentam a lógica agonizante da competição econômica entre as nações, muito embora um protecionismo velado esteja disseminado por toda parte. E compreensível que os políticos não consigam mais administrar seus assuntos de âmbito nacional nessa montanha-russa que é a economia global, uma vez que a maior parte das variáveis está além das fronteiras nacionais, e os mais bem fundados investimentos internos e estratégias tecnológicas podem cair por terra a cada manhã quando abrem os mercados de câmbio.

A última jogada desse sistema perturbador é atualmente facilitada pela economia e seu foco hipnótico no dinheiro. Nos dias de hoje, como já discuti em detalhes em outros livros, o dinheiro está rapidamente perdendo todo e qualquer significado como sistema de medida da produção e dos valores no mundo real. Manipulado por políticos e Bancos Centrais, acelerado pelas transferências eletrônicas de fundos num sistema bancário multinacional e transformado numa abstração pelo gerenciamento de ativos global que trabalha dia e noite, o dinheiro guarda pouca relação com a realidade. Investidores espertos do mundo todo sabem que é mais fácil "fazer" dinheiro com especulação, arbitragem cambial, jogando em diferenciais de taxas de juros e outras formas de jogo no papel do que investindo numa fábrica de verdade, empregando operários de verdade e produzindo bens reais no mundo real. Mesmo os mais dedicados defensores da velha ordem como, por exemplo, James Baker, ex-secretário do Tesouro dos Estados Unidos, propõem uma unidade monetária apoiada numa "cesta" de produtos reais, tais como ouro, petróleo ou cereais.

Com tanto capital livre e "dinheiro nervoso" chapinhando pelo sistema global, os investidores mais "espertos" do mundo conseguem manter o financiamento ao déficit dos Estados Unidos, e uma prova inconteste da estreiteza dos indicadores econômicos é que os Estados Unidos ainda são vistos como a capital dos investimentos mundiais, apesar de sua crescente incapacidade de gerenciar seus assuntos internos. Se não fosse pelas mistificações do sistema econômico global e seus atuais indicadores que velam a realidade, a média dos eleitores em todo o mundo já poderia ver o anárquico sistema comercial de hoje como uma verdadeira guerra econômica global.

Os jornalistas financeiros poderiam ajudar se sempre trouxessem à atenção de seus leitores/espectadores as estratégias políticas que estão por trás de todos os estudos, políticas e indicadores econômicos, e lembrasse que a economia não é uma ciência mas sim uma profissão técnica que é útil para propósitos limitados e geralmente políticos.

São necessários indicadores que fundamentem o importantíssimo trabalho de comparar os orçamentos militares com tudo aquilo que gastos equivalentes poderiam alcançar nas áreas de saúde, habitação, educação, etc., tais como os desenvolvidos por Ruth Leger Sivard, da World Priorities, Inc., em seus "Relatórios sobre gastos militares e sociais no mundo".[4] Tais indicadores precisariam ser desmembrados de várias maneiras e publicados para o uso de diversos eleitorados, a fim de forçar os políticos a mudar. Do mesmo modo, estudos de conversão econômica e planos detalhados de conversão ordenada a uma produção pacífica (tais como as pesquisas do Conselho de Prioridades Econômicas de Nova York e do Centro de Conversão Econômica da Califórnia) são necessários em especial para promover esses processos de conversão à medida que a ex-União Soviética e os Estados Unidos reduzem seus arsenais. Um dos primeiros esforços no sentido de unir soviéticos e norte-americanos para planejar a conversão de suas economias, de armamentos para produção civil, foi a Conferência "Espadas em Arados", realizada em Boston em setembro de 1990. Fruto da imaginação de três mulheres — Rena Shulsky, empresária do setor imobiliário e de comunicações; Vivian Day, diplomata de alto nível e especialista em assuntos soviéticos; e Randall Forsburg, diretora-executiva do Instituto de Estudos sobre Defesa e Desarmamento —, a conferência reuniu quarenta soviéticos ocupantes de altos cargos com empresários e funcionários do governo dos Estados Unidos. Um dos efeitos "secundários" desse encontro foi um fundo de US$ 1 bilhão do Battery March Financial Management de Boston a ser investido na conversão das fábricas soviéticas de armas em jatos comerciais, *lasers*, microscópios e outros usos civis.

Os relatórios *O Estado do Mundo*,[5] do Instituto Worldwatch, representam excelentes modelos para o monitoramento das tendências de controle populacional, produção de grãos, agricultura (que agora abastece um sétimo do consumo mundial de frutos do mar), administração da água e do solo, reciclagem de materiais, energia renovável, emissões de dióxido de carbono pela queima de combustíveis fósseis no mundo todo, e políticas governamentais com consciência do futuro. Muitos chefes de Estado e altos executivos dos negócios e do governo usam esses relatórios, que foram iniciados em 1984 e são publicados anualmente. Avaliações globais similares, baseadas no relatório *Global 2000* publicado pelo governo Carter em 1979, estão hoje em andamento em muitos países. Mas precisamos agir e pensar *localmente,* bem como *globalmente*, e para isso é preciso identificar e tornar públicos todos os modelos e indicadores baseados numa visão holística, ecológica e igualitária do progresso humano. Essas abordagens devem ser desdobradas detalhadamente por regiões, localidades e cidades, todas as quais irão precisar de seus próprios indicadores de progresso para as metas locais, tais como os usados em Jacksonville, Flórida (ver Figura 6-28:

A vida em Jacksonville: Indicadores de qualidades para o progresso) e em outros locais. Grande parte dos dados necessários já foram compilados por estatísticos diligentes.

Os esforços recentes para redefinir os indicadores da riqueza e progresso nacional, indo além do índice do PIB, estão ganhando ímpeto e talvez venham a depor a economia de sua atual gaiola de ouro na arena política. Em 1990, o Índice de Desenvolvimento Humano (IDH) do Programa de Desenvolvimento da ONU deu um passo no sentido de desafiar as estreitas definições econômicas de progresso que compõem o índice do PIB. O IDH, ao incorporar estatísticas amplamente disponíveis sobre alfabetização, expectativa de vida e poder de compra, energizou o debate sobre a reforma dos indicadores nacionais (ver Figura 6-27: O Placar do Índice de Desenvolvimento Humano, IDH, em 1990).

Muitos políticos dos países menos desenvolvidos acreditam que o placar do PIB é fraudado em favor dos países industrializados. Citam os efeitos perversos e inúteis que decorrem da tentativa de agradar o FMI (Fundo Monetário Internacional) elevando o crescimento de seus PIBs: um aumento da exaustão ambiental do desemprego e, muitas vezes, da desigualdade de distribuição da renda. Efeitos semelhantes podem ser vistos no Leste Europeu, onde as reformas voltadas para o crescimento do PIB estão tendo perigosas repercussões econômicas, tais como o alto desemprego na Polônia e na Hungria. É no Leste Europeu que as simplificações excessivas dos modelos econômicos "de esquerda ou de direita" são mais claras. Como observou o editor de uma revista húngara, "As pessoas aqui ainda estão esperando que a magia das forças do mercado comece a funcionar." A verdade é que os mercados não são um estado de coisas natural, mas sim algo que para existir precisa ser *legislado* pelas *mãos humanas* — e não por uma mão invisível. Este fato foi nitidamente enfatizado pelos próprios editores da revista *The Economist*, em geral bastante ortodoxos, no artigo intitulado "Criando a mão invisível" de 11 de maio de 1991. O artigo descrevia alguns desses esforços legislativos para privatizar as antigas indústrias estatais na Polônia e na ex-Tchecoslováquia. Já que não havia compradores para aquelas estatais, os dois países inventaram vários esquemas para dar aos cidadãos "vales" para "comprá-las", isto é, cediam as empresas de graça. Os húngaros acham que esses vales são uma "loucura". Na ex-Tchecoslováquia, os vales serão oferecidos a todos os cidadãos maiores de 18 anos pelo preço nominal de 2 mil korunas (quantia equivalente a US$ 17), enquanto na Polônia cada polonês receberá os vales totalmente de graça e, em tese, os depositará em fundos de "privatização" (semelhantes aos fundos mútuos). Essas novas realidades finalmente nos permitem ver uma parte da "fumacinha azul e espelhos" que envolvem os truques das teorias econômicas nas quais se baseia o PIB.

Na nova aldeia global, o estudo das economias nacionais combinou-se cada vez mais com o estudo de questões sociais e ecológicas que são por demais importantes para serem deixadas ao arbítrio dos economistas. Até época recente, os governos das nações industrializadas e suas burocracias econômicas ajudavam a perpetuar a legitimidade do PIB, já que uma mudança do placar comparativo poderia mostrá-los sob um ângulo desfavorável. Assim, dependendo das premissas assumidas pelos métodos de contabilidade nacional, um déficit nacional pode parecer maior do que realmente é ou um orçamento pode parecer superavitário (ao se tratar a educação, por exemplo, como investimento e não como despesa, segundo as regras atuais).

Mas cada governo dá o seu próprio "efeito" às estatísticas da economia nacional. Por exemplo, nos anos 70 e 80 a URSS sistematicamente superestimou o crescimento de seu PIB (em geral medido em termos de consumo material). Do mesmo modo, os países da OCDE reduziram os números do desemprego através de uma redefinição do "pleno emprego": do desemprego de 2% nos anos 60 para 7% no final dos anos 80. Quase todos os países ignoram os custos ambientais e as taxas de exaustão de recursos, mas, coisa estranha, acrescentam ao PIB, como produção útil, os custos de limpeza ambiental. As estatísticas alternativas importantes, tais como as incluídas no Índice de Desenvolvimento Humano (IDH), ainda são vistas pela velha guarda da ONU, do Banco Mundial e do FMI como dados menores, não-essenciais e subordinados às "verdadeiras" estatísticas econômicas.

O ponto mais fraco do PIB é basear-se na renda *per capita* determinada em moeda, numa era de violentas flutuações monetárias. Assim, as estatísticas do PIB não conseguem estabelecer uma comparação entre as horas que um russo precisa trabalhar para comprar um pão com as horas que um japonês precisa trabalhar para comprar uma tigela de arroz. Mas, como o Índice de Desenvolvimento Humano (IDH) leva em conta a paridade do poder de compra, dentre outros indicadores econômicos não-tradicionais, ele classifica os Estados Unidos em 18º lugar — quando, pelos critérios do PIB, está em 2º lugar, logo após a Suíça. Enquanto isso, países que em geral são considerados mais pobres pelos padrões do PIB, tais como o Sri Lanka e a Costa Rica, classificam-se bem melhor pelos indicadores do IDH (ver Figura 6-27). Outra inadequação do PIB é sua visão estreita, às vezes etnocêntrica, da riqueza e do progresso. O PIB, por definição, ignora a diversidade de visões das metas de desenvolvimento — sem mencionar as diferenças culturais que estão bem além do âmbito dos interesses da maioria dos economistas.

Os *Country Futures Indicators* (ver Figura 6-26), que defendi ao longo da última década, são deliberadamente "abertos" a fim de encorajar o necessário debate multicultural sobre as definições de desenvolvimento e progresso. Além do debate Norte-Sul sobre quem está em desenvolvimento e quem é desenvolvido, precisamos reconhecer que todos os países, cada um a seu modo, estão em desenvolvimento — e se desenvolvem num mundo de crescente interdependência. Assim, acredito que os novos indicadores, que medem tantos caminhos diferentes para o desenvolvimento, devem primeiro ser deslindados e separados uns dos outros a fim de evitar o erro do PIB de simplesmente amontoar uma série de fórmulas obsoletas econômicas para produzir um resultado agregado. Essas mensurações econômicas tradicionais pressupõem um certo grau de acordo a respeito das metas desenvolvimentistas e se baseiam em noções ultrapassadas, tais como a de capital imobilizado.

Os *Country Futures Indicators* (CFI) têm maior interesse para a maioria das pessoas do que os misteriosos indicadores econômicos, que parecem interessar apenas aos investidores e leitores dos cadernos financeiros. Ao contrário do PIB, o CFI pressupõe que seus usuários não serão necessariamente os governos, mas os milhões de cidadãos médios de todos os países que anseiam por mais democracia, liberdade e participação. Hoje, os cidadãos de todas as partes querem que todas as suas institui-

Índice de Desenvolvimento Humano (IDH), Placar 1990

Classificação pelo IDH		Expectativa de vida ao nascer (anos), 1987	Taxa de alfabetização de adultos (%), 1985	PNB real *per capita* (corrigido pela PPC), 1987, US$	Classificação pelo PIB *per capita*	IDH (1990)
1	Japão	78	99	13,135	5	0.996
2	Suécia	77	99	13,780	6	0.987
3	Suíça	77	99	15,403	1	0.986
4	Holanda	77	99	12,661	14	0.984
5	Canadá	77	99	16,375	7	0.983
6	Noruega	77	99	15,940	3	0.983
7	Austrália	76	99	11,782	17	0.978
8	França	76	99	13,961	12	0.974
9	Dinamarca	76	99	15,119	8	0.971
10	Grã-Bretanha	76	99	12,270	18	0.970
11	Finlândia	75	99	12,795	10	0.967
12	Alemanha Ocidental	75	99	14,730	11	0.967
13	Nova Zelândia	75	99	10,541	22	0.966
14	Itália	76	97	10,682	19	0.966
15	Bélgica	75	99	13,140	15	0.966
16	Espanha	77	95	8,989	26	0.965
17	Irlanda	74	99	8,586	25	0.961
18	Áustria	74	99	12,386	13	0.961
19	Estados Unidos	76	96	17,615	2	0.961
20	Israel	76	95	9,182	23	0.957
21	Alemanha Oriental	74	99	8,000	16	0.953
22	Grécia	76	93	5,500	33	0.949
23	Hong Kong	76	88	13,906	20	0.936
24	Chile	72	98	4,862	58	0.931
25	Tchecoslováquia	72	98	7,750	29	0.931
26	URSS	70	99	6,000	30	0.920
27	Bulgária	72	93	4,750	32	0.918
28	Costa Rica	75	93	3,760	54	0.916
29	Uruguai	71	95	5,063	45	0.916
30	Hungria	71	98	4,500	44	0.915
31	Iugoslávia	72	92	5,000	41	0.913
32	Argentina	71	96	4,647	42	0.910
33	Polônia	72	98	4,000	48	0.910
34	Coréia do Sul	70	95	4,832	39	0.903
35	Cingapura	73	86	12,790	21	0.899
36	Portugal	74	85	5,597	37	0.899
37	Trinidad e Tobago	71	96	3,664	31	0.885
38	Panamá	72	89	4,009	43	0.883
39	Cuba	74	96	2.500	65	0.877
40	México	69	90	4.624	50	0.876
41	Romênia	71	96	3.000	47	0.863
42	Venezuela	70	87	4,306	36	0.861
43	Kuwait	73	70	13,843	9	0.839
44	Jamaica	74	82	2,506	69	0.824
45	Colômbia	65	88	3,524	59	0.801
46	Malaísia	70	74	3,849	51	0.800
47	Albânia	72	85	2,000	70	0.790
48	Sri Lanka	71	87	2,053	93	0.789
49	Coréia do Norte	70	90	2,000	64	0.789
50	Maurício	69	83	2,617	56	0.788
51	Brasil	65	78	4,307	46	0.784
52	Paraguai	67	98	2,603	66	0.784
53	Tailândia	66	91	2,576	76	0.783
54	Emirados Árabes Unidos	71	60	12,191	4	0.782
55	Iraque	65	89	2,400	35	0.759
56	Equador	66	83	2,687	63	0.758
57	Peru	63	85	3,129	57	0.753
58	Jordânia	67	75	3,161	55	0.752
59	Turquia	65	74	3,781	60	0.751
60	Nicarágua	64	88	2,209	77	0.743
61	Mongólia	64	90	2,000	74	0.737
62	Líbano	68	78	2,250	53	0.735
63	África do Sul	61	70	4,981	49	0.731
64	Líbia	62	66	7,250	28	0.719

FIGURA 6-27a

Classificação pelo IDH		Expectativa de vida ao nascer (anos), 1987	Taxa de alfabetização de adultos (%) 1985	PNB real *per capita* (corrigido pela PPC) 1987, US$	Classificação pelo PIB *per capita*	IDH (1990)
65	China	70	69	2,124	109	0.716
66	Filipinas	64	86	1,878	85	0.714
67	Arábia Saudita	64	55	8,320	24	0.702
68	República Dominicana	67	78	1,750	80	0.699
69	Síria	66	60	3,250	52	0.691
70	Irã	66	51	3,300	34	0.660
71	Tunísia	66	55	2,741	61	0.657
72	El Salvador	64	72	1,733	75	0.651
73	Botsuana	59	71	2,496	62	0.646
74	Argélia	63	50	2,633	40	0.609
75	Vietnã	62	80	1,000	115	0.608
76	Guatemala	63	55	1,957	68	0.592
77	Indonésia	57	74	1,660	90	0.591
78	Lesoto	57	73	1,585	96	0.580
79	Zimbábue	59	74	1,184	86	0.576
80	Honduras	65	59	1,119	78	0.563
81	Mianmá (Birmânia)	61	79	752	120	0.561
82	Bolívia	54	75	1,380	87	0.548
83	Omã	57	30	7,750	27	0.535
84	Gabão	52	62	2,068	38	0.525
85	Laos	49	84	1,000	122	0.506
86	Egito	62	45	1,357	82	0.501
87	Marrocos	62	34	1,761	83	0,489
88	Zâmbia	54	76	717	112	0.481
89	Quênia	59	60	794	101	0.481
90	Camarões	52	61	1,381	67	0.474
91	Camboja	49	75	1,000	129	0.471
92	Papua Nova Guiné	55	45	1,843	81	0.471
93	Madagascar	54	68	634	117	0.440
94	Índia	59	43	1,053	106	0.439
95	Paquistão	58	30	1,585	98	0.423
96	Tanzânia	54	75	405	119	0.413
97	Namíbia	56	30	1,500	71	0.404
98	Congo	49	63	756	72	0.395
99	Costa do Marfim	53	42	1,123	79	0.393
100	Iêmen (do Norte)	52	42	1,000	92	0.369
101	Gana	55	54	481	94	0.360
102	Haiti	55	38	775	97	0.356
103	Uganda	52	58	511	110	0.354
104	Togo	54	41	670	107	0.337
105	Libéria	55	35	696	89	0.333
106	Iêmen (do Sul)	52	25	1,250	84	0.328
107	Nigéria	51	43	668	95	0.322
108	Bangladesh	52	33	883	125	0.318
109	Angola	45	41	1,000	73	0.304
110	Ruanda	49	47	571	105	0.304
111	Zaire	53	62	220	126	0.294
112	Etiópia	42	66	454	130	0.282
113	Senegal	47	28	1,068	88	0.274
114	Nepal	52	26	722	123	0.273
115	República Centro-Africana	46	41	591	102	0.258
116	Sudão	51	23	750	99	0.255
117	Malavi	48	42	476	124	0.250
118	Moçambique	47	39	500	121	0.239
119	Butão	49	25	700	128	0.236
120	Burundi	50	35	450	113	0.235
121	Benin	47	27	665	103	0.224
122	Afeganistão	42	24	1,000	114	0.212
123	Mauritânia	47	17	840	91	0.208
124	Somália	46	12	1,000	108	0,200
125	Guiné	43	29	500	100	0.162
126	Chade	48	26	400	127	0.157
127	Serra Leoa	42	30	480	104	0.150
128	Burkina Fasso	48	14	500	118	0.150
129	Mali	45	17	543	116	0.143
130	Níger	45	14	452	111	0.116

(Os países estão listados em ordem decrescente com base na classificação do IDH, que foi elaborada por pesquisadores do Programa de Desenvolvimento da ONU combinando expectativa de vida, alfabetização de adultos e paridade do poder de compra. A penúltima coluna mostra a classificação pelo PIB per capita sem ajuste.)

FIGURA 6-27b

Adaptado do Relatório sobre o Desenvolvimento Humano, 1990, Programa de Desenvolvimento das Nações Unidas.

ções, os governos inclusive, sejam responsáveis por suas promessas e por seu desempenho.

O valor intrínseco da elaboração de novos tipos de indicadores de riqueza nacional está em que eles com freqüência estimulam o necessário debate sobre quais indicadores econômicos são úteis e quais das muitas definições de progresso são válidas. Os indicadores econômicos tradicionais, tais como produtividade e desemprego, perderam seu sentido e utilidade depois que se tornaram propriedade dos consultores da mídia e dos "especialistas em efeitos" que os usam de modo espalhafatoso para obscurecer as questões econômicas em épocas de eleição.

Novos indicadores, que enfoquem os resultados da ação política, ajudarão os cidadãos a decidir se os governos estão prestando serviços que correspondam à qualidade desejada, e farão com que seja mais fácil cobrar dos políticos um progresso rumo às metas específicas do eleitorado. Por exemplo, o Partido Verde britânico produziu seu próprio "Orçamento Verde" em 1991, com muitas propostas para revisar e "tornar verde" a economia britânica. A primeira proposta do plano era a necessidade de reformular tanto o PIB como o PNB. Ele observava, em tom sarcástico: "Se o PIB ou o PNB crescem de um ano para o outro, diz-se que houve crescimento econômico. Isso simplesmente quer dizer que mais dinheiro foi trocado por bens e serviços no último ano, muitas vezes levando em consideração o aumento dos preços." Uma das conclusões a que chegou o Orçamento Verde foi que o PIB e o PNB precisam ser substituídos por toda uma gama de indicadores mais específicos já disponíveis, tais como a expectativa de vida e a mortalidade infantil, que já nos dizem mais sobre o progresso humano do que a quantidade de dinheiro que troca de mãos numa sociedade a cada ano.[6] E os políticos precisarão de melhores informações para prestar eficientemente esses serviços.

Além da economia — novos indicadores para um desenvolvimento sustentável e culturalmente específico

À medida que se abre a chamada Quarta Década de Desenvolvimento da ONU, as lições das três décadas anteriores se tornam claras. Os modelos tradicionais que equiparam a industrialização com o crescimento do PIB ou do PNB monetarizados e medidos em termos de renda média *per capita* — venerados pelo Sistema de Contas Nacionais da ONU (UNSNA) — fracassaram na maioria dos países do Hemisfério Sul. Em 1991, em seu Relatório sobre o Desenvolvimento Mundial, o Banco Mundial finalmente deixou de lado seu usual estilo otimista e discutiu algumas tristes realidades. Eis o que é dito no Capítulo 2 do Relatório:

> O pensamento desenvolvimentista sofreu profundas mudanças nos últimos quarenta anos. [...] Tradicionalmente os economistas sempre acharam que um aumento na renda *per capita* é um bom indicativo de outros atributos do desenvolvimento. Mas a fraqueza do crescimento da renda enquanto indicador é que ele pode mascarar as mudanças reais de bem-estar para uma ampla camada da população mais pobre. As melhoras no atendimento às necessidades

básicas de alimentação, educação, saúde, igualdade de oportunidades, liberdades civis e proteção ambiental não são captadas pelas estatísticas do crescimento de renda.[7]

Essa histórica confissão resultou da pressão crescente por parte de grupos populares e de praticantes do desenvolvimento alternativo, que viam os fracassos, em primeira mão, nas aldeias, áreas rurais e favelas urbanas; e, em anos recentes, das campanhas anti-Banco Mundial por parte de ambientalistas que ressaltavam a destruição ambiental causada pelas políticas do Banco.

De fato, todo o processo desenvolvimentista não só descarrilhou nos anos 80 como também, na maioria dos países subsaarianos, engatou uma trágica marcha à ré. Esta foi também a conclusão de um grupo de especialistas em problemas de mensuração do desenvolvimento, reunido em Caracas pelo então presidente Pérez da Venezuela em agosto de 1989. O relatório final dessa reunião, co-patrocinada pela Comissão do Sul, foi intitulado "Rumo a um novo meio de medir o desenvolvimento".[8] Concluía ele que o modelo desenvolvimentista tradicional era fruto de um processo histórico único — não repetível, de todo modo. Isso é particularmente verdadeiro no mundo superpopuloso e poluído de hoje, onde os recursos naturais se exaurem com rapidez; os países industrializados do Norte agora exigem que os países do Sul esqueçam o modelo de desenvolvimento industrial por ser demasiado poluente e, em seu lugar, adotem apenas tecnologias "limpas" ou "verdes" e o "desenvolvimento sustentável".

A ironia dessa "meia-volta, volver!", depois de décadas em que as velhas prescrições do crescimento econômico medido pelo PIB foram impostas a ferro e fogo como o caminho do progresso, parece ainda não ter sido percebida pela maioria dos economistas. O Banco Mundial, por exemplo, agora encobre seus antigos erros teóricos afirmando descaradamente, em seu Relatório sobre o Desenvolvimento Mundial de 1991, que "O desenvolvimento econômico é definido neste Relatório como um aumento sustentável nos padrões de vida que abrangem consumo material, educação, saúde e proteção ambiental". Trata-se de uma redefinição altamente política que evita discutir o fato de que todos os métodos estatísticos do Banco precisam mudar, se é que o Banco realmente *redefiniu* o desenvolvimento econômico como disse que o fez. Mas é claro que não o fez! Do mesmo modo, não deu nova formação a sua equipe de economistas e estatísticos, não fez nenhuma mudança na contabilidade do PIB/PNB — o que é significativo — nem incorporou as mudanças defendidas por sua própria equipe, tais como valorizar a infra-estrutura, o capital humano e os ativos ambientais nas contas do PIB como partes dos ativos fixos tangíveis. O Banco Mundial tampouco adotou o novo Índice de Bem-Estar Econômico Sustentável (ISEW) desenvolvido por seu próprio economista Herman Daly no livro *Toward the Common Good*,[9] escrito em co-autoria com John Cobb. Este índice talvez represente o que de melhor se possa fazer a partir da economia enquanto disciplina isolada, e poderia servir de base para um amplo debate sobre novos indicadores em todas as agências especializadas da ONU, no Fundo Monetário Internacional (FMI), no Programa de Desenvolvimento (UNDP) e em todas as demais.

Um ponto curioso é que mesmo o Relatório da Comissão Mundial sobre Meio Ambiente e Desenvolvimento[10] não defende, entre suas muitas recomendações úteis, uma correção do PIB — nem sequer a exigência de dar aos recursos ambientais um peso maior do que zero (a prática atual). O Relatório apenas pede aos países que "desenvolvam critérios e indicadores para os padrões de qualidade ambiental e normas para o uso sustentável e gerenciamento dos recursos naturais" — aparentemente deixando o resto para os mercados globais. Contudo, num bem comum global interdependente, a variável-chave é a intervenção governamental, isto é, decidir se, quando, onde e como formar mercados e usá-los, ou quando, por que, o que e como regulamentar ou elaborar planos estatais ou locais. Em outras palavras, o sucesso ou o fracasso das políticas de desenvolvimento parecem resumir-se ao modo como um governo qualquer fez sua intervenção — se de modo correto ou estúpido, ou se apenas teve sorte! Os economistas, de esquerda e de direita, estão sendo forçados a admitir que todas as economias são "mistas" e que eles próprios ainda não têm qualquer teoria sobre as economias mistas. Está claro agora que as "economias" são apenas conjuntos de regras, baseadas nas metas, valores e prioridades públicas amplamente diferentes de cada cultura específica. Hoje, os economistas reconhecem muito mais esse fator cultural, já que ele é a única explicação do "milagre japonês" (cultura homogênea, "puxa-saquismo", boa resolução de conflitos, povo trabalhador e bem-educado) e dos fatores bem diferentes que acionaram o crescimento dos "Quatro Tigres Asiáticos": Cingapura (uma ditadura benevolente), Coréia do Sul (forte intervenção estatal), Hong Kong (orientada para o mercado livre, quase sem recursos naturais) e Taiwan (muita intervenção estatal, povo trabalhador).

Essas análises mais amplas mostram a superficialidade das fórmulas desenvolvimentistas puramente econômicas que prescrevem *taxas* "corretas" de acumulação de capital e investimento (uma generalidade insana, já que o problema fundamental é fazer investimentos *sábios*) ou da velha fórmula de taxar a agricultura para investir na industrialização. Por exemplo, a influente revista econômica *The Economist* agora caracteriza as boas políticas de crescimento econômico como aquelas que investem nas pessoas, em sua saúde e educação — o que não é uma idéia do livre mercado (na verdade, os mercados tendem a fracassar nessas metas sociais). Ainda assim, os ideólogos do livre mercado no setor privado geralmente se opõem a esses investimentos governamentais, tachando-os de "inviáveis" ou "socialistas"; e, claro, se o placar da sociedade continua a ser o PIB, eles estão com a razão (já que as pessoas não são incluídas no PIB como ativos, tal como o são as máquinas e os investimentos de capital em tecnologia, fábricas e equipamentos).

Portanto, só poderemos confiar nessa mudança de opinião dos economistas a respeito do valor das pessoas e do meio ambiente se também os virmos em campanha para corrigir o PIB. Quando as metas mudam, qualquer cidadão sabe que o placar também deve mudar para refletir a nova meta e medir o progresso feito em direção a ela. O Índice de Desenvolvimento Humano (IDH)[11] faz exatamente isso, ao medir os investimentos educacionais dos governos (em comparação com os gastos militares) e as metas de saúde (expectativa de vida e mortalidade infantil). Outro exemplo dessa esquizofrenia crônica dos economistas é que o próprio órgão de estatística da ONU ainda não adotou sequer o IDH.

A decodificação do DNA cultural

Assim, à medida que o debate sobre desenvolvimento se aprofunda — passando a compreender a decodificação de metas, ideais e padrões específicos do "DNA cultural" das diferentes sociedades e a definição de quais sejam as "necessidades humanas básicas" —, faz-se sentir a necessidade de instrumentos de avaliação do progresso rumo a essas várias visões de uma "sociedade ideal" que sejam mais realistas e concretas. Um bom exemplo dessa nova abordagem é *The Middle Path for the Future of Thailand: Tecnology in Harmony with Culture and Environment*[12] (East-West Center, 1991), de Sippanondha Ketudat, ex-ministro da Educação da Tailândia e presidente da Companhia Petroquímica Nacional. Esse exercício de construção de cenários para o futuro da Tailândia emprega uma abordagem de "futuros etnográficos", desenvolvida junto com Robert B. Textor, que usa a cultura e os valores de uma sociedade como seu ponto de partida. Embora não rejeite um modelo econômico tradicional, de alta tecnologia e orientado para as exportações, o estudo opta por uma tecnologia baseada nos valores budistas da harmonia, conservando uma rica tradição rural e impedindo o crescimento de Bangcoc por meio da importância dada às pequenas cidades regionais. O estudo *não* rejeita a substituição de informações (que hoje é um artigo de fé para muitos economistas do desenvolvimento), por exemplo, no caso em que o próprio gás natural da Tailândia pode servir como combustível para a produção interna de plásticos, obviando o pesado custo, em moeda estrangeira, de importar plásticos. A substituição de importações está sendo redescoberta em muitas áreas, mesmo em pequenas cidades dos Estados Unidos, cujo capital gerado localmente é drenado para desnecessárias importações de petróleo ou eletricidade — energia solar, pequenas represas e geradores eólicos locais podem conservar o dinheiro em casa para ser emprestado a pequenos negócios e construções locais.

Como observamos, PIB, PNB, inflação, taxas de juros e de desemprego, todos estão carregados de preconceitos e ignoram as questões estruturais do poder e da distribuição da riqueza, além de promover uma visão irrealista que equipara a riqueza real (dos recursos naturais e as aptidões, os ativos culturais específicos, as condições locais e a criatividade de seres humanos engenhosos) com o dinheiro puro e simples. O boletim internacional *Culture and Development,* de Bruxelas, Bélgica, dá boa cobertura a essas questões. Seria necessário todo um tratado só para elucidar a diferença entre o dinheiro e a verdadeira riqueza. Por ora, basta lembrar que o dinheiro, isto é, a moeda, não tem praticamente nenhum valor em si mesmo e só adquire valor na medida em que os seres humanos o usam e confiam nele, e quando ele acompanha com precisão e mantém um registro fiel das transações humanas e da produção ou riqueza real, como descrevi em *Politics of the Solar* Age. Ficou claro para mim, nos anos 70, que mais cedo ou mais tarde os modelos eurocêntricos de desenvolvimento econômico — de esquerda e de direita — ficariam demasiado estreitos e unidimensionais para servir como moldura para os modelos de desenvolvimento realmente humanos, ecologicamente sustentáveis e culturalmente específicos. Fui convencida pelas palavras de Mohandas Gandhi: "Se a Índia um dia resolver imitar a Inglaterra, será a ruína da nação"; e por esta inesquecível citação: "Há o bastante no mundo para as necessidades de todos, mas não para nossa ganância."

Hoje, o Norte e o Sul ainda sofrem por causa dos sistemas internacionais de finanças, endividamento e manipulação monetária inventados no Hemisfério Norte, os quais até mesmo a respeitada revista norte-americana *Business Week* chamou de "O Cassino Global". No entanto, esse perverso cassino global, por mais irreais que sejam suas transferências eletrônicas de fundos pelo mundo todo, tornou-se um elemento estrutural que bloqueia as aspirações da maioria dos países do Sul por um desenvolvimento real e sustentável. Em seu novo livro, *Debt and Environment: Converging Crises,*[13] o "insider" Morris Miller, ex-diretor executivo do Banco Mundial, avalia sombriamente as falsas premissas que subjazem às políticas do Banco Mundial e do FMI e aos Empréstimos de Ajuste Estrutural, que continuam a extorquir um pesado preço social dos países subdesenvolvidos. Miller já nos prevenira contra a crise da dívida em seu livro anterior, *Coping is Not Enough* (1986), afirmando que toda a estrutura das finanças internacionais, dívidas e ajudas oficiais para o desenvolvimento (ODA — Official Development Aid) se tornara uma farsa cruel, com a duplicação da dívida do Terceiro Mundo entre 1982 e 1990, quando estava em US$ 1.340 bilhões.

Como já mencionamos, esse perverso mecanismo financeiro global, escorado por instituições criadas no Norte após a Segunda Guerra Mundial — O Banco Internacional de Reconstrução e Desenvolvimento (BIRD) ou Banco Mundial, o Fundo Monetário Internacional (FMI), o Acordo Geral de Tarifas e Comércio (GATT), o Banco de Acordos Internacionais (BIS), etc. —, está hoje operando em desacordo com seus propósitos originais e seus ideais geralmente bem-intencionados. Por exemplo, o grande dogma da economia é que o livre comércio é sempre bom; por isso, o GATT deve acelerar a abertura de mercados em toda parte. Entretanto, quando existe um poder de barganha desigual, digamos entre os criadores da Nova Zelândia e os dos Estados Unidos ou da União Européia, as condições do mercado aberto exigem que alguém sai perdendo — isto é, os criadores da Nova Zelândia serão abatidos juntamente com seus rebanhos. Esses problemas são exacerbados nos países subdesenvolvidos, cujos produtos enfrentam barreiras comerciais nos países do Norte ao mesmo tempo em que os negociadores do GATT exigem que eles abram seus próprios mercados, os quais serão então dominados por concorrentes estrangeiros mais fortes. Fundamentalmente, esse mecanismo financeiro global e suas escoras institucionais não poderão ser modificados até que seu arraigadíssimo sistema de contabilização da "riqueza" e do "progresso" nacional seja trazido à luz, desafiado e reformulado para contabilizar a verdadeira riqueza, em vez dos fluxos e trocas de moeda e as estatísticas da renda *per capita* média, como o PIB e o PNB.

Enfrentamos hoje uma situação trágica, pois o sistema estatístico da ONU ainda usa o PIB, o PNB e outros indicadores tradicionais e, por isso, eles se tornaram a "língua franca" que define todo o debate global sobre o "desenvolvimento econômico" e suas abordagens teórica e operacional. Assim, os cálculos do FMI que exigiram que a Venezuela "maquiasse" o crescimento de seu PIB a fim de pagar o serviço de sua dívida externa em 1989 resultaram em sérios tumultos por causa do "arrocho" (aumento do preço dos alimentos, etc.), nos quais centenas de pessoas morreram. Nenhum indicador social foi capaz de sobrepujar o PIB, o indicador monetário. Esse colossal erro epistemológico que já causou fome e miséria foi então transformado pelas agências especializadas da ONU em critérios usados pelo Banco Mundial; este, por sua vez, promulgou regras exigindo que os países subdesenvolvidos que solicitavam empréstimos elaborassem sistemas de contas nacionais que perpetuassem esses trágicos erros.

Embora em maio de 1990 o Programa de Desenvolvimento da ONU tenha anunciado seu próprio e recém-formulado Índice de Desenvolvimento Humano — IDH (com a iniciativa pioneira de Mahbub Ul Haq), ainda é uma incógnita se este índice irá influenciar o Sistema de Contas Nacionais da ONU, órgão mais conservador, já que os danos não-monetários incluídos no IDH geralmente são vistos pelos estatísticos tradicionais como "soft" (inexatos). O *status* mais elevado é concedido aos dados econômicos "hard" (exatos), tanto na ONU quanto no Banco Mundial. Os estatísticos sociais são considerados bem-intencionados, mas pouco importantes. Em *Debt and Environment*, Morris Miller observa que, em 1974, Robert McNamara, então presidente do Banco Mundial, pediu que o Banco deixasse de privilegiar o macrodesenvolvimento (cujos benefícios supostamente pingariam gota a gota, de cima para baixo, sobre os pobres) e concentrasse sua atenção diretamente nos "40% mais pobres" dentre os pobres do mundo. O Banco realmente empenhou esforços nesse sentido, elaborando uma série de ensaios políticos sobre reforma agrária, nutrição, saúde, educação, população e "desenvolvimento rural integrado". Em 1975, "criou-se uma divisão de projetos especiais", lembra Miller, "mas o empenho logo arrefeceu e a divisão foi abolida anos depois".[14] Lembro-me de ter sido convidada diversas vezes para comparecer ao almoço das terças-feiras dos funcionários do Banco Mundial e, diante daquela pequena cabala interessada, falar sobre os "valores no desenvolvimento". Logo percebi que aquelas palestras não-remuneradas nada podiam contra a atenção que o Banco dava ao crescimento do PIB. Desde então, vários daqueles funcionários conscientizados deixaram o Banco Mundial em busca de um trabalho independente que tivesse mais a ver com as metas genuínas do desenvolvimento. Um exemplo é Turid Sato, economista norueguesa que hoje dirige seu próprio escritório, o Organizing For Development Institute, Inc. (ODII), que adota uma abordagem de raízes populares.

Pondo a nu a política da economia

Esse assustador labirinto circular baseado numa epistemologia falha mostrou-se impermeável a todos os esforços que o Grupo dos 77 empenhou ao longo dos últimos 15 anos para fazer surgir a tão necessária Nova Ordem Econômica Internacional (NOEI). Com efeito, parte dessa impermeabilidade e da cegueira geral em fase da avultante crise da dívida resumiu-se precisamente numa incapacidade de *perceber* as dimensões da crise, devido ao paradigma dominante do "economismo"! É claro que já há uma inadimplência de proporções gigantescas, que exige não só resoluções políticas como também uma mudança de paradigma para além do "economismo" e rumo a um novo realismo que reconheça que tanto "devedores" quanto "credores" estão na mesma canoa global e acabarão por afundar juntos ou nadar juntos. A única pergunta que resta é *como* essas dívidas externas, geralmente negociadas de maneira perversa, serão reduzidas ou terão baixa — garantidas com a ajuda de países superavitários, como Japão e Alemanha, e agências como o Banco Mundial e o FMI — ou, falhando essas estratégias, repudiadas *en masse*. Mesmo hoje, as transferências *líquidas* de fundos entre os países industrializados e os subdesenvolvidos ainda são ao inverso. De 1983 a 1989, o fluxo de fundos dos países pobres para os países ricos foi de US$ 200 bilhões. Em 1990, estima-se que essa drenagem tenha sido de mais de 50% da nova dívida externa dos países pobres.[13]

A conquista de uma ordem mundial mais estável e com desenvolvimento mais eqüitativo exigirá que os sistemas contábeis falhos sejam corrigidos e ampliados para refletir a diferença entre dinheiro e riqueza. Já está bem claro que o PIB, o PNB e outras estatísticas monetarizadas obsoletas servem apenas à arbitragem cambial e à especulação nos mercados de ações do mundo. Com efeito, a revista *Euromoney* (setembro de 1988) "refinou" ainda mais esses indicadores; sua nova Classificação dos Países por Risco trata países inteiros como "caixas pretas estatísticas", reduzindo-os a um único indicador "chave" — A Capacidade de Pagar o Serviço da Dívida Externa! Nada mais precisa ser dito para convencer os políticos responsáveis, nesses países, a redefinir suas próprias metas, valores e prioridades internas para seu próprio caminho específico de desenvolvimento, já que agora está bem claro que a economia é apenas a política disfarçada.

Agora que todos os países-membros da ONU prepararam seus recenseamentos em 1990 e 1991, a hora de realizar essa tarefa urgente chegou. Os questionários do censo precisam ser reformulados sob diversos aspectos, em especial quanto à mudança do conceito de "chefe de domicílio", que distorce e reduz o impacto do trabalho produtivo da mulher nas famílias e nos empreendimentos familiares. Os novos indicadores baseados nas unidades familiares deverão documentar a produtividade econômica dos homens e das mulheres, dando o mesmo *status* à produção para venda e à produção para uso doméstico, o trabalho de manutenção do lar e a criação dos filhos. Como o PIB não contabiliza o trabalho não-remunerado (principalmente das mulheres, plantando alimentos, produzindo artesanato, etc., bem como mantendo o lar), este simplesmente "subsidia" a produção econômica aparente do "chefe de domicílio" — que se presume ser o homem. Hoje, 30% de todos os lares do mundo são encabeçados por mulheres e, no mundo todo, as mulheres trabalham mais horas do que os homens (de 2 horas a mais por semana no Japão e 5-6 horas a mais por semana na Europa Ocidental até 12-13 horas a mais por semana na África e na Ásia). Onde quer que a atividade econômica extramercado das mulheres seja levada em conta nas estatísticas (por exemplo, na Costa do Marfim e no Nepal), ela é comparável à dos homens. Alguns países estimaram a contribuição do trabalho não-remunerado às contas do PIB: a Dinamarca estima um acréscimo de 50%, a Noruega de 41%, os Estados Unidos de 30%, o Paquistão de 35% e as Filipinas de 11%. Esta abundância de novas estatísticas está na pesquisa de 1991 da ONU, *As mulheres do mundo: Tendências e estatísticas, 1970-1990*. Como afirmou John Kenneth Galbraith, economista norte-americano, em *Economics and the Public Purpose* (1973), "O domicílio, na economia estabelecida, é essencialmente um disfarce para o exercício da autoridade masculina".

O livro *If Women Counted*, 1989, de Marilyn Waring, que documenta as maneiras pelas quais a economia funciona para oprimir as mulheres, é um golpe ainda mais forte sobre a misoginia em escala mundial. A Venezuela, devido às iniciativas de

Carlos Andrés Pérez na presidência, continua em primeiro lugar no processo de implementação prática de um novo Índice de Bem-Estar Social. Pérez presidiu uma reunião de acompanhamento para os chefes dos departamentos estatísticos da Venezuela e de outros países latino-americanos em outubro de 1989. Esses novos índices podem oferecer uma base mais sólida para o Banco Mundial e outras agências especializadas que estão buscando novos modelos de "desenvolvimento sustentável", o termo já amplamente difundido que foi usado pela Comissão Mundial para o Meio Ambiente e Desenvolvimento em *Our Common Future* (1987). Novos indicadores sociais, orientados para o futuro, podem ajudar a operacionalizar os valores emergentes e tradicionais, embora nunca venham a ser suficientes para a tarefa, pois sempre haverá valores e questões importantes que não podem ser quantificados e que devem permanecer no domínio do debate democrático e da resolução política.

Como dissemos, o debate sobre as medidas desenvolvimentistas coloca os estatísticos do sistema oficial de contas nacionais da ONU ao lado daqueles que trabalham em agências como o Programa de Desenvolvimento da ONU (UNDP), ambos sinalizando uma mudança do pensamento convencional. A comparação entre o PIB de 1990 e o IDH mostra uma surpreendente mudança na classificação de muitos países quanto ao progresso humano, na medida em que o poder real de compra também foi levado em conta (em vez da renda monetária). Por exemplo, o Sri Lanka, cujo PIB anual *per capita* é de apenas US$ 400, na verdade oferece a seus cidadãos um poder de compra equivalente a US$ 2.000 por ano e tem uma expectativa de vida de 71 anos (equivalente à da Argentina e Hungria e mais alta que a da Rússia), enquanto sua taxa de alfabetização de 87% supera a dos Estados Unidos (que caiu para cerca de 80%). A Costa Rica, com um poder de compra de US$ 3.760 por pessoa por ano, 96% de alfabetizados e expectativa de vida de 75 anos, corre adiante de muitos países europeus, enquanto os Estados Unidos caem do segundo lugar (atrás da Suíça) no PIB para 19º no placar do IDH. O poder de compra médio dos países-membros do G-7 é de aproximadamente US$ 14.000 por pessoa por ano, ao passo que essa média entre os países-membros do G-15 é de cerca de US$ 3.500.

Sem dúvida, a primeira reunião de Caracas sobre os Novos Indicadores, em agosto de 1989, ajudou a estimular o crescente interesse pelos novos indicadores; o mesmo efeito teve o anúncio do Índice de Desenvolvimento Humano (IDH) pelo Programa de Desenvolvimento da ONU em 1990. Como mostra a Figura 6-27, o IDH inclui taxas de alfabetização e expectativa de vida, duas das mensurações recomendadas pelo relatório da Comissão do Sul.

Os especialistas presentes em Caracas observaram que, para fazer plena justiça, o PIB e outras estatísticas e indicadores macroeconômicos nunca pretenderam ser usados como medidas gerais de bem-estar. Contudo, a força das estatísticas está em atrair poderosamente a atenção do público; e, quando amplamente difundidas nos meios de comunicação de massa, elas concentram sobre si o interesse geral e às vezes distorcem os detalhes políticos. Esse poder das estatísticas de formar e às vezes deformar a percepção social dos problemas foi salientado numa reunião quase simultânea à de Caracas; em Washington, DC, no Congresso da Associação Norte-Americana de Estatística, realizado em agosto de 1989, sua diretora executiva, Barbara Bailor, chamou a atenção para o modo pelo qual "as estatísticas afetam toda a nossa vida". Elas concentram e restringem a atenção da mídia e dos líderes políticos em todos os níveis, bem como dos eleitores, sobre o crescimento do PIB, a inflação, as taxas de juros e de câmbio; estes números, por sua vez, desviam ainda mais a preocupação do público das vitais questões humanas, sociais e ambientais, reduzindo-as a quase nada. Esse processo circular é amplificado pelas operações do sistema eletrônico global de comércio e finanças, onde indicadores econômicos se tornam cada vez mais misteriosos e passam a interessar somente à especulação e à arbitragem cambial; exemplo disso é a nova Classificação dos Países por Risco da revista *Euromoney*, já mencionada. Nas sociedades dominadas pelos meios de comunicação, as pesquisas de opinião e os indicadores dão forma à política. A brecha entre os indicadores econômicos e monetarizados e os indicadores de qualidade humana, social e ambiental é onipresente, devido à extrema especialização da estatística e das exigências dos departamentos governamentais. Assim, não causa surpresa que as cerca de 4.000 pessoas presentes ao congresso da Associação Norte-Americana de Estatística não tivessem ciência da reunião de Caracas e vice-versa.

Finalmente, o grupo de Caracas recomendou a adoção de uma gama de indicadores sociais específicos, tais como aqueles coletados em muitos países em áreas que incluem a saúde, a moradia e outros serviços vitais — educação, participação democrática, a condição da mulher e outras preocupações —, concedendo-lhes a atenção adequada através de sua divulgação pelos meios de comunicação com a mesma regularidade e ênfase com que são divulgados o PIB e outros indicadores econômicos. O grupo reconheceu que esses indicadores seriam específicos aos vários países e culturas do mundo e às suas próprias metas especiais de desenvolvimento. Acrescentou, além disso, que todos os indicadores deveriam ser coletados com a participação das pessoas que estavam sendo pesquisadas, a fim de que pudessem servir para informar a tomada de decisões tanto no nível nacional quanto no nível local, junto às próprias comunidades. Em junho de 1990, a Comissão do Sul lançou a nova Cúpula Econômica do Grupo dos Quinze, em Kuala Lumpur, para continuar seu trabalho e promover um novo debate global sobre caminhos alternativos para o desenvolvimento econômico, técnico, social e cultural.

À medida que esse debate leva à contabilização de mais alguns dos fatores de qualidade de vida propostos pelo Relatório da Comissão do Sul, muitos países industrializados altamente poluídos poderão passar a classificar-se abaixo de alguns países do Sul, de meio ambiente mais conservado e mais ricos em recursos.

Rumo à quarta década de desenvolvimento

Com o advento do G-15, é provável que se continue a refletir sobre o significado da palavra "desenvolvimento", e essa reflexão produzirá definições divergentes à medida que forem se esclarecendo as diferenças entre o dinheiro e a riqueza real. Muitos países do Sul agora querem se desenvolver ao longo de seus caminhos culturais específicos, em vez de seguir como escravos as fórmulas do Banco Mundial e do FMI para incrementar o crescimento econômico quaisquer que sejam os custos humanos ou ambientais. O fim da Guerra Fria também assinala o fim dos caminhos ideológicos mutuamente exclusivos para o progresso, capitalista ou socialista, e patenteia que, na verdade, quase todas as economias do mundo são misturas de capitalismo e socialismo em graus diversos.

Mesmo a revista londrina *The Economist* uniu-se à busca de indicadores de desenvolvimento mais amplos e menos simplistas — tanto ao dar ampla cobertura ao advento de novos indicadores, como o IDH, quanto ao usar esses critérios em seus artigos. O livro lançado por essa revista, *Book of Vital World Statistics*[15] (Random House, 1990), adota esse ponto de vista mais amplo. Embora os dados econômicos, comerciais e de produção predominem, foram incluídas algumas páginas sobre saúde, mortalidade infantil, expectativa de vida, "vida familiar", pobreza e desigualdade, crime, religião, e ainda oito páginas, no final, sobre o estado do meio ambiente: desmatamento, poluição do ar, uso da água, reciclagem e energia nuclear. É provável que as realidades dos anos 90, a Quarta Década de Desenvolvimento da ONU, sejam mais complexas; os processos de desenvolvimento serão vistos em seu mais amplo contexto cultural, global e ecológico — exigindo ferramentas políticas interdisciplinares além das análises macroeconômicas. O G-15 certamente contribuirá para esse debate, à medida que os países forem revalorizando seu próprio "DNA-cultural" e potencial de inovação. Além disso, os países-membros do G-15 (Argélia, Argentina, Brasil, Egito, Índia, Indonésia, Iugoslávia, Jamaica, Malásia, México, Nigéria, Peru, Senegal, Venezuela e Zimbábue) têm em conjunto uma população que totaliza 29,6% da população mundial, comparados com os apenas 12,7% representados pelos países do G-7 (Estados Unidos, Grã-Bretanha, Alemanha, Itália, Canadá, França e Japão). Até este momento, a imprensa mundial tem dado destaque às reuniões de cúpula do G-7, e os pronunciamentos do grupo dominaram e deram o tom ao debate global sobre os meios e metas do desenvolvimento econômico, equiparado ao progresso humano. Embora jornalistas do Sul tenham coberto a Cúpula Econômica do G-15 em Kuala Lumpur, ela foi quase totalmente ignorada pela mídia do Norte.

Hoje, o público está tomando clara consciência dessas anomalias em muitos países assediados pela pobreza, desnutrição, analfabetismo, falta de moradias e outras necessidades básicas, bem como pela chuva ácida, desertificação e uma infinidade de outras ameaças ambientais. Essas realidades, que podem ser evitadas, estão por trás do reconhecimento da necessidade de novos indicadores na Alemanha, na França e na Noruega, bem como nos países do Hemisfério Sul. O Partido Verde, na Alemanha, embora tenha perdido poder durante a unificação, já conseguira com que Bonn se comprometesse a incluir, em meados dos anos 90, os custos ambientais em suas contas nacionais. No entanto, como muitos outros responsáveis pelas contas nacionais, o governo de Helmut Kohl ainda planejava usar duas estatísticas independentes, isto é, continuar com o PIB e publicar o indicador ambiental em separado.

Assim, é possível ter uma visão mais clara de quase todos os debates travados ao longo dos últimos cem anos em torno da questão de saber se as "economias" devem ser controladas pelo mercado, centralmente planejadas ou uma mistura de ambos (como a maioria delas o é, na realidade); os *debates sobre regras e regulamentações*, de um tipo ou de outro, não podem mais ser esclarecidos por posições ideológicas, seja de esquerda ou de direita. A questão mais importante é: até que ponto o sistema está funcionando ciberneticamente em todos os níveis da sociedade, desde a família e a aldeia até o nível do Estado? O papel essencial do *feedback* para o controle dos sistemas cibernéticos foi cientificamente provado através de muitos estudos, e o foi de novo na democratização e derrota dos conservadores autoritários na ex-URSS. A teoria econômica reconhece a importância do *feedback* proporcionado pelo sistema de preços. Mas, como já observamos, os preços são apenas uma forma de *feedback*, e muitas vezes distorcida pelo poder e por custos "externos" não-contabilizados. A teoria dos sistemas fornece um quadro universal e reconhece muitos outros laços de *feedback* tão ou mais importantes do que os preços. A tarefa de construir novos indicadores de bem-estar social é precisamente a de projetar mecanismos adicionais de *feedback* para as nossas sociedades, a fim de que elas saibam se seu desempenho está ou não de acordo com os critérios, regras e metas estabelecidos por elas próprias.

Cada país precisará sondar suas próprias tradições e sua herança cultural a fim de otimizar seus próprios valores e metas básicos. Só então poderá um país decidir por si mesmo quais de suas riquezas culturais, humanas e ecológicas podem proporcionar uma base sólida para as exportações. Esse processo subjaz a todas as transformações que ocorrem no Leste Europeu e na URSS, onde os generosos ideais originais do socialismo ainda vivem. Alguns Estados norte-americanos, bem como alguns países, estão hoje adotando esse tipo de abordagem para repensar o significado do desenvolvimento e o modo de equilibrar uma postura exportadora estável com uma economia local mais orientada para a própria comunidade.

Repensando os indicadores sociais

À medida que esse tipo de reflexão prosseguir, surgirão novos indicadores que poderão ser testados e depois divulgados pelos meios de comunicação, a fim de promover um amplo entendimento democrático da mudança em questão. Em muitos casos, esses indicadores podem por si mesmos gerar um novo orgulho nacional, como ocorre com a Costa Rica, que não se cansa de propagar seus próprios valores e metas sociais: paz, justiça, saúde, educação e diversidade biológica. Os costa-riquenhos sabem que a renda *per capita* não é tudo; eles mostram, com orgulho, suas conquistas sociais e culturais, tais como um índice de alfabetização de quase 100%, bem acima da dos Estados Unidos. A Costa Rica está assumindo a liderança (através de seu ex-ministro de Minas, Energia e Recursos Naturais, Alvaro Umana) na definição de novos indicadores de desenvolvimento sustentável ao patrocinar vários seminários internacionais, bem como ao desenvolver um sistema de proteção à biodiversidade em seus parques nacionais e através do Instituto Nacional de Biodiversidade.

Quando deixarem o PIB para trás, os países não estarão voando às cegas. Já existem estatísticas sobre uma ampla gama de aspectos multidimensionais do progresso social, as quais vão compor o "painel de instrumento" dos governos:

- Os *indicadores do investimento em recursos humanos* incluem as estatísticas da Organização Mundial de Saúde (OMS) sobre a expectativa de vida, mortalidade infantil e nascimentos com peso abaixo da média (também será necessária a diferenciação por sexo). Muita coisa pode ser feita a partir do Índice de Qualidade de Vida Física (PQLI), desenvolvido por David Morris para o Conselho de Desenvolvimento Ultramarino nos anos 70 anos e discutido em *Politics of the Solar Age.* A UNESCO e muitas outras organizações nacionais dedicadas à educação podem oferecer estatísticas sobre a alfabetização (muitas delas precisam de diferenciação por sexo). Como dissemos, já há muitos dados comparativos nessa área. Talvez só seja preciso adotá-los como um indicador oficial e divulgá-los. A Anistia Internacional e outras organizações voltadas aos direitos humanos coletam dados sobre participação política, assim como o fazem agências da ONU. Os investimentos no estímulo e desenvolvimento da primeira infância podem ser estimados de muitas maneiras.

- *Criatividade e produtividade do ser humano* (remunerado ou não, ver Figura 1-5: Bolo de Três Camadas com Cobertura). A Organização para Cooperação e Desenvolvimento Econômico (OCDE) dispõe de muitos estudos (geralmente realizados por sociólogos) sobre a produção social total, com base no número de horas produtivas trabalhadas, sejam remuneradas ou não, trabalhadas por conta própria, em empresa familiar ou cooperativa comunitária. Esse indicador mostraria como é grande a verdadeira produtividade em muitos países nos quais a "economia" oficial, medida pelo PIB, ainda é pequena quando comparada com os setores informais tradicionais (ver Manfred Max-Neef, Hernando de Soto,[16] Robertson,[17] Waring,[18] Shankland,[19] Nicholls e Dyson[20] e meus próprios trabalhos).
- Outra mensuração útil poderia girar em torno do importante valor da coesão social, isto é: em que medida a solidariedade comunitária permite a resolução de problemas e conflitos locais? É exemplo disso o subíndice "Ambiente Social" dos Indicadores de Qualidade de Vida para o Progresso de Jaksonville, Flórida (Figura 6-28).
- *Comparação entre os orçamentos militares e os orçamentos civis.* Já existem dados para implementar este índice, que seria uma mensuração importantíssima do desempenho governamental na diplomacia e resolução de conflitos. O IDH de 1990 inclui, para cada país, uma razão entre o número de professores e o de soldados, mas o índice mais abrangente e pioneiro é o *World Military and Social Expenditures,* 1991, agora em sua décima quarta edição, de autoria de Ruth Leger Sivard. Este trabalho contém gráficos esclarecedores e uma clara ilustração das prioridades (por exemplo, nas condições atuais, o gasto anual com educação primária por criança é 125 vezes menor que o gasto militar anual por soldado). Em algumas categorias, esse relatório diverge dos números do IDH, já que o IDH só inclui os fundos gastos pelos governos em nível nacional, em vez de usar porcentagens dos números do PIB.[21]
- *Estoque de capital em infra-estrutura construída menos depreciação.* Por este tipo de mensuração, o orçamento norte-americano seria superavitário, o que está começando a gerar um debate entre os economistas dos Estados Unidos sobre o modo como as contas nacionais são estruturadas, bem como uma enxurrada de artigos questionando se os déficits são reais e, em caso afirmativo, se são mesmo importantes.

A Vida em Jacksonville — Indicadores de Qualidade para o Progresso

Estas são as categorias escolhidas pela cidade de Jacksonville, Flórida, para medir sua Qualidade de Vida. Os dados estatísticos vêm sendo registrados desde 1983.

ECONOMIA
Inclui o bem-estar econômico individual e a saúde econômica da comunidade.
Taxa geral de desemprego.
Taxa de desemprego dos negros.
Taxa de desemprego dos adolescentes.
Poder de compra efetivo *per capita.*
Vendas anuais no varejo *per capita.*
Preço médio da habitação unifamiliar.
Renda gerada pelo imposto sobre hotéis e pensões.
Valor tributável taxado dos imóveis.
Custo de 1.000 kw/hora de eletricidade (DEA).
Novos empreendimentos habitacionais.

SEGURANÇA PÚBLICA
Inclui a imagem que os habitantes têm da segurança pública, a quantidade e qualidade dos serviços policiais, de proteção contra incêndios e de resgate.
Índice de crime por 100.000 habitantes.
Percentual de pessoas que foram vítimas de crimes.
Percentual de pessoas que se sentem seguras saindo à noite.
Tempo de resposta aos pedidos de resgate.
Tempo de resposta aos alarmes de incêndio.
Tempo de resposta aos chamados à polícia.
Acidentes automobilísticos por 100.000 habitantes.
Gastos operacionais *per capita* com fogo e resgate.
Gastos operacionais *per capita* com serviços policiais.

SAÚDE
Refere-se à saúde física e mental dos habitantes e ao sistema local de saúde pública.
Mortes por 100.000 habitantes, distinguidas por faixa etária.
Mortes de bebês com menos de um ano por 1.000 nascidos vivos.
Mortes por doenças cardíacas, por 100.000 habitantes.
Suicídios, por 100.000 habitantes.
Mortes por cirrose hepática, por 100.000 habitantes.
Maços de cigarro vendidos, *per capita.*
Percentual de pessoas que fazem exercício três vezes por semana.
Percentual de pessoas que consideram o sistema de atendimento médico bom ou excelente.
Percentual de pessoas que se consideram em bom ou excelente estado de saúde.

EDUCAÇÃO
Inclui o sistema de educação pública (do jardim de infância até a 12ª série), a educação superior, incluindo a educação de adultos, e os níveis gerais de alfabetização e aperfeiçoamento educacional da população.
Educação pública:
- Resultado dos testes-padrão de aprendizado.
- Taxa de evasão escolar.
- Gastos educacionais por estudante.
- Salários médios dos professores da rede pública.
- Percentual dos professores que têm formação universitária.

Ensino superior:
- Percentual de professores no grau máximo da carreira acadêmica.
- Salários médios dos professores nas instituições públicas.
- Total de alunos matriculados.
- Graus acadêmicos concedidos.

Realização educacional:
- Percentual de pessoas que concluíram o segundo grau.
- Percentual de pessoas que concluíram um curso universitário.

MEIO AMBIENTE NATURAL
Inclui os elementos naturais do ecossistema da Terra, a qualidade e quantidade de água, ar e espaço verde, as paisagens e a estética visual.
Dias em que o Índice de Qualidade do Ar está "Bom".
Freqüência com que o rio St. John está de acordo com os padrões de qualidade da água.
Freqüência com que seus tributários estão de acordo com os padrões de qualidade da água.
Concessão de novas licenças para esgotos.
Concessão de licenças para cartazes e *outdoors.*
Funcionários públicos da área ambiental, por 100.000 habitantes.
Toneladas de lixo sólido, *per capita.*

MOBILIDADE
Refere-se às oportunidades de circular livremente em Jacksonville e entre Jacksonville e outras localidades.
Número total de vôos comerciais, nos dias úteis, com escala em Jacksonville.
Vôos diretos de e para Jacksonville.
Média de viagens nos dias úteis na rodoviária de Jacksonville.
Média dos quilômetros rodados pelos ônibus de Jacksonville nos dias úteis.
Tempo médio gasto no percurso do centro da cidade pela J. Turner Buttler/I-95.
Tempo médio gasto no percurso do centro da cidade pelo Atlantic Boulevard.
Tempo médio gasto no percurso do centro da cidade pelo San Jose Boulevard.
Tempo médio gasto no percurso do centro da cidade pela I-95 Norte.

GOVERNO/POLÍTICA
Inclui um corpo de cidadãos informados e ativos e o profissionalismo e desempenho do governo local.
Percentual da população acima dos 18 anos registrada como eleitores.
Percentual de eleitores registrados que compareceram às urnas.
Percentual de domicílios que compram o jornal de domingo local.
Percentual de pessoas que lembram com exatidão o nome de pelo menos dois membros do Conselho Municipal.
Gastos municipais, *per capita.*
Receitas municipais, *per capita.*
Percentual de membros do Conselho Municipal que são negros.
Percentual de membros do Conselho Municipal que são mulheres.
Índice de solicitações de rezoneamento deferidas pelo Departamento de Planejamento/Conselho Municipal.
Percentual das pessoas que qualificam como bom ou excelente o governo local.
Dias passados na prisão até o julgamento dos processos criminais.

AMBIENTE SOCIAL
Abrange interesses coletivos ou grupais tais como igualdade de oportunidades, harmonia racial, vida familiar, serviços humanitários, filantropia e serviços voluntários.
Relatos de negligências ou maus-tratos infligidos a crianças, por 1.000 crianças menores de 18 anos.
Queixas de discriminação no emprego apresentadas à Comissão de Oportunidades Iguais de Jacksonville.
Percentual de brancos que acreditam que o racismo é um problema.
Percentual de não-brancos que acreditam que o racismo é um problema.
Gastos municipais em serviços humanitários, *per capita.*
Contribuições, *per capita,* ao United Way e às suas agências.
Percentual das pessoas que prestaram serviços voluntários no ano anterior.
Número de creches licenciadas, por 1.000 crianças menores de 5 anos.

CULTURA/RECREAÇÃO
Inclui a disponibilidade e a participação em eventos esportivos e de entretenimento, performances e artes visuais, recreação pública e atividades de lazer.
Gastos anuais das principais organizações artísticas.
Extensão em acres dos parques públicos, por 1.000 habitantes.
Parques municipais e instalações recreativas, por 100.000 habitantes.
Material das bibliotecas públicas, *per capita.*
Circulação de livros nas bibliotecas públicas, *per capita.*
Dias de reserva das principais instalações municipais.
Visitas ao zoológico, por 1.000 habitantes.

FIGURA 6-28

Fonte: Câmara de Comércio de Jacksonville, Jacksonville, Flórida.

- *Estoque de capital em recursos naturais, parques, diversidade genética de espécies,* etc., bem como recursos minerais ou considerados convencionais, como o novo modelo de recursos naturais da Costa Rica (desenvolvido por Carlos Quesada e Alvaro Umana). Estudos sobre as florestas tropicais do Brasil mostram que, mesmo em termos econômicos tradicionais, o uso de métodos sistemáticos de plantio e coleta seletiva seria duas vezes mais eficiente do que o desmembramento e a queima da mata para dar lugar à agricultura tradicional ou à criação de gado (de acordo com *The Economist*).

  O Programa do Meio Ambiente da ONU (UNEP) é uma fonte primária de dados sobre a *Qualidade Ambiental Mundial*; o mesmo pode-se dizer das agências nacionais que estão medindo a poluição do ar e da água, as taxas de reciclagem e reutilização, etc. Um índice de poluição do ar urbano poderia ser um dos indicadores mais relevantes e comparáveis. A Organização para Cooperação e Desenvolvimento Econômico (OCDE) publicou seus próprios Indicadores Ambientais em 1991.[22]
- *A eficiência energética* é outro indicador-chave da eficiência geral da produção. Há muitos dados disponíveis, sendo que alguns dos melhores provêm do Rocky Mountain Institute, com sede no Colorado, EUA. Como já dissemos, os Estados Unidos usam 2,5 vezes mais energia para produzir uma unidade do PIB do que o Japão e muitos países da Europa Ocidental. Em 1991, o paradigma do uso final da eficiência energética finalmente foi aceito pela corrente dominante em artigos simultâneos de *Business Week* (16 de setembro de 1991) e *The Economist* (31 de agosto de 1991).
- *As estatísticas da renda per capita precisam ser reformuladas* para mostrar o abismo existente entre o quintil mais rico e o quintil mais pobre da população e entre os homens e as mulheres, e para indicar se esse abismo está se alargando ou se fechando. Já existem estatísticas a respeito, e este é mais um exemplo da necessidade de *adotar* e *divulgar* indicadores que já existem.

Seria contraproducente atribuir pesos, somar e fazer a média do conjunto dos novos indicadores — isso levaria a uma nova fetichização do "índice único", que tenta somar todas as maçãs e laranjas para obter um só coeficiente numérico. Em breve teríamos o mesmo tipo de absurdo que já encontramos nos indicadores do PIB. O melhor, tanto por razões científicas quanto por razões de educação pública e eficiência democrática, seria termos um *grupo* de indicadores cobrindo as diferentes dimensões do desenvolvimento e do bem-estar, como fazem meus *Country Futures Indicators*. Depois disso, seria necessário fazer um esforço para "treinar" os meios de comunicação para usar esses indicadores tais como são, mesmo que isso exija mais tempo e espaço. Somente indicadores *transparentes* e *tangíveis*, que as pessoas possam compreender de imediato, visualizar e relacionar com a própria vida, irão produzir a desejada base política para as políticas governamentais necessárias. Este é um dos maiores problemas da economia, com suas fórmulas misteriosas, que deixam as pessoas confusas, alienadas e desmotivadas.

FIGURA 6-29 Adaptado do Relatório sobre o Desenvolvimento Humano, 1991, Programa de Desenvolvimento das Nações Unidas, Nova York.

A imaginação e a criatividade humanas são os verdadeiros recursos inexauríveis das novas equações, comprometidas apenas com o capital social investido no desenvolvimento de cidadãos dedicados e responsáveis, cujos dons podem contribuir para a evolução das sociedades e de toda a família humana. Um número cada vez maior de países estão afinal começando a perceber que as pessoas são a verdadeira riqueza das nações.

Muita experimentação será necessária para dar forma a esses novos indicadores de desenvolvimento, pois, embora grande parte dos dados primários já esteja disponível nas fontes tradicionais, tais como a ONU e o Banco Mundial, será necessário reformular as metas e prioridades específicas determinadas pelas diferentes sociedades em seus próprios processos democráticos. Muitos indicadores serão projetados em nível local, como os Indicadores de Qualidade de Vida para o Progresso de Jacksonville, Flórida, e os de outras cidades norte-americanas, coligidos pelo Comitê da Crise Populacional, de Washington, DC.[23] Outros serão projetados em nível regional e talvez nunca venham a ter aplicabilidade internacional. Contudo, após um período experimental de alguns anos, é certo que muitos indicadores — tais como os já amplamente comparáveis: mortalidade infantil, nascimentos abaixo do peso normal, alfabetização, qualidade do ar e da água, bem como os dados sobre distribuição de renda e eficiência energética — irão se impor e assumir a posição de indicadores de desenvolvimento internacionalmente comparáveis. Eles ocuparão seu lugar ao lado das sínteses dos indicadores de Necessidades Humanas Básicas que surgiram dos debates dos anos 70 e 80.

Os indicadores locais

Embora as contas e indicadores nacionais sejam importantes, os indicadores locais proporcionam o equilíbrio para corrigir a agregação excessiva. Os indicadores e métodos locais que hoje estão sendo postos à prova nos Estados Unidos são úteis, ao passo que os experimentos dos anos 80 foram uma reação aos problemas econômicos e sociais vividos por muitas localidades em conseqüência das políticas de *laissez-faire* e das prioridades orçamentárias do governo Reagan. Em muito Estados norte-americanos a busca local por modelos alternativos originou-se em parte das políticas nacionais baseadas nas "ilusões estatísticas" de agregados tais como o PIB, a inflação, o desemprego, as taxas de juros e toda a parafernália do gerenciamento macroeconômico. Mesmo os consultores de desenvolvimento econômico da corrente dominante dos Estados Unidos começam a aconselhar os governos locais a não confiar em modelos de desenvolvimento baseados no PIB, e sim buscar recursos, talentos e capitais locais para construir economias "feitas em casa"; é o caso da Corporation for Enterprise Development, de Washington, DC, e do Grupo Naisbitt, fundado por John Naisbitt e sua mulher Patricia Aburdene, autores de *Megatrends* e de sua continuação, *Megatrends 2000*. Devido a seu fracasso no nível local — uma vez que as condições são muitíssimo diferentes nas diversas localidades do continente norte-americano —, o gerenciamento macroeconômico tornou-se quase tão desacreditado nos Estados Unidos quanto a política centralizadora de Stalin na antiga União Soviética. Tanto uma quanto a outra tornaram-se burocráticos e perderam contato com as necessidades regionais; nos Estados Unidos, o gerenciamento econômico passou a depender mais das políticas monetárias e fiscais de "um só tiro", com tempos de implementação e defasagem bem diferentes, as quais geralmente estavam em conflito umas com outras. À medida que as sete grandes globalizações se firmaram nos anos 80 (ver Figura 3-14: A Nova Era de Interdependência Global), ficou claro que a política econômica *interna* era uma coisa do passado, pois essas políticas eram afundadas a cada dia pelos bilhões de dinheiro "quente" e nervoso que dava a volta ao Planeta buscando taxas de juros vantajosas. Ninguém sabe como medir esses agregados monetários globais, que também começaram a afundar as estatíticas do comércio bilateral, obscurecendo as opções de política econômica e levando a legislações comerciais falhas e a conflitos desnecessários com os parceiros comerciais.

Em meio a essa confusão nacional, com crescentes déficits internos nos Estados Unidos, seus Estados e localidades tiveram de se defender por si mesmos. Muitos deles, sofrendo severa dilaceração econômica, desemprego, déficits, crime, problemas sociais e ambientais, voltaram-se para experimentos e políticas ativistas, apesar de seu compromisso ideológico para com o "livre mercado" e a não-intervenção. Antes, eles contavam com escritórios contábeis para ajudá-los em suas metas de desenvolvimento econômico. Essa abordagem econômica avaliava o "clima empresarial" do Estado em função das condições que as empresas clientes desses consultores consideravam ótimas para instalar suas fábricas. Como era de se esperar, esses consultores diziam aos Estados que o bom clima empresarial era feito de impostos baixos, incentivos fiscais, terra barata e mão-de-obra barata, isto é, o "modelo colonialista" já mencionado. Esse tipo de estratégia, na nova economia global, põe o Estado em competição direta com países que têm recursos e mão-de-obra a preços muito mais baixos e *também* oferecem isenções fiscais. Na verdade, a maioria das empresas multinacionais têm modelos financeiros que podem lhes informar, todos os dias, qual país tem condições de lhes oferecer um retorno anual de 35% sobre seus investimentos. As autoridades locais nunca conseguirão ganhar essa corrida na pista de alta velocidade das finanças globais, uma vez que são responsáveis por pessoas reais que precisam ser formadas e aperfeiçoadas e por instalações reais que precisam ser construídas, ao passo que os "corredores" e investidores das grandes empresas operam à velocidade das transferências eletrônicas de fundos globais, sem nenhum compromisso com uma localidade qualquer.

Os indicadores de qualidade de vida

Outra abordagem na busca desesperada pelo desenvolvimento local é o uso de indicadores comparativos de qualidade de vida, desenvolvidos por escritórios como o Midwest Research Institute, de Kansas City, que classifica várias cidades segundo os padrões de vida e os atrativos que oferecem a altos executivos, suas escolas, institutos de pesquisa e oportunidades culturais, seu clima, etc., bem como fatores mais tradicionais como operários qualificados, poucos sindicatos, disponibilidade de capitais, políticos amistosos e fracas leis ambientais. Outra nova abordagem é a do Ameritrust/SRI (ex-Stanford Research Institute) de Menlo Park, Califórnia. Seus indicadores revisados de capacidade econômica (1986) são baseados num agrupamento regional um tanto arbitrário e são ainda direcionados para o crescimento econômico tradicional. Contudo, esses indicadores se afastam do "modelo colonialista" e identificam "insumos de qualidade" tais como o grau de educação do operariado, o nível dos investimentos estatais na excelência acadêmica, os institutos de pesquisa, a qualidade do ensino universitário, o número de doutores formados, o nível de investimentos estatais em infra-estrutura, serviços civis e outros fatores indicativos da qualidade de vida, bem como a disponibilidade de capitais.

A transformação das economias deixa a estatística para trás

Em todas as partes do mundo, as economias estão se transformando num ritmo cada vez mais rápido. Por isso, mensurar seu desempenho também é um alvo em movimento. À medida que surgem novas metas sociais, novas categorias de produtos e serviços e novas visões da riqueza e do progresso, surgem novas perguntas sobre *o que* medir.

Já tiveram início alguns esforços para sair do atraso:

- Michael Boskin, presidente do Conselho de Assessoria Econômica do governo Bush, pediu uma verba adicional de US$ 36 milhões para modernizar as estatísticas governamentais dos Estados Unidos. "Os dados do PIB confundiram os políticos americanos em 1990, levando-os a subestimar a seriedade da atual recessão", disse o senador Paul Sarbanes, presidente do Comitê Econômico Adjunto.
- Em época recente, o Conselho de Inter-Ação (um grupo de 35 ex-chefes de Estado) reuniu-se em Londres para avaliar as transformações econômicas que ocorriam no Leste Europeu e na URSS e recomendou especificamente a adoção de indicadores de desenvolvimento melhores, além do atual PIB.[24]
- O Índice de Desenvolvimento Humano (IDH),[25] publicado em 1991 pelo Programa de Desenvolvimento da ONU, progrediu. Sua segunda edição inclui novos indicadores que medem os danos ambientais e a liberdade civil, além dos indicadores já adotados de expectativa de vida, alfabetização, mortalidade infantil e proporção entre os orçamentos civil e militar. O IDH é hoje uma ferramenta política de precisão para que os governos realmente identifiquem o desperdício e melhorem sua eficiência e seu desempenho no processo de realização das metas de seus eleitorados. Nos anos 50, as metas populares de educação, saúde e participação democrática são claramente mais decisivas para posicionar um país no rumo do progresso do que o simples crescimento do PIB.
- A Segunda Cúpula Econômica do Grupo dos Quinze, reunindo chefes de Estado em novembro de 1991, já destinou verbas para diversos estudos sobre os meios de se corrigir os erros do PIB e elaborar índices mais amplos (incluindo o Relatório de Caracas de 1989, "Por um novo meio de medir o desenvolvimento", e o "Desafio ao Sul", de 1990). Carlos Andrés Pérez, então presidente da Venezuela, que presidiu o G-15, vê o desenvolvimento em termos mais humanos, além do crescimento do PIB e do "economismo".

O Perfil do Sofrimento Humano nos Países Industrializados

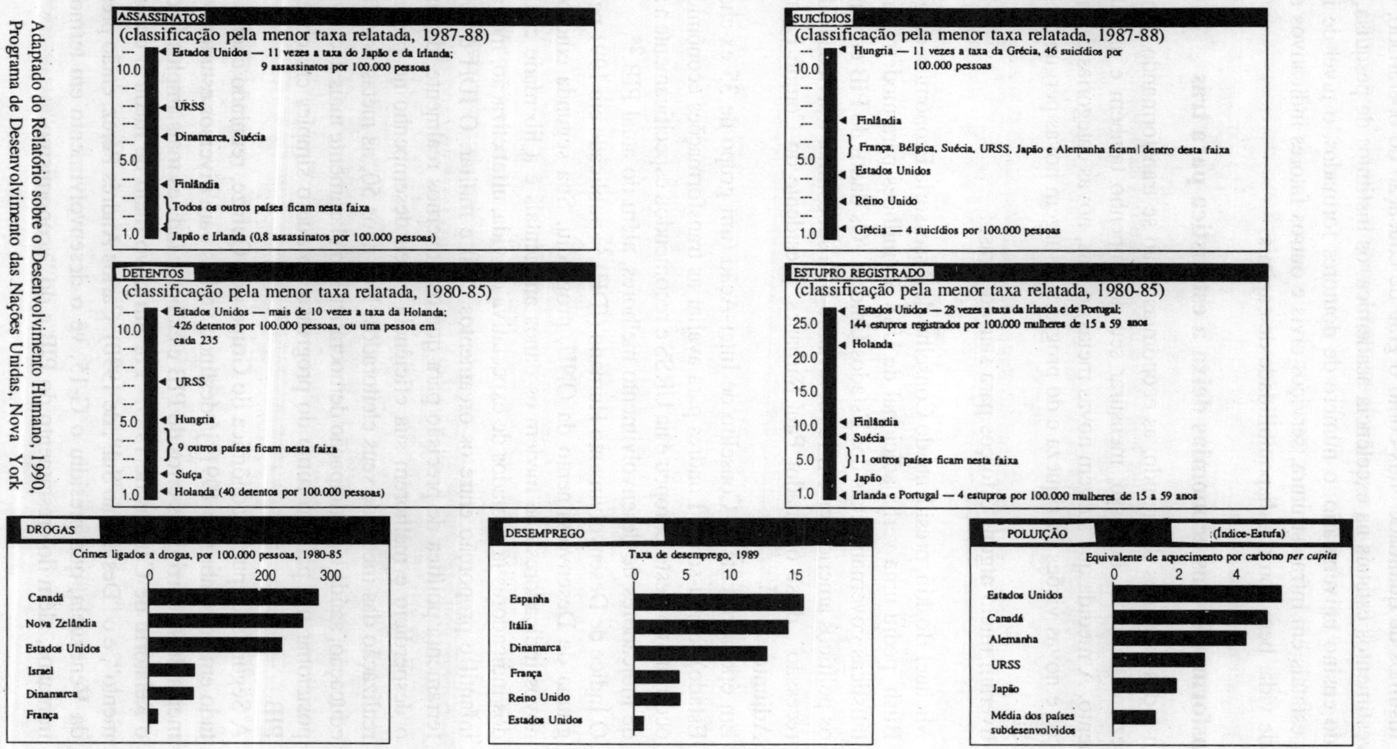

Adaptado do Relatório sobre o Desenvolvimento Humano, 1990, Programa de Desenvolvimento das Nações Unidas, Nova York

FIGURA 6-30

Esse fermento novo, que já se fez sentir num pequeno grupo de estatísticos, políticos e no Programa de Desenvolvimento da ONU, ainda não se difundiu para outras agências da ONU, como o Banco Mundial ou a maioria dos outros programas de desenvolvimento. Inúmeras são as barreiras contra a adoção dessas mensurações mais realistas do progresso humano: 1) as teorias econômicas ainda estão enraizadas em noções estáticas de equilíbrio, que não conseguem abranger a mudança; 2) muitos governos não admitem ter de prestar contas de seu próprio desempenho às claras, diante dos cidadãos; 3) as convenções acadêmicas mudam devagar; os estatísticos ficam mais à vontade entre as velhas categorias e séries de dados, e preferem medir quantidades do que decidir o que *deve* ser medido sob as novas condições.

É evidente, por exemplo, que a inaudita tendência atual à democratização precisa ser medida, e o IDH inclui um Índice de Liberdade Humana que estaria correlacionado com a prosperidade (*Christian Science Monitor*, 24 de maio de 1991). O IDH também se viu envolvido em controvérsias, em especial quanto ao Índice de Liberdade Humana, já que muitos governos, particularmente os do Sul e do mundo islâmico, objetam que ele pode levar à imposição de novas condições — relativas aos direitos humanos — para a liberação de empréstimos e auxílios ao desenvolvimento, e acham que ele incorpora valores demasiado ocidentais.[26] O IDH também leva em conta a distribuição de renda (coisa que o PIB obscurece) e encontra no Brasil, no Nepal e na Costa do Marfim os maiores abismos entre ricos e pobres. O índice chega a oferecer, ousadamente, uma regrinha prática para medir a ineficiência governamental: gastos públicos superiores a 25-35% do PIB, com menos de 2% do PIB sendo destinados a prioridades humanas. Também nesse item o Brasil fica na "lanterna", junto com a Tailândia e a Serra Leoa. Outros perdedores no placar do IDH são os países cujo orçamento militar é grande em comparação com o orçamento civil para educação e saúde, no nível do governo federal. Os Estados Unidos gastam US$ 37 na área militar para cada dólar do Orçamento Federal gasto nessas duas necessidades civis, enquanto a razão da Grã-Bretanha é 45 para 1 e os Estados árabes ficam com 166 para 1. Esses números não foram computados para Israel, mas sabe-se que o Estado de Israel tem 191 militares para cada 100 professores. Está claro que esses "placares" específicos podem apontar com precisão as áreas em que é necessária uma ação política, tais como a urgente exigência de limitar a corrida armamentista no Oriente Médio, reconhecida por George Bush e outros líderes.

Outro aspecto do IDH é a pobreza, não só a pobreza de um bilhão de pessoas nos países subdesenvolvidos como também dos cem milhões de pobres que vivem nas democracias de mercado dos países industriais da América do Norte e da Europa Ocidental, e dos outros cem milhões abaixo da linha de pobreza no Leste Europeu e na URSS. Como observou o relatório do Conselho de Inter-Ação, as transições ocorridas nos países do Leste Europeu não podem ser compreendidas a partir das perspectivas obsoletas da teoria econômica — como simples transições do comunismo ao capitalismo e ao "livre mercado" dos manuais de economia. Trata-se de transformações sociais, políticas e culturais que levam a uma nova mistura de mercados e regulamentações — na verdade, todas as economias são "mistas", embora a teoria econômica ainda não tenha teorias que expressem essa realidade.

As Mulheres do Mundo: Na Chefia do Lar — Tendências e Estatísticas (1970-1990)

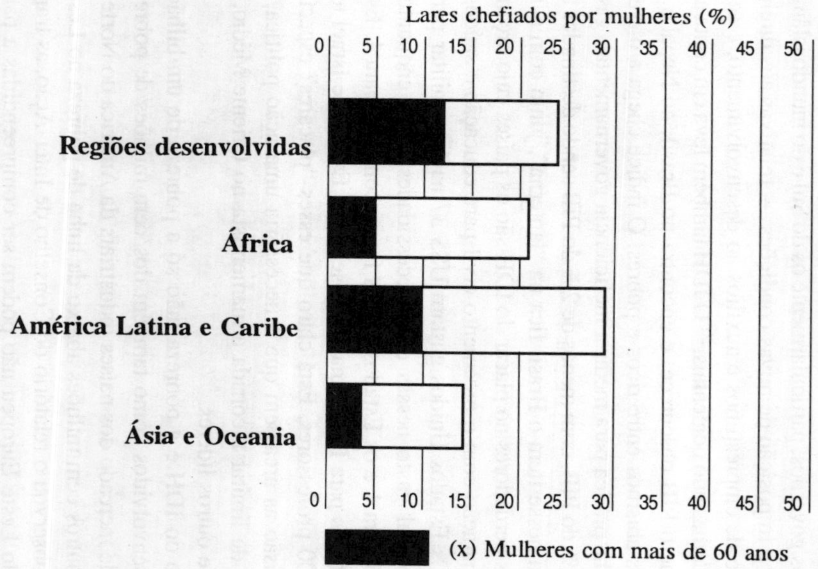

Cerca de 30% dos lares são hoje encabeçados por mulheres. Quase metade dessas mulheres nas regiões desenvolvidas, e pelo menos um quarto delas nas outras regiões, são idosas.

Fonte: *The Worlds Women 1970-1990*, Nações Unidas, Nova York

FIGURA 6-31

O novo Índice de Sofrimento Humano compara os países industrializados e constata que o Canadá, a Áustria, a Austrália e os Estados Unidos lideram a lista mundial de ferimentos sérios devidos a acidentes de trânsito. Na União Européia, a Espanha, a Irlanda, a França, a Bélgica e a Dinamarca lideram o placar do desemprego. Os Estados Unidos são os campeões em divórcios (com a URSS em segundo lugar) e em estupros registrados (114 em cada 100 mil mulheres), enquanto a Finlândia, a Áustria, a França, a Bélgica e a Suécia lideram as estatísticas de suicídios.

O IDH de 1991 inclui alguns indicadores ambientais, dentre os quais um inventário do lixo radioativo (a Grã-Bretanha fica em primeiro lugar com 1.279 kg por hectare de terra, com a Bulgária e a França empatadas no segundo lugar). O Canadá e os Estados Unidos são os campeões mundiais em poluentes industriais do ar (com 78 e 64 kg para cada 100 pessoas, respectivamente), com a Austrália (40 kg) e a Grã-Bretanha (37 kg) seguindo na lista. O vencedor no item qualidade do ar, entre os países industrializados, foi Portugal (apenas 12 kg). A Hungria tem o mais alto nível de lixos perigosos (76,7 toneladas por km^2), com a Holanda em segundo lugar (44,2 toneladas). Os números para outros países altamente poluídos do Leste Europeu e da URSS não estavam disponíveis. O Canadá deu grandes passos no sentido de desenvolver um Conjunto Nacional de Indicadores Ambientais.

- O *Relatório sobre o progresso do Canadá rumo a um Conjunto Nacional de Indicadores Ambientais*, de 1991,[27] pedia a implementação do Plano Verde do governo canadense e recomendava que se seguisse a iniciativa da Organização para Cooperação e Desenvolvimento Econômico (OCDE). Esta talvez seja a abordagem mais avançada, ultrapassando de longe os esforços dos economistas para tentar englobar tantos campos diversos em suas próprias técnicas de contabilidade ou auditoria ambiental. Estas deparam-se com a impossibilidade de pesar todos esses fatores multidisciplinares segundo os valores escalares da teoria econômica e os modelos obsoletos da teoria do bem-estar; por exemplo, "Quanto as pessoas estariam dispostas a pagar para manter uma região selvagem a salvo da especulação imobiliária?" Essa abordagem ignora a distribuição da riqueza e do poder na sociedade e o fato de que, enquanto o especulador sai lucrando, as pessoas comuns nada lucram e, na verdade, estão sendo solicitadas a agir de maneira altruísta — o que é irracional na teoria econômica do mercado. Assim, os indicadores canadenses (43 deles em dezoito áreas de interesse geral: qualidade do ar e da água, lixo sólido, contaminantes em espécies de aves e peixes, etc.) empregam principalmente especialistas e estatísticos de muitas outras disciplinas que não a economia.
- Outra publicação recente da ONU é *As mulheres do mundo: tendências e estatísticas, 1970-1990*,[28] que pela primeira vez discute as iniqüidades que as estatísticas do PIB cometem ao ignorar o trabalho não-remunerado das mulheres na agricultura de subsistência, processamento de alimentos, direção dos empreendimentos caseiros, bem como na manutenção do lar, criação dos filhos e atendimento aos membros idosos, doentes ou incapacitados da comunidade. O relatório calcula que, se a contribuição das mulheres só nessas últimas tarefas

As Mulheres do Mundo: Horas Trabalhadas — Tendências e Estatísticas

Na maioria das regiões, as mulheres trabalham tantas ou mais horas do que os homens quando se leva em conta o trabalho não-remunerado no lar.

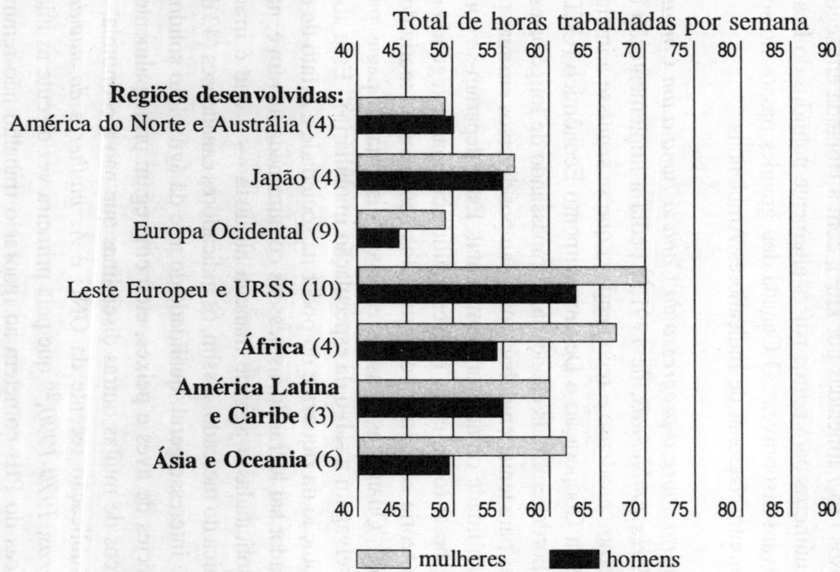

Nota: Os números entre parênteses referem-se ao número de estudos feitos em cada região.

Fonte: *The Worlds Women 1970-1990*, Nações Unidas, Nova York

FIGURA 6-32

do lar fosse contabilizada no PIB ou no PNB, estes indicadores aumentariam em 25 a 30% em todos os países. As mulheres hoje, como dissemos, encabeçam 30% de todos os lares do mundo e, em toda parte, trabalham mais horas do que os homens.

- Outros exemplos de abordagens novas e admiráveis são os relatórios *O estado das crianças do mundo*[29] da ONU, cuja edição de 1991 atesta a baixa prioridade dada pelos governos ao seu mais precioso ativo futuro. Para reverter essa tendência e evitar as 40 mil mortes desnecessárias de crianças que ocorrem a cada dia, estima-se que são necessários US$ 20 bilhões — a mesma quantia que o mundo gasta na área militar a cada dez dias, sem contar, além disso, que esses US$ 20 bilhões criariam milhares de novas empresas e empregos.

Nenhum desses novos indicadores de desenvolvimento humano e qualidade de vida conseguiu desbancar o PIB até agora, mas os políticos, espicaçados por seus eleitores em muitos países, incluindo a Alemanha, a França, a Grã-Bretanha, a Dinamarca, a Holanda, a Suécia e a Venezuela, estão pedindo que eles sejam introduzidos. Essa tendência, junto com indicadores de base ainda mais ampla (tais como o meu *Country Futures Indicators*, que inclui a biodiversidade e a extinção de espécies, os ativos culturais e recreacionais, e contabiliza o trabalho produtivo não-remunerado), prognostica um tempo de borrasca para os "comedores de números" do mundo todo.

A readaptação do instrumental estatístico norte-americano é uma necessidade urgente, como mostra corretamente Michael Boskin. Infelizmente, o próprio Boskin, juntamente com Richard Darman e John Sununu, que ocuparam a diretoria do Orçamento e chefia de pessoal na Casa Branca, ainda fazem parte da velha guarda da economia tradicional e podem mesmo desacelerar toda a gama de mudanças necessárias para mudar o enfoque da política norte-americana no século 21. O problema com todas as tentativas dos economistas de criar um índice único de desenvolvimento é a impossibilidade de reduzir a um valor quantitativo comum as diferentes dimensões que compõem uma qualidade de vida realmente sustentável. Hoje, muita gente compartilha o meu ponto de vista de que esses novos indicadores devem permanecer "separados", a fim de que o cidadão comum possa compreender com clareza como eles se relacionam com as metas da educação, da saúde, da habitação, da participação política, dos objetivos culturais e da segurança ambiental, tal como ocorre com o *Country Futures Indicators* (ver Figura 6-26). Na verdade, alguns dos mais úteis dentre os novos indicadores são os preparados pelas organizações não-governamentais, tais como os já mencionados *Relatórios sobre o estado do mundo* do Instituto Worldwatch, de periodicidade anual, que adotam uma abordagem interdisciplinar para identificar "problemas-limite" que, se não tratados, provavelmente se tornarão irreversíveis, como o aquecimento global. Outros adotam uma abordagem local; um exemplo é o novo *Green Index, 1991-1992,*[30] um guia que enfoca a saúde ambiental em cada um dos Estados norte-americanos, preparado pelo Institute for Southern Studies, de Durham, NC; e os *State of the States Reports*, publicados pela Renew America, de Washington, DC.

As Mulheres do Mundo: O Valor do Trabalho Doméstico Não-Remunerado — Tendências e Estatísticas

Estimativas de acréscimo ao PIB se o trabalho não-remunerado da mulher no lar fosse incluído

País	Ano	Valores do trabalho doméstico não-remunerado como % do PIB (*)	Organização patrocinadora ou pesquisador
A. Todas as mulheres			
Regiões desenvolvidas			
Canadá	1961	27	Estatísticas do Canadá
	1971	28	
Dinamarca	1949	50	Estatísticas da Dinamarca
Finlândia	1979	31	Ministério de Assuntos Sociais e Saúde
França	1975	24	INSEE
Noruega	1972	41	A. L. Brathaug e A.B. Dahle
	1981	28	
Est. Unidos	1929	25	Escritório Nacional de Pesquisas Econômicas
	1960	29	M. Murphy
	1970	27	
	1975	30	J. Peskin
	1980	23	
Regiões subdesenvolvidas			
Índia	1970	33	M. Mukherjee
Paquistão	1975	35 (**)	T. Alauddin
Filipinas	1982	11	Comissão Nacional sobre o Papel da Mulher Filipina
B. Donas de casa não-economicamente ativas			
Chile	1981	15 (**)	V. L. Pardo e N. P. Cruz
Japão	1955	11	Conselho Econômico
	1970	9	
Venezuela	1982	22 (**)	Banco Central

* Usaram-se métodos de valorização baseados nos salários ou preços de serviços equivalentes no mercado, exceto no caso do Japão, onde foi usada a média geral do salário feminino.

** Dados relativos a uma única cidade ou a um pequeno número de cidades.

Fonte: Tabela compilada por Luisella Goldschmidt-Clermont, consultora do Secretariado das Nações Unidas, extraída de *The Worlds Women 1970-1990*, Nações Unidas, Nova York

FIGURA 6-33

Em busca de novos placares

Concluindo, está claro que a adoção de indicadores de desenvolvimento mais realistas não é um problema técnico. Muitos profissionais com preocupações sociais, incluindo estatísticos, sociólogos e uns poucos economistas renegados, produziram bons trabalhos ao longo dos anos, os quais não foram utilizados pelas agências nem receberam verbas adequadas; entre eles, os trabalhos resumidos no Manual de Indicadores Sociais da ONU, de 1989. *The World Paper*, para o qual trabalho no conselho editorial, é publicado sob a forma de encarte mensal em cerca de 28 grandes jornais em cinco idiomas, e dá cobertura aos novos indicadores que hoje proliferam. Muita gente continua pessimista quanto a uma eventual aceitação pelos governos, já que esses indicadores mais amplos comprometerão os políticos com padrão bem mais elevados de desempenho. Durante uma palestra que dei em Budapeste, na Federação de Estudos Futuros Mundiais, perguntaram-me: "O que faz a senhora pensar que os governos vão comprar seus indicadores?" Respondi: "E o que faz o senhor pensar que eu vou tentar vendê-los aos governos, ou persuadir os economistas da importância social desses indicadores?" Como descobri ao longo desses últimos vinte anos, não se debate com economistas — a gente simplesmente os contrata. Do mesmo modo, a gente não suplica aos governos ou editores da mídia para que usem novos indicadores; é melhor encontrar as platéias e mercados certos e vender os indicadores a um público tão amplo quanto possível. Os atuais movimentos por mais democracia e pela responsabilidade governamental e empresarial auguram um novo e amplo mercado de cidadãos e consumidores conscientes. E um outro conjunto de indicadores "pós-econômicos", projetado por Victor Anderson, foi publicado pela New Economics Foundation, Londres.[31]

Desse modo, talvez, as objeções dos governos se esgotarão. Os principais obstáculos são: 1) a vontade política, isto é, os líderes governamentais terão de exigir que suas burocracias adotem esses indicadores; e 2) as ideologias econômicas e industriais obsoletas que ainda dominam os encarregados do "desenvolvimento" na maioria das agências de ajuda e empréstimo, cujos modelos macroeconômicos de superagregação continuam fortes mesmo depois de terem se tornado meras ilusões estatísticas. Os novos indicadores devem permanecer não-agregados, separados e politicamente transparentes, a fim de que o telespectador médio possa reagir a eles, em especial nas urnas eleitorais. Isso significa que os novos indicadores talvez sejam descartados pelos intelectuais que empenharam seus maiores esforços na elaboração das heróicas superagregações estatísticas de "maçãs e laranjas" que constituem o PIB. Está claro que um novo debate mundial para redefinir o desenvolvimento já deveria ter ocorrido. Novos placares são agora essenciais para esse debate, bem como para proporcionar os necessários marcos de referência e correções de curso no caminho para as novas metas. Uma prova adicional de que os grupos populares e os cidadãos compreendem a necessidade desses novos indicadores de verdadeira riqueza e progresso é o relatório de 1991 da Coalizão Norte-Americana pela Religião e Ecologia (representando centenas de congregações de todas as crenças) sobre "Os Princípios para uma Carta da Terra" (ver Figura 8-44), que pede especificamente a substituição do PIB, em todos os países,

A Posição da Mulher nos Países Classificados em Primeiro e Último Lugar

Na Suécia...	**Em Bangladesh...**
(População: 8,7 milhões em 1992; área: 441.000 km²)	*(População: 110,6 milhões em 1992; área: 144.000 km²)*
• a expectativa de vida da mulher é de 81 anos	• a expectativa de vida da mulher é de 49 anos
• uma em cada 167 meninas morre antes do quinto aniversário	• uma em cada 5 meninas morre antes do quinto aniversário
• uma em cada 53 moças de 15 anos não sobreviverá aos seus anos férteis. (1% dessas mortes está relacionado com gravidez e parto.)	• uma em cada 6 moças de 15 anos não sobreviverá aos seus anos férteis. (Cerca de 1/3 dessas mortes está relacionado com gravidez e parto.)
• menos de 1% das moças de 15-19 anos já estão casadas	• quase 70% das moças de 15-19 anos já estão casadas
• as mulheres têm um ou dois filhos, em média	• as mulheres têm cinco ou seis filhos, em média
• mais de 3/4 das mulheres casadas usam contraceptivos	• 1/4 das mulheres casadas usam contraceptivos
• praticamente todas as meninas em idades escolar freqüentam a escola	• uma em cada três meninas em idade escolar freqüenta a escola
• a matrícula de mulheres de 20-24 em universidades chega a 37%	• a matrícula de mulheres de 20-24 em universidades não chega a 2%
• cerca de metade dos professores secundários são mulheres	• um em cada dez professores secundários é mulher
• três mulheres em cada cinco estão na força de trabalho remunerada	• uma mulher em cada 15 está na força de trabalho remunerada
• duas mulheres em cada cinco são profissionais liberais	• apenas três mulheres em cada mil são profissionais liberais
• as mulheres vivem, em média, sete anos a mais que os homens	• as mulheres vivem, em média, dois anos a menos que os homens
• mulheres e homens têm taxas de alfabetização equivalentes	• o número de mulheres analfabetas é 24% maior que o de homens
• cerca de metade da força de trabalho remunerada é composta por mulheres	• apenas 14% da força de trabalho remunerada é composta por mulheres
• em 1988, as mulheres ocupavam 133 cadeiras no Parlamento Sueco, que tem 349 membros.	• em 1988, as mulheres ocupavam 4 cadeiras no Parlamento de Bangladesh, que lhes reserva 30 de suas 302 cadeiras.

FIGURA 6-34

Fonte: Population Crisis Committee, Washington, DC

por indicadores mais corretos e multifacetados, como o Índice de Desenvolvimento Humano (IDH) do Programa de Desenvolvimento da ONU.

A proliferação e aceitação desses índices poderia ser, em si, um indicador da restauração da saúde mental tanto para a espécie humana quanto para a biosfera. Não devemos nos esquecer de que, no sentido mais científico, *a realidade é aquilo a que prestamos atenção!* Os indicadores apenas *refletem* os nossos mais íntimos valores e metas, medindo o desenvolvimento da nossa própria compreensão. Neste ponto da evolução humana, não podemos mais evitar as conseqüências dos velhos sistemas de crenças, que estão ameaçando a nossa sobrevivência. As políticas pós-econômicas baseiam-se no conhecimento de que os nossos interesses individuais são idênticos aos interesses de toda a espécie humana e aos interesses de todas as outras formas de vida deste Planeta.

Notas — Capítulo 6

1. *The Economist*, 21 de setembro de 1991, p. 33.

2. Irma Adelman e Cynthia Taft Morris, *Economic Growth and Social Equity in Developing Countries*, Stanford University Press, CA, 1973.

3. Hazel Henderson, *The Politics of the Solar Age: Alternatives to Economics*, edição atual de Knowledge Systems, Inc., Indianápolis, 1988, pp. 386-389.

4. Ruth Leger Sivard, *World Military and Social Expenditures*, World Priorities Institute (1991, 14ª edição) Box 25140, Washington, DC, 20007.

Um estudo sobre os custos de conversão econômica em cada Estado, *Building a Peace Economy*, de John T. Marlin e Betty Lall, Westview Press, 1991, pode ser adquirido através do Conselho de Prioridades Econômicas.

5. *State of the World Reports* (publicado anualmente desde 1985), disponível junto ao Worldwatch Institute, 1776 Massachusetts Avenue, NW, Washington, DC, 20036.

6. *The Green Budget*, orgs. Kemball-Cook, Baker & Mattingly, prefácio de Sara Parkin, The British Green Party, Merlin Press, Londres, 1991.

7. *World Development Report 1991*, Banco Mundial, Washington, DC, Oxford University Press, Nova York, 1991, p. 31.

8. O relatório está agora disponível em inglês, *Redefining Wealth and Progress*, com prefácio do presidente Carlos Andrés Perez, Knowledge Systems, Indianápolis, 1990.

9. Herman Daly e John Cobb, *For the Common Good*, Beacon Press, Boston, 1990.

10. Comissão Mundial para o Meio Ambiente e Desenvolvimento, *Our Common Future*, Oxford University Press, Nova York-Londres, 1989, p. 320.

11. Programa de Desenvolvimento da ONU, *Human Development Report 1990 and 1991*, Oxford University Press, Nova York-Londres, 1990, 1991.

12. Sippanondha Ketudat e Robert O. Textor, *The Middle Path for the Future of Thailand: Technology in Harmony with Culture and Environment*, East-West Center, Honolulu, HI, 1991.

13. Morris Miller, *Debt and Environment*, United Nations Publications, Nova York, 1991, p. 27.

14. Ibid.

15. *The Economist Book of Vital World Statistics*, Times Books, Random House, Nova York, 1990.

16. Hernando de Soto, *The Other Path*, HarperCollins, Nova York, 1990.

17. James Robertson, *Future Wealth: A New Economics for the 21st Century*, Bootstrap Press, Nova York, 1990.

18. Marilyn Waring, *If Women Counted*, HarperCollins, São Francisco, 1989.

19. Graeme Shankland, *Wonted Work*, Bootstrap Press, Nova York, 1989.

20. Nicholls & Dyson, *The Informal Economy: Where People are the Bottom Line*, Vanier Institute of the Family, 121 Slater Street, Ottawa, Canadá, 1983.

21. Op. cit. Sivard.

22. OCDE, *Environmental Indicators, 1991*, disponível junto à Organização para Cooperação e Desenvolvimento Econômico, Paris e Washington, DC.

23. O Comitê de Crise Populacional, de Washington, DC, produz uma ampla variedade de excelentes gráficos, cartazes e relatórios sobre os fatores da qualidade de vida afetados pelo crescimento e densidade populacionais, sobre as condições de vida da mulher, etc., que são muito eficientes como material didático. Disponíveis junto ao Population Crisis Committee, 1120 19th Street, NW, Suite 550, Washington, DC.

24. Relatório *Economies in Transformation,* chefiado pelo ex-primeiro-ministro do Canadá, Pierre Elliott Trudeau, abril de 1991, p. 3, disponível junto ao Inter-Action Council, 821 U.N. Plaza, Nova York.

25. Op. cit. UNDP.

26. *New York Times*, "Index on Freedom Enrages Third World", 23 de junho de 1991, p. 11.

27. Environmental Canada, *A Report on Canada's Progress Toward a National Set of Environmental Indicators*, janeiro de 1991, Ottawa.

28. *The World's Women: Trends and Statistics, 1970-1990*, Organização das Nações Unidas, Nova York, 1991.

29. Fundo das Nações Unidas para a Infância (UNICEF), *The State of the World's Children, 1991*, Oxford University Press, Nova York, 1991.

30. *Green Index, 1991-1992*, Institute for Southern Policies, Bob Hall e Mary Lee Kerr, Island Press, Washington, DC, 1991.

31. Victor Anderson, *Alternative Economic Indicators*, Routledge, Londres, 1991. New Economics Foundation, 88-94 Wentworth Street, London, E1 7SE, U.K.

NOTA: Importantes informações adicionais sobre os assuntos apresentados neste capítulo podem ser obtidas junto ao Office of Technology Assessment, Washington, DC, 20515. Particularmente recomendados pela autora são os ensaios *Statistical Needs for a Changing U.S. Economy* (setembro de 1989) e *Energy Use and the U.S. Economy* (junho de 1990), que contêm um índice da intensidade do uso de energia nos Estados Unidos.

Capítulo 7

Uma "Economia Verde" e a reciclagem da teoria econômica

Nos Estados Unidos o ambientalismo surgiu como movimento no setor privado durante os anos 60. Pequenos grupos de pessoas começaram a se organizar em torno de interesses locais e específicos — mais ou menos como as vítimas do "mal de Minimata"* se uniram no Japão. Mas, nos Estados Unidos, havia poucos desastres tão terrivelmente visíveis. Os temas que atraíram a atenção daqueles primeiros ambientalistas foram, entre outros, a poluição dos rios, dos Grandes Lagos, e do ar urbano, o que me levou a fazer parte dos membros fundadores do Grupo de Cidadãos pelo Ar Puro na Cidade de Nova York, em 1964. Rachel Carson escrevera em 1962 seu livro pioneiro, *Silent Spring*, o qual, embora muito criticado pelas indústrias químicas, alertou toda uma geração para os perigos dos pesticidas. Hoje, depois de trinta anos de luta, o Congresso dos Estados Unidos parece pronto a aprovar uma lei de controle dos pesticidas, que indústrias acham preferível a uma infinidade de leis estaduais.

Não causa surpresa que as mulheres tenham estado na linha de frente do movimento ambientalista em seus primórdios, assim como foram elas as pioneiras das cooperativas de alimentos Seikatsu no Japão. Relegadas à função de "consumidoras", elas assumiram responsabilidade especial pela segurança de suas famílias e viram a iminente destruição ambiental com olhos mais abertos do que muitos homens, que estavam presos ao mundo industrial como "assalariados". O primeiro grande encontro entre muitos desses grupos locais e organizações de conservação mais antigas, como o Sierra Club, a Audubon Society, a Wilderness Society e outras, ocorreu no final dos anos 60 em reuniões como o Primeiro Congresso Nacional sobre População e Meio Ambiente, realizado em Chicago em 1969. Pela primeira vez, muitos ativistas que combatiam a poluição local viram a si mesmos num contexto mais amplo como "ambientalistas", palavra que só entrou no uso comum naquela época.

O Dia da Terra, organizado em 1970 por Gaylord Nelson, senador pelo Wisconsin, ampliou a definição de ambientalismo, incluindo sob esse rótulo os grupos que trabalham com o controle populacional e a proteção ao consumidor (tais como os grupos de Ralph Nader), outros que trabalham pela melhoria da qualidade de vida nas cida-

---

* Vítimas da poluição da baía de Tóquio [N. do R.].

A Comissão da ONU Sobre as Empresas Transnacionais

Recomendações preparatórias à Eco-92, Conferência das Nações Unidas sobre Meio Ambiente e Desenvolvimento, Brasil, junho de 1992

- Observância dos padrões e normas ambientais internacionais, tanto pelos governos quanto pelas empresas.
- Aperfeiçoar o gerenciamento e regulamentar os processos de produção, sem esquecer a aplicação de políticas empresariais relativas ao meio ambiente e ao desenvolvimento em todo o mundo, e a manutenção de padrões altos de respeito ao meio ambiente, saúde e segurança para todos os produtos, processos e serviços.
- Desenvolver e proporcionar acesso a tecnologias ambientalmente sadias, em especial aos países em vias de desenvolvimento.
- Usar métodos ambientais e de desenvolvimento para contabilizar e relatar.
- Levar em conta princípios tais como "o poluidor para a conta", a ação preventiva na fonte e uma abordagem cautelosa dos assuntos relativos ao meio ambiente e ao desenvolvimento.
- Minimizar os riscos à vida humana, à saúde, à propriedade e ao meio ambiente, bem como discutir a questão do ressarcimento dos danos.

A comissão também planeja discutir a viabilidade de estabelecer mecanismos para a contribuição financeira ou em espécie das empresas transnacionais a fim de proteger e melhorar o meio ambiente. Os resultados do projeto de pesquisa sobre a "Transferência de tecnologias ambientalmente sadias para os países em vias de desenvolvimento, em termos favoráveis", serão comentados na terceira sessão do Comitê Preparatório (Genebra, 12 de agosto a 4 de setembro de 1991).

Fonte: United Nations Commision on Transnational Corporations, UN, 1991.

FIGURA 7-35

des, pelo transporte público, pela justiça social (para tentar reduzir o excesso de consumo e o desperdício), e pessoas que promovem a agricultura orgânica, os cuidados preventivos de saúde e o fim da dependência em relação aos combustíveis fósseis e à energia nuclear, em favor da energia renovável e da reciclagem. Manifestando-se através de tantos grupos e abarcando uma gama tão vasta de assuntos, o ambientalismo permaneceu amplamente incompreendido e ignorado pela sociedade, sendo muitas vezes mostrado pelos meios de comunicação como um movimento excêntrico de descontentes e utopistas. Quando fui convidada para fazer uma série de palestras no Japão em 1973, lembro-me de ter percebido que meus colegas, como o Professor Jun Ui, de Tóquio, e os grupos de "nisshoken" (energia solar), eram tratados de modo semelhante por grande parte da mídia japonesa.

Tudo isso mudou em 1990, quando o segundo Dia da Terra, com seu empenho de relações públicas e organização dos movimentos populares, finalmente foi além da "minimídia" alternativa e estourou nos meios de comunicação de massa, como *Time, Newsweek* e *The New York Times*. Essa mídia formadora de opinião começou a publicar as velhas histórias dos últimos vinte anos (há muito cobertas pela imprensa alternativa) como se fossem "novidades". Salientaram-se o problema do aquecimento global (discutido na minha edição de 1981 de *The Politics of the Solar Age*), o buraco na camada de ozônio, a derrubada das florestas tropicais, a desertificação e todos os outros temas há muito pendentes do movimento ambientalista. Essa explosão de reportagens, por sua vez, atraiu a atenção das corporações, dos pesquisadores de opinião e dos homens de *marketing*; de súbito, para sua própria surpresa, os ambientalistas descobriram que seu movimento de protesto estava "na moda"! Assim como ocorre em Tóquio, onde agora beber cerveja Suntory é "pensar na Terra", milhares de empresas norte-americanas começaram a persuadir o público de que o *consumo* pode nos dar um ambiente mais limpo.[1] As pretensões do *marketing* "verde" tornaram-se cada vez mais extravagantes, e as revistas vigilantes, como a *Mother Jones*, começaram a desmascarar as fraudes "verdes" e os rótulos ecologicamente corretos. O movimento ambientalista lançou seu próprio Selo Verde de Aprovação, criado por Rena Shulsky, promotora de mídia, empresária do setor imobiliário e também ativista ambiental.

Até 1990, a maior parte das corporações norte-americanas esperavam até que algum grupo ativista ou campanha de acionistas as forçassem a começar a "limpar" seus produtos e processos. Por exemplo, em 1968 trabalhei como organizadora na "Campanha GM" (a Campanha para Tornar a General Motors Responsável) iniciada por Ralph Nader com a finalidade de angariar votos para, na reunião anual da GM, eleger três novos diretores para o Conselho da empresa: um conhecido cientista ambiental, um famoso advogado defensor dos direitos do consumidor e um respeitado líder empresarial e ativista dos direitos civis da população negra. Embora a diretoria da GM resistisse à nossa campanha de todos os modos possíveis, acabaram criando três novas diretorias na empresa para mudar suas políticas sobre o meio ambiente, os direitos civis e os temas ligados ao consumidor. Mesmo assim, a GM ainda resiste às leis de economia de combustível, ao passo que a Honda, em 1991, apresentou seu novo modelo Civic, que faz aproximadamente 23 quilômetros por litro.

Ninguém deve se surpreender com esse comportamento intencionalmente lento e ineficiente das corporações. A teoria econômica tradicional (que mudou pouco nos últimos vinte anos) sustenta que as decisões empresariais devem concentrar-se nos demonstrativos financeiros e na maximização do retorno dos acionistas a curto prazo. Além disso, qualquer preocupação por temas sociais mais amplos não era vista somente como irracional, mas também como errada e até mesmo imoral, como ainda hoje acreditam alguns gerentes financeiros. Durante o início dos anos 70, escrevi muitos artigos em boletins de investimentos e negócios como *The Financial Analysts Journal*, de Nova York, mostrando que essa teorização econômica de curto prazo estava enganando a sociedade e, ao mesmo tempo, provocando custos ambientais significativos. Esses custos ocultos de produção estavam sendo repassados ao consumidor (por exemplo, nas contas de saúde e limpeza ambiental), aos contribuintes (para coletar o excesso de lixo) e às gerações futuras, à medida que piorassem os problemas com a poluição. Orgulho-me do fato de minhas análises terem me conquistado o título, entre muitos executivos das corporações, de "uma das mulheres mais perigosas dos Estados Unidos"!

Hoje, tudo isso passou por uma dramática mudança. Os ambientalistas são cortejados pelas corporações, ocupando cargos em seus Conselhos e aceitando subvenções para seus programas. Por exemplo, um dos primeiros grupos ambientalistas de pesquisas voltadas para a proteção do consumidor, o Conselho de Prioridades Econômicas (CPE) de Nova York (ao qual ofereço consultoria desde 1970), era considerado "radical". Hoje ele é amplamente respeitado, seus pareceres ganham a primeira página dos grandes jornais diários e seu guia de compras (*Shopping for a Better World*) vendeu mais de 700 mil exemplares.[2] No Japão, o *Asahi Journal* usou métodos do CPE para avaliar 70 grandes corporações japonesas quanto à sua responsabilidade social.

Conclui-se, assim, que foi o amadurecimento das organizações ambientalistas populares (muitas são hoje grandes, com milhões de membros), junto com a cobertura da mídia, que produziu os novos negócios e empresas com preocupações ambientais. Isso não implica menosprezar os esforços das corporações, mas apenas reconhecer as limitações impostas a seus gerentes pelas teorias econômicas tradicionais, pelos analistas de investimentos e pelos modelos de preços e *marketing*. (As figuras deste capítulo e do próximo mostram claramente para onde os cidadãos querem que as empresas caminhem.)

A economia tradicional, como vimos, destrói o meio ambiente, concentrando-se em aumentar continuamente o PIB. É esse tipo de crescimento econômico distorcido que o PIB e os demonstrativos financeiros das corporações medem, enquanto a paga dos pesados custos sociais resultantes fica por conta dos governos locais: limpar a sujeira, lidar com comunidades fragmentadas, com o crime e as drogas, medir os níveis de poluição, etc. Isso aumenta os impostos locais ou produz déficits nos orçamentos de muitas cidades e províncias. A seguir, essas cidades e províncias começam a competir entre si para reduzir os padrões de regulamentação da poluição, dos projetos urbanos, etc., a fim de tentar atrair empresas de outras regiões para criar empregos e gerar novas receitas tributárias. Como vimos, isso só produz custos sociais e ambientais ainda maiores, mais déficits e inflação — e, por fim, os políticos clamam por mais crescimento econômico para "resolver" os problemas. A demasiada importância atribuída às transações monetárias e aos demonstrativos financeiros leva a decisões errôneas e a avaliações pouco realistas dos custos ocultos desse tipo de "desenvolvimento econômico".

Hoje, é fácil ver como uma economia falha e obsoleta resultou nas "bolhas" econômicas, tanto no Japão quanto nos Estados Unidos, durante o "crescimento econômico" dos anos 80. A "ressaca" resultante aparece agora em ambos os países sob a forma de *junk bonds*; da falência de bancos, seguradoras e companhias de poupança e empréstimos; dos mercados de ações e imobiliários superestimados; e da perda de confiança do pequeno investidor ao ver os efeitos sistemáticos da ganância e dos esforços para maximizar os lucros e a lucratividade. Vemos o sistema de valores industrial rompendo-se em muitos países industrializados maduros, como os Estados Unidos e a Europa Ocidental, onde a velha maximização dos lucros a curto prazo está cedendo lugar às mais antigas e tradicionais preocupações comunitárias, ao investimento socialmente responsável e à busca de uma economia "mais verde" e suave. (Ver Figura 3-17: A bifurcação de valores.)

Muitas empresas estão respondendo ao desafio de desenvolver um *marketing* "verde", produtos "mais verdes" e maneiras de fazer negócios que sejam mais responsáveis perante a sociedade. O melhor indicador desse fato é o crescimento generalizado do movimento de investimentos socialmente responsáveis, que subiu de um ativo de US$ 40 bilhões em 1982 para US$ 650 bilhões em 1991; aliás, esse tipo de investimento "limpo e verde" cresceu com mais rapidez do que qualquer outro segmento do mercado. Além disso, alguns dos fundos socialmente responsáveis mostram um desempenho superior ao do mercado, embora esses fundos avaliem minuciosamente as empresas em que vão investir (evitando as companhias poluidoras, os fabricantes de armas, o ramo da energia nuclear, as empresas injustas para com seus empregados, as que testam seus produtos em animais ou fazem negócios com regimes estrangeiros repressivos), o que, em teoria, aumenta seus riscos. O Fundo Calvert de Investimento Social, com quatro carteiras (ações, debêntures, mercado monetário e misto), é a "nau capitânia" do grupo. O mais antigo e um dos mais bem-sucedidos é o Fundo Mundial Pax, que lidera o desempenho em sua categoria com um retorno de 71,1% em cinco anos contra a média de 57,4%. Esses fundos têm hoje seu próprio Índice, o *Domini Social Index*, um referencial de 400 ações éticas que subiu 19% em 1990 comparado com o *Standard & Poors 500 Index*, que subiu 18%. A Franklin Management & Research publicou uma lista das cinqüenta ações éticas mais promissoras: as de empresas mais antigas e respeitadas (como a Dayton Hudson Company, a Digital Equipment e a Minnesota Mining & Manufacturing), pequenas empresas novas (Apple Computer, Ben & Jerry's e a Wellman, que recicla plásticos), utilidades públicas (Ameritech, por seus produtos solares, Energen e Sierra Pacific), grupos de fundos mútuos (Calvert, Pax e Parnassus) e mercados monetáios (South Shore Bank, que faz empréstimos a empreendimentos da vizinhança, Vermont National Bank e Working Assets Money Fund).[3]

Durante muitos anos, o setor de produção e distribuição de energia elétrica repudiou as pressões dos ambientalistas para eliminar a poluição e, em vez de apenas construir mais usinas de baixa eficiência, aumentar a eficiência geral e ajudar o consumidor a adquirir aparelhos, lâmpadas e chuveiros com menor taxa de desperdício, bem como a melhorar o isolamento térmico das casas. Hoje, o setor de produção de energia elétrica está entrando no trem ambientalista e percebendo que sairia mais barato *dar* ao consumidor lâmpadas e chuveiros eficientes e fazer-lhe empréstimos a juros baixos para instalar boas janelas e outros equipamentos de calefação do que construir novas usinas. Um exemplo típico dessa nova onda é a mudança que ocorreu na Pacific Gas & Electric, da Califórnia, ou mesmo na antiquada Con Edison, de Nova York. Hoje, esta última empresa oferece 80% de desconto nas lâmpadas fluorescentes compactas (as mais eficientes), auditoria energética grátis e um amplo programa de abatimentos para os clientes industriais que substituírem as máquinas e equipamentos desperdiçadores de energia, chegando até mesmo a cobrir todo o custo dessa substituição.

A conservação está finalmente sendo reconhecida como sete vezes mais eficiente, em termos de custo, do que o aumento do abastecimento. As discutíveis "licenças de poluição" comentadas no Capítulo 3 foram até agora de pouco interesse para o setor elétrico — apesar da decisão da Câmara de Comércio de Chicago, em 1991, de comercializá-las. Amory Lovins, analista energético do Rocky Mountain Institute, estima que o custo médio de se economizar 3/4 de toda a eletricidade usada hoje pelos norte-americanos seria de cerca de 6 centavos de dólar por quilowatt/hora (várias vezes mais barato do que o mero *funcionamento* de uma usina elétrica movida a carvão). O American Council for an Energy-Efficient Economy estima que essa economia custaria 1 ou 2 centavos de dólar por quilowatt/hora. Se qualquer uma dessas estimativas estiver correta, não haverá justificativa para a construção de nenhuma nova usina elétrica ou linha de transmissão. A Companhia de Serviços Públicos de Iowa decidiu testar as estimativas de Amory Lovins na cidadezinha de Rock Valley, Iowa, cujos 2.700 habitantes terão suas casas, apartamentos, fábricas e edifícios públicos equipados com os mais modernos aparelhos para economia de eletricidade. Um teste análogo está sendo planejado pela Pacific Gas & Electric, da Califórnia. O uso de energia é a chave para a qualidade ambiental e, quando todos os custos sociais e ambientais são incluídos no preço da energia, fica claro que a solução ambientalista é também a solução mais econômica. Um número cada vez maior de países está percebendo que as economias energeticamente eficientes e ambientalmente sadias são necessárias para o verdadeiro desenvolvimento sustentável a longo prazo. (Ver Figura 3-19: A reestruturação das economias industrializadas.)

Contudo, é o setor privado e especialmente as empresas multinacionais que terão de entender tudo isso e vislumbrar a revolução tecnológica que se faz necessária. Algumas dessas empresas (como a Dow Chemical, Exxon, Union Carbide, Chevron, Scott Paper e Walt Disney Company) estão criando o cargo de vice-presidente para Assuntos do Meio Ambiente, enquanto outras (como a Du Pont e a Occidental Petroleum) estão criando a vice-presidência para Assuntos de Saúde, Segurança e Meio Ambiente. A Minnesota Mining and Manufacturing (também conhecida como 3M) adotou uma abordagem mais sistêmica: mudou seus processos de produção através do programa *Pollution Prevention Pays* (Vale a Pena Prevenir a Poluição), implantado

Carta Empresarial para um Desenvolvimento Sustentável

Princípios de gerenciamento ambiental da Câmara Internacional de Comércio

1. Prioridade empresarial
Reconhecer o gerenciamento ambiental como uma das primeiras prioridades da empresa é um fator determinante para o desenvolvimento sustentável; estabelecer políticas, programas e práticas para conduzir as operações de maneira ambientalmente sadia.

2. Gerenciamento integrado
Integrar plenamente essas políticas, programas e práticas em cada ramo de atividade, como um elemento essencial do gerenciamento em todas as suas funções.

3. Processo de aperfeiçoamento
Continuar a aprimorar as políticas, os programas e o desempenho ambiental da empresa, levando em conta os progressos técnicos, o avanço científico, as necessidades do consumidor e as expectativas da comunidade, tendo como ponto de partida as regulamentações legais, e aplicar os mesmos critérios ambientais no nível internacional.

4. Educação do empregado
Educar, treinar e motivar os empregados para que suas atividades sejam conduzidas de maneira ambientalmente responsável.

5. Avaliação prévia
Avaliar os impactos sobre o meio ambiente antes de iniciar uma nova atividade ou projeto, e antes de desativar instalações ou retirar-se de um local.

6. Produtos e serviços
Desenvolver e oferecer produtos ou serviços que não tenham nenhum impacto ambiental indevido e sejam seguros no uso a que se destinam, que sejam eficientes no consumo de energia e recursos materiais, e que possam ser reciclados, reutilizados ou removidos com segurança.

7. Orientação ao cliente
Aconselhar e, quando apropriado, educar os clientes, os distribuidores e o público em geral quanto à segurança no uso, transporte, armazenagem e remoção dos produtos oferecidos, aplicando as mesmas considerações à prestação de serviços.

8. Instalações e operações
Desenvolver, projetar e operar instalações e conduzir atividades levando em conta o uso eficiente da energia e matérias-primas, o uso sustentável dos recursos reutilizáveis, a minimização de impactos ambientais adversos e da geração de lixo, e a remoção segura e responsável de resíduos.

9. Pesquisa
Realizar ou apoiar pesquisas sobre os impactos ambientais de novas matérias-primas, produtos, processos, emissões e lixos associados com o empreendimento, bem como sobre os meios de minimizar quaisquer impactos adversos.

10. Abordagem cautelosa
Modificar o processo de produção, a comercialização ou o uso de produtos ou serviços, ou a condução de atividades, de acordo com o conhecimento técnico e científico, para evitar séria ou irreversível degradação ambiental.

11. Fornecedores e empreiteiros
Promover a adoção destes princípios pelos empreiteiros que agem em nome da empresa, encorajando e, quando apropriado, exigindo um aprimoramento de suas práticas para torná-las coerentes com as da empresa; e encorajar a ampla adoção destes princípios pelos fornecedores.

12. Alerta para emergências
Desenvolver e manter, quando existirem perigos significativos, planos de alerta para emergências em conjunto com os serviços emergenciais, as autoridades pertinentes e a comunidade local, reconhecendo potenciais impactos fora da empresa.

13. Transferência de tecnologia
Contribuir com a transferência de tecnologia e métodos gerenciais ambientalmente corretos para todos os setores industriais e públicos.

14. Contribuir para o esforço comum
Contribuir para o desenvolvimento das políticas públicas e para os programas e iniciativas educacionais empresariais, governamentais e intergovernamentais que venham a ampliar a consciência ambiental e a proteção do meio ambiente.

15. Abertura às preocupações sociais
Promover a abertura e o diálogo com os empregados e com o público, antevendo e respondendo às suas preocupações quanto aos perigos e impactos potenciais das operações, produtos, resíduos ou serviços da empresa, incluindo aqueles que se fazem sentir fora da empresa ou em nível global.

16. Cumprir as exigências e emitir relatórios
Medir o desempenho ambiental; realizar auditorias e avaliações ambientais periódicas sobre o cumprimento das exigências da empresa, das normas legais e destes princípios; e oferecer periodicamente as informações adequadas ao Conselho Diretor, aos acionistas, aos empregados, às autoridades e ao público.

FIGURA 7-36

Fonte: Câmara Internacional de Comércio.

já há quase dez anos. Essas duas lições — eficiência energética e prevenção da poluição na fonte — são da maior importância. Isso só pode acontecer quando os preços são corrigidos para refletir o pleno custo e quando o custo dos investimentos é calculado para toda a vida útil dos mesmos, de modo a privilegiar as tecnologias mais benignas em termos ecológicos. O relatório mais recente sobre o desempenho social de cem empresas norte-americanas é o "Guia de Investimentos para um Mundo Melhor", do Conselho de Prioridades Econômicas.[4] Outra abordagem nova é a pesquisa sobre a responsabilidade social das mil maiores empresas industriais, feita pelo Covenant Investment Management, de Chicago. Essa pesquisa classificou o grupo e verificou que as "Primeiras 200" não haviam sacrificado o retorno dos investimentos; ao contrário, no retorno obtido em cinco anos, ficaram quase 15% acima das 500 empresas rotuladas como Medianas ou Fracas em responsabilidade social.

As empresas inovadoras estão indo além da reciclagem e começando a remanufaturar e reutilizar. A Hercules Aerospace Company agora reutiliza suas imensas cápsulas para lançamento de foguetes, enterrando-as nas áreas desérticas de Utah para servir de tanques de armazenamento de água. Outras empresas estão entrando no campo do aperfeiçoamento ambiental, que é algo mais que o controle da poluição. Por exemplo, a Groundwater Technology, Inc. dedica-se à tarefa, antes impossível, de restaurar os solos e lençóis subterrâneos contaminados por petróleo ou substâncias tóxicas, através da injeção de microorganismos naturais que digerem os agentes contaminantes sem causar nenhum dano. E em Israel, o Instituto Weizmann de Ciência está pondo em prática um novo conceito de aproveitamento da energia solar que pode vir a ser a chave para uma aplicação em grande escala.[5] A Body Shops International, com sede na Inglaterra (e agora com 56 lojas nos Estados Unidos), é a grande pioneira, já que sua fundadora, a ex-professora Anita Roddick, usa as lojas para educar o público quanto aos valores ambientais. As lojas vendem produtos de toalete, sabonetes, pastas de dente, etc., simples e naturais, que são produzidos por povos indígenas dos países subdesenvolvidos; desse modo, esses povos obtêm um meio de ganhar a vida e aprendem como aproveitar de modo sustentável suas terras e florestas. As franquias da marca estão geralmente em mãos de ativistas ambientais, e assim a causa pela qual eles lutam também lhes oferece um emprego e uma fonte de renda. As lojas servem como base para o movimento e as campanhas ambientalistas, com mostruários educacionais e promoções que ajudam os consumidores a entender os temas ambientais globais dos nossos dias. As Body Shops são uma das empresas mais bem-sucedidas na Bolsa de Valores de Londres, e Anita Roddick afirma que *ainda* é uma educadora.[6] Com efeito, as Body Shops mudaram para sempre o paradigma dos negócios e redefiniram o que pode ser realizado pelos empresários do setor privado para fazer deste mundo um lugar melhor. No Japão, essa mesma criatividade aparece no Banco do Cidadão, um programa conjunto da Eitai Credit Union, de Koto Ward, e da Press Alternative; e no Banco Shimin, capitaneado por Masaru Kataoka, o jovem empresário que recentemente realizou uma pesquisa sobre a chuva ácida, enviando centenas de *kits* de teste pelo correio a fim de que as pessoas não só pudessem testar a chuva em sua região como também contribuir para um acurado mapa estatístico analisado por cientistas. Mas talvez a idéia mais criativa seja a conversão de velhas usinas nucleares em usinas elétricas movidas a gás natural, que é barato e, como dissemos, emite apenas metade do CO_2 emitido pelo petróleo ou pelo carvão. A primeira aquisição da CMS Corporation foi uma velha usina nuclear no interior de Michigan, que foi "reciclada" em abril de 1991. William McCormick, presidente da CMS, diz que há, em seu "mercado", uns US$ 20 bilhões em usinas nucleares semi-acabadas ou abandonadas. Afirma ele: "Estamos no ramo de transformar limões em limonada."[7]

Muitas empresas de consultoria estão crescendo em torno da nova consciência ambiental das grandes multinacionais, oferecendo idéias, planos de *marketing*, promoções e outros serviços "verdes", enquanto muitas agências de publicidade agora têm departamentos especiais que oferecem campanhas "verdes". Uma recente pesquisa Gallup sobre o Dia da Terra verificou que 77% dos norte-americanos adultos já se definem como ambientalistas. Vários grandes escritórios de contabilidade oferecem auditorias ambientais (embora não vão muito além de verificar a mera obediência às regulamentações existentes). Centenas de pequenas firmas nos Estados Unidos e na Europa estão oferecendo serviços de auditoria ambiental. As mais recentes investidas do setor privado no campo ambiental incluem o comparecimento de executivos à Conferência sobre Meio Ambiente e Desenvolvimento (ECO-92) no Brasil. A Câmara Internacional de Comércio já esboçou uma Carta Empresarial para o Desenvolvimento Sustentável (ver Figura 7-36). Espera-se que o setor privado esteja em busca de oportunidades de negócios em tecnologias mais verdes, com projetos mais orgânicos e ecologicamente sadios: energia solar e renovável, tecnologias eólicas, de biomassa e oceanotérmicas, recuperação dos desertos e reflorestamento. O Fundo Ambiental Global, uma sociedade limitada que investe nas melhores tecnologias "verdes", ambientais e energeticamente eficientes no mundo inteiro, foi criado por H. Jeffrey Leonard, autor de *Pollution and the Struggle for World Product* (Cambridge University Press, 1988) e *Environment and the Poor: Development Strategies for a Common Agenda* (Transaction Books, 1989). Para que todo esse trabalho seja realizado, será preciso que empresários e governos se associem em *joint-ventures* nos países do Hemisfério Sul. A primeira Conferência Global sobre Investimentos Ambientais foi realizada em Nova York em setembro de 1991. Co-patrocinada pelo Investment Management Institute, pela ONU e pela IFC (International Finance Corporation) do Banco Mundial, teve o comparecimento de centenas de investidores institucionais, banqueiros e capitalistas investidores. A menos que os setores privados se envolvam, o desenvolvimento de tecnologias e empresas ambientalmente sustentáveis será muito lento, forçado apenas pelas regulamentações governamentais. Outro grupo interessante em Tóquio é a nova Fundação de Pesquisas do Fundo de Infra-estrutura Global, descrita no Capítulo 8.

Naturalmente, muitos ambientalistas desconfiam das grandes empresas multinacionais e de seus projetos ambientais de grande escala; de fato, estes devem ser avaliados de antemão, com toda cautela, para que se possam prever seus efeitos sobre os povos, culturas e ecossistemas locais. Contudo, nós, seres humanos, já interferimos tão profundamente na ecologia do planeta que não teremos escolha senão aprender a desfazer os danos e remediar a destruição. Assim, a biocura e a restauração ecológica são os novos setores produtivos do século 21. Nos Estados Unidos, o "sindicato" do novo ramo empresarial de cura ecológica, a *Society for Ecological Restoration*, já realizou sua terceira reunião anual, em Orlando, Flórida, em maio de 1991. Os milhares de participantes descreveram seus projetos, que iam desde a restauração das florestas tropicais até a recriação de mangues perdidos e a libertação de rios cujo fluxo foi canalizado, passando pela recuperação do verde nas áreas desérticas, o reaproveitamento agrícola da terra devastada em torno das usinas elétricas e a introdução de espécies desalojadas em seus hábitats primitivos. Esse grupo pode ser contactado na University of Wisconsin-Madison, 1207 Seminole Highway, Madison, WI 53711 (fax 608-262-5209).

A guerra fria entre economistas e ecologistas ainda campeia, mas já há sinais de distensão. Um passo positivo é o relatório Projeto 88 — Rodada Dois, sobre Elaboração de Estratégias Ambientais com Base no Mercado, patrocinado por Tim Wirth, senador pelo Colorado, e pelo falecido senador John Heinz, da Pensilvânia, e lançado em 1991. A Rodada Um do Projeto 88 foi discutida no Capítulo 3. Como já dissemos, a grande batalha gira em torno de se definir se as ferramentas do gerenciamento econômico, como o PIB, continuarão a reinar supremas sobre os assuntos das nações, ou se valores sociais e ecológicos mais amplos irão levar as políticas empresariais e governamentais para além da "lucratividade líquida" tradicional. Essa guerra de paradigmas que já dura 20 anos avançou muito pouco desde 1973, quando meu artigo "Ecologistas *versus* Economistas" foi publicado na *Harvard Business Review*.

Desde o Dia da Terra de 1970, os ambientalistas vêm desafiando as definições de progresso, riqueza e desenvolvimento dos economistas — mostrando que as teorias e modelos da "ciência" econômica prejudicam a Natureza e também as gerações futuras. Eles salientam absurdos da contabilidade do PIB como o ocorrido no Alasca, cujo PIB relativo aumentou após o vazamento de petróleo da Exxon Valdez porque os custos adicionais de limpeza foram acrescentados em vez de ser subtraídos (como quereriam os ambientalistas). O PIB ignora o valor da água limpa, dos peixes e de ambientes intactos e belos como o da Enseada do Príncipe William.

Como vimos, os economistas respondem às crescentes pressões para corrigir suas enviesadas contas nacionais adotando medidores como o Índice de Desenvolvimento Humano (IDH) e o Índice de Bem-Estar Econômico Sustentável (ISEW) do Banco Mundial. Contudo, muitas pessoas continuam céticas quanto a ter os economistas, mais uma vez, aplicado suas premissas na mensuração de valores tais como o meio ambiente em estreitos cálculos econômicos. A Rodada Dois do Projeto 88 está anos-luz à frente de sua primeira versão que, embora tendo contribuído para o debate, foi vista por muitos ambientalistas como um esforço dos economistas para pôr novos rótulos em suas velhas garrafas de vinho e conseguir um espaço no lucrativo setor da nova política ambiental. O primeiro relatório, de 1988, apresentou muitas propostas úteis, incluindo a taxação dos quatro grandes "pecados ambientais": 1) o uso de fontes não-renováveis de energia, tais como as encorajadas pelas atuais licenças de exploração do petróleo; 2) o desperdício, tal como o excesso nas embalagens e a fabricação de carros e aparelhos ineficientes; 3) a obsolescência planejada, tal como a produção de meias que se gastam com o primeiro uso; e 4) as emissões poluentes e os processos de fabricação e produtos ambientalmente danosos. Somente com a cobrança de impostos, taxas, "vales de depósito", etc., é que o mercado poderá corretamente refletir nos preços todos os custos sociais e ambientais que esses "pecados" infligem a nós e às gerações futuras.

A nova versão do Projeto 88 corrige algumas das falhas da Rodada Um, como a desatenção aos temas da igualdade e justiça social. A teoria econômica tradicional ignora a atual má distribuição de renda e o abismo que vai se abrindo entre ricos e pobres, pressupondo que todos têm um grau equivalente de poder e informação. Como conseqüência, a maioria dos economistas tende a ser favorável a "incentivos" e subsídios que amenizem a dor da reestruturação de velhas indústrias desperdiçadoras, em vez de apoiar um "tom verde" na legislação fiscal para nivelar o campo de jogos em favor das empresas novas que vão surgindo nos setores florescentes: conservação de energia, eficiência energética, reciclagem e recursos renováveis. O novo relatório, contudo, teria feito melhor se tivesse levado em conta os estudos alemães que mostram que o "verdejamento" dos códigos tributários nacionais através da "taxação ao pecado" geraria tanto dinheiro que, caso se quisesse que as receitas fiscais apenas equilibrassem as despesas do orçamento, o imposto de renda teria de ser reduzido drasticamente! Os líderes democratas no Congresso, como Wirth, fariam um favor ao país se propusessem "taxações ao pecado" que desencorajassem maus hábitos como os de fumar, beber álcool e destruir o meio ambiente, ao mesmo tempo que gerariam receitas e encorajariam o emprego útil e os produtos, empregos, lucros e investimentos ambientalmente sadios em formas sustentáveis de desenvolvimento. Uma vez que os políticos republicanos vissem o potencial dessas formas "mais verdes" de taxação, haveria por fim uma saída para os impasses do orçamento federal, sem necessidade da imposição de um imposto de renda mais elevado.

A Rodada Dois do Projeto 88, ao contrário do primeiro estudo, não advoga mais a sua causa nos termos da guerra fria. Em vez de usar argumentos cansados e cansativos sobre "socialismo *versus* capitalismo", sobre a irreconciliabilidade entre o "livre mercado" e as "regulamentações de comando e controle", o relatório reconhece tacitamente que todas as abordagens econômicas funcionais são mistas. Ele se concentra na necessidade de redirecionar os incentivos caprichosos que hoje encorajam a poluição e a exaustão dos recursos. Cobre um grande número de novos mecanismos para identificar os custos sociais e ambientais ocultos, os quais podem ser quantificados e acrescentados aos preços, ao mesmo tempo que aponta as limitações evidentes das políticas de mercado para lidar com valores de prazo mais longo e menos quantificáveis. Também reconhece que as abordagens econômicas não são uma panacéia e que todos esses novos mercados precisam ser trazidos à existência por leis, não sendo derivados de Deus nem da "mão invisível" tão idolatrada pelos economistas tradicionais. Além disso, esses mercados "verdes", como todos os outros, não serão "livres" nem baratos, uma vez que exigem regulamentação complexa, estabelecimento de padrões e "policiamento".

E não serão necessariamente justos, um ponto que a Rodada Um do relatório deixou de lado. Como esclareceu a Rodada Dois, embora muitos mercados "verdes" sejam no todo mais eficientes, eles terão ganhadores e perdedores. Tudo isso dá maior credibilidade e utilidade ao novo relatório, na medida em que ele discute como os impactos podem ser atenuados e os "perdedores" (em geral operários ou cidadãos de baixa renda) podem ser compensados ou retreinados. Talvez a Rodada Três possa avançar ainda mais o debate, indo além da teoria econômica e identificando estratégias em que todos ganhem: a formação de coalizões políticas para apoiar códigos tributários "verdes" e saudáveis, e a adoção (já ocorrida em vários outros países, inclusive Canadá, Alemanha, Holanda, Venezuela, Dinamarca e Noruega) de novos "placares", além do PIB, que redefinam desenvolvimento e progresso. Uma pesquisa realizada em julho de 1990 por Martilla & Kiley/Market Strategies mostra que o público é capaz de compreender tudo isso. Cerca de 82% das pessoas entrevistadas disseram que a criação de um meio ambiente mais limpo realmente ajudaria a criar empregos e aumentar os níveis de renda, como já dissemos.

Os temas da igualdade social encobertos nas teorias econômicas também foram trazidas à tona neste novo debate entre o Norte e o Sul que está ocorrendo nos anos 90, girando em torno da redefinição de desenvolvimento (que deixa de estar associado à palavra "econômico", substituída por "sustentável"). Em Kuala Lumpur, em junho de 1991, esse debate foi levado adiante pelo ex-presidente da Tanzânia, Julius Nyerere, e pelo primeiro-ministro da Malaísia, Dr. Mahathir Mohamed, que presidiu a cúpula do G-15. O presidente Suharto, da Indonésia, estava em Kuala Lumpur, assim como o primeiro-ministro da Índia, V. P. Singh, que sentiram que o G-15 poderia ampliar a cooperação entre os países do Sul. O comunicado final da cúpula fez referências a uma nova economia global, pós-guerra fria, e à necessidade de Norte e Sul compartilharem os encargos.

O novo grupo de países G-15, assumiu a responsabilidade por seu próprio desenvolvimento e mudança e advertiu as nações industrializadas sobre "a formação de agrupamentos econômicos... que poderia levar a uma fragmentação do comércio mundial". Entre os principais assuntos discutidos estavam os problemas irresolvidos da dívida externa e a crescente transferência de recursos dos países pobres para os países ricos. O encontro "alternativo", A Outra Cúpula Econômica (TOES), realizado em Londres em 1991, pediu uma reversão dessa assustadora fuga de fundos dos países pobres (através de pagamentos de juros e capital da dívida) para os bancos do Norte. A TOES também pediu que o G-7 discutisse os danos causados aos países do Terceiro Mundo como resultado das políticas do Banco Mundial, do Fundo Monetário Internacional (FMI) e do GATT. A cúpula alternativa defende a adoção de novos indicadores para substituir o PIB, a abertura dos processos do G-7, a democratização do G-7 e das demais instituições financeiras globais da ONU e até a substituição do G-7 por um Conselho Econômico Mundial.[8]

O G-15 comprometeu-se a continuar suas reuniões e a adotar uma abordagem comum aos problemas da dívida externa. Um novo estudo sobre a crise da dívida e as políticas de "ajuste estrutural" do Banco Mundial e do FMI em relação ao pagamento do principal e dos juros da dívida externa mostra como as mulheres, as crianças e os pobres se tornaram as vítimas dessas medidas de "apertar os cintos". O relatório *Além da crise da dívida* propõe muitas abordagens novas.[9] O G-15 reafirmou o compromisso com "uma conclusão equilibrada e bem-sucedida para as negociações da Rodada Uruguaia do GATT, levando em conta os interesses e necessidades das nações em vias de desenvolvimento". O grupo pediu novas propostas de financiamento da proteção ambiental, as quais serão apresentadas na ECO-92. É provável que o G-15 continue os trabalhos da Comissão do Sul, cujo relatório, *Rumo a um novo meio de medir o desenvolvimento*, pedia novos modelos e medidas do progresso. Esse relatório concluiu pela necessidade de "placares" mais realistas do desenvolvimento. Os novos indicadores incluiriam índices não-monetários tais como taxas de alfabetização, expectativa de vida e trabalho produtivo não-remunerado — ao lado de quocientes de eficiência energética, gastos militares *versus* gastos civis e exaustão ambiental.

Espero que o relatório da Comissão de Meio Ambiente e Desenvolvimento da ONU, *Our Common Future* (1987), que promove o "desenvolvimento sustentável", venha a ser debatido juntamente com o relatório da Comissão do Sul, *Desafio ao Sul* (1990); do contrário, o poder dos países industrializados do Norte — com sua participação mais ampla e melhor financiada — acabaria por dominar as discussões em todos os encontros e conferências mundiais. Como observou o Dr. David Brooks, do Centro Internacional de Pesquisas sobre o Desenvolvimento, do Canadá, em sua avaliação de *Our Common Future*, esse relatório volta a pôr a questão da igualdade Norte-Sul na ordem do dia; mas Brooks acha que o termo "desenvolvimento sustentável" foi aceito pelo Banco Mundial com certa gratuidade, sem muita análise e compromisso, pois esse conceito *exige* que os países industrializados do Norte consumam *menos* a fim de que o Sul possa alcançar níveis de desenvolvimento à altura de suas necessidades.[10] Herman Daly, economista do Banco Mundial, faz eco à necessidade de se estabelecer limites para o consumo de energia e matérias-primas nos países ricos, e de se fixar tetos de renda, além de uma renda mínima para os pobres.[11]

O G-15 provocará uma nossa reflexão sobre o "desenvolvimento". Novas definições surgirão à medida que as diferenças entre dinheiro e riqueza real ficarem mais claras. Muitas nações do Sul agora parecem dispostas a se desenvolver ao longo de seus próprios caminhos, em vez de se escravizar às fórmulas do Banco Mundial e do FMI. O G-15 enriquecerá esse debate à medida que os países encontrarem seu próprio potencial de inovação numa era de interdependência global.

O relatório final dos três anos de deliberações da Comissão do Sul — um grupo proeminente de dignitários do Hemisfério Sul — foi publicado em Caracas em agosto de 1990, numa cerimônia presidida pelo então presidente Pérez, no dia seguinte ao avanço de Saddam Hussein sobre o Kuwait. O esvaziamento de cobertura da mídia em Caracas, causado pela crise que se iniciava no Oriente Médio, obscureceu a presença de personalidades como Mahathir Mohamed, primeiro-ministro de Malaísia, Julius Nyerere, ex-primeiro-ministro da Tanzânia e presidente da Comissão, e os ministros de Relações Exteriores da recém-formada Cúpula Econômica do Grupo dos Quinze — Argélia, Argentina, Brasil, Egito, Índia, Indonésia, Iugoslávia, Jamaica, Malaísia, México, Nigéria, Peru, Senegal, Venezuela e Zimbábue. Como já dissemos, essa nova cúpula econômica teve sua segunda reunião em Caracas, em novembro de 1991.

O relatório de 1990, *Desafio ao Sul*, é muito diferente da retórica usual das declarações coletivas anteriores emitidas pelos países do chamado "terceiro mundo". À luz das mudanças globais, das novas relações EUA-URSS e do reagrupamento dos países do Pacto de Varsóvia em busca de uma Europa mais unida, a velha terminologia de primeiro mundo, segundo mundo e terceiro mundo tornou-se obsoleta — assim como ocorreu com o Movimento dos Não-Alinhados, que agora enfrentam um Hemisfério Norte industrializado em novo processo de consolidação e a proliferação de seus blocos comerciais. A maior parte dos problemas refere-se ao abismo cada vez maior entre o Norte e o Sul. Esse problema dos países ricos *versus* os países pobres estará muito em evidência nos anos 90, como faz prever a Guerra do Golfo. Os pontos de vista do Sul costumam ser ignorados no Norte; a recepção dada ao relatório *Desafio ao Sul* não foi exceção. Enquanto o relatório correspondente, da Comissão Brundtland, *Our Common Future*, vendeu centenas de milhares de exemplares, recebeu ampla publicidade e é ensinado em centenas de cursos secundários, o *Desafio ao Sul* quase não recebeu atenção.

Um novo realismo

Com o *Desafio ao Sul*, os países do Sul claramente assumem uma nova responsabilidade pelo próprio desenvolvimento e afirmam um novo realismo, confiando na própria capacidade de promover seus recursos humanos e sua riqueza natural ainda inexplorada. Tanto o presidente Perez quanto o primeiro-ministro Nyerere salientaram que esse relatório reconhece plenamente os erros passados, as oportunidades perdidas e outros problemas de omissão, além de enfrentar problemas tais como a corrupção.

Perez observou que no clima global de hoje, muitos países, inclusive a URSS e os do Leste Europeu, estão corrigindo seus erros passados: admitindo abertamente erros de política governamental, planejamento e política macroeconômica. Afirmou ele que o novo relatório foi produzido dentro do mesmo espírito da glasnost e da perestróica, e pediu que os países industrializados da Europa Ocidental e da América do Norte incorporassem esse espírito e admitissem suas próprias imperfeições — em vez de engrossar o coro das alegações ideológicas de que seus sistemas "triunfaram" sobre os sistemas dos outros países.

Um artigo intitulado "Um Sentimento de Decepção", na *The Economist* de 13 de julho de 1991, salienta o declínio da influência econômica dos Estados Unidos em face da União Européia e seus parceiros do G-7, onde o Secretário do Tesouro, Brady, teve negado o seu pedido de taxas de juros mais baixas para ajudar a economia norte-americana, endividada e perseguida pelo fantasma da recessão. Com franqueza ainda maior, Jacques Attali, presidente do novo Banco Europeu para Reconstrução e Desenvolvimento, menospreza os Estados Unidos como um "país falido".[12] A revista *The Economist* também pesquisou os crescentes problemas internos dos Estados Unidos, usando a escassez de moradias como indicador, observando que "a nação 'mais simpática e amável' de George Bush se tornou 'mais rude e dura'".[13] A mesmo revista, além disso, cobriu os apuros dos operários norte-americanos desempregados, comparando-os com os dos operários europeus e observando que, embora 6,8% do operariado norte-americano estivesse desempregado em 1991, somente 42% deles tinham direito ao seguro-desemprego. Ainda que o Congresso tenha aprovado uma lei, em agosto de 1991, ampliando esses benefícios, o presidente Bush não a sancionou.[14] O governo dos Estados Unidos, ainda entusiasmado com sua "vitória" no Golfo, parece não perceber que mesmo os dias do dólar enquanto reserva monetária mundial estão chegando ao fim, à medida que um número cada vez maior de países vai atrelando suas economias ao iene ou à nova moeda européia, a ECU.[15] Enquanto as tesouras orçamentárias em Washington transferiam os custos sociais do crime, das drogas, da escassez de moradias, do analfabetismo e da saúde pública para os Estados, os governadores eram forçados a equilibrar seus orçamentos através da elevação dos impostos estaduais e medidas menos ortodoxas, tais como a "contabilidade criativa" de seus déficits, a venda de ativos estaduais ou a tentativa de "surrupiar" os fundos de pensão dos funcionários públicos. Peter Wilson, então governador da Califórnia, foi "pego em flagrante" por alguns dos curadores do fundo de pensão estadual.[16] Foi o governo federal que deu início a esses "ataques de surpresa", equilibrando o orçamento federal com as verbas do Fundo de Previdência Social.

A incapacidade dos governos Reagan e Bush de ver o declínio dos Estados Unidos no mundo e seu crescente endividamento, não só em nível internacional como também na maioria dos setores internos, pode ser melhor compreendida como um problema de paradigma. Quase todo os conselheiros de Reagan e Bush são partidários da tradicional economia de mercado e ficam de olho no PIB. Como sabemos, essa é uma abordagem estreita, "producionista", que só enxerga a oferta de mercadorias e ignora tanto os custos sociais decorrentes da produção quanto os problemas de demanda. O fato de não darem atenção à demanda fez com que eles ignorassem o potencial da eficiência energética para tornar os Estados Unidos mais competitivos diante do Japão e da Europa e ignorassem ao mesmo tempo o problema do subemprego, a renda real declinante, a necessidade de retreinar a força de trabalho e o endividamento crescente dos consumidores (dos quais esperam, contraditoriamente, que continuem consumindo para sustentar 60% do PIB dos Estados Unidos). De início, a transição para a energia sustentável e renovável vai causar problemas e perda de empregos, coisas que deverão ser amenizadas com subvenções e programas de retreinamento. As economias equilibradas e baseadas na energia solar farão um uso mais intenso do trabalho humano, conforme se explica em muitos estudos que mencionei no Capítulo 9 de *The Politics of the Solar Age*. Por exemplo, um relatório de 1983 do Departamento de Energia de Minnesota assinalava um "efeito multiplicador" de empregos locais: um dólar gasto em energia renovável geraria entre US$ 2,33 e US$ 2,92 de atividade econômica local, contra apenas US$ 0,64 gerados pelo petróleo importado. Este tema é muito bem discutido no recente ensaio número 104 do Instituto Worldwatch, *Jobs in a Sustainable Economy*, publicado em setembro de 1991.

O mesmo problema de paradigma que marca esse "economismo" estreito permitiu que Bush negociasse o acordo de Livre Comércio com o México, ainda que o baixo custo da mão-de-obra mexicana venha a derrubar os salários nos Estados Unidos — fazendo com que os trabalhadores norte-americanos tenham ainda mais dificuldade para apoiar o PIB com um poder de compra adequado. De fato, o paradigma "produtivista, pró-oferta", vê a economia sob uma perspectiva empresarial, de cima para baixo, supondo que os salários baixos e o corte de investimentos no "capital humano" (isto é, educação, retreinamento, etc.) incrementarão os lucros. A oferta e a demanda não são *opostas* uma à outra; numa visão sistêmica, elas *interagem* — o fabricante também precisa ter trabalhadores e compradores com salário suficiente para poder consumir seus produtos. O "mercado" não pode tornar-se demasiado arrogante. Na verdade, muitos outros também já se saciaram com essa arrogância, porque os seres humanos vêm usando mercados desde que desceram das árvores. Os mercados não foram *inventados* por Adam Smith e, de todo modo, raramente são tão "livres" como afirmam os livros didáticos ocidentais.

O relatório da Comissão do Sul vê com sobriedade os velhos debates dogmáticos entre capitalismo e socialismo e, embora reconheça que muitos países precisam substituir a burocracia governamental por um uso maior dos mercados, também admite que a maior parte das economias do mundo são regulamentadas — e que alguma intervenção governamental é sempre necessária. O *Desafio ao Sul* se concentra na necessidade de uma ação imediata para ampliar a cooperação entre os países do Sul e tem como objetivo, por fim, levar a efeito a retórica das duas últimas décadas. Reconhece o fracasso do tão esperado diálogo Norte-Sul, sublinhando que a única opção que resta para o Sul é organizar-se para agir em seu próprio benefício. Essa nova política comum é realista, pois os Estados Unidos se vêem forçados a lidar com seus próprios problemas. Os planos de ação do Sul envolvem o comércio, as finanças, a dívida externa, o meio ambiente e o mapeamento de novas rotas para suas formas próprias e específicas de desenvolvimento. A imitação cega dos padrões ocidentais, com seu desperdício e consumo de massa, foi vista como inviável e contraproducente; o mesmo se disse da obediência cega às prescrições do FMI e do Banco Mundial para aumentar o crescimento do PIB.

Com base no relatório anterior da Comissão do Sul, *Rumo a um novo meio de medir o desenvolvimento*, defendeu-se a adoção de indicadores do desenvolvimento novos e mais equilibrados a fim de desbancar o PIB e outras medidas convencionais da riqueza e do progresso.

A associação dos países devedores

O documento traz outras recomendações inéditas: a formação de uma associação dos países devedores que organize e unifique iniciativas que visam aliviar o problema da dívida externa; um novo Banco do Sul que aumente a disponibilidade de créditos de exportação e investimentos a fim de expandir o comércio entre os países do Sul e o desenvolvimento tecnológico; a expansão das redes eletrônicas em vista do intercâmbio de informações; e muitos programas para aumentar os investimentos em recursos humanos e educação.

O paradigma da "produtividade *per capita*" produziu forçosamente um aumento da intensidade do uso de capital nas sociedades industrializadas, e levou à busca desenfreada de inovação tecnológica e automação. Os debates dos anos 70 sobre "tecnologia apropriada, escala e centralização" fizeram com que o paradigma desenvolvimentista mudasse nos anos 90, em especial no Sul. As escolhas tecnológicas são examinadas com um olhar mais crítico quanto à sua capacidade de desempregar pessoas, aumentar as disparidades de renda e atrair a população rural para cidades já congestionadas, e também quanto aos seus impactos ambientais. Um ponto que ainda não foi bem discutido no novo debate é a síndrome da "automação insensata" — particularmente nos Estados Unidos, onde bilhões de dólares foram investidos em informatização, robôs e outras inovações, no impulso de cortar custos e mão-de-obra. Existem muitas histórias de terror — um exemplo são os US$ 80 bilhões investidos pela General Motors numa automação que não funcionou, como se conta em "When GM's Robots Ran Amok".[17] Lester Thurow, reitor da Sloan School of Management, do MIT, faz a pergunta "mágica": por que, apesar de toda essa computadorização, nenhum ganho de produtividade aparece no levantamento feito pela *Business Week*, em 12 de agosto de 1990 sobre o futuro dos computadores pessoais? Na minha pasta — já bastante volumosa — que leva o rótulo de "Fracassos do Computador", há muitas histórias sobre empresas perfeitamente saudáveis que foram à falência por causa da computadorização inadequada. Outro problema paradigmático da teoria econômica é a confusa categoria dos "investimentos" considerados apenas quantitativamente, ao passo que o problema é saber se o investimento é *sábio* ou não.[18] O fracasso da Rodada Uruguaia do GATT salientou alguns dos procedimentos e desigualdades estruturais que promovem a injustiça em áreas vitais para os países do Sul, como as condições de comércio — que agora incluem também a propriedade intelectual — claramente viciadas em favor das empresas transnacionais e dos países industrializados. Essas questões candentes do GATT, que devem ser resolvidas pelo Norte, são discutidas em profundidade no novo livro do conhecido jornalista indiano Chakravarti Raghavan, que traz o título provocador de *Re-colonization 1990*.

Num mundo em que as mais poderosas nações industrializadas se organizam em blocos de livre comércio, não causa surpresa que os países do Sul estejam aprendendo outra lição com o Norte — que também eles, para sua própria sobrevivência, devem se organizar, formar laços mais estreitos e cooperar entre si. Os países subdesenvolvidos observam de perto o Leste Europeu, à medida que o interesse do Norte vai se distanciando do Sul e se aproximando dos países do antigo Comecon (Conselho de Assistência Econômica Mútua) — que agora voltam bruscamente ao *laissez-faire* de um capitalismo desenfreado de livre mercado e privatizações impensadas, como na Polônia, por exemplo, criando retrocessos sociais à medida que sobem o desemprego e a inflação.

O *Desafio ao Sul* adota muitas sugestões do relatório da Comissão Brundtland (*Our Common Future*) em vista de um desenvolvimento mais ecologicamente sustentável, mais centrado nas pessoas e mais eqüitativo — embora seja compreensivelmente inflexível quanto à promoção de uma barganha global em torno de assuntos tais como o aquecimento global e o buraco na camada de ozônio. O relatório pede um Fundo Ecológico Planetário a fim de que os custos do desenvolvimento de tecnologias "verdes" e mais benignas sejam justamente cobertos pelo Norte — que é responsável por 80% desses problemas — e não só pelo Sul. O Banco Mundial tem agora uma Linha de Crédito Ambiental, mas pouca perícia em identificar as oportunidades de investimento "verde".

Na verdade, o *Desafio ao Sul* é uma nova e importante afirmação política que pode redefinir o conceito de desenvolvimento, colocando-se na linha de frente dos esforços políticos para esboçar um mundo justo e ecologicamente sadio para o século 21. O *Desafio ao Sul* busca nivelar o campo de jogos global, construindo sob ele uma base ética e elevando-o ao nível de novos padrões de responsabilidade empresarial e governamental. Os países do Sul e sua nova voz, a Cúpula Econômica do G-15, devem ser ouvidos com todo o cuidado — eles buscam reconhecer esta nova era de interdependência global e mudar o jogo mundial, as regras e os placares do "progresso".

O projeto mais bem-elaborado de um novo paradigma ecológico de desenvolvimento centrado nas pessoas é o *Economic White Paper* apresentado pelo Green Forum-Philippines, que representa uma evolução em vários aspectos. Tive a honra de escrever o prefácio do plano, pois seus autores e promotores me convidaram, em 1989, para conhecer seu processo de ampla consulta às bases populares, busca e pesquisa de fatos.

Em primeiro lugar, o *Economic White Paper* está construído sobre uma das críticas mais irrefutáveis ao paradigma do desenvolvimento econômico convencional e à maneira pela qual ele fracassou nas Filipinas e em outros países (sempre pelas *mesmas* razões, além de outras *diferentes* em cada lugar). Por fim torna-se possível ver, em vários países, o quanto foi equivocado o esforço de industrializar o Planeta através da aplicação universal de um conjunto de estatísticas superagregadas e fórmulas altamente abstratas obtidas a partir da experiência pela qual a Grã-Bretanha e grande parte da Europa se industrializaram há quase três séculos! Essa ideologia eurocêntrica de industrialismo e "desenvolvimento" econômico (medido pelo PIB) foi um processo histórico não só único e irrepetível como também profundamente típico de uma determinada cultura — sem mencionar que se baseou numa compreensão científica inadequada dos ecossistemas da Terra. O resto do mundo ficou mais de cem anos tentando imitar esses processos, instigado pelo proselitismo de várias gerações de economistas bem-intencionados, até perceber que a disciplina chamada Economia, que racionalizou a experiência européia de industrialização, não era aplicável a outras culturas e ecossistemas. Aliás, a pretensão da Economia de ter o *status* de ciência foi enfim denunciada como fraudulenta, como se mostra em *The Politics of the Solar Age* e em outras obras.

A chamada Terceira Década de Desenvolvimento da ONU afinal revelou o gigantesco embuste do euroindustrialismo e o canto da sereia que é o crescimento do PIB enquanto medida de progresso real. Na Europa, esse "progresso" foi obtido à custa da exploração colonialista, da dilapidação dos ativos agrícolas e da negação do direito dos camponeses de cultivar os campos comunitários. Além disso, a população da Terra naquela época ainda não estava pressionando os ecossistemas; ainda hoje, mal começamos a calcular a "dívida de poluição" deixada por aqueles primeiros "vencedores" industriais. Os países industrializados do Hemisfério Norte, caracterizados pelo Grupo Econômico dos Sete (G-7: Estados Unidos, Canadá, Reino Unido, França, Alemanha, Japão e Itália), criaram a maior parte da poluição mundial, contribuíram com a fatia do leão para as emissões de dióxido de carbono que hoje estão levando ao aquecimento global e respondem pelo grosso das emissões de clorofluorcarbonos que estão destruindo a camada de ozônio da Terra, enquanto continuam falando sobre os países "endividados" do mundo subdesenvolvido! O cálculo desses custos sociais e ambientais (na casa dos trilhões de dólares), que foram o preço que o mundo pagou pelo desenvolvimento industrial, deixa claro que são os países industrializados que têm as maiores dívidas e, ainda por cima, dívidas em atraso!

Compete agora aos países do Hemisfério Sul negociar sua dívida monetária nessa base, à medida que começam a ensinar ao mundo um outro modelo de desenvolvimento. O Modelo do Green Forum baseia-se numa compreensão científica do funcionamento dos ecossistemas que sustentam a atividade humana (estabilizando o equilíbrio entre carbono, oxigênio e nitrogênio e reciclando os detritos) e satisfazem as verdadeiras necessidades humanas, não só de renda, mas também de saúde, educação, alimentos nutritivos, moradia adequada, uma vida cultural e espiritual significativa e a partilha dos frutos do trabalho em comunidades eqüitativas e coesas. O *Economic White Paper* trata exatamente desse tipo de desenvolvimento saudável, do qual tantos países e povos agora necessitam e ao qual aspiram. O *White Paper* documenta com cuidadosas pesquisas o modo como todo o processo macroeconômico orientado para o PIB devastou as Filipinas, e como continua, a cada dia (amarrado que está ao funcionamento iníquo do comércio mundial e do atual sistema financeiro), a marginalizar um número crescente de filipinos da zona rural enquanto destrói a produtividade de sua terra, de seus rios e florestas.

O ponto mais significativo é que o *White Paper* contém um plano cuidadosamente pesquisado e *testado* para reverter esse declínio, reinvestir nas comunidades rurais, aumentar a produtividade agrícola e reduzir a pobreza que está dilacerando o país. Os principais aspectos desse novo plano para desenvolver as aptidões e a vida do povo filipino e restaurar a fertilidade e produtividade de suas terras de modo eqüitativo e sustentável têm um caráter eminentemente prático, chegando a ser *banais*. Mas é esse tipo de bom senso, testado e posto em prática, que falta aos economistas e aos seus modelos macroeconômicos computadorizados, e que é desconhecido dos funcionários do "desenvolvimento". Ele não cabe nas fórmulas e, portanto, não pode ser avaliado por parâmetros quantitativos: o crescimento do PIB não diz se o abismo entre ricos e pobres está se alargando (como ocorre em geral), nem se as crianças estão mais saudáveis ou mais educadas, nem quanto de solo arável foi sacrificado para estimular uma produtividade de curto prazo. Não que esse novo plano não possa ser medido ou computadorizado em termos quantitativos — ele é. Mas ele caminha de baixo para cima e parte de premissas diferentes: que os *lares* (30% dos quais, mais ou menos, são encabeçados por mulheres) são as unidades básicas de produção (em vez das empresas) e que as aldeias compostas por esses lares produtivos podem ser vistas como empresas num sistema de Capitalismo Centrado na Comunidade, bastante análogo ao modelo de participação dos empregados que hoje se alastra pelos Estados Unidos e Europa. O plano é governado pelo princípio de "subsidiariedade", isto é, problemas que podem ser resolvidos num nível mais baixo de governo não precisam chegar aos níveis mais elevados (princípio este também adotado pela União Européia e, claramente, pelas novas repúblicas da antiga União Soviética). Os indicadores de desempenho fornecerão informações aos produtores em todos os níveis, partindo dos lares, passando pelas aldeias e chegando até as comunidades maiores, que funcionarão como "pólos" para comercializar a produção e agregar valor aos produtos através do processamento, etc. O ponto mais importante, e quase único, é que cada uma dessas Empresas Comunitárias estará localizada em uma Zona Ecológica, 225 das quais já foram identificadas segundo suas características ecológicas únicas, recursos naturais, biodiversidade, taxas de produtividade sustentável, etc.

Desse modo, os principais parâmetros do desenvolvimento serão a sustentabilidade dentro da tolerância ecológica e os aspectos "ascendentes", baseados na unidade familiar e fundados sobre a eqüidade local, em vez dos modelos macroeconômicos da falida abordagem "descendente", de cima para baixo. Já existem outras tentativas bem-sucedidas de dar às aldeias o *status* de empresas a fim de permitir que todos compartilhem os ganhos de produtividade e a motivação, como as do já mencionado movimento Sarvodya Shramadana, fundado por A. T. Ariyaratne no Sri Lanka, que usa princípios de desenvolvimento baseados no conceito budista do "despertar para todos" e vem elevando os níveis de desenvolvimento em 8.000 aldeias. É claro que interesses poderosos no Sri Lanka se opõem a esse desenvolvimento, que exigiu que os ricos proprietários de terras e empresários refreassem sua ganância e fez com que os políticos corressem o risco de perder sua "clientela". Por isso, A. T. Ariyaratne recebeu várias ameaças de morte.

O momento é favorável para o ousado plano do Green Forum, embora ele dependa das providências do Parlamento filipino e do governo Aquino e sucessores, e da determinação de finalmente cumprir as promessas de uma verdadeira reforma agrária. Hoje, o próprio Banco Mundial está tentando recuperar a idéia original, surgida durante o mandato de Robert McNamara como presidente da entidade nos anos 60, de promover o desenvolvimento rural entre "os mais pobres dentre os pobres" nas áreas agrícolas. Estamos assistindo a uma mudança na compreensão que o Banco Mundial tem da ciência ecológica, a qual os economistas do mundo todo estão sendo forçados a aprender. As prioridades do Banco Mundial foram desviadas nos anos 80 por pressão dos Estados Unidos e outros países industrializados e da posição a descoberto de seus bancos comerciais em face da montanha de empréstimos duvidosos em petrodólares. Essa pressão coagiu o Banco Mundial a reescalonar e reduzir os juros de grande parte dessas dívidas em petrodólares e acelerou a liberação de Empréstimos de Ajuste Estrutural (SALs) que pudessem manter a continuidade do pagamento dos juros da dívida externa por parte dos países endividados. Os empréstimos para projetos agrícolas foram reduzidos drasticamente porque seus prazos de pagamento eram mais longos e os resultados mais difíceis de serem avaliados.

Está claro que os anos 90 serão a década na qual a crise da dívida externa, que hoje exacerba a crise ambiental, precisará ser enfrentada — por meio de avais, *swaps* e, naqueles casos em que os empréstimos foram ilegitimamente tomados, pelo repúdio. No caso de muitos países que já estão *de facto* inadimplentes, sua dívida externa deve ser perdoada. Esta é um condição necessária, mas não suficiente, para uma nova era de verdadeiro desenvolvimento. Oxalá as Filipinas possam congregar a sabedoria e a liderança tanto do setor governamental quanto do setor privado para pôr em prática este modelo novo e sensível oferecido pelo Green Forum-Philippines. Já está claro que uma ampla coalizão popular em todo o país está pronta e disposta a empenhar esforços nesse sentido — motivada pela visão de um desenvolvimento eqüitativo, familiar, centrado nas pessoas e ecologicamente sustentável que eles podem ajudar a criar. Quem sabe se esse novo modelo de desenvolvimento humano ainda não dê aos filipinos oportunidade de mostrar que os outros "Tigres" da Ásia são uma espécie em extinção, assim como as outras sociedades industrializadas, a menos que mudem de rota. Os Estados Unidos são hoje o país mais preguiçoso do mundo quanto a adotar novos paradigmas de progresso — preferindo mandar seus jovens para lutar e morrer por petróleo "barato" do que reestruturar sua economia desperdiçadora e suas velhas alianças.

O *povo* norte-americano está à frente de seu governo

A crise do Golfo mais uma vez deixou claro que um dos calcanhares de Aquiles dos Estado Unidos é o desregramento no uso da energia. A campanha pública de conservação de energia lançada por George Bush e pelo secretário de Minas e Energia James Watkins, que de início deu ênfase à redução da velocidade nas auto-estradas, à calibragem adequada dos pneus e ao aumento da quilometragem por litro de combustível, acabou não passando de uma piada. Tragicamente, os poços incendiados no Kuwait acrescentaram a cada dia tanta poluição à atmosfera do planeta quanto todos os automóveis do mundo inteiro, segundo estudo da Organização Meteorológica Mundial (OMM) divulgado em abril de 1991 — além de contribuir para o aquecimento global.

É necessário implementar imediatamente soluções de longo prazo que permitam que os Estados Unidos reconstruam sua economia sobre uma base sustentável e energeticamente eficiente. Várias pesquisas de opinião mostram que um grande número de norte-americanos está disposto a fazer as mudanças necessárias. Logo, o que falta? Falta uma liderança que "ponha na mesa" todas as opções; a essa carência vêm somar-se os paquidérmicos setores industriais que ainda funcionam à base de desperdício e retardam a transição das economias poluidoras baseadas em combustíveis fósseis para a nascente era solar de sustentabilidade econômica e ambiental. Depois dos choques do petróleo nos anos 70, os Estados Unidos alcançaram sólidos ganhos de eficiência por meio da imposição de padrões mais rígidos de qualidade para aparelhos elétricos, da regulamentação da economia dos automóveis, dos limites de velocidade de 90 km/h e dos créditos tributários para tecnologias solares e de energia renovável. Nos anos 80, porém, tropeçamos e regredimos a uma dependência ainda maior do petróleo importado.

Contudo, já nos anos 80 uma pesquisa feita pela Americans Talk Security mostrava que os norte-americanos estavam à frente de seus "líderes", segundo Alan Kay, diretor da ATIF, que patrocinou a pesquisa. Em outubro de 1988, 90% dos norte-americanos achavam que a dependência em relação às importações de petróleo era uma séria ameaça à segurança nacional. Por ampla margem, aprovavam medidas para reduzir a dependência do petróleo do Oriente Médio, medidas que iam desde a acumulação de reservas estratégicas até um maior desenvolvimento das fontes de energia nacionais e alternativas. Nessa mesma pesquisa, 41% dos norte-americanos se declararam dispostos a pagar mais para obter petróleo de fornecedores outros que não os do Oriente Médio.

Chegou a hora de os norte-americanos encararem o futuro de frente; a época onírica do petróleo barato talvez não volte jamais. A atual demanda mundial de petróleo, 64 milhões de barris por dia, está crescendo 1,5% ao ano, o que virá acrescentar mais 10 milhões de barris por dia à demanda no ano 2000. Uma pesquisa bipartidária feita pela ATIF em setembro de 1990 revelou que 81% achavam que a crise do Golfo poderia ter sido evitada se os Estados Unidos tivessem lançado uma campanha para aumentar a eficiência energética nos automóveis, domicílios, escritórios e fábricas.

A tão protelada transição para a economia solar agora está ao nosso alcance. Embora não seja indolor nem gratuito, esse novo caminho é o melhor e mais agradável remédio para a economia norte-americana e para todas as outras economias industrializadas e movidas a combustível fóssil. Porém, no início de 1990, o governo Bush revelou um "plano" energético que ainda pressupunha que nenhum plano era realmente necessário. Mais uma vez, a velha magia das forças do mercado produziria a combinação correta de políticas econômicas. Assim, não surgiu nenhuma estratégia real de conservação de energia; ao mesmo tempo, paradoxalmente, julgou-se correto planejar o desenvolvimento de mais usinas nucleares e a exploração do Refúgio Ártico da Vida Selvagem. Essa política só pode ser compreendida se decifrarmos o paradigma que está por trás da "ciência" econômica tradicional: os milhões de decisões individuais que os norte-americanos fariam no mercado "livre" (onde, diz a teoria, todos os compradores e vendedores têm um nível igual de poder e informação, e nenhum efeito colateral atinge os outros) seriam o melhor de todos os planos possíveis. O que o paradigma do economismo não vê são a interdependência global, os mercados globais de capital, os grandes produtores oligopolíticos com poder de fixar preços e os *lobbies* de Washington — sem falar nos custos sociais e ambientais, não-contabilizados, da nossa economia movida a combustíveis fósseis.

A transição para uma economia solar sustentável inclui:

- Dar um "tom verde" ao código tributário, lançando impostos e taxas sobre os novos "pecados" econômicos: poluição, desperdício, obsolescência e exaustão de recursos. Essa taxação poderia incluir um "imposto do gás carbônico" para impedir a excessiva acumulação de dióxido de carbono na atmosfera e o aquecimento global. Cerca de 70% do povo norte-americano já aprova esse imposto do gás carbônico, segundo pesquisa feita em junho de 1990 por Martilla & Kiley/Market Strategies.
- Aumentar os padrões de eficiência energética de aparelhos eletroeletrônicos e dos automóveis. Neste item, a mesma pesquisa citada acima mostra que os norte-americanos criticam acerbamente a intencional ação vagarosa ou ineficiente tanto da indústria quanto do governo.
- Reinstituir os créditos tributários e os programas governamentais de incentivo aos investimentos em tecnologias alternativas com base em fontes renováveis de energia, e eliminar os subsídios que atualmente favorecem a energia não-renovável, tais como as licenças para exaustão de poços petrolíferos.
- Estimular, subsidiar e, se necessário, impor programas de reciclagem de detritos. Cerca de 53% dos norte-americanos já estão separando latas e garrafas para reciclagem. Por uma maioria de 55% contra 43%, os norte-americanos já acreditam que a reciclagem do lixo deve ser obrigatória.
- Intensificar as pressões em favor de uma genuína política energética nacional. Interesses entrincheirados nos atuais sistemas energéticos ainda bloqueiam o surgimento dos novos setores baseados na energia renovável e de empresas de energia eólica, solar, da biomassa, do hidrogênio e hidráulica. Contudo, nos Estados Unidos de hoje, menos de seis centavos de cada dólar gasto em pes-

quisa e desenvolvimento energético vão para as áreas de energia renovável. Scott Sklar, diretor-executivo da Solar Energy Industries Association, alerta para o fato de outras nações estarem tomando a dianteira. "A União Européia gasta trinta vezes mais que os Estados Unidos na promoção das exportações de energia renovável, enquanto Alemanha, Itália e Japão já ultrapassam os Estados Unidos na área de energia fotovoltaica, eólica e outras formas renováveis. Durante os anos 80, a participação dos Estados Unidos na produção mundial de energia eólica caiu de 27% para 5%."

- São necessários amplos debates e pesquisas de opinião pública com base nas opções alternativas. À medida que as pesquisas vão desvendando as alternativas para conservação de energia e fontes renováveis de energia, e relacionam essas opções à saúde futura da nossa economia e à expansão de oportunidades de emprego nos setores sustentáveis, que crescem com rapidez e elevam a qualidade do meio ambiente, os norte-americanos poderão ficar informados sobre as mudanças necessárias na política econômica.

Um bom sinal dessa mudança de opinião pública foi a pesquisa de junho de 1990 feita por Martilla & Kiley/Market Strategies: a idéia convencional de que precisamos escolher entre o crescimento econômico e um meio ambiente limpo foi rejeitada. Enquanto 72% dos norte-americanos afirmaram que estariam dispostos a sacrificar o crescimento econômico a fim de preservar o meio ambiente, como já dissemos, mais de 82% disseram que a criação de um meio ambiente mais limpo pode realmente ajudar a criar empregos e aumentar os níveis de renda. Além disso, em maio de 1991, uma pesquisa de opinião ambiental, bipartidária, revelou que 80% dos norte-americanos acreditavam que a proteção ambiental exigia mudanças difíceis na política econômica do país e na vida pessoal dos cidadãos. Tudo isso parece mostrar que os norte-americanos estão mais dispostos do que seus líderes a deixar para trás a dependência ao petróleo e caminhar rumo a uma economia solar. E, como vimos, uma economia da Era Solar é, por definição, uma economia verde.

Embora o governo dos Estados Unidos não tenha feito muito progresso neste campo, a taxação sobre a poluição (ou os "impostos verdes", como são chamados na Europa) é aprovada pelos governos e pela maioria dos empresários. A Organização para Cooperação e Desenvolvimento Econômico (OCDE), com sede em Paris e representando as 24 maiores nações industrializadas do mundo, pesquisou recentemente os 85 tipos diferentes de impostos "verdes" sobre a poluição já existentes na Europa. Esses impostos não só aceleram a limpeza como aumentam a receita. Por exemplo, o já mencionado imposto sobre o gás carbônico é cobrado na Noruega, Finlândia, Dinamarca, Suécia e Holanda. A União Européia como um todo começou a discutir, em agosto de 1991, um imposto sobre o gás carbônico em todos os doze países-membros, segundo uma útil pesquisa sobre temas da política econômica "verde" feita por Frances Cairncross, autora de *Costing the Earth.* Na edição de 31 de agosto de 1991 da revista *The Economist,* Cairncross diz: "O novo 'tom verde' talvez represente o maior estímulo à iniciativa e à invenção jamais visto pelo mundo industrializado."

Esses impostos "verdes" podem incluir o pagamento de um depósito sobre artigos retornáveis, taxas sobre os gases emitidos pelos automóveis, taxas de exaustão de recursos e impostos sobre poluentes tais como os dióxidos de carbono e de enxofre. *The Economist* aplaudiu todas essas medidas como exemplos de boa economia e instigou sua adoção: "O meio ambiente pode ser uma deixa para o corte dos gastos públicos e a geração de toda uma nova fonte de receitas."

Enquanto os governos da Europa vêem os impostos "verdes" como importante fonte de novas receitas, os empresários o vêem como mais palatáveis do que a burocracia e a regulamentação. A maioria dos economistas aprova a taxação "verde", já que ela promove uma correção dos preços e melhora o funcionamento dos mercados. Alguns continuam a apresentar propostas mais dúbias de institucionalizar o direito de "comercializar" as licenças de poluição no mercado. Embora os mercados não tenham condições de fazer tudo, há muitos casos em que eles podem ser eficazes — se as taxas sobre os poluidores forem altas o suficiente. Os economistas gostam dos impostos "verdes" porque ajudam a pagar os custos da poluição. Hoje, os poluidores são "isentos" — repassando para os outros os custos de suas atividades. Por fim, após muita resistência, esse princípio está sendo aplicado em muitos países, inclusive nos Estados Unidos. Chegou a hora de aplicá-lo ao nosso sistema tributário inteiro.

O "verdejar" do código tributário também ajudaria a corrigir as contas nacionais. Os número do PIB incluem os custos da limpeza da poluição e da reparação de danos, que são somados às contas nacionais — em vez de serem deduzidos para que se obtenha um PIB "líquido", como ocorre no Japão. Um estudo de 1991, feito pelo Instituto de Recursos Mundiais, de Washington, DC, estimou que a atual política tributária (que ignora os custos ambientais) provoca uma perda de 4% a 7% do PIB por ano. A substituição de alguns dos impostos atuais por impostos sobre a poluição tornaria a economia norte-americana mais eficiente. A adição do custo de limpeza do petróleo vazado pelo Exxon Valdez fez com que 1989 parecesse um ano extraordinário para o PIB do Alasca! Esses custos não só devem ser subtraídos do PIB como também a conta deve ser mandada para os poluidores. Não é preciso ser economista para entender isso. O preço dos produtos poluentes deve incluir o custo de tratamento sanitário e reciclagem. Os novos setores de produtos mais limpos e recicláveis seriam capazes de competir com mais justiça. Uma pesquisa de opinião realizada em maio de 1991 revelou que 92% das pessoas entrevistadas ou já estavam comprando (35%) produtos ambientalmente corretos ou tinham vontade de comprá-los — mesmo que fossem mais caros. A *Business Week* diz que o "Mercado Verde" crescerá de US$ 56 bilhões em 1990 para US$ 174 bilhões em 1995 — criando novos empregos.

A tributação "verde" deve incidir sobre quatro atividades dispendiosas do ponto de vista ambiental: a poluição, o desperdício, a exaustão dos recursos não-renováveis e a obsolescência planejada (por exemplo, isqueiros e máquinas fotográficas descartáveis). A necessidade de proteger os níveis de renda mais baixos foi atendida na Alemanha por meio de uma redução do imposto de renda das pessoas físicas proporcional à elevação dos impostos "verdes". Isso tira o fardo dos ombros da população de baixa renda e o transfere para as atividades que poluem e exaurem os recursos da Terra — embora a arrecadação geral não aumente nem diminua. Os norte-americanos já aprovam que a taxação de certos "pecados" (fumo, bebida) ajude a pagar por seus efeitos.

A maioria das empresas poluidoras já entendeu que os tempos mudaram. Seus empregados e as pessoas que consomem seus produtos vêm pedindo indenização na justiça, e essas empresas estão sujeitas a toda uma ampla gama de novas ações judiciais. A mesma pesquisa de opinião ambiental de maio de 1991 revelou que 80% dos norte-americanos já estão boicotando (14%) ou querendo boicotar os produtos das empresas com mau histórico ambiental. Outro benefício dos impostos "verdes" seria o de promover produtos e serviços substitutos e menos poluidores, já disponíveis (um exemplo: CD reutilizável para câmeras de vídeo). Os preços também cairiam, já que muitos desses produtos são oferecidos por empresas pequenas e em rápido crescimento, que não têm o poder de "fixar" os preços no mercado. Em muitos casos, essas alternativas pouco poluidoras já são mais baratas (serviços de lavagem de fraldas de tecido ou detergentes biodegradáveis). Além disso, muitos dos produtos *altamente* poluidores estão fora do alcance dos consumidores (limusines, *trailers* de luxo, barcos a motor). Os impostos "verdes" devem ser mais altos para os produtos de luxo.

Os operários podem ser remanejados e retreinados à medida que as empresas forem adotando operações menos prejudiciais ao meio ambiente. O melhor destino que se pode dar às novas receitas "verdes" é investi-las em programas de retreinamento. O complexo industrial-militar e as fábricas poluidoras e desperdiçadoras têm pouco tempo de vida. Se os Estados Unidos não reduzirem a quantidade de energia que utilizam (duas vezes e meia a mais que os japoneses), sua economia não terá mais condições de competir. Enquanto os japoneses reciclam mais de 50% de seu "lixo", os norte-americanos jogam fora 90% do seu. "Dar um tom verde" ao código tributário é o melhor caminho para os Estados Unidos começarem a melhorar sua posição no mundo. Além disso, os códigos tributários devem desencorajar hábitos não-saudáveis como fumar, beber, poluir e desperdiçar recursos, encorajando, por outro lado, hábitos úteis como trabalhar, economizar e investir em empresas mais limpas e eficientes. Fazer com que a taxação deixe de incidir sobre a renda pessoal e passe a onerar os "pecados" é um modo racional de enfrentar as novas condições dos anos 90. Por exemplo, o custo social do abuso de drogas, só para a sociedade norte-americana, é estimado em US$ 60 bilhões por anos.[19]

A mudança do paradigma comercial

O paradigma comercial da economia clássica ainda remonta a Adam Smith (1723-1790) e sua famosa fórmula de "vantagem comparativa", que continua a dominar os nossos manuais de economia. Era uma idéia perfeitamente sensata naquela época, quando os países europeus começavam a fazer comércio entre si e o capital era tão imóvel quanto o trabalho e os recursos. Sob aquelas condições — hoje desaparecidas —, era lógico que Portugal exportasse para a Inglaterra seus vinhos e as rolhas para engarrafá-los, enquanto a Inglaterra exportava casimiras e comprava vinhos no exterior. Assim, "desde que tudo o mais permanecesse igual" (o famoso *ceteris paribus* dos economistas, uma expressão indispensável às suas fórmulas mecanicamente aplicadas), todos os países que se envolviam nesse comércio mútuo "saíam ganhando". Esse comércio também devia ser "um comércio livre", com o mínimo possível de barreiras e empecilhos, tais como taxas, impostos de importação ou regras especiais, para os produtos ou seu processo de fabricação. Num salto gigantesco, essa fórmula baseada na Europa do século 18 foi extrapolada e aplicada ao conjunto do comércio *mundial*. Está claro que, com o sistema financeiro global do final do século 20, a mudança mais importante ocorrida desde aquela época foi que hoje o capital é tão móvel que trilhões de dólares circundam o globo a cada dia dentro dos sistemas eletrônicos bancários. Isso quer dizer que toda a teorização livresca sobre o comércio ficou obsoleta, já que esses gigantescos fluxos financeiros excedem em muito os fluxos comerciais entre os países. Ao mesmo tempo, só para os Estados Unidos, cerca de 40% do fluxo de comércio com outros países ocorre *entre* divisões *joint-ventures* e subsidiárias das empresas multinacionais com sede nos Estados Unidos. Desse modo, os automóveis fabricados pela divisão britânica de uma empresa norte-americana são "importados" pelos Estados Unidos, enquanto um fabricante japonês sediado nos Estados Unidos pode "exportar" seus automóveis para a Europa ou mesmo de volta para o Japão. Acrescente-se a isso o fato de que a teoria econômica encoraja todos os países a fazer crescer sua economia através das exportações, isto é, através da exploração de suas "vantagens comparativas", sejam elas a mão-de-obra barata, a terra barata ou a ausência de regulamentação sobre os recursos ambientais — e temos, nos anos 90, uma grande confusão. Primeiro, a competição global por capitais se aquece — assim como a busca desenfreada do crescimento baseado nas exportações —, uma vez que, evidentemente, nem todos os países podem manter um balança comercial superavitária.

Num sistema de competição global por exportações, só há vencedores e perdedores (isto é, países cujo balanço de pagamento vai piorando e que precisam manter a desvalorização da moeda para continuar no jogo — ou então reduzir os salários e permitir que seus recursos naturais sejam saqueados). O outro problema é como encontrar *compradores* — há muitas pessoas famintas e necessitadas no mundo, por certo, mas poucas delas têm dinheiro suficiente para criar uma "demanda" para todas essas exportações. Acredito que o recente fracasso das negociações da Rodada Uruguaia do GATT, em 1990, foi inevitável. O impasse vai continuar até que o paradigma do "comércio mundial" seja repensado.

Do mesmo modo, os paradigmas do governo Bush foram pegos de surpresa no tocante ao comércio. A verdade é que todos os políticos, embora incitados por seus conselheiros econômicos a defender o "livre comércio", são na realidade protecionistas disfarçados, e isso por uma boa razão: até que sejam promulgadas novas regras racionais para nivelar o campo de jogo global, compete-lhes conservar o pouco de "soberania" nacional que lhes resta para dirigir suas economias. Assim, enquanto a Europa cerrava fileiras em torno de seus agricultores, apesar da retórica do "livre comércio", o governo dos Estados Unidos buscava na América do Norte seu próprio acordo de livre comércio (NAFTA) com o Canadá e o México. As duas maiores questões não-resolvidas do "livre comércio" são exatamente as duas mais ignoradas pelos economistas. O *trabalho*, supostamente imóvel e dócil a quaisquer salários que a nação costumasse pagar, começou a mover-se — as migrações em massa de pessoas buscando salários mais altos em outros países vão exceder em muito o atual número de operários mexicanos nos Estados Unidos. A segunda questão também é ignorada pela economia convencional: a exploração do *meio ambiente* por parte de países ricos e pobres, que buscam ganhar "vantagens comparativas" para suas exportações. Do mesmo modo, os japoneses exploram sua força de trabalho feminina, assim como fazem os norte-americanos, dando às suas exportações uma vantagem injusta sobre as do Canadá ou Suécia, onde os salários de homens e mulheres mantêm estreita paridade. Além disso, a maioria dos acordos comerciais têm girado em torno da exportação de bens, embora 1/5 de todas as atuais exportações no comércio mundial sejam compostas de serviços (fato que as estatísticas nacionais da maioria dos países ignora ou subcontabiliza).

Os alarmes dos ambientalistas e sindicatos a respeito dos acordos de livre comércio entre Estados Unidos e México são um prenúncio das coisas que estão por vir. O imenso diferencial entre os salários mexicanos e norte-americanos e os temores de que o México se torne um "paraíso da poluição" para mais empresas norte-americanas acabaram por unir esses dois grupos. Do mesmo modo, ambientalistas do Norte e do Sul criticaram o GATT, tentando forçá-lo a incluir em suas regras critérios de proteção ambiental. Até 1991, os negociadores do GATT ainda viam as regras de proteção ambiental como barreiras "protecionistas" não-tarifárias que poderiam injustamente prejudicar o "livre comércio". Agora, o GATT precisa lidar com as exigências de muitos países em vias de desenvolvimento, as quais, se não atendidas, tornariam o trabalho tão móvel quanto o capital — transformando em "protecionismo" toda restrição à imigração, toda regulamentação do trabalho e também qualquer barreira à emigração. Em agosto de 1991, os 105 países-membros do GATT ainda mantinham seu compromisso de abolir as regras de proteção ao meio ambiente, desse modo tornando ainda mais vulneráveis as florestas tropicais — como denuncia o Alerta nº 63, agosto de 1991, do *Rainforest Action Network.*

Não estou sugerindo que voltemos à anarquia e ao protecionismo — o que, de qualquer modo, seria impossível neste mundo interdependente. Na verdade, o "livre comércio" poderia ajudar a instituir regras em favor de *melhores* padrões mundiais de proteção ao meio ambiente e ao consumidor e de segurança no trabalho, se o GATT incorporasse os custos e valores sociais em seus cálculos e ratificasse novos indicadores de desenvolvimento.[20] Outro caso que pode ser citado é o acordo Structural Impediments Initiative (SII), assinado em 1990 por George Bush e o então primeiro-ministro do Japão, Toshiki Kaifu, que vai piorar a poluição ambiental e a exaustão de recursos e é um bom exemplo das abordagens comerciais do velho paradigma. Essas novas preocupações, bem como muitas outras relacionadas com o impacto social e cultural do comércio exterior, vêm à tona principalmente porque a estreita moldura econômica que serve de base para as negociações não leva em conta nenhum desses fatores mais amplos e de mais longo alcance.

Ou tomemos a promessa japonesa de revisar a Lei do Varejo em Grande Escala, que os Estados Unidos querem abolir. Os economistas geralmente ignoram o aspectos mais amplos dessa questão, como a eficiência energética de longo prazo e a qualidade do meio ambiente. Os Estados Unidos querem que os japoneses (em sua pequena ilha que tem 1/25 do tamanho dos Estados Unidos) se enquadrem numa escala de distribuição apropriada para o continente norte-americano. Assim, em nome de teorias econômicas de "eficiência", os japoneses são incitados a explodir sua rede varejista — pulverizada, na escala adequada ao tamanho do país —, despejar concreto e construir rodovias sobre o pouco que sobra de sua terra escassa a fim de precisarem entrar no carro e rodar 50 quilômetros para fazer compras num *shopping center* — exatamente como fazem os norte-americanos.

Os cálculos puramente econômicos ignoram a inconveniência resultante, a perda dos valores comunitários e o declínio de milhares de pequenas lojas e suas folhas de pagamento, que dão às cidades tradicionais aquele sabor inconfundível. O irônico é que muitos norte-americanos sentem saudade desse tipo de qualidade de vida que ainda se pode encontrar em Quioto, e lamentam que ela esteja sendo perdida em seu próprio país à medida que as auto-estradas e os *shopping centers* vão transformando o "centro da cidade" numa cidade-fantasma. Muitas dessas questões foram discutidas numa conferência sobre a Renovação da Terra, realizada em Quioto em 1990, e patrocinada por grupos ambientalistas japoneses, pelo Center for Global Action de Tóquio e pelo Instituto Elmwood, o "grupo de cérebros" sediado na Califórnia. Poucos analisaram os custos ambientais da SII (Structural Impediments Initiative): as perdas adicionais de terra, o pesado aumento no consumo de combustíveis fósseis, elevando os níveis da poluição e do efeito-estufa, e a inevitável ruína dos ambientes urbanos com o já conhecido aumento no uso de drogas, no crime e outros sintomas da destruição dos bairros e comunidades, que se fazem sentir nas cidades dos Estados Unidos. A SII foi defendida com base no paradigma econômico já conhecido — seria bom para os consumidores japoneses, abaixaria os preços —, ecoado pelo próprio primeiro-ministro Toshiki Kaifu, que afirmava que o acordo era "doloroso, mas essencial" e até "promoveria a qualidade de vida no Japão". Não há dúvida de que a SII promoverá os interesses dos grandes negócios em ambos os países. Mas os economistas nada sabem sobre os fatores da qualidade de vida, os quais envolvem efeitos a longo prazo que não podem ser facilmente computados em preços individuais. E são exatamente esses cálculos mais amplos e de prazo mais longo que *estão* incluídos nos preços mais altos praticados no Japão, e muitas pessoas estão bem conscientes de fatores de qualidade de vida tais como vizinhanças estáveis, vida comunitária coesa, ruas seguras e lojas pequenas, amistosas e convenientes cuja manutenção vale o preço mais caro que elas cobram. A exigência norte-americana de que o Japão abra seu mercado de arroz para o arroz bem mais barato dos Estados Unidos ignora o enorme subsídio de energia barata recebido pelo arroz norte-americano.

Do mesmo modo, o dúbio argumento de que o Japão investiria mais dinheiro em sua infra-estrutura e aumentaria ainda mais o consumo interno só pode mesmo assegurar que o meio ambiente global sairá perdendo, pois a eficiência energética do Japão cairá para os níveis desleixados e desperdiçadores dos Estados Unidos. O irônico é que esse desperdício de energia é exatamente uma das principais causas do declínio da competitividade da economia norte-americana, como se discutiu antes. Além disso, a idéia de fazer com que o Japão alcance o nível norte-americano de importação de bens manufaturados teria de levar em conta que o Japão precisa importar 86,7% de seu carvão, 94,8% de seu gás natural e 99,6% de seu petróleo, contra os 3,8% de carvão, 4,1% de gás natural e uns 40% de petróleo importados pelos Estados Unidos.

Todos esses novos problemas e questões que brotam das negociações da SII e do debate sobre o Acordo de Livre Comércio entre Estados Unidos e México nada mais são que outro conjunto de sintomas dos erros do paradigma econômico. A economia tradicional se concentra no curto prazo e nos benefícios monetários e ignora os custos mais amplos que são repassados para outros setores da sociedade, para o meio ambiente e para as gerações futuras. O uso da renda *per capita* e do crescimento do PIB para medir o "progresso" está se tornando uma piada tragicômica. Em debates sobre o comércio exterior, como os da SII, seria preciso mandar os economistas de volta à escola para que aprendessem um pouco de sociologia, de antropologia cultural e de ecologia; só então poderíamos confiar em seus cálculos como base para as negociações.

É verdade que a maioria das 80 recomendações, hoje famosas, que os japoneses fizeram aos norte-americanos para ajudá-los a superar seus impedimentos estruturais (que os norte-americanos reduzissem seu déficit orçamentário — que chega a US$ 340 bilhões em 1992 —, aumentassem a taxa de poupança, se limitassem a um único cartão de crédito, etc.) foram ditadas pelos interesses nipônicos, mas elas também mostraram claramente que os economistas, quando se desviam demasiado de sua área de competência, precisam levar em conta fatos e argumentos interdisciplinares mais amplos. Na verdade, as teorias econômicas têm se mostrado cada vez menos capazes de mapear o jogo comercial mundial de nossos dias, que muda com imensa rapidez. Os paradigmas dos economistas ainda se baseiam em condições que já desapareceram, tais como o equilíbrio, o capital imóvel e a formulação das questões comerciais segundo parâmetros rígidos de livre comércio ou protecionismo. Mas as negociações da SII nos mostraram que, quando a nova caixa de Pandora dos assuntos sociais passa a ter um peso em assuntos comerciais, o próprio conceito de protecionismo torna-se tão amplo que perde seu sentido. Se as políticas sociais de um país qualquer podem ser combatidas por "protecionistas", então é provável que todos os debates sobre o comércio exterior se encham de conflitos insolúveis ou provoquem custos sociais ainda maiores.

Esperamos que os governos e seus representantes na área de comércio exterior sejam forçados pelos ambientalistas, muitas vezes em coalizão com os operários e os pobres, a perceber que é impossível nivelar o campo do jogo comercial mundial por meio da homogeneização das culturas e estilos de vida ou pelo arrasamento dos ecossistemas e a exploração da terra em nome da "eficiência econômica global". Em vez disso, todos os países devem trabalhar pela nivelação do campo de jogo global por meio da elevação de seu patamar ético. Isso exige a formulação constante de acordos, através das agências especializadas da ONU, do GATT, do G-7, do G-15 e de todas as organizações de tratados internacionais, que constituam uma base de padrões e protocolos sobre a proteção ao consumidor, a segurança do trabalhador, a conservação do meio ambiente e o estreitamento da brecha excessiva entre os salários e padrões de vida. A menos que as diferenças comerciais sejam reduzidas em vista do futuro, a velha competição baseada no PIB e arbitrada pela ciência econômica continuará a premiar as empresas mais exploradoras e os países mais míopes. A contribuição das novas negociações comerciais politizadas está em que elas revelaram todos os problemas urgentes que estão além da economia — e esclareceram a diferença entre dinheiro e verdadeira riqueza.

Assim, em termos amplos, a obra de "dar um tom verde à economia global" exigirá intervenções políticas em vários níveis, dos quais estes cinco são essenciais: 1) o nível do comportamento, estilo de vida e valores individuais; 2) o nível dos governos locais; 3) o nível das empresas, negócios e todas as atividades do setor privado; 4) o nível dos governos nacionais; e 5) o nível internacional. Em poucas palavras, esse "verdejar" envolverá todos os cinco níveis da seguinte maneira:

- *Em nível individual.* Como a maioria das pessoas percebeu depois dos Dias da Terra de 1970 e 1990, o "verdejar" da economia exigirá uma mudança em seus hábitos de consumo, investimento e voto: que elas adquiram *menos* bens, e bens ambientalmente sadios; façam um uso maior de serviços tais como cursos de auto-aperfeiçoamento, educação de adultos, retreinamento, etc.; e passem a usar sobretudo os meios de transporte de massa, bicicletas ou carros pequenos movidos por energia alternativa. Do mesmo modo, elas devem passar a investir em bancos e cooperativas de crédito locais, que invistam em empreendimentos locais, e nas modalidades de investimento que professem responsabilidade ética, social e ambiental.[21] Outra necessidade é organizar-se e votar em todos os níveis de governo, buscando educar-se a respeito dos assuntos principais. Também é essencial uma mudança de comportamento no que diz respeito à reciclagem, à redução do desperdício, etc.
- *No nível do governo local.* Novas regulamentações municipais devem ser promulgadas, permitindo o zoneamento múltiplo para reintegrar as comunidades, reduzindo o tráfego e revogando as leis que subsidiam a coleta de lixo, de modo que os custos da remoção e tratamento sejam cobrados dos habitantes locais (o que encorajaria a reciclagem do lixo e a formação de mercados locais e nacionais de produtos recicláveis). A eficiência energética deve ser incorporada aos códigos locais de construção e é essencial que o preço da água, etc., seja ao pleno custo.
- *No nível das atividades do setor privado.* Todas as empresas, de qualquer tamanho, podem reformular seus produtos e operações para minimizar o uso de energia e matérias-primas — bem como para retirar do mercado as linhas de produtos poluidores e desperdiçadores, o excesso de embalagem, os componentes não-recicláveis, etc. A realização de uma auditoria ambiental interna, com uma equipe da casa que submeta suas conclusões diretamente ao superintendente da empresa, pode ajudar a avaliar as vulnerabilidades da empresa em face de ações judiciais, novas regulamentações, grupos de ação popular e baixas classificações nos guias de compra do consumidor, tais como o sucesso editorial *Shopping for a Better World.*[22] Ao final dessa auditoria interna, entrarão no processo os funcionários das áreas de *marketing*, publicidade e relações públicas para reposicionar as linhas de produtos reformulados e beneficiar-se dos "mercados verdes".[23] Todas as auditorias ambientais devem hoje aceitar o princípio da OCDE de que "o poluidor paga a conta". As empresas também podem pensar em assinar os Princípios Valdez (ver Figura 7-37), tornando-se dignas desse "selo de aprovação" da comunidade de investimentos ambientais. Ou então as empresas podem promulgar seus próprios princípios ambientais. As pioneiras, como a 3M com seu programa "Vale a Pena Prevenir a Poluição", servem como bons modelos. Outra abordagem interessante é o Teorema do *Goodwill* (valor intangível da empresa, expresso em termos de prestígio e freguesia e não de produtos ou bens

Os Princípios Valdez

1. Proteção da biosfera
Minimizar a emissão de poluentes que possam causar dano ambiental.

2. Uso sustentável de recursos naturais
Conservar os recursos naturais não-renováveis através do uso eficiente e do planejamento cuidadoso.

3. Redução e remoção de resíduos
Minimizar a criação de resíduos, especialmente de lixo perigoso, e remover esse material de modo seguro e responsável.

4. Uso inteligente da energia
Fazer todo o esforço possível para usar fontes de energia ambientalmente seguras e sustentáveis para cumprir as exigências operacionais.

5. Redução de riscos
Diminuir os riscos ao meio ambiente, à saúde e à segurança dos empregados e das comunidades vizinhas.

6. Comercialização de produtos e serviços seguros
Vender produtos que minimizem o impacto ambiental adverso e que sejam seguros para os consumidores.

7. Compensação dos danos
Aceitar a responsabilidade por qualquer dano causado pela empresa ao meio ambiente, efetuar serviços de cura biológica e compensar as partes afetadas.

8. Transparência
Informar plenamente ao público quaisquer incidentes relacionados com as operações da empresa que prejudiquem o meio ambiente ou apresentem perigos para a saúde ou a segurança.

9. Diretores e gerentes ambientais
Indicar pelo menos um membro do Conselho que esteja qualificado para representar os interesses ambientais.

10. Avaliação e auditoria anual
Realizar e publicar todos os anos uma auto-avaliação do avanço rumo à implementação destes princípios e cumprir todas as leis e regulamentos mundiais aplicáveis. As auditorias ambientais também serão realizadas anualmente e distribuídas ao público.

Para obter o *Guide to The Valdez Principles*, publicado pelo CERES, que explica estes Princípios em detalhes, envie um envelope 9 x 12, pré-endereçado, com selo de US$ 1,00, para CERES, 711 Atlantic Ave., Boston, MA 02111. Ou telefone para (617) 451-0927.

FIGURA 7-37

materiais), desenvolvido por Ellen H. Schaplowsky e Jeffrey McCord, do Intangible Assets Management Group, Inc., de Nova York, que estabelece um valor para a reputação externa da empresa, suas relações internas com os empregados e outros fatores. Os programas de Pesquisa & Desenvolvimento devem mudar de foco e concentrar-se nas oportunidades de longo prazo para a invenção de tecnologias "verdes".

• *No nível nacional.* Os governos nacionais precisam adotar placares de progresso que corrijam os erros do PIB (como foi discutido no capítulo anterior). As prioridades orçamentárias nacionais devem mudar a fim de que aumentem os incentivos e os fundos de Pesquisa & Desenvolvimento dedicados à eficiência energética, à energia renovável e à construção de uma sociedade sustentável. Os sistemas de transporte devem guardar um equilíbrio entre os meios de transporte público, ônibus e trens, que têm eficiência energética, e os automóveis particulares. Os gigantescos subsídios atuais aos sistemas de auto-estradas devem ser eliminados — bem como os subsídios que favorecem a energia fóssil e nuclear (cerca de 50 vezes maiores, nos Estados Unidos, do que os subsídios à energia solar e às renováveis). É igualmente importante que as nações dêem um "tom verde" aos seus códigos tributários para taxar os "pecados" ambientais: exaustão de recursos virgens (impostos de esgotamento), desperdício, obsolescência planejada e emissões poluentes (como já se disse). O novo conceito de "responsabilidade do país" é uma inovação recente.[24]

• *No nível internacional.* Os líderes nacionais estão começando a perceber que, no mundo interdependente de hoje, precisam dedicar metade de seu tempo aos assuntos internacionais a fim de ter alguma esperança de administrar a economia nacional, como discutimos no Capítulo 3. A nivelação do campo de jogo global pela elevação de seu "patamar ético" exige a atuação de uma liderança firme para forjar os novos acordos e protocolos que governarão o sistema financeiro e comercial global. Esse sistema, em si, como já afirmamos, tornou-se hoje um "bem comum" global de fundamental importância, juntamente com o sobrecarregado espectro eletromagnético da Terra.[25] Isso não implica, de modo algum, nenhuma forma de "governo mundial"; a nova ordem surgirá de baixo para cima, a partir de medidas tomadas em muitos setores separados. Por exemplo, já existem acordos globais em muitas áreas que funcionam bem sem oprimir ninguém nem criar grandes burocracias. O sistema de aviação mundial é um sistema de alta tecnologia extremamente complexo, governado por acordos feitos através da Associação Internacional de Tráfego Aéreo para que todas as passagens aéreas sejam iguais, os horários dos vôos combinem entre si e os aeroportos e controladores do tráfego aéreo operem segundo as mesmas regras, produzindo um sistema eficiente e seguro que seria impossível sem esses acordos e essa cooperação. Do mesmo modo funciona o sistema de correios mundial, bem como o sistema mundial de previsão do tempo. Evidencia-se o quanto é necessária a cooperação espacial, já que nenhum país pode arcar sozinho com o custo dos próximos estágios de pesquisa e desenvolvimento nessa área.

O mais urgente e necessário são os novos acordos sobre os sistemas financeiros e o comércio exterior. As reuniões *ad hoc* do G-7 e outras abordagens gradativas, tais como as atuais regras bancárias globais que determinam os níveis de reservas exigidos e os limite de flutuação cambial, são, quando muito, medidas paliativas. O que se

Elementos de um Código de Ética para Jornalistas Ambientalistas (esboço)

O jornalista que escreve sobre o meio ambiente deve lutar para demonstrar, em seu planejamento, pesquisas, entrevistas, escrito e editoria, as seguintes qualidades:

1. Respeito pela vida (humana, animal, vegetal, planetária)
   - Substitua os recursos que você usa (desenvolvimento sustentável)
   - Não faça à natureza aquilo que você não quer que lhe façam (ver também nº 3)
   - Respeite a redundância e a diversidade genéticas
   - Procure evitar a guerra
   - Dedique-se ao cuidado recíproco

2. Respeito pela realidade (honestidade)
   - Reconheça que a verdade não vem apenas dos especialistas (pluralismo, respeito pelas idéias)
   - Pense globalmente, aja localmente; preste atenção aos detalhes (ver também nº 5)
   - Procure informações científicas, não rumores

3. Respeito um pelo outro (amor)
   - Dê prioridade às coisas espirituais
   - Não faça à natureza aquilo que você não quer que ela faça aos outros (ver também nº 1)
   - Otimize o desenvolvimento das crianças

4. Respeito pelo progresso (reverência pelo futuro)
   - Promova a eficácia, não só a eficiência
   - Preserve o bem comum
   - Seja otimista

5. Respeito por si mesmo (assumir a responsabilidade pelos próprios atos)
   - Avalie suas necessidades em vez de só pensar naquilo que você quer
   - Fale, mas também saiba ouvir
   - Pense globalmente, aja localmente (ver também nº 2)
   - Lembre-se de que o ser humano não é só destrutivo, mas também criativo

Este Código está sendo desenvolvido por um grupo internacional de ambientalistas e jornalistas que se reuniram em Florença, Itália, em março de 1991, sob o patrocínio do UNICEF, do Fórum Global de Líderes Espirituais e Parlamentares sobre a Sobrevivência Humana, e do Centro de Jornalistas Estrangeiros. Para obter maiores informações, entre em contato com Rushworth Kidder, Institute for Global Ethics, Box 563, Camden, Maine 04843.

FIGURA 7-38

precisa é nada menos que uma "New Bretton Woods" (a conferência que, em 1945, estabeleceu a atual economia global, o Banco Mundial, o FMI e o GATT). O GATT foi uma solução de meio-termo que atendeu às objeções norte-americanas ao projeto original de uma Organização Internacional do Comércio, da qual todos os países participariam. Não há como negar que o GATT é injusto para com os países em desenvolvimento, favorecendo os interesses do Norte e das empresas multinacionais. A Rodada Uruguaia, por exemplo, não sucumbiu somente diante da determinação da União Européia de continuar com sua Política Agrícola Comum (CAP) que protegia os pequenos agricultores, mas também em face da pressão dos países do Norte para fazer um acordo sobre serviços e "propriedade intelectual" que os países do Sul viram como uma tentativa de excluí-los das principais áreas de inovação tecnológica e que, na área da biotecnologia, permitiria que os ricos recursos genéticos do Sul lhes escapassem das mãos, com o patenteamento de sementes, etc. Do mesmo modo, o Banco Mundial e o FMI precisam ser democratizados, segundo as recomendações da Outra Cúpula Econômica, de Londres. O G-7 precisa dar lugar a um Conselho Econômico Mundial, do qual todos os países possam participar. Deve-se firmar protocolos globais a respeito da sustentabilidade ambiental e da proteção do consumidor e do trabalhador; outros que tratem dos regimes cambiais, instituam novas reservas de moeda para sustentar o sistema do eurodólar com ECUs e ienes e determinem a expansão dos Direitos Especiais de Saque. O ponto mais controverso é que as diferenças de salário entre os países também devem ser regulamentadas e limitadas.

Assim poderá surgir um campo de jogo nivelado que recompensará — em vez de punir — as empresas e países mais comprometidos com a ética. As grandes diferenças de salários entre os países, assim como as regulamentações, fazem com que muitas empresas tomem, em prazos curtíssimos, a decisão de transferir suas instalações — simplesmente para aproveitar algumas "janelas" de oportunidade que se fecham em poucos anos. Muitos desses movimentos de curto prazo das fábricas são altamente entrópicos e levam a um excesso de reestruturação e à desordem em toda parte — freqüentemente acobertados por códigos tributários que recompensam essas instalações de curto prazo com o anulamento de dívidas e forçam as autoridades locais a "lutar entre si" por essas fábricas por meio de "feriados tributários", "plataformas de exportação", etc. Nossa esperança é que uma nova geração de jornalistas bem-informados sobre os problemas ambientais e globais possa interpretar essas atividades a partir das perspectivas do novo paradigma — ao contrário do que ocorre hoje, quando temos muitos jornalistas que foram doutrinados no paradigma do "economismo" por programas tais como os da Fundação Alfred Sloan (que "ensina" aos jornalistas o "ABC da economia").[26] (Ver Figura 7-38.)

Vamos partir agora para uma discussão mais completa dos outros elementos da ordem mundial que está surgindo.

Notas — Capítulo 7

1. Ver, por exemplo, *Green Business: Hope or Hoax?*, Christopher Plant e Judith Plant, orgs., Green Books, Schumacher Society, Bideford, Devon, Reino Unido, 1991.

2. *Shopping for a Better World*, Council on Economic Priorities, 30 Irving Place, Nova York, NY 10003, edições anuais.

3. Relatório *Fifty Most Ethical Stocks*, Franklin Research and Development, Inc., Boston, MA, 1991, tel: 617-423-6655.

4. Council on Economic Priorities, *Better World Investment Guide*, Prentice Hall Press, Nova York, 1991.

5. *Business Week*, "A Bright Idea in Solar Energy", 1º de julho de 1991, p. 79.

6. Anita Roddick, *Body and Soul: Profits with Principles*, Crown Publishing, Nova York, 1991.

7. *The Economist*, "Coverting Nuclear Power Stations", 7 de abril de 1990, p. 78.

8. *New Economics*, New Economics Foundation, Londres, verão de 1991.

9. ONU, *Beyond the Debt Crisis, Final Report of the International Women's Seminar*, Non-Governmental Liaison Service. Pode ser obtido com DC-2, Room 1103, Nova York, NY 10017.

10. David Brooks, *An Evaluation of Our Common Future*, International Development Research Centre, Ottawa, Canadá, agosto de 1991.

11. Herman Daly, *Toward the Common Good*, Beacon Press, Boston. Ver também *Environmental Accounting for Sustainable Development*, de Yusef Ahmed, Salah E. Serafy e Ernest Lutz, orgs., Banco Mundial, Washington, DC, 1989.

12. Aparece no *World Policy Journal* uma visão ainda mais alarmante do declínio dos Estados Unidos, "Soul Among the Prophets", de Walter Russell Mead, World Policy Institute, Nova York, verão de 1991.

13. *The Economist*, "Rougher and Tougher", 29 de junho de 1991, p. 21.

14. *The Economist*, "Political Pawns", 10 de agosto de 1991, p. 16.

15. Ver, por exemplo, Walter Russell Mead, op. cit., e também *The Constant External ECU*, de Jacques Riboud, St. Martin's Press, que propõe fazer da ECU uma moeda mundial estável para rivalizar com o ouro.

16. *Business Week*, "It's the States' Turn to Play 'Raid the Pension Fund'", 18 de julho de 1991.

17. *The Economist*, "When GM's Robots Ran Amok", 10 de agosto de 1991, p. 64.

18. Nos Capítulos 9 e 10 de *The Politics of the Solar Age*, dissequei a "produtividade declinante" — um mistério para os economistas do velho paradigma.

19. *New York Times*, "The Cost of Drug Abuse: $60 Billion a Year", 5 de dezembro de 1989.

20. Ver, por exemplo, os argumentos em favor de "atrasar o relógio" apresentados pelo britânico Edward Goldsmith em *The Great U-Turn: De-industrializing Society*, publicado em seu brilhante e influente boletim *The Ecologist*, Booststrap Press, Nova York, 1988.

21. Ver, por exemplo, o *Directory* do Social Investment Forum, Boston, 1991; *The Corporate Examiner*, boletim do Interfaith Council on Corporate Responsibility, 475 Riverside Drive, Nova York, NY; *The Better World Investment Guide* (1991) e os trabalhos da CEP Corporate Environmental Data Clearinghouse, e sua *Newsletter*, CEP, 30 Irving Place, Nova York, NY 10003.

22. *Shopping for a Better World*, também da CEP.

23. O "*marketing* verde" está se defrontando com regulamentações cada vez mais duras e consumidores cada vez mais céticos, segundo relata-se em "Suddenly Green Marketers are Seeing Red Flags", *Business Week*, 24 de fevereiro de 1991, p. 74. Um exemplo da mais moderna e atualizada auditoria ambiental empresarial é o relatório anual do BFO/Origin, Utrecht, Holanda, que registra os efeitos das operações empresariais sobre o ar, a água, a energia, etc.

24. Ver, por exemplo, a Comissão Européia. Embora ainda não tenha uma "força de policiamento verde", ela já examina todas as queixas ambientais entre seus países-membros e mantém um "Placar dos Mais Sujos" de seus doze países. O "mais limpo" é a Dinamarca e o "mais sujo" é a Espanha. *The Economist*, "The Dirty Dozen", 20 de julho de 1991, p. 52.

25. Ver, por exemplo, "The FCC's About to Clear the Air — A Little" (onde finalmente os Estados Unidos são condenados pela União de Telecomunicações Internacionais por "congestionar" o espectro de ondas eletromagnéticas, que é usado por todos os países), *Business Week*, 17 de junho de 1991, p. 38.

26. Será necessário vigiar para evitar que o "economismo" se infiltre e coopte a ecologia. Ver, por exemplo, *Bionomics: The Inevitability of Capitalism*, de Michael Rothschild (1991), resenhado positivamente no *Wall Street Journal*, 19 de agosto de 1991. Em *The Economist*, 17 de agosto de 1991, p. 64, um artigo do Economic Focus, "A Price on the Priceless" denuncia a obsoleta teoria do bem-estar econômico por desenvolver "técnicas para mensurar o valor ambiental" que são, em primeiro lugar, manifestações do "economismo" empresarial, e não técnicas científicas.

NOTA: *The Eco-Team Workbook*, de David Gershon e Robert Gilman, Global Action Plan, West Hurley, Nova York, 1991, esboça um plano de seis meses para restaurar o equilíbrio ecológico de sua casa.

Capítulo 8

Por uma Nova Ordem Mundial

Visões para a Década de 1990

Um importante símbolo da realidade da interdependência global é o amplo debate sobre a "Nova Ordem Mundial", seja entre os antigos protagonistas da Guerra Fria nos Estados Unidos e na URSS, seja entre os líderes dos Hemisférios Norte e Sul. A expressão talvez seja a metáfora dominante para as reestruturações e realinhamentos que ocorrem em todo o mundo. Para George Bush, Mikhail Gorbachev e a segunda onda de reformadores do antigo império soviético, a "Nova Ordem Mundial" diz respeito, antes de mais nada, à crescente cooperação entre as duas antigas superpotências. Nenhuma delas escapou à perda geral de soberania inerente ao processo de globalização e ambas tomaram consciência do custo social e econômico de seu enfrentamento militar.

A Nova Ordem Mundial também implica uma mudança na definição de "segurança nacional" — de segurança militar para segurança econômica e ecológica —, bem como uma reformulação de todo o debate sobre desenvolvimento. Contudo, os complexos militares-industriais ainda estão profundamente arraigados nos Estados Unidos, no antigo império soviético, na Europa Ocidental e no resto do mundo. Esses arsenais gigantescos e os espantosos gastos anuais globais de US$ 1 trilhão no comércio de armas distorceram a maioria das economias nacionais, deram força ao apadrinhamento político, estimularam perdulários visando o ganho de vantagens políticas e geraram milhões de empregos.

As conhecidas "choradeiras" eram ouvidas nos parlamentos nacionais quando alguém fazia a sugestão de cortar verbas ou convertê-las para bens e prioridades civis. Nos Estados Unidos, temas como os crescentes problemas sociais urbanos, a falência dos Estados e a "mobilidade descendente" da nova geração norte-americana eram cobertas diariamente pela mídia, enquanto os bancos e as empresas de poupança, empréstimos e seguros cambaleavam. No entanto, em lugar da conversão econômica dos gastos militares para escorar outros setores, a corrida armamentista se globalizava à medida que os empreiteiros militares e seus aliados nos governos de todo o mundo promoviam a venda de armas como boas "exportações" e "P&D *high-tech*" e os estrategistas militares criavam novos inimigos para justificar esse comércio. Os Estados Unidos respondem por 24% das exportações mundiais de armas, a URSS por 41% e

O que o Mundo Quer — e como Pagá-lo

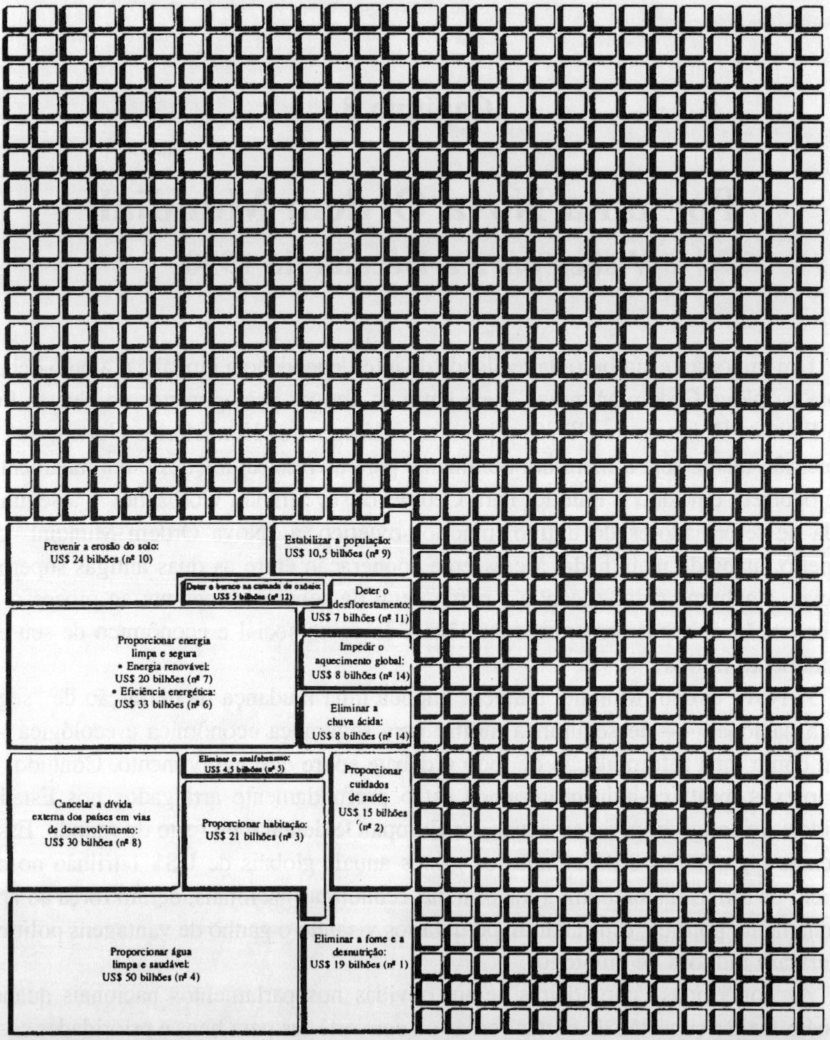

... usando os gastos militares de todo o mundo.

Quadro total = Gastos militares mundiais por ano: US$ 1 trilhão

❑ = 1/10 de 1% dos gastos militares mundiais por ano: US$ 1 bilhão

Mostramos acima os custos anuais de vários programas globais para resolver as principais necessidades humanas e problemas ambientais com que se defronta a humanidade. Cada programa mostra a quantia necessária para alcançar sua meta para todos os necessitados do mundo. O custo combinado de todos os programas é de aproximadamente 25% dos gastos militares totais por ano no mundo. Seguem-se as notas e referências [na Figura 8-39b]. A íntegra do texto explicativo encontra-se em *Doing the Right Things* (US$ 5 mais despesas de correio, World Game Institute, 3508 Market Street, Philadelphia, Pa 19104; 215-387-0220).

FIGURA 8-39

O que o Mundo Quer

Este quadro procura mostrar que os recursos de que o mundo precisa para resolver os principais problemas sistêmicos com que se defronta a humanidade já existem e podem ser empregados. Não há dúvida de que um problema tão imenso e complexo como, por exemplo, a situação dos alimentos, não se reduz a a um simples quadradinho num gráfico, e que essa maneira de apresentá-lo é, na melhor das hipóteses, insuficiente. As explicações dos vários componentes do gráfico não têm a pretensão de ser planos completos ou detalhados, mas sim rápidas pinceladas genéricas que mostram a direção, o objetivo e a estratégia gerais. O ensaio *Doing the Right Things* entra em maiores detalhes e pode ser obtido junto ao World Game Institute. (As referências listadas no final de cada item contêm documentação de apoio, maiores explicações e informações pertinentes.)

Nº 1. **Eliminar a fome e a desnutrição:** total de US$ 19 bilhões por ano; US$ 2 bilhões por ano, durante 10 anos, para alívio da fome global — gastos em reservas internacionais de cereais e ajuda emergencial aos famintos; US$ 10 bilhões por ano, durante 20 anos, gastos em educação do agricultor por meio de vastos serviços de extensão educacional adequados a cada país que ensinem/demonstrem a agricultura sustentável, o uso de fontes locais de fertilizantes, técnicas de manejo do solo e das pragas e preservação após a colheita, oferecendo claros incentivos de mercado para o aumento da produção local; US$ 7 bilhões por ano para o desenvolvimento de fertilizantes próprios a cada lugar. Os recursos educacionais do Nº 10 estão acoplados a esta estratégia. Intimamente ligado com os Nºs 2, 2A, 2B, 4, 5, 9 e 10.

Nº 2. **Proporcionar cuidados de saúde:** US$ 15 bilhões por ano gastos com a oferta de cuidados básicos de saúde através de especialistas que trabalhem nas comunidades, para todas as áreas do mundo que não têm acesso a serviços de saúde. Intimamente ligados com os Nºs 1, 3, 4 e 5.

Nº 2A. **Saúde infantil:** US$ 2,5 bilhões por ano gastos em: a) proporcionar vitamina A para as crianças que não a têm em sua dieta, evitando assim a cegueira de 250.000 crianças por ano; b) proporcionar terapia de reidratação oral para crianças com diarréia séria; e c) vacinar um bilhão de crianças nos países em vias de desenvolvimento contra sarampo, tuberculose, difteria, coqueluche, pólio e tétano, evitando assim a morte de 607 milhões de crianças por ano.

Nº 2B. **Problemas especiais de saúde:** US$ 40 milhões por ano para acrescentar iodo ao sal de cozinha, a fim de eliminar a deficiência de iodo e assim reduzir o número (190 milhões) de pessoas que sofrem de bócio e não deixar aumentar o número (3 milhões) das que sofrem de cretinismo manifesto.

Nº 3. **Eliminar as habitações inadequadas e o problema da falta de moradia:** US$ 21 bilhões, durante 10 anos, gastos em formar materiais, ferramentas e técnicas para as pessoas sem habitação adequada. Intimamente ligado com os Nºs 1, 4, 5 e 9.

Nº 4. **Proporcionar água limpa e abundante:** US$ 50 bilhões por ano, durante 10 anos, gastos em projetos de fornecimento e tratamento de água e saneamento — poços, encanamentos, sistemas de purificação de água. Intimamente ligado com os Nºs 1, 2, 3 e 9.

Nº 5. **Eliminar o analfabetismo:** US$ 4,5 bilhões por ano durante 10 anos: US$ 2 bilhões gastos num sistema de 10 a 12 satélites de comunicação e seu lançamento; US$ 2 bilhões gastos em 10 milhões de televisores, antenas parabólicas e geradores fotovoltaicos acoplados a baterias — instalados nas escolas das aldeias e em outras áreas necessitadas; o restante (90% dos fundos) será gasto em programas de alfabetização culturalmente apropriados e na manutenção do sistema. Intimamente ligado com os Nºs 1, 2, 3, 4, 9, 10 e 11.

Nº 6. **Aumento da eficiência energética:** US$ 33 bilhões por ano, durante 10 anos, gastos em diminuir o consumo de combustível da frota mundial de automóveis para mais de 21 km/l, além de aumentar a eficiência no uso de aparelhos, processos industriais, energia doméstica e matérias-primas, de acordo com as tecnologias de última geração. Intimamente ligado com os Nºs 7, 8, 12, 13 e 14.

Nº 7. **Aumentar a energia renovável:** US$ 20 bilhões por ano, durante dez anos, gastos em incentivos tributários ou de outra natureza, para a instalação de aparelhos de energia renovável, eliminação gradual e escalonada em dez anos dos subsídios atualmente concedidos aos combustíveis fósseis e nucleares, e pesquisa e desenvolvimento de aparelhos mais avançados para o aproveitamento da energia renovável. Intimamente ligado com os Nºs 6, 8, 11, 12, 13 e 14.

Nº 8. **Gerenciamento da dívida externa:** US$ 30 bilhões por ano, durante dez anos, gastos para dar baixa nos US$ 450 bilhões (ou mais) das dívidas externas atuais, descontando 50% do valor nominal. (Grande parte da atual dívida externa do mundo subdesenvolvido já é descontada em 10-25% do valor nominal.) Isso não só ajudará os países em vias de desenvolvimento a zerar seu débito como também ajudará a manter a solvência dos bancos credores. Intimamente ligado com os Nºs 1, 6, 7, 10, 11 e 14.

Nº 9. **Estabilizar a população:** US$ 10,5 bilhões por ano, durante 10 anos, gastos para tornar universalmente disponível o controle da natalidade. Intimamente ligado com os Nºs 1, 2, 3, 4 e 5.

Nº 10. **Reverter a erosão do solo:** US$ 24 bilhões por ano, durante 10 anos, gastos para converter em pastagens ou bosques um décimo das terras aráveis mais vulneráveis do mundo (que também são as mais suscetíveis à erosão), os locais onde a erosão é mais séria e as terras que não sustentam mais a agricultura e para recuperar e conservar as terras restantes através de técnicas agrícolas sustentáveis. Ambas as metas podem ser alcançadas através de uma combinação de regulamentações governamentais e programas de incentivo que subtraiam da produção agrícola as terras mais vulneráveis; e através da educação dos agricultores por meio de amplos serviços de extensão adequados a cada país, ensinando/demonstrando a agricultura sustentável e as técnicas de manejo do solo. Intimamente ligado com o Nº 1.

Nº 11. **Reverter o desflorestamento:** US$ 7 bilhões por ano, durante 10 anos, gastos no reflorestamento de 150 milhões de hectares para sustentar as necessidades ecológicas e a madeira para combustível e papel. Com o plantio das árvores pelos aldeões locais, os custos seriam de US$ 400 por hectare, incluindo as sementes. Custos adicionais para legislação, incentivos financeiros e implementação da proteção às florestas tropicais. Intimamente ligado com os Nºs 10 e 14.

Nº 12. **Reverter o buraco na camada de ozônio:** US$ 5 bilhões por ano, durante 20 anos, gastos na eliminação gradativa dos subsídios aos CFCs, na legislação tributária para os CFCs e em incentivos para mais pesquisa e desenvolvimento. Intimamente ligado com o Nº 14.

Nº 13. **Deter a chuva ácida:** US$ 8 bilhões por ano, durante dez anos, gastos numa combinação de incentivos tributários, regulamentação governamental e programas de assistência direta à instalação de aparelhos de controle da poluição (precipitadores eletroestáticos, etc.) em todas as indústrias que usam carvão e ao aumento da eficiência dos processos industriais, dos transportes e dos aparelhos. Intimamente ligado com os Nºs 6, 7, 11, 12 e 13.

Nº 14. **Deter o aquecimento global:** US$ 8 bilhões por ano, durante 30 anos, gastos na redução do dióxido de carbono, metano e CFC liberados na atmosfera, através de uma combinação de acordos internacionais, impostos sobre o gás carbônico, aumento da eficiência energética na indústria, nos transportes e nas residências, redução do uso de combustíveis fósseis, aumento do uso da energia renovável e reflorestamento. Intimamente ligado com os Nºs 6, 7, 11, 12 e 13.

Referências: *Ho-Ping: Food for Everyone*, World Game Institute, Doubleday, Nova York: Nºs 1 e 10. *State of the World's Children*, UNICEF, Oxford University Press, 1990: Nºs 2, 2A e 2B. *UNICEF, Giving Children a Future: The World Summit for Children*, Nova York, UNICEF, 1990, pp. 4-6, 10; e "Moving Towards a Global Ethic", Development Forum, p. 1, setembro/outubro de 1990: Nºs 2, 2A e 2B. *State of the World 1988*, Worldwatch Institute, Washington, DC: Nºs 4, 6, 7, 8, 10 e 11. *Energy, Earth and Everyone*, World Game Institute, Doubleday, Nova York: Nºs 6 e 7. *Soft Energy Paths*, Amory Lovins, Ballinger, Boston: Nºs 6 e 7. *1990 Report on Progress Toward Population Stabilization*, Population Crisis Committee, Washington, DC: Nº 9. *World Resources 1986-1987*, World Resources Institute, Washington, DC: Nºs 12, 13 e 14. *The Sky is the Limit: Strategies for Protecting the Ozone Layer*, World Resources Institute, Washington, DC, 1986: Nº 12.

FIGURA 8-39b

os países da OTAN por 16%, sendo que 19% são hoje exportados por países subdesenvolvidos.[1] Essa chocante distorção de prioridades num mundo de fome, doença e analfabetismo salta aos olhos. O World Game Institute (ver Figura 8-39) mostra que a redestinação de menos de 25% do US$ 1 trilhão gastos anualmente para fins militares poderia, em dez anos, reverter os problemas sociais e ambientais de hoje, que pioram a cada dia, e colocar todos os países no caminho do desenvolvimento sustentável.[2] A intransigência dos setores militares-industriais não amainou, apesar de todas as provas (discutidas nos capítulos anteriores) de que o investimento nas pessoas, e em sua saúde e educação, é o fator-chave da produtividade. Quando se comparou a produtividade empresarial dos Estados Unidos, URSS, Grã-Bretanha, França, Alemanha, Japão, Suécia, Itália, Canadá e Dinamarca em 1962 e 1988, verificou-se que ela era *inversamente* proporcional ao tamanho dos gastos militares (ver Figura 6-29: Gastos Militares e Desenvolvimento Humano). Assim, qualquer nova ordem mundial deve começar por reverter o tráfico de armas global e o militarismo, propondo reduções dos arsenais de modo a levar avante o insignificante progresso alcançado pelo Tratado START entre os Estados Unidos e a URSS. Apesar da bem-vinda iniciativa unilateral do presidente Bush em setembro de 1991, ordenando cortes nos arsenais nucleares dos Estados Unidos, ainda é preciso enxugar, e muito, todos os principais setores militares dos protagonistas da Guerra Fria. Esses assuntos foram discutidos em profundidade por Wilham D. Hartung em seu artigo "Breaking the Arms Sales Addiction", publicado no *World Policy Journal*, inverno de 1990-1991.

No espaço de poucos anos, a realidade da interdependência global reestruturou irrevogavelmente a geopolítica global. Os líderes nacionais, privados de sua soberania, se vêem hoje forçados a buscar parceiros, a lidar com um sistema mundial ainda perigosamente anárquico por meio de alianças *ad hoc* e a agir de modo pragmático — mesmo quando tudo isso está em conflito com suas cosmovisões. Os Estados Unidos deixaram para trás os crescentes orçamentos militares intimidatórios à URSS e as provocações feitas à ONU nos anos Reagan e, nos anos 90, passaram a namorar a ONU e a estabelecer alianças a fim de julgar e condenar o Iraque. Durante a Guerra do Golfo Pérsico, o então presidente George Bush referiu-se repetidas vezes a uma Nova Ordem Mundial para os anos 90 como o fundamento racional das políticas e da ação militar dos Estados Unidos. James Pickering, autor dos discursos de Bush, começou a inserir a expressão "novo paradigma" nos pronunciamentos do presidente, citando (quando lhe pediam explicações) o uso original de Thomas Kuhn em *The Structure of Scientific Revolutions* (1962), já mencionado. A Nova Ordem Mundial de Bush era interpretada como "Nova *Pax* Americana" em termos geopolíticos globais, já que os Estados Unidos tinham superioridade militar mesmo que sua economia estivesse enfraquecida. Muitos países subdesenvolvidos compreenderam a visão de Bush como uma simples versão de "A Força faz o Direito" a serviço de um novo grupo de "cruzados" ocidentais imperialistas.

Robin Wright, analista do *Los Angeles Times*, salientou na edição de 25 de junho de 1991 as divergências entre a teoria e a prática da "Nova Ordem Mundial" de Bush: "Apoio teórico às parcerias e à ação coletiva; à democracia; à redução das vendas de armas e à autodeterminação — ao passo que, *na prática*, os Estados Unidos:

1. Agem unilateralmente ou chamam a ONU depois do fato consumado;

2. Promovem — ativamente — a democracia em nações socialistas, enquanto toleram a lentidão ou ausência de mudanças nos nichos conservadores;

3. Negociam novas vendas de armas; e

4. Na maioria dos pontos críticos, apóiam a integridade territorial das nações existentes contra os esforços separatistas de movimentos nacionalistas."

A mesma confusão quanto a esses muitos elementos contraditórios da "Nova Ordem Mundial" de George Bush incitou o National Issues Forum (que promove o debate político na sociedade civil), financiado pela Fundação Kettering, a preparar um novo debate para 1991/1992 sobre o Papel dos Estados Unidos no Mundo, girando em torno de quatro escolhas básicas:

1. Superpotência Una (os Estados Unidos como único ator principal na cena mundial);

2. Instrumento de Equilíbrio no novo mundo multipolar;

3. Solução Multilateral: novas regras para a segurança mútua; e

4. Prioridades Internas: voltar-se para as necessidades do próprio país.

Qualquer que seja o juízo da História sobre a Guerra do Golfo, ela teve muitos aspectos que romperam os paradigmas e merecem nossa atenção. Em primeiro lugar, foi uma guerra na qual os meios de comunicação de massa (particularmente a TV) e as pesquisas de opinião desempenharam um papel sem precedentes. O Congresso dos Estados Unidos estava em recesso durante os primeiros dias da crise, em agosto de 1990. Faltaram os debates formadores de opinião, liderados pelos políticos, e o papel de intérprete foi deixado para os meios de comunicação e para as pesquisas por eles encomendadas. Formou-se uma discussão extraordinariamente simplista, cujo principal termômetro eram as pesquisas sobre a popularidade do presidente Bush. É natural que as pessoas, confusas e inseguras até mesmo quanto à posição de seus próprios representantes no Congresso, tenham dado ao presidente altas notas pelo modo como "administrava a crise". Na época em que o Congresso voltou a se reunir, as pesquisas da mídia mostravam Bush numa posição inatacável. Os membros do Congresso não só evitaram falar abertamente sobre a Guerra do Golfo, como mal a mencionaram durante a campanha eleitoral do outono de 1990. O primeiro grande teste para a diplomacia norte-americana depois da Guerra Fria nem chegou a tornar-se um tema de campanha.

Assim, a democracia dos Estados Unidos involuiu para uma "midiacracia"; a política ativa mergulhou num torpor televisivo pontilhado por fotos oportunísticas e sonoras alfinetadas. No momento em que o Congresso foi forçado a estabelecer um debate aberto, após a convocação de tropas por Bush em novembro, já era tarde demais. Espantados, os norte-americanos descobriram que o Senado havia se dividido quase em partes iguais quanto à política do presidente e que um terço do Congresso também se opusera ao uso da força no Golfo, que já era praticamente inevitável. Esse fracasso espetacular do processo político dos Estados Unidos foi outro fator sem precedentes. Quando as bombas começaram a cair sobre Bagdá em janeiro de 1991, os norte-americanos testemunharam níveis inéditos de "administração das notícias", que muitos compararam a uma novela de TV e não a uma guerra de verdade — enquanto isso, o tempo todo o Pentágono cuidadosamente orquestrava a maior parte da cobertura jornalística, evitando contar as baixas e "saneando" as filmagens feitas no *front*.

Pelo menos uma tentativa de democratizar a política e os meios de comunicação de massa dos Estados Unidos será posta em prática pelo PBS (Public Brodcasting System) nas eleições de 1992. Seguindo a idéia de um cientista político do Texas, as emissoras públicas pretendem reunir, em programas televisionados, uma "amostra aleatória" representativa de 600 cidadãos norte-americanos, colocando-os em contato direto com os candidatos para debater e esclarecer algumas das infinitas questões globais e nacionais urgentes que foram tão perigosamente ignoradas em 1990.[3] Essa "gota d'água no oceano" talvez sirva pelo menos para abrir os debates sobre a maneira de democratizar a mídia norte-americana, dominada por interesses comerciais — discuti esse assunto já em 1969, em artigo publicado no *Columbia Journalism Review*.[4]

E houve um outro aspecto da Guerra do Golfo sem precedentes nos anais da história militar — no fim, aquela guerra pode ter dado lucro para os Estados Unidos, a Grã-Bretanha e talvez outros membros da coalizão ocidental. Em 12 de junho de 1991, o *USA Today* apresentou a manchete "Superávit Comercial da Guerra", observando que "os Estados Unidos apresentaram, no primeiro trimestre de 1991, seu primeiro superávit comercial desde 1982, à medida que seus aliados na Guerra do Golfo despejavam bilhões em seus cofres". O artigo dizia ainda: "Este superávit deve-se totalmente aos US$ 22,7 bilhões, em dinheiro vivo, recebidos dos parceiros nesta guerra."

Pouco antes do início da Guerra do Golfo, algumas firmas de previsão econômica prognosticavam que uma "guerra curta" fomentaria a economia norte-americana e tiraria o país da recessão. Um grupo de consultoria de Washington, WEFA, acrescentou que uma guerra curta "desencadearia uma vigorosa recuperação econômica na esteira de uma vitória norte-americana". O WEFA comparou três possibilidades — guerra prolongada, guerra curta e impasse — usando quatro indicadores: Produto Interno Bruto, preços do petróleo, inflação e desemprego. Não causa surpresa que a "guerra curta" parecesse o melhor. A noção convencional de que "a guerra é boa para a economia" é bastante difundida e contraditória. O mesmo raciocínio usado para opor-se a cortes nos gastos militares é citado em favor da guerra no Golfo — a preservação dos empregos nos Estados Unidos. Por muitas razões, essa noção convencional não só é obsoleta como também faz parte de uma nova e perturbadora tendência: a transformação da economia norte-americana em uma economia "mercenária".

À medida que vão perdendo suas exportações, os Estados Unidos podem começar a exportar suas inquestionáveis habilidades na área de segurança. Os trilhões de dólares investidos no setor militar-industrial norte-americano (que até o fim da Guerra Fria respondia por um em cada seis empregos no país) determinam grande parte da política nacional e das atividades de *lobby* em Washington. A guerra foi travada em meio a uma recessão, em parte causada pela perda de confiança do consumidor — perda esta provocada pela própria guerra. Alan Greenspan, diretor do conselho do Federal Reserve (o Banco Central dos Estados Unidos), disse no final de janeiro que os Estados Unidos enfrentariam "uma longa e profunda recessão se a guerra com o Iraque se

Uma “Sociedade de Conservação” — A Matriz para o Futuro do Canadá?

Possibilidade de Conservação:	Possibilidade:	Tema:	Descrição:
PC_0	Possibilidade de manutenção do *status quo*	“Fazendo mais com mais”	- sociedade de consumo de massa - crescimento descontrolado
PC_1	Possibilidade de “crescimento com conservação”	“Fazendo mais com menos”	- aumento da eficiência - redução do desperdício - crescimento tecnológico
PC_2	Possibilidade de um estado estável de alto nível	“Fazendo o mesmo com menos”	- conquista de estabilidade com afluência - redução das desigualdades
PC_3	Possibilidade budista	“Fazendo menos com menos” “Rejeição do consumo de massa”	- economia descentralizada - tecnologia *soft* - mudança de valores
PC_4	Possibilidade de uma sociedade perdulária	“Fazendo menos com mais” “Extravagância”	- dedicação ao consumo e ao desperdício - obsolescência e autodestruição dos bens de consumo

FIGURA 8-40

Fonte: Conserver Society Report, 1978, Science Council of Canada

estendesse além de meados de abril". Essas previsões conflitantes exemplificam a inconfiabilidade dos indicadores econômicos e o perigo de se depender de estatísticas unidimensionais como o PIB.

A importância dada ao PIB, nos Estados Unidos e em outros países, leva-nos a ignorar fatores vitais nas áreas social, cultural, política e ambiental. Por exemplo, os custos estimados para as operações Escudo do Deserto e Tempestade no Deserto ignoraram indicadores sociais básicos do progresso nacional como um todo, tais como o Índice de Desenvolvimento Humano (IDH) do Programa de Desenvolvimento da ONU, que está agora sendo adotado na Venezuela, Alemanha, França, Dinamarca e Canadá. Como já discutimos, esses novos índices acrescentam dados sobre a mortalidade infantil, os orçamentos militares *versus* orçamentos educacionais, e novas medidas do "padrão de vida" que ultrapassam a renda *per capita* média. Se os Estados Unidos não adotarem esses indicadores em suas próprias políticas, as prioridades internas urgentes — educação, drogas, crime, deterioração da infra-estrutura e a necessidade de eliminar o desperdício e promover um uso mais eficiente de energia e matérias-primas — continuarão a ser prejudicadas.

O falso otimismo dos prognósticos sobre a guerra ignorou muitas dessas arraigadas ameaças internas à segurança nacional. Os mesmos prognósticos deixaram de contabilizar os custos das conseqüências da guerra, como a necessidade de estabilização do Oriente Médio, a reconstrução das economias prejudicadas pelas bombas e da confiança das populações árabes, o dilema dos curdos ou a devastação ambiental no Kuwait e no Golfo Pérsico.

A nova política norte-americana de "compartilhar o fardo" é um marco na história do financiamento militar. Embora a coalizão liderada pelos Estados Unidos estivesse no Iraque com um mandato da ONU, as operações chefiadas pelos Estados Unidos e suas atitudes agressivas foram rotuladas pela revista *The Economist* como as de uma "superpotência de aluguel". Os países subdesenvolvidos chamaram o conflito de "a guerra de Bush". Na Índia, ela desestabilizou o governo de Chandra Shekhar. Os Estados Unidos precisarão convencer tanto seus amigos quanto seus detratores de que *não* têm a intenção de se tornar os mercenários do mundo. Na aldeia global de hoje, a guerra simplesmente vai ficando menos viável enquanto instrumento de política nacional. A diplomacia e a cooperação criativa, bem como as sanções "inteligentes" (que funcionarão como quarentenas ou embargos de "informações", mais eficientes do que matar de fome populações civis), levarão a melhor. As sanções atuais penalizam os pobres, as mulheres e as crianças, e não as elites. Se uma nova opinião tomar forma entre os estrategistas militares, os especialistas em previsões econômicas e os políticos, a política de guerra ofensiva talvez substitua a velha política de guerra defensiva. A guerra ofensiva pode parecer mais "econômica". Novos indicadores econômicos e de conflitos, tais como os do grupo WEFA, podem instigar crescentes sentimentos mercenários por parte dos estrategistas.

Contudo, esse novo rumo depende em grande medida da qualidade das estatísticas governamentais, e a qualidade dos dados está declinando de modo alarmante. Uma pesquisa entre especialistas em previsões revelou que apenas quatro deles discordavam

A Declaração de Princípios de Estocolmo

1) Afirma os direitos humanos, condena o *apartheid*, o colonialismo, etc.;
2) Os recursos naturais devem ser protegidos;
3) A capacidade da Terra de produzir recursos renováveis deve ser mantida;
4) A vida selvagem deve ser protegida;
5) Os recursos não-renováveis devem ser compartilhados e não devem ser exauridos;
6) A poluição não deve exceder a capacidade de autolimpeza do meio ambiente;
7) A poluição prejudicial dos oceanos deve ser evitada;
8) O desenvolvimento é necessário para melhorar o meio ambiente;
9) Portanto, os países em vias de desenvolvimento precisam de ajuda;
10) Os países em vias de desenvolvimento precisam de preços de exportação razoáveis, para promoverem o gerenciamento do meio ambiente;
11) As políticas ambientais não devem dificultar o desenvolvimento;
12) Os países em vias de desenvolvimento precisam de dinheiro para desenvolver a proteção ambiental;
13) É necessário um planejamento integrado do desenvolvimento;
14) Um planejamento racional deve resolver os conflitos entre o meio ambiente e o desenvolvimento;
15) Os assentamentos humanos devem ser planejados, para eliminar problemas ambientais;
16) Os governos devem planejar suas próprias políticas populacionais adequadas;
17) As instituições nacionais devem planejar o desenvolvimento dos recursos naturais do país;
18) A ciência e a tecnologia devem ser usadas para melhorar o meio ambiente;
19) A educação ambiental é essencial;
20) A pesquisa ambiental deve ser promovida, particularmente nos países em vias de desenvolvimento;
21) Os países devem explorar seus recursos como o desejarem, mas sem colocar em perigo os demais;
22) Uma compensação é devida aos países que forem colocados em perigo;
23) Cada país deve estabelecer seus próprios padrões;
24) Deve haver cooperação nas questões internacionais;
25) As organizações internacionais devem ajudar a melhorar o meio ambiente;
26) As armas de destruição em massa devem ser eliminadas.

Fonte: Conferência da ONU sobre o Meio Ambiente, Estocolmo, 1972; disponível junto ao UN Environment Programme, Nairobi, Quênia

FIGURA 8-41

de que "o sistema de coleta de estatísticas econômicas do governo sofreu uma deterioração significativa ao longo da última década". Está claro que um PIB crescente não reflete uma crescente saúde financeira, e muito menos leva em conta os custos sociais e ambientais. Após oito anos de crescimento do PIB, os Estados Unidos enfrentam uma crise no setor de poupanças e empréstimos, problemas nos setores bancários e securitários, e uma taxa declinante de alfabetização. Essa negligência interna foi salientada até mesmo por pensadores da corrente dominante, como Peter G. Peterson, presidente do Conselho de Relações Exteriores, e William G. Hyland, editor de *Foreign Affairs*, em artigo publicado pelo *Washington Post* de 19 de julho de 1991, página 19, "Shift to Domestic Concerns Urged".

Cuidar dos problemas econômicos e internos é melhor do que rumar para uma economia mercenária. No entanto, até agora mal se deu atenção à questão de saber se os Estados Unidos estão rumando para um novo e inédito papel no mundo — o de "superpotência de aluguel". Os desfiles da vitória e as fitas amarelas submergiram até a pouca oposição existente, que nem sequer chegou a formular as novas e difíceis perguntas sobre as conseqüências da guerra. Foi ela realmente uma vitória... com Saddam Hussein ainda no poder? Com o Kuwait ainda uma monarquia absoluta? Com mais de 150 mil iraquianos mortos, centenas de milhares de baixas e um impasse ainda pendente sobre o Oriente Médio?

Espadas em arados

Entretanto, enquanto os combatentes do Oriente Médio correm para refazer seus arsenais e modernizar seus armamentos, está claro que os verdadeiros vencedores da Guerra do Golfo foram os mercadores de armas de todo o mundo.

A China, apesar da glacial reforma democrática, tem sido a líder na conversão econômica da produção militar para a produção civil. Recebeu elogios do Instituto Worldwatch pela firme redução de seus orçamentos militares ao longo dos quinze últimos anos. O complexo militar-industrial da China — um dos maiores do mundo, empregando mais de dois milhões de pessoas — foi construído nos anos 60 e 70 sob o governo de Mao Tsé Tung. Em 1985, Deng Xiaoping reduziu o efetivo das tropas em um milhão. Na última década, milhares de fábricas de material bélico chinesas deram origem a mais de 300 linhas de produtos civis e 10 mil novos produtos (que vão desde aviões comerciais, guindastes, navios, automóveis, locomotivas, motocicletas e geladeiras, até produtos eletrônicos de consumo). As antigas empresas militares hoje suprem 16,6% de todos os equipamentos médicos da China e estão exportando muitos produtos. "A conversão de tecnologias militares para uso civil é vista como parte essencial do desenvolvimento do nosso país", diz Jin Zhude, secretário-geral da Associação Chinesa para o Uso Pacífico das Tecnologias Militares-Industriais, fundada em 1986.[5]

Contudo, quase todos os países, a China inclusive, ainda vêem suas "necessidades de segurança" basicamente em termos militares e todos medem o "progresso" nacional pelo crescimento do PIB. Como já dissemos, as duas coisas estão co-relacionadas; o

A Carta Mundial da Natureza

Programa Ambiental da ONU (UNEP)

Princípios Gerais

1. A natureza deve ser respeitada e seus processos essenciais não devem ser prejudicados.

2. A viabilidade genética sobre a Terra não deve ser comprometida; os níveis populacionais de todas as formas de vida, selvagens e domésticas, precisam ser pelo menos suficientes para sua sobrevivência, e, para esse fim, os hábitats necessários devem ser protegidos.

3. Todas as áreas da Terra, no mar ou em terra firme, devem estar sujeitas a estes princípios de conservação; proteção especial deve ser dada às áreas únicas, às amostras representativas de todos os tipos de ecossistemas e aos hábitats das espécies raras ou em perigo de extinção.

4. Os ecossistemas e organismos, bem como os recursos terrestres, marinhos e atmosféricos que são utilizados pelo homem, devem ser administrados em vista de uma produtividade ótima sustentável a ser alcançada e mantida, mas não de modo a pôr em risco a integridade dos outros ecossistemas ou espécies com os quais coexistem.

5. A natureza deve ser protegida da degradação causada pela guerra ou outras atividades hostis.

Fonte: Folheto de distribuição pública do UNEP, Nova York, 1991

FIGURA 8-42

PIB foi introduzido durante a Segunda Guerra Mundial para avaliar a produção militar. Uma paz duradoura — sem falar em uma nova ordem mundial — exigirá uma reflexão sobre as definições de segurança, progresso e desenvolvimento, ampliando-se para bem além do crescimento do PIB.

As novas definições de uma nova ordem mundial devem incluir segurança contra a poluição ambiental, a pobreza, a fome e a doença; trabalho seguro, baseado numa economia bem administrada; uma boa infra-estrutura de estradas, ferrovias e edifícios públicos; e segurança contra o crime e as drogas ilegais. Está na hora de debater como mudar as prioridades do mundo e redirecionar o trilhão de dólares gastos por ano em armas, para investimentos nas áreas de saúde, educação e restauração ambiental.

Os meios para efetuar essa mudança estão à nossa disposição, já que é amplamente reconhecido que o tráfico global de armas ameaça a segurança de todos os países. George Bush ordenou mais rigor nas restrições à venda de armas norte-americanas, enquanto Brian Mulroney, primeiro-ministro do Canadá, notava a "ironia" do fato de que a maioria das armas usadas no Golfo tinha sido fornecida pelos cinco países membros do Conselho de Segurança da ONU. Na Cúpula Econômica do G-7, realizada em Londres, em 1991, os líderes apoiaram um "registro" das vendas de armas em todo o mundo. O reconhecimento dessa hipocrisia talvez ofereça o ímpeto necessário para a implementação de uma proposta feita pela Comissão da ONU em 1980: lançar um imposto, coletado pela ONU, sobre as vendas e carregamentos globais de armas, destinando essa receita para o UNICEF e as crianças do mundo.

Os mesmos métodos contábeis do PIB que superestimam a produção de armas não dão nenhum valor a outros elementos críticos — tais como o bem-estar das crianças e do meio ambiente do qual depende o futuro delas. Mesmo nos Estados Unidos, país considerado rico pelos padrões do PIB, um quinto das crianças vive na pobreza, 37 milhões de pessoas não têm garantia de atendimento médico e o percentual de indivíduos nas prisões é o maior do mundo.

Desde o fracassado golpe de Estado de agosto de 1991 na URSS, ficou claro que o ritmo de conversão da produção militar para a civil iria se acelerar, uma vez que essa mudança era vital para sustentar a economia à deriva — e Mikhail Gorbachev tinha dado o empurrão inicial. O mundo dos negócios norte-americano exultou diante do fracasso do golpe soviético, e as negociações já iniciadas (com a Chevron, a General Motors e a IBM, bem como com firmas européias como a Alcatel francesa, o Grupo Carroll do Reino Unido, a Fiat italiana e a Daimler-Benz alemã) se aceleraram.[6] Ironicamente, nos Estados Unidos e na Europa via-se pouco progresso na conversão militar. Entre 1989 e 1991, a URSS começou o processo de conversão cortando em 30% as encomendas de equipamento bélico. Como na China, as fábricas soviéticas de armas já têm dupla função; por exemplo, 60% de todos os automóveis e a maioria dos televisores e máquinas de lavar são produzidos em instalações fabris militares. Em 1991, cerca de 600 dessas empresas (10% da indústria de defesa da URSS) estavam envolvidas na conversão para produtos civis.[7]

A Carta da União Européia

sobre os direitos e obrigações ambientais. Aprovada pela Reunião de Especialistas em Oslo, Noruega, 29-31 de outubro de 1990

Reafirmando *que o desenvolvimento sustentável a ser alcançado em nível nacional, regional e global exige mudanças fundamentais nos valores humanos em relação ao meio ambiente e nos padrões de comportamento e consumo, bem como o estabelecimento das necessárias instituições e processos democráticos;*
Frisando *a importância da participação de uma sociedade bem-informada e educada, a fim de permitir que o público se mobilize para efetuar mudanças políticas coerentes com o desenvolvimento sustentável; e*
Confirmando *a intenção de continuar a aprimorar os processos nacionais e internacionais dentro da UE e à luz do importante diálogo multissetorial entre os governos e os setores não-governamentais, iniciado pela Conferência Regional em seguimento ao Relatório da Comissão Mundial sobre Meio Ambiente e Desenvolvimento (WCED) na UE, realizada em Bergen, Noruega, maio de 1990,*

Proclama:
Princípios Fundamentais:

1. Todos têm o direito a um meio ambiente adequado à sua saúde e bem-estar.
2. Todos têm a responsabilidade de proteger e conservar o meio ambiente em benefício das gerações presentes e futuras.
3. Todos têm o direito de expressar livremente seus pontos de vista, associar-se aos outros, reunir-se pacificamente, publicar e distribuir informações e manter contatos diretos e independentes em nível nacional e internacional sobre as questões do meio ambiente.

Informação, educação e treinamento ambiental

4. Todos têm o direito de acesso a informações adequadas e pertinentes sobre o meio ambiente, inclusive informações sobre produtos e atividades que afetem ou possam afetar significativamente o meio ambiente e sobre as medidas de proteção ambiental. As informações devem ser fornecidas de modo claro, devem ser compreensíveis para o público em geral e não devem acarretar despesas para quem as solicita.
5. Todos têm o direito de receber informações adequadas sobre fontes potenciais de acidentes, inclusive sobre programas emergenciais, e de ser informados de imediato quando ocorrer alguma emergência.
6. Todos têm o direito de apelar para uma revisão administrativa ou jurídica quando as informações solicitadas não forem oferecidas num espaço de tempo razoável, ou quando forem retidas por qualquer razão.
7. Todos têm o direito a uma adequada educação ambiental e ao acesso ao treinamento ambiental.
8. Todos têm o direito de receber, a intervalos regulares, relatórios preparados pelas autoridades competentes sobre o estado do meio ambiente em nível local, regional e nacional.
9. Os órgãos públicos têm a responsabilidade e a obrigação de relatar regularmente até que ponto suas atividades afetaram de modo significativo o meio ambiente.

Fonte: Comissão Mundial sobre Meio Ambiente e Desenvolvimento (WCED), Genebra, Suíça

FIGURA 8-43

Uma outra ironia foi ver os soviéticos pedirem à comunidade empresarial norte-americana (que ainda exporta 24% dos armamentos mundiais) que os ajudasse nos projetos de conversão para tempos de paz. Nos Estados Unidos, a maioria das iniciativas para a conversão a produtos civis está partindo de grupos ativistas de base popular que organizam empresas, trabalhadores, consumidores e vastas coalizões para desenvolver planos de conversão econômica municipais e estaduais em áreas totalmente dependentes, como San Diego, St. Louis e Tucson, bem como naqueles Estados onde os cortes militares já causaram a demissão em massa de centenas de milhares de trabalhadores, como Minnesota, Washington, Connecticut e Texas. Quase todas essas atividades têm o apoio das pesquisas realizadas pelo Center for Economic Conversion e são relatados em seu boletim trimestral, *Positive Alternatives.*[8]

Na verdade, em quase todas as partes do mundo, é o ativismo popular que representa a maior força em prol de uma nova ordem mundial genuinamente pacífica, justa e ambientalmente sadia. As organizações não-governamentais (ONGs) são reconhecidas por muitos políticos de alto nível e funcionários da ONU pela pressão criativa que exercem sobre seus governos. Uma questão importante hoje é: como os *governos* que oprimem seu próprio povo devem ser punidos?

Muitas peças específicas de uma nova ordem mundial abrangente estão ganhando forma no debate entre os países dos Hemisférios Norte e Sul quanto à definição de riqueza e progresso. O conceito de "desenvolvimento sustentável" está vindo à tona. Como dissemos, esse conceito caracteriza-se por uma visão de prazo mais longo — um desenvolvimento que atenda às necessidades das gerações atuais sem impedir que as gerações futuras tenham condições de atender a suas próprias necessidades. Essa nova ordem mundial foi formulada em setembro de 1990 por 71 chefes de Estado — entre os quais estavam o presidente norte-americano Bush, o primeiro-ministro canadense Mulroney, a primeira-ministra britânica Margaret Thatcher e outros líderes da coalizão do Golfo — na Cúpula Mundial da Criança. Qualquer nova ordem que não dê a máxima atenção ao futuro das crianças não será digna desse nome.

Os participantes da Cúpula elaboraram o esboço de um "plano de ação" para cuidar da "catástrofe silenciosa" de 40.000 crianças mortas pela fome e pelas doenças a cada dia, comprometendo-se a reduzir esse número em um terço por volta do ano 2000 (ver Figura 4-23: Plano de Ação para o Estado das Crianças do Mundo). Os objetivos do plano foram considerados possíveis e viáveis, a um preço anual de US$ 2,5 bilhões (o mesmo valor gasto por ano com a publicidade de cigarros nos Estados Unidos).

Outros elementos de uma nova ordem mundial mais abrangente que merecem maiores discussões são:

- Fortalecer a ONU e dar apoio a uma força de paz permanente, com vigilância dos tratados e das fronteiras através de satélites;
- Um banco de crédito populacional global que ofereça o crédito necessário para que qualquer país não-membro do G-7 alcance taxas de fertilidade equilibradas e estabilize sua população;

Coalizão Norte-Americana de Religião e Ecologia

Princípios propostos

Afirmamos, portanto, que a ECO-92 deve aprovar uma Carta da Terra que inclua os seguintes princípios:

1. Todas as formas de vida são sagradas. A Terra é uma comunidade, uma comunhão de seres. Nós, seres humanos, devemos reconhecer e respeitar essa sacralidade.

2. A comunidade da Terra é um sistema complexo e interdependente, e só pode sobreviver com um funcionamento integral e interconectado. Todas as partes do sistema são essenciais para seu funcionamento e beleza.

3. Nosso relacionamento com a Terra deve basear-se na humildade. O cuidado para com a Terra deve ser uma preocupação séria de todas as instituições, profissões, programas e atividades humanas.

4. A vida é uma dádiva, concedida igualmente a todos nós. Ela deve ser tratada com respeito e com a devida consideração pelos outros, incluindo as gerações futuras.

5. A vida humana é parte do mistério da evolução que se torna consciente de si mesma, e inclinamo-nos em sinal de humildade diante desse grande mistério. A beleza da Terra inspira a consciência, a imaginação e a celebração humanas.

6. À luz da interdependência ecológica, os seres humanos estão obrigados a se arrepender de seus hábitos destrutivos e exploradores e a viver em comunhão com o resto da criação, sentindo a alegria da união com toda a comunidade da Terra.

Para maiores informações, faça contato com a NACRE — North American Coalition on Religion and Ecology, 5 Thomas Circle NW, Washington, DC 20005 ou pelo telefone (202) 462-2591.

FIGURA 8-44

- Um fundo ambiental global, oferecendo aos países que adotam padrões de proteção ambiental linhas de crédito para o financiamento de formas sustentáveis de desenvolvimento e tecnologias "verdes";
- Linhas de crédito globais para eficiência energética e um banco de desenvolvimento para facilitar empréstimos, investimentos, *joint-ventures* e financiamentos de infra-estrutura pública que visem promover sistemas energéticos eficientes na indústria, habitação, agricultura e transportes;
- Ampliação dos tratados e protocolos da ONU sobre a proteção dos direitos humanos, acrescentando-lhes os direitos específicos dos trabalhadores e consumidores, os direitos de participação política e os direitos dentro da família.

As visões alternativas de uma nova ordem mundial são extremamente necessárias, e devem incluir esforços para corrigir o PIB e seu estreito conceito de progresso. Mais do que nunca, precisa-se de novos indicadores que eliminem a tendência à produção militar.

Outra rica fonte de pensamentos alternativos sobre uma "nova ordem mundial" são as centenas de estudos e pesquisas futurológicos elaborados no mundo todo. A World Future Society de Washington, DC, é aberta tanto aos membros profissionais quanto aos leigos; sua revista popular, *The Futurist,* e seu boletim profissional, *Futures Research Quarterly*, oferecem úteis orientações nesse campo em expansão. Talvez a melhor fonte de informação sobre novos livros e estudos a respeito de temas políticos e conceitos da "nova ordem mundial" seja *Future Survey*, um resumo mensal de todos os livros novos importantes publicados.[9] Outra fonte útil é o Institute for World Order e seu Projeto de Modelos para a Ordem Mundial (WOMP), fundado por Harry B. Hollins, do World Law Fund, em 1968. O Prof. Saul H. Mendlovitz dirigiu uma brilhante série de estudos multiculturais sobre o "Mundo preferido para a década de 1990", publicados na revista *Alternatives.* Atualmente, o WOMP está explorando o tema "Civilização global: Desafios à soberania, à democracia e à segurança".[10]

Em *Reinventing the Future: Global Goals for the 21st Century*, Rushworth Kidder comenta as recomendações feitas por 35 proeminentes cidadãos globais reunidos em 1987 pelo jornal *Christian Science Monitor.* A primeira recomendação era a de que as medidas do desenvolvimento não fossem mais feitas pelo PIB, aproximando-se de uma avaliação direta do progresso social. Salientaram-se cinco metas alcançáveis para os países: 1) uma taxa de mortalidade infantil inferior a 25 mortes por 1.000 nascimentos; 2) uma taxa de crescimento populacional inferior a 1% ao ano; 3) uma taxa de alfabetização de adultos de 85%; 4) expectativa de vida de 70 anos; e 5) emprego significativo para o maior número de pessoas. O grupo enfatizou que o desenvolvimento atrelado às mensurações econômicas e ao crescimento do PIB havia fracassado.

Indo ainda mais longe, um novo relatório do Conselho do Clube de Roma, *The First Global Revolution*, assinado por Alexander King e Bertrand Schneider, afirma (como eu própria tenho feito há duas décadas) que a energia, e não o dinheiro, é a

A Carta da Terra da Comunidade Internacional Bahá'í

(Elementos incluídos na proposta da "Carta da Terra" apresentada ao comitê preparatório da Conferência da ONU sobre Meio Ambiente e Desenvolvimento (UNCED), Genebra, 5 de abril de 1991, pela Comunidade Internacional Bahá'í.)

É nossa convicção que quaisquer apelos a uma ação global em prol do meio ambiente e do desenvolvimento devem estar enraizados em valores e princípios universalmente aceitos. Do mesmo modo, a busca de soluções para os graves problemas mundiais relativos ao meio ambiente e ao desenvolvimento deve ir além das propostas técnico-utilitaristas, dirigindo-se às causas subjacentes da crise. As soluções genuínas, segundo o ponto de vista Bahá'í, terão de partir de uma visão do futuro globalmente aceita, baseada na unidade e na sincera cooperação entre as nações, as raças, os credos e as classes da família humana. O compromisso com um padrão moral mais elevado, a igualdade entre os sexos e o desenvolvimento da capacidade de consulta para o funcionamento eficaz dos grupos em todos os níveis da sociedade, serão essenciais. A fim de reorientar as pessoas e as sociedades para um futuro sustentável, devemos reconhecer o seguinte:

• A unidade é essencial quando povos diversos querem trabalhar para um futuro comum. A "Carta da Terra" poderia identificar os aspectos da unidade que são pré-requisitos para a conquista do desenvolvimento sustentável. Segundo o ponto de vista Bahá'í, "O bem-estar da humanidade, sua paz e segurança, são inatingíveis a menos e até que sua unidade seja firmemente estabelecida".

• A exploração desenfreada dos recursos naturais nada mais é que um sintoma da doença generalizada do espírito humano. Qualquer solução para a crise do meio ambiente/desenvolvimento deve, portanto, nascer de uma abordagem que promova o equilíbrio espiritual e a harmonia dentro do indivíduo, entre os indivíduos e com o meio ambiente como um todo. O desenvolvimento material deve servir não apenas ao corpo, mas também à mente e ao espírito.

• As mudanças necessárias para reorientar o mundo para um futuro sustentável requerem um grau de sacrifício, integração social, ação altruísta e unidade de propósito raramente alcançado na história humana. Essas qualidades atingiram seu mais alto grau de desenvolvimento através do poder da religião. Portanto, as comunidades religiosas do mundo têm um importante papel a desempenhar, inspirando essas qualidades em seus membros, liberando capacidades latentes do espírito humano e capacitando o indivíduo a agir em nome do planeta, de seus povos e de suas gerações futuras.

• Só um sistema federativo mundial, guiado por leis universalmente acordadas e implementadas, permitirá que os Estados nacionais administrem cooperativamente um mundo cada vez mais interdependente e em rápida mutação, assegurando assim a paz e a justiça econômica e social para todos os povos do mundo.

• O desenvolvimento deve ser descentralizado a fim de envolver as comunidades na formulação e implementação das decisões e programas que afetam suas vidas. Essa descentralização, que não precisa entrar em choque com o sistema e as estratégias globais, deve realmente assegurar que os processos de desenvolvimento sejam adaptados à rica diversidade cultural, geográfica e ecológica do planeta.

• A consulta deve substituir o confronto e a dominação a fim de que seja assegurada a cooperação da família das nações para a elaboração e a implementação das medidas que preservarão o equilíbrio ecológico da Terra.

• Somente quando as mulheres forem aceitas em plena parceria em todos os campos da atividade humana, incluindo o meio ambiente e o desenvolvimento, será criado o clima moral e psicológico no qual uma civilização pacífica, harmoniosa e sustentável poderá nascer e florescer.

• A causa da educação universal merece o máximo apoio, pois nenhuma nação pode alcançar o sucesso sem que a educação seja oferecida a todos os seus cidadãos. Essa educação deve promover a consciência tanto da unidade da humanidade quanto do vínculo integral entre a humanidade e o mundo da natureza. Ao nutrir um senso de cidadania mundial, a educação pode preparar os jovens do mundo para as mudanças orgânicas na estrutura da sociedade que decorrem do princípio da unidade.

A Comunidade Internacional Bahá'í está pronta a contribuir para a elaboração e a promoção de uma "Carta da Terra", em consulta com outros órgãos interessados. A Bahá'í International Community pode ser contatada em 866 UN Plaza, Suite 120, New York, NY 10017.

FIGURA 8-45

força motriz das economias humanas. "O dinheiro", observa o relatório, "é simplesmente um substituto [da energia]. No atual estágio do desenvolvimento humano, há muitas razões para delinearmos uma nova teoria econômica baseada no fluxo de energia." (Pantheon, 1991, p. 156.)

As outras recomendações do relatório ecoam o crescente consenso global: conversão da produção militar para bens civis; tecnologias baseadas em recursos limpos e renováveis; iniciativas para o redesenvolvimento rural; reeducação, especialmente dos líderes e políticos; e aumento de oportunidades para as mulheres.

Um novo debate sobre as questões da ordem mundial foi lançado por Rushworth Kidder através do Institute for Global Ethics. Seu novo boletim mensal é o *Insights,* PO Box 563, 21 Elm Street, Camden, ME 04843. Outro importante esforço para moldar uma ordem mundial é o da Global Education Associates de Nova York; esse pequeno "convênio de cérebros", dirigido pelo casal Gerald e Patricia Mische, criou uma rede multicultural em dezenas de países para projetar um mundo melhor. Sua revista, *Breakthrough,* é uma indispensável fonte de notícias sobre as idéias mais criativas "para uma ordem mundial humana" — *Toward a Human World Order* é também o título do inovador livro dos Mische, lançado em 1985. Um dos mais estimulantes dentre os novos grupos é o *Student Environment Action Coalition*, formado em 1989 e com sede em Chapel Hill, NC; esse grupo já envolve mais de 30.000 jovens de 1.500 colégios e universidades numa visão holística que amplia o debate ambiental para além das discussões dos grupos ambientalistas elitistas (*New York Times*, 7 de outubro de 1991). A natureza ampla dessas idéias também é discutida em *Social Economics: An Alternative Theory*, Vol. I, de Neva R. Goodwin (St. Martin's Press, NY, 1991).

O Encontro da Terra ou ECO-92, a Conferência da ONU sobre Meio Ambiente e Desenvolvimento, a ser realizada no Rio de Janeiro em junho de 1992, reunirá o maior grupo de chefes de Estado e líderes mundiais já visto. Grupos populares e ONGs de todos os países vêm esboçando suas próprias versões da Carta da Terra, a qual será um dos principais "produtos" dessa conferência. A ECO-92 também produzirá um Plano de Ação, chamado Agenda 21, para tratar de problemas como a mudança climática, a poluição interfronteiras, o gerenciamento do desperdício, a proteção da terra, a conservação da diversidade biológica e a administração dos recursos do oceano, das faixas litorâneas e dos cursos d'água. Espera-se que vários tratados sejam assinados na ECO-92 — para tanto, faz-se necessário uma forte pressão dos grupos populares e das ONGs junto aos países relutantes (entre eles, os Estados Unidos). Uma das questões mais candentes será a negociação entre Norte e Sul de uma partilha eqüitativa dos custos das medidas de controle da poluição; os países subdesenvolvidos do Sul alegam que 80% desses problemas globais foram causados pelos países industrializados e que, portanto, eles devem pagar essa "dívida da poluição" (bem maior que quaisquer dívidas financeiras dos países subdesenvolvidos para com os bancos do Norte). O regateio será difícil, mas o Sul tem muitos "ases na manga", inclusive a possibilidade de abandonar as negociações e continuar seguindo seu próprio caminho de desenvolvimento industrial.

É certo que esse Encontro da Terra apresentará valiosas contribuições para o conceito de uma ordem mundial diferente; é ele o *primeiro* encontro a levar em conta

Declaração de Vancouver sobre a Sobrevivência no Século 21

A sobrevivência do planeta tornou-se uma questão central e premente. A situação atual exige medidas urgentes em todos os setores — científicos, culturais, econômicos e políticos, bem como uma sensibilização maior de toda a humanidade. É preciso que todos os povos da Terra se unam contra um inimigo comum: qualquer ação que ameace o equilíbrio do meio ambiente ou reduza o legado que esta geração transmitirá às gerações futuras. Hoje, este se torna o objetivo da Declaração de Vancouver sobre a Sobrevivência.

A HUMANIDADE CONFRONTA SUA SOBREVIVÊNCIA

Nosso planeta é instável — uma usina em constante mudança. A vida surgiu sobre sua superfície há quatro bilhões de anos e se desenvolveu em harmonia com um meio ambiente onde a mudança súbita e imprevisível é a norma. A descoberta, há duzentos anos, da energia encerrada nos combustíveis fósseis deu à humanidade o poder de dominar toda a superfície do planeta. Num período de tempo incrivelmente curto, sem planejar e quase sem refletir a respeito, nossa espécie tornou-se o maior fator de mudança sobre a face do planeta.

As conseqüências foram drásticas e únicas na história da nossa espécie:

– um aumento acelerado do crescimento da população ao longo dos últimos 150 anos, passando de um bilhão de pessoas para mais de cinco bilhões; o tempo de duplicação é, atualmente, de 30-40 anos;

– um aumento comparável do uso de combustíveis fósseis, levando à poluição global e à mudança do clima e do nível dos mares;

– uma destruição acelerada dos hábitats vitais, dando início a um processo gigantesco e irreversível de extinção em massa na biosfera (a base do ecossistema da Terra); e

– um dispêndio inimaginável de recursos e da engenhosidade humana na guerra e na preparação para a guerra.

E tudo isso autorizado pela crença de que os recursos do planeta são inesgotáveis e encorajado por sistemas políticos e econômicos que enfatizam o lucro a curto prazo com um benefício e ignoram os custos reais de produção.

A situação enfrentada pela humanidade envolve o colapso do equilíbrio entre nossa espécie e as demais formas de vida sobre o planeta. Paradoxalmente, neste momento em que estamos no limiar da degeneração do ecossistema e da degradação da qualidade da vida humana, o conhecimento e a ciência estão em condições de oferecer tanto a criatividade humana quanto a tecnologia necessárias para tomarmos medidas corretivas e redescobrirmos a harmonia entre a natureza e a humanidade. Só o que falta é vontade social e política.

FIGURA 8-46

novos paradigmas de "desenvolvimento" que podem atender às necessidades humanas sem destruir os sistemas de sustentação da vida no nosso Planeta.

Como pagar por essa e por outras necessidades da Nova Ordem Mundial? Em 1980, Willy Brandt, ex-chanceler da Alemanha Ocidental, propôs um método: um imposto, a ser coletado pela ONU, sobre todas as vendas e carregamentos de armas em todo o mundo, cuja receita seria destinada às necessidades humanitárias e ao UNICEF. Nos Estados Unidos, uma pesquisa de opinião realizada pela ATIF em abril de 1991 revelou que 83% dos norte-americanos eram favoráveis a essa proposta de um imposto sobre as armas. Além disso, 93% concordaram que uma Nova Ordem Mundial deveria ter os Estados Unidos como líder global para a resolução dos problemas ambientais do mundo.

Nos últimos anos, muitos países adotaram o conceito de "desenvolvimento sustentável". Na atual Era da Informação, o velho estilo de desenvolvimento "de cima para baixo" pode ser descentralizado e afastado das megalópoles, à medida que a inovação é estimulada entre as populações rurais. Essa nova abordagem, sustentável "de baixo para cima", foi discutida num encontro recente, em Tóquio, da Fundação de Pesquisas GIF do Japão. Este país, que é a mais nova superpotência (e o maior banqueiro internacional do mundo), está debatendo seu próprio papel em uma Nova Ordem Mundial. Hoje, o Japão presta mais ajuda ao mundo do que os Estados Unidos e está tomando assento no controle do Banco Mundial e do Fundo Monetário Internacional (FMI). O Japão enfrenta o desafio de superar o expansionismo que marcou os anos anteriores à Segunda Guerra Mundial e seu papel no Pacífico durante a Guerra, bem com o de superar sua cultura excessivamente voltada para si mesma. Contudo, já há japoneses visionários; há mais jovens japoneses servindo nos "exércitos de paz" na África do que norte-americanos.

A idéia da "Nova Ordem Mundial" do GIF foi semeada pelo Dr. Masaki Nakajima, hoje com 86 anos, e tem como meta nada menos que um *New Deal* global para ajudar os países do Sul que aspiram por alcançar uma vida melhor para seus povos. De início, Nakajima sonhava com o Fundo de Infra-estrutura Global (GIF, em inglês) que financiasse projetos gigantescos — represas, estradas, ferrovias e canais —, que a teoria econômica clássica vê como os meios de pôr um país em condições de operar a fabulosa "arrancada" para o crescimento econômico. Contudo, cada vez mais se tornavam dolorosamente visíveis os custos sociais e ambientais dessa industrialização à moda do século 19.

A Fundação de Pesquisas GIF hoje enfatiza a visão de Nakajima de um mundo em que todos ganhem, de cooperação entre o Norte e o Sul, e a necessidade de deter a corrida armamentista global. Por exemplo, há planos ambiciosos, já parcialmente financiados pelo Ministério da Agricultura do Japão, para reverter o avanço do Deserto do Saara rumo ao sul, entrando no Mali e na Nigéria, bem como projetos de reflorestamento e pesquisas sobre a geração de energia solar e renovável. Outro projeto do GIF é um acordo cooperativo com o governo turco para construir um "aqueduto da paz" para fornecer água à Síria, Jordânia, Kuwait, Arábia Saudita e Emirados Árabes Unidos.

Objetivos do Encontro da Terra na Conferência da ONU Sobre Meio Ambiente e Desenvolvimento

Rio de Janeiro, Brasil, 1º-12 de junho de 1992

A Conferência deve produzir:

- uma Carta da Terra, incorporando os princípios básicos que devem governar o comportamento econômico e ambiental de povos e nações para assegurar "nosso futuro comum";
- a Agenda 21, uma matriz para as medidas a serem tomadas em todas as principais áreas que afetam as relações entre o meio ambiente e a economia. Vai concentrar-se no período até o ano 2000 e avançar pelo século 21;
- os meios de cumprir a Agenda, tornando disponíveis aos países em vias de desenvolvimento os recursos financeiros adicionais e as tecnologias ambientalmente corretas de que necessitam para participar plenamente da cooperação ambiental global e integrar as considerações ambientais em suas políticas de desenvolvimento;
- um consenso sobre o fortalecimento das instituições, a fim de implementar essas medidas;
- convenções sobre a mudança climática, a biodiversidade e talvez o manejo florestal podem ser negociadas antes da Conferência e assinadas ou ratificadas no Brasil.

FIGURA 8-47 *Fonte:* Folheto de distribuição pública da UNCED, 1991

Essas atitudes concretas em relação à idéia de uma Nova Ordem Mundial são vistas como meios de fazer com que os complexos militares-industriais passem a atender necessidades civis. Esperamos que possam competir com alianças militares e as fórmulas de "partilhar o fardo" preconizadas pelo presidente Bush durante a Guerra do Golfo, que foram um *tour de force* estratégico, mas também uma guinada vergonhosa e sem precedentes para uma "ordem mundial mercenária".

Ao contrário dos numerosos críticos norte-americanos e britânicos que indignaram-se porque o Japão, sem petróleo próprio, não forneceu soldados à coalizão aliada contra Saddam Hussein, muitos participantes da recente conferência do GIF notaram com satisfação que as contribuições do Japão ao esforço aliado foram destinadas a um "Fundo para a Paz e a Reconstrução". Com isso, o Japão e também a Alemanha (que contribuiu com dinheiro mas não com soldados) podem ainda ajudar a conduzir a Nova Ordem Mundial numa direção mais positiva, dando ênfase à resolução de conflitos por mecanismos outros que não a guerra.

Em todas as partes do mundo, na verdade, as pessoas estão mudando sua percepção e seus valores e adquirindo uma nova consciência de seu relacionamento com o Planeta — não mais como senhores e exploradores, mas sim como partes da teia da vida neste belo e frágil Planeta. Desde os católicos até as muitas congregações protestantes e judaicas, desde os índios norte-americanos até os povos nativos de todo o mundo, os grupos de cidadãos convergiram para o Encontro da Terra — cada um com sua própria versão da Carta da Terra (ver Figuras).

Outro exemplo da visão do povo foi a pesquisa bipartidária sobre a Nova Ordem Mundial publicada em julho de 1991 pela Americans Talk Issues Foundation (ATIF) de Washington, DC, que revelou que o povo norte-americano está bem à frente de seus líderes quanto a conceber uma nova ordem mundial e um papel mais amplo para a ONU nos anos 90. A ATIF, fundada pelo inventor e empresário Alan F. Kay, realiza pesquisas políticas de interesse público e sem fins lucrativos. Fugindo do modelo tradicional das pesquisas de opinião dos meios de comunicação ou das campanhas eleitorais, a ATIF emprega uma equipe bipartidária; no caso da Pesquisa nº 16, a Greenberg-Lake, Inc., proeminente firma de pesquisa do Partido Democrático, e a Market Strategies, Inc., principal empresa sondadora de opinião pública do Partido Republicano. Embora seja a ATIF que formula as perguntas, as duas empresas contratadas para realizar a pesquisa também "endossam" a natureza imparcial das perguntas, a exatidão dos dados usados para formulá-las e a análise no relatório final. O resultado da Pesquisa nº 16 mostra que o povo norte-americano está buscando novas lideranças e atitudes corajosas tanto na política interna como na externa:

- 80% querem que a ONU comande a organização das futuras respostas globais às agressões (tais como a de Saddam Hussein). Em apoio a esse ponto de vista, 88% defendem que "a ONU mantenha em alerta uma força militar de paz composta de unidades oferecidas pelos países-membros". Mesmo que esses poderes da ONU entrassem em choque com a soberania nacional dos Estados Unidos, 59% das pessoas ainda concordam que "as resoluções da ONU devem ter força de lei e ficar acima das ações e leis dos países individuais, incluindo

O Dia do Sol, 1992

Declaração de Princípios e Objetivos

A mudança do clima global, os vazamentos de petróleo, a poluição atmosférica, as emissões e o lixo radioativos, as crescentes importações de petróleo e outros problemas ambientais e econômicos relacionados com a energia continuam a piorar, augurando efeitos terríveis sobre o mundo inteiro. A estratégia energética dos Estados Unidos deve, portanto, começar agora a moldar e administrar a transição para um futuro energeticamente sustentável que assegure um fornecimento de energia seguro, limpo, acessível, adequado e independente.

Pesquisas de âmbito nacional confirmam que a maioria esmagadora do povo norte-americano acredita que essa estratégia deve basear-se fundamentalmente no uso eficiente da energia e no fornecimento de energia renovável, e não nos combustíveis fósseis convencionais ou nas fontes energéticas nucleares.

Contudo, os responsáveis pela política energética nacional até este momento não implementaram essa estratégia. É disso que surge a necessidade de campanhas populares nacionais a favor de uma política energética que incorpore os seguintes princípios:

1. Os Estados Unidos devem dar prioridade às opções energéticas que maximizam benefícios tais como a proteção ambiental, o desenvolvimento da economia local, a auto-suficiência regional e a criação de empregos, minimizando os custos econômicos, ambientais e sociais.

2. Os Estados Unidos devem evitar as tecnologias energéticas que são particularmente perigosas à saúde humana ou ao meio ambiente local e global.

3. Os Estados Unidos devem minimizar o uso de energia importada, a fim de evitar convulsões econômicas e proteger a segurança nacional e a economia.

Em coerência com estes princípios, a política energética nacional deve basear-se no aumento da eficiência energética, na conservação da energia e no desenvolvimento de fontes energéticas limpas e renováveis por meio de iniciativas locais, estaduais e nacionais. Para facilitar a transição a um futuro energético sustentável, a política energética dos Estados Unidos deve esforçar-se para implementar, no mínimo, os seguintes objetivos, sem deixar de reconhecer que metas menos tímidas são alcançáveis e podem, em última análise, fazer-se necessárias.

**A intensidade energética nacional (isto é, o uso de energia por unidade do Produto Interno Bruto) deve ser reduzida de 3% ao ano, enquanto o consumo total de energia deve ser reduzido de 10% até o ano 2000, a partir dos níveis atuais. Isso pode ser alcançado através do uso de tecnologias energeticamente eficientes já existentes, tais como os projetos de construção e isolamento térmico de alta eficiência, o bombeamento geotérmico, as tecnologias de transformação direta da energia química em energia elétrica ("pilhas"), os motores e aparelhos com baixo consumo de energia, as lâmpadas que iluminam mais gastando menos, os carros mais econômicos e os modos alternativos de transporte (p. ex., transporte de massa e bicicletas), bem como através da reciclagem e de medidas sensatas de conservação de energia. (Essas medidas reduziram em pelo menos 25% a demanda projetada de energia entre 1973 e 1986.)

**O uso ambientalmente responsável das tecnologias solares diretas (p. ex., fotovoltaica, termossolar, aquecimento de água e de ambientes), das tecnologias eólicas, hidrelétricas, hidrogênio-solares, da biomassa (como a madeira, os resíduos agrícolas, o lixo orgânico, os combustíveis à base de álcool) e outras tecnologias de energia renovável, tanto em geração centralizada quanto em pequena escala, deve ser triplicado, em seu todo, até o ano de 2010, de modo a suprir 25-30% das necessidades de energia dos Estados Unidos. (Essas tecnologias hoje respondem por 8% do consumo de energia e por 13% da geração de eletricidade.)

**O cumprimento das metas acima permitirá que os Estados Unidos reduzam as emissões de dióxido de carbono (o principal responsável pelo efeito estufa) em pelo menos 20-25% até o ano de 2010. (Outros países industrializados, como a Alemanha, a Áustria, a Nova Zelândia, a Dinamarca e a Austrália, já fixaram metas para reduzir em 20-25% suas emissões de CO_2 até o ano de 2005.)

Para maiores informações, entre em contato com Public Citizen, attn: SUN DAY 1992, 215 Pennsylvania Avenue, SE, Washington, DC 20003, tel: (202) 546-4996 e fax (202) 547-7892.

FIGURA 8-48

os Estados Unidos, quando necessário para cumprir as funções essenciais da ONU".

- Setenta e dois por cento apóiam a proposta originalmente apresentada em 1980 pela Comissão Brandt, da ONU, para "monitorar e taxar as vendas internacionais de armas, destinando o dinheiro para o combate à fome e para ajuda humanitária". (Esta pergunta também tinha sido feita na Pesquisa nº 15 da ATIF, em março de 1991, e conseguira 81% de apoio.) Na Pesquisa nº 16, a proposta Brandt voltou a ser testada, com uma gama de argumentos contra e a favor. O público não se deixou convencer por dois dos argumentos contra o imposto sobre a venda de armas: 1) Que esse imposto iria incidir mais fortemente sobre os Estados Unidos, afetando a indústria de defesa e o nível de emprego no país (54% acharam esse argumento não-convincente, enquanto 45% o acharam convincente); e 2) Que o fundo, criado em grande parte com dinheiro norte-americano, seria controlado por outros países que poderiam desviar-lhe o uso para seus próprios propósitos políticos (52% contra 46% acharam esse argumento não-convincente). Pragmaticamente, o público (58% contra 40%) não aceitou o argumento de que "ao aumentar o custo das armas, o imposto limitaria seu uso em todo o mundo". Mas o público concordou (54% contra 45%) que "os compradores e mercadores de armas" devem ajudar "a pagar a conta da ajuda humanitária de que o mundo precisa". Depois de relatados todos os argumentos pró e contra, o apoio ao imposto sobre a venda de armas aumentou para 75%.
- O público, que vislumbra um papel mais importante para a ONU na nova ordem mundial, também expressa um interesse em reformar a Organização das Nações Unidas para torná-la mais participativa e democrática. Setenta e cinco por cento gostaram da idéia de eleger o secretário-geral da ONU através do voto popular nos países que têm eleições. Quase 90% apóiam uma popularização das regras decisórias da ONU (45% optaram por "um país, um voto", 42% por "uma pessoa, um voto" e apenas 9% por um sistema censitário regulado pela contribuição paga por cada país à organização).
- Noventa e dois por cento (69% dos quais afirmam-se amplamente favoráveis) apóiam a idéia de que "os Estados Unidos devem usar sua posição para fazer com que os outros países se unam a fim de agir contra os problemas ambientais do mundo". Esses 92% se mantiveram no mesmo nível registrado na Pesquisa Nº 15 da ATIF, de março de 1991. Na Pesquisa Nº 16, esse apoio de 92% foi mantido mesmo em face de vários argumentos contra essas iniciativas ambientais por parte dos Estados Unidos. Um dos argumentos era o de que "outros países e governos" desenvolveriam "regulamentações que afetariam a economia norte-americana" e que essas iniciativas "não são apropriadas para a nossa sociedade" (62% rejeitaram esse argumento, enquanto 37% o acharam convincente).
- Oitenta e sete por cento concordaram que "muitos problemas de poluição ambiental ultrapassam as fronteiras de um país e só podem ser tratados de maneira eficaz se todas as nações agirem em conjunto".

- Setenta e oito por cento concordaram que o aquecimento global (efeito estufa) e o buraco na camada de ozônio são sérias ameaças ambientais que exigem ação imediata.

A pesquisa também revelou que o público está pronto a apoiar a participação dos Estados Unidos numa gama de organizações não-governamentais que se ocupam dos problemas ambientais do mundo, como por exemplo: 1) 81% aprovam a criação de uma organização como a Cruz Vermelha que assuma a tarefa de limpar desastres ecológicos como o de Chernobyl, o vazamento de petróleo da Exxon Valdez ou os vazamentos e incêndios nos campos petrolíferos do Golfo Pérsico; 2) 82% apóiam a criação de um banco que financie a limpeza ambiental em todo o mundo, bem como *joint-ventures* com os países mais pobres para a transferência de tecnologias ambientalmente corretas; 3) 80% apoiaram a criação de um banco para investir em todos os países a fim de desenvolver o uso de sistemas energéticos mais eficientes na agricultura, na indústria, na habitação e nos transportes. Por fim, embora uma significativa fatia de 62% dos norte-americanos ainda acreditem que a Guerra do Golfo foi "uma grande vitória", isso representa uma espantosa queda de 22 pontos percentuais em relação à Pesquisa Nº 15 da ATIF, de março de 1991. Segundo a Pesquisa Nº 16, 53% pensam que o país está caminhando no rumo errado e 61% dizem que estão contrariados, muitas vezes ou quase o tempo todo, pela negligência do presidente em relação aos assuntos internos do país. Sessenta e oito por cento concordam que "é extremamente, ou muito importante que os Estados Unidos reduzam o uso crescente de petróleo importado", 59% acrescentam que apoiariam um imposto de 5% sobre o petróleo importado e 55% apóiam um imposto de cinco centavos de dólar por galão para reduzir essa dependência. Alan Kay, presidente da ATIF, observa: "Esta pesquisa veio confirmar muitas das nossas constatações anteriores, mostrando a coerência da opinião pública sobre diversos assuntos cruciais. Agora, compete aos nossos líderes seguir o público." Por meio de pesquisas sobre assuntos globais feitas ao longo dos sete últimos anos, Kay descobriu que o povo norte-americano está à frente de seus líderes quanto a definir segurança além dos termos militares.

O Center for War/Peace Studies, com sede em Nova York, também está repensando a ONU e sua estrutura, e propõe: 1) Que a ONU convoque uma Cúpula Mundial sobre o Governo Global, análoga às conferências de São Francisco e Bretton Woods nos anos 40; 2) Que a ONU estabeleça uma Comissão Independente sobre o Governo Global. Outra revisão de estrutura da ONU, mais oficial, é o estudo (1991) de Brian Urquhart e Erskine Childers, *A World in Need of Leadership: Tomorrow's United Nations*, que inclui propostas para reestruturar a burocracia da ONU, melhorando o nível de seus funcionários e fortalecendo o papel do secretário-geral.[11]

Outra proposta que vem ganhando apoio é a da Fundação para as Transmissões Globais, de Washington, DC: um canal de TV global para que os grupos de cidadãos e as ONGs se comuniquem diretamente entre si e com o mundo. Já se negociaram acordos entre as autoridades da área de telecomunicações de vários países para criar o "Canal ONG".

Na família das nações, algumas estão claramente tomando a dianteira em várias tarefas ligadas à construção de uma Nova Ordem Mundial saudável para o século 21. O Canadá, já em 1975, abriu um diálogo com todos os seus cidadãos: o país continuaria a ser uma Sociedade de Consumo ou mudaria seus valores e se transformaria numa Sociedade de Conservação? (Figura 8-40.)

A Suécia, em abril de 1991, foi a anfitriã de uma importante reunião de dignitários mundiais e ex-chefes de Estado convocados pelo primeiro-ministro Ingvar Carlsson, a qual produziu a inovadora Iniciativa de Estocolmo sobre Segurança e Governabilidade Globais. Entre outras coisas, a Iniciativa propõe o fortalecimento do sistema da ONU e de seus poderes em caso de emergência, bem como o monitoramento dos compromissos e tratados dos países-membros; e que todas as nações se comprometam a destinar 1% de seu PIB para o desenvolvimento internacional, acelerem os programas de perdão às dívidas externas, lancem impostos sobre a poluição global, se comprometam a reduzir seus exércitos e destinem partes específicas de seus "dividendos de paz" para investir no desenvolvimento humano. Esse relatório é leitura obrigatória.[12]

Por fim, a Comissão do Sul (composta de dignitários de alto nível e co-presidida por Julius Nyerere, da Tanzânia, e Carlos Andrés Pérez, da Venezuela) publicou em 1990 seu próprio relatório, o *Desafio ao Sul*, com as ousadas propostas descritas no capítulo anterior. A Comissão, nessa época, lançou a nova Cúpula Econômica do Sul no Grupo dos Quinze (G-15), cujo primeiro encontro, em Kuala Lumpur, Malaísia, em junho de 1990, consolidou essas iniciativas. A Venezuela foi a sede da segunda Cúpula Econômica do G-15 em novembro de 1991. O *Desafio ao Sul* é leitura importante porque também augura o quanto podem ser difíceis as negociações entre o Norte e o Sul nesta última década do século 20. As visões do Sul para uma Nova Ordem Mundial serão fundamentais em todos os novos debates globais[13].

Em 1990, o Centro Internacional de Iniciativas para a Paz, da Índia, convocou quarenta eminentes estadistas e intelectuais, incluindo Madre Teresa de Calcutá, o bispo sul-africano Desmond Tutu, o então secretário-geral da ONU Pérez de Cuellar, o ex-presidente da Costa Rica Oscar Arias, o ex-ministro das Relações Exteriores japonês Saburo Okita e o escritor e físico austríaco Fritjof Capra. O relatório do Centro, *The New World Order*, contém muitas propostas importantes e foi publicado pelo coordenador Sundeep Waslekar.[14]

Foi no continente africano que o fracasso das formas econômicas de "desenvolvimento" se mostrou em todo o seu horror, levando à década de reveses que foram os anos 80: fome, desertificação, exaustão ecológica e regimes políticos unipartidários e repressores. Contudo, desde o último ano dessa década infeliz, também a África começou a ver uma reestruturação positiva e um movimento rumo à reforma democrática. Em 1991, por fim, o governo De Klerk da África do Sul deu início à longa tarefa de abolir o *apartheid* — embora ainda reste muito a ser feito para alcançar plena igualdade política e econômica para a maioria negra. Na conferência da Comissão Econômica da ONU para a África, realizada em 1990 em Arusha, Tanzânia, a maioria dos governos africanos concordou, em maior ou menor grau, em "ceder espaço para o povo". A "Carta Africana pela Participação Popular no Desenvolvimento e na Transformação" pede políticas de desenvolvimento participativas e centradas no ser humano, a proteção dos direitos humanos e o apoio às organizações populares independentes. Salim Salim, secretário-geral da Organização da Unidade Africana (OUA), alerta que haverá vários modelos de democracia, mas que as sociedades africanas serão culturalmente diversas num continente ainda "num estágio tribal" de desenvolvimento político.[15]

À medida que novos placares (tais como o IDH e o *Country Futures Indicators*) começarem a mostrar uma contabilidade mais clara dos custos e benefícios dos investimentos, as nações poderão se aproximar do desenvolvimento sustentável. À medida que os cidadãos planetários procurarem e elaborarem novos meios de fazer-se ouvir (liderando seus líderes), será mais fácil identificar as feições de uma nova ordem mundial viável. Nossas crianças poderão, enfim, retomar o que lhes pertence por direito de nascença, e a Terra receberá o que lhe é devido.

Notas — Capítulo 8

1. *Global Arms Trade: Commerce in Advanced Military Technology and Weapons*, Congresso dos Estados Unidos, Escritório de Avaliação Tecnológica (OTA), Washington, DC 20515 — documentos que elevam o comércio de armas à posição de "um importante dilema político nacional [isto é, norte-americano] — como equilibrar o uso das exportações de armas como instrumentos de política externa, as pressões das empresas para terem acesso mais amplo e mais livre aos mercados externos, e a necessidade de fazer frente tanto ao perigoso crescimento dos arsenais no mundo todo quanto à proliferação cada vez maior do setor de defesa". Por exemplo, as empresas européias são praticamente obrigadas a exportar extensivamente para manter baixo o preço das armas no mercado interno e para financiar a Pesquisa & Desenvolvimento da próxima geração de armas.

2. *Doing the Right Things* (US$ 5, livreto e tabelas), disponível junto ao World Game Institute, 3508 Market Street, Philadelphia, PA 19104.

3. *Time*, 22 de julho de 1991, p. 27.

4. *Columbia Journalism Review*, "Access to Media: A Problem in Democracy", Hazel Henderson, primavera de 1969.

5. *South*, "Bombs into Baby Carriages", junho-julho de 1991, Londres, p. 3.

6. *Business Week*, 2 de setembro de 1991, p. 29.

7. *Business Week*, "Can Gorbachev Pound Missiles into Plowshares?", 29 de julho de 1991, p. 42.

8. *Positive Alternatives*, Center for Economic Conversion, 222 View Street, Suite C, Mountain View, CA 94041, vol. 1. Nº 4, verão de 1991. Ver também *Building a Peace Economy*, de John T. Marlin e Betty Lall, Westview Press, 1991.

9. *Future Survey*, disponível junto à World Futures Society, Washington, DC.

10. World Order Models Project (WOMP), 475 Riverside Drive, Room 460, New York, NY 10115. Ver também *Global Civilization*, Richard A. Falk, org., a sair em 1992.

11. Brian Urquhart e Erskine Childers, *A World in Need of Leadership: Tomorrow's United Nations*, Fundação Dag Hammarskjold, Upsala, Suécia.

12. *Common Responsibility in the 1990s*, The Stockholm Initiative, Prime Ministers Office, 5-103-33, Estocolmo, Suécia (distribuição gratuita).

13. Comissão do Sul, *Challenge to the South*, Oxford University Press, Londres e Nova York, 1990.

14. *The New World Order,* Sundeep Waslekar, org., 1991. Disponível junto a Peace Initiatives, B-704, Montana, Lokhandwala Complex, Off Four Bungalows, Andheri West, Bombaim, Índia, 400-058 (230 páginas, US$ 22 incluindo porte aéreo, fax 91-22-262-4202).

15. *Development Forum*, "Democracy in Africa?", Ernest Hansch, julho-agosto de 1991, p. 12.

Recomendamos também:

Andrew Bard Schmookler, *The Parable of the Tribes,* University of California Press, Berkeley, 1984.

CAPÍTULO 9

A Era da Luz

Além da Era da Informação

A "Era da Informação" tornou-se uma imagem onipresente entre os futurólogos que buscam metáforas úteis para representar a presente reestruturação das sociedades industrializadas. Novas imagens de uma sociedade pós-industrial proliferaram nos anos 70, à medida que se acelerava essa reestruturação. Em 1980, Alvin Toffler mostrou em *The Third Wave* uma cultura humana globalizada baseada na informação, no uso mais apropriado da tecnologia e na crescente conscientização de indivíduos ativos e produtivos para quem o consumismo é coisa do passado. Em *Alternative Futures for America* (1970) e diversos outros livros, Robert Theobald[1] esboçou aquilo a que chamou "A Era da Comunicação", descrevendo uma mudança rumo à capacitação das comunidades, automação e maior disseminação das informações.

Como afirmei no Capítulo 2, minha própria visão é de que a disseminação mais ampla da informação pode facilitar o surgimento de *networks* (redes) de cidadãos que teriam condições de romper velhas estruturas de poder, facilitar o aprendizado e dar início a uma ampla política de reconceitualização, transformando nossa fragmentada cosmovisão em um novo paradigma baseado na consciência planetária: uma Era da Luz, prenunciando o advento de culturas planetárias sustentáveis baseadas em recursos renováveis e numa compreensão mais profunda da Natureza. Num nível mais básico, a física quântica e a Constante de Planck nos ensinam que é a *Luz* — e não a matéria, a energia ou o tempo — o elemento fundamental do Universo. A equação de Planck sustenta que os quanta de luz são também quanta de *ação*. A Era da Luz foi prenunciada em quase toda a literatura religiosa, principalmente na Bíblia. No *Gênesis*, a primeira ordem de Deus foi, "Faça-se a luz"!

A Era da Luz está além da Era da Informação. A Era da Informação já não é uma imagem adequada para o presente, que dirá um guia para o futuro. Ela ainda está ligada à tecnologia de *hardware*, à produção em massa, aos modelos econômicos estreitos de eficiência e competição, sendo muito mais uma extensão das idéias e métodos industriais do que um novo estágio do desenvolvimento humano. A informação é um recurso abundante, não um produto escasso (como na teoria econômica), e exige novas regras cooperativas desde o nível local até o nível global.

A Era da Luz

Tecnologias de ondas luminosas que estão surgindo (**Fototrônica**)

• **Fibras ópticas**	...cabos de comunicação, voz, dados, etc.
• **Leitura óptica (*scanners*)**	...supermercados, bancos, sistemas de computador *on-line*
• **Raios *laser***	...cirurgia a *laser*, impressora a *laser*, discos *laser*, feixes de raios *laser* para "enxergar" os átomos, propulsão a *laser*, sistemas de armas a *laser* como o Guerra nas Estrelas, arte em *laser*
• **Holografia**	...projeto assistido por computador (CAD), produção assistida por computador (CAM), produção integrada por computador (CIM), arte
• **Tecnologias solares**	...aquecimento e resfriamento solar passivo, *Trombe walls,* conversão da energia termossolar, energia dos oceanos, marés e ondas, conversão da bioenergia, hidropônica, aquacultura, "torres de força" à base de refletores solares, conversão fotoquímica (fotossíntese natural e artificial), células fotovoltaicas, dispositivos de células solares para energizar satélites, coletores solares instalados no espaço, "velas" solares para a navegação no espaço exterior
• **Computadores ópticos**	...utilização de pulsos luminosos em vez de impulsos elétricos — levando à velocidade da luz
• **Computadores de multiprocessamento paralelo e computadores de rede neural**	...a arquitetura muito rápida permite processamento simultâneo, em vez de seqüencial, reconhecimento de palavras e vozes, aplicações lingüísticas e inteligência artificial
• **Tecnologias da imagem**	...imagens de TV, telas de cristal líquido, diagnóstico por imagens magnéticas
• **Biotecnologias**	...reconstrução e projeto dos genes, engenharia molecular, diagnóstico médico, imunologia, cultura de tecidos, clonagem, hibridização e "reprojetamento" de plantas, cura biológica
• **Máquinas genéticas**	...que automatizam a agregação sintética dos genes
• **Seqüenciadores de DNA**	...que fazem uma "leitura dinâmica" do código do DNA nas células
• **Acompanhamento e rastreamento de produtos químicos e genes**	...usando a luciferase, etc.
• **Nanotecnologias**	..."máquinas" moleculares para agregar e consertar moléculas, de muitos modos diferentes (p. ex., as teorias expostas por Eric Drexler em *Engines of Creation*, 1986)

Os fótons (luz solar) que incidem sobre a Terra fornecem, em 10 minutos, energia suficiente para pôr em órbita os cinco bilhões de habitantes do nosso planeta!

FIGURA 9-49

As Tecnologias de Ponta Imitam a Natureza

Alguns exemplos de tecnologias bem-sucedidas baseadas nos projetos da Natureza: a *máquina fotográfica* imita o olho humano; o *avião* imita os pássaros; o *radar* e as *antenas* imitam os insetos

Tecnologias da informação:

1. Inteligência artificial ...Sistemas especializados, "hiper-texto", programa de aprendizado associativo
2. Biotecnologias ...Engenharia genética, clonagem
...Anticorpos monoclonais, interferon, insulina
...Reconstrução dos genes, hibridização, cultura de tecidos
...Luciferase
...Feromônios, atratores químicos, controle biológico de pragas
....Catalisadores e agregadores à base de proteínas, micróbios que "comem" os vazamentos de petróleo, enxofre etc.
3. Uma nova medicina que, além de aumentar as defesas do corpo e o processo de cura, conserta as células diretamente e prolonga a vida
4. Tecnologias energéticas
...Geradores de energia térmica dos oceanos, marés e ondas
...Conversão da energia da biomassa
...Represas e energia hidráulica
..."Nanotecnologias", agregadores nucleares
...Fotossíntese sintética (pofirina de zinco e óxido de rutênio), células fotovoltaicas
...Osmose, tecnologias de membranas
...Coletores e "velas" solares
...Reatores de fusão

Modelos da Natureza:

1. Inteligência humana, conhecimento
...Memória e linguagem humanas
2. Códigos do DNA e RNA, vírus, bactérias
...Sistema imunológico humano
...Plantas e espécies selvagens
...Vagalumes
...Insetos, micróbios, fungos
...Aminoácidos
...Micróbios
3. Sistema imunológico humano, DNA, genes
4. Oceanos e outros processos globais
...Processos naturais de deterioração, fermentação
...Gravidade
...Vírus
...Cloroplastos das plantas verdes
...Membranas das células vivas
...Asas dos insetos
...**O Sol**

FIGURA 9-50

A informação, em si, não ilumina. Não se consegue esclarecer o que seja *má*-informação, *des*informação ou propaganda enganosa neste ambiente dominado e "adulterado" pelos meios de comunicação. A excessiva ênfase dada à simples informação levou a uma sobrecarga de bilhões de partículas de dados primários, fragmentados e cada vez menos significativos, e não à busca de novos padrões significativos de conhecimento.

Minha visão da nascente Era da Luz envolve uma repadronização da Era da Informação que agora se estilhaça. Isso exige nada menos do que uma mudança de paradigma, uma visão holística da família humana como um todo, hoje inextricavelmente ligada pelas tecnologias que circundam todo o globo. A Terra volta a ser percebida como um Planeta vivo, e a visão mais apropriada é orgânica e baseada nos modelos auto-organizadores das ciências da vida. As ciências biológicas passam a ser "lentes" mais úteis, e não é por acaso que as biotecnologias estão se tornando nossas ferramentas mais ambíguas do ponto de vista moral.

A revolução da biotecnologia vem engrenada em alta velocidade desde o final dos anos 70, quando professores de biologia começaram a se associar a empresas comerciais para fazer pesquisa genética, engenharia genética, reconstrução de genes, etc., o que levou à repentina valorização em Wall Street das ações de empresas tais como a Genentech, Inc. O irônico é que quase todas as pesquisas que deram origem à indústria biotecnológica foram pagas pelo contribuinte norte-americano — e este, na hora de compartilhar os imensos lucros de muitos desses empreendimentos, levou um firme "chega pra lá". O maior batalhador em prol do interesse público neste campo, discutindo sua ética e seus perigos, é Jeremy Rifkin, que soou o alarma com seus livros *Algeny* e *Who Should Play God?*, este último escrito em co-autoria com Ted Howard.[2] Rifkin protestou na justiça contra experiências genéticas não-testadas e levou avante uma difícil batalha jurídica para impedir que as empresas pudessem "patentear" formas de vida — batalha que foi perdida em 1987, quando a Corte Suprema dos Estados Unidos decidiu ampliar as normas originais do Departamento de Patentes dos EUA e permitir o patenteamento de todas as formas de vida. Desse modo, como mostra Rifkin em seu livro *Biosphere Politics* (1991), a herança genética de todo o planeta, incluindo o próprio DNA, que os seres humanos compartilham com as outras espécies, pode agora ser transformada em propriedade privada.[3] Também o material genético humano pode ser manipulado e combinado com o de porcos, ovelhas e ratos, como já está ocorrendo hoje. Uma forma inspirada de protesto foi imaginada por Gar Smith, que, em 1980, enviou a muitos casais um fac-símile do Pedido de Registro de Patentes para que eles pudessem "patentear" os próprios filhos — caçoando, assim, da absurda decisão da Corte Suprema.[4] Agora, a reação em cadeia de polimerase (PCR), um método rápido e confiável para se fazer milhões de cópias de uma partícula de DNA, foi vendida pela Cetus Corporation, da Califórnia, para a Hoffman LaRoche, multinacional suíça da área farmacêutica. A PCR abre todo um leque de novas áreas e técnicas. Como diz *The Economist*, "Ela é a chave do armazém biológico".[5]

A Era da Luz virá depois da Era Solar, à medida que os seres humanos forem aos poucos aprendendo que a luz e a ação são os fundamentos do Universo. As tecnologias da Era da Luz já estão surgindo (ver Figura 9-49). Indo além da eletrônica, essas tecnologias fototrônicas são milagres de velocidade e miniaturização; exemplo disso é o nosso "superchip" de 0,25 mícron (400 vezes mais fino que um fio de cabelo humano). Esses superchips, que por enquanto estão nas pranchetas dos projetistas, poderão conter centenas de milhões de transistores — dez vezes mais do que hoje. No ano 2000, a novíssima geração serão os chips de 0,1 mícron, pequenos mas capazes de conter bilhões de transistores. Mesmo os atuais métodos avançados de impressão óptica cederão lugar a freqüências ainda mais altas do espectro — a litografia de raios X. Em 1991, a Cypress Semiconductor Corporation, de San Jose, Califórnia, anunciou (*Business Week*, 3 de junho de 1991) que comprara de Hampshire Instruments, Inc., de Rochester, Nova York, um novo sistema para gerar raios X — não como um enorme síncroton (ou acelerador atômico) de US$ 30 milhões, mas com um aparelho de *laser* que custa modestos US$ 4 milhões.[6]

Outro aspecto dessas novas tecnologias da Era da Luz é a grande integração com as ciências biológicas, à medida que elas se afastam da cosmovisão "inerte" da física clássica e se aproximam das perspectivas de sistemas orgânicos vivos sustentadas pela biologia e ecologia. Na Figura 9-50 (As Tecnologias de Ponta Imitam a Natureza), constatamos com espanto o quanto a Natureza ainda inspira o *design* tecnológico. Por mais avançadas e *high-tech* que todas as tecnologias de ponta pretendam ser — e na verdade o são —, também elas, como a maioria das tecnologias que as precederam, devem sua inspiração à Natureza. Afinal de contas, Gaia, a grande projetista, tem estado a otimizar esses sistemas de coleta-utilização-armazenamento de energia por bilhões de anos. Gaia é também a maior dos inovadores e experimentadores, uma mestra da mais pura arte. Prova de que os seres humanos ainda estão imitando a Natureza é o crescimento do campo de pesquisa industrial da biomimética (literalmente, "imitação da vida"), descrito em matéria de capa, "The New Alchemy", da *Business Week.*[7] Por exemplos, certos materiais cerâmicos imitam a estrutura molecular da concha de madrepérola para produzir couraças blindadas para os tanques e aviões militares. Como diz o artigo, "Os materiais da Natureza resistiram à prova do tempo". As idéias de K. Eric Drexler sobre a "nanotecnologia", expostas em 1986 no livro *Engines of Creation,*[8] já davam a antever a forma que iria tomar grande parte dessa nova pesquisa biomimética, de que é exemplo o "namoro com a criação" dos Argonne National Laboratories, que vem aperfeiçoando materiais estruturais e desenvolvendo novos materiais átomo por átomo mediante o uso de "materiais nanofásicos" tais como cristais com diâmetro inferior a 100 nanômetros (cem bilionésimos de metro) — ou seja, menores que a maioria dos vírus. O MITI, Ministério da Indústria e Comércio Internacional do Japão, lançou um programa de 10 anos de apoio às "iniciativas *nanotech*" com a esperança de que a indústria providencie financiamentos no montante de US$ 100 milhões ou mais.[9]

A Era da Luz é uma imagem que nos faz lembrar que é a luz do Sol que impele os processos da Terra e da vida aos ciclos de carbono, nitrogênio, hidrogênio e água e à "máquina" climática. São esses processos dirigidos pela luz — os quais são depois mediados pela fotossíntese das plantas — que mantêm as condições para continuarmos nossa evolução além da Era da Informação. As tecnologias atuais já estão deixando para trás a base eletrônica e caminhando para a fototrônica. Essas novas tecnologias de ondas luminosas incluem as fibras ópticas, o *laser*, a leitura óptica, a computação óptica, os processos fotovoltaicos e outros processos de fotoconversão.

À medida que progredirmos nessas áreas, veremos como cada uma delas nos conduzirá a uma maior apreciação do gênio tecnológico da Natureza; o vôo, um de nossos primeiros grandes avanços, foi moldado nos pássaros. As tecnologias naturais de conversão da luz, a mais básica das quais é a fotossíntese, ainda nos servem como critérios de projeto e representam milagres de miniaturização; são exemplos os cloroplastos que todas as plantas verdes usam para converter os fótons em glicogênio, hidrocarbonetos e celulose passíveis de uso. Este ainda é o processo básico de produção do qual dependem todos os seres humanos; e quando as células fotovoltaicas que fabricamos puderem se equiparar em desempenho aos cloroplastos, estaremos no caminho certo. Desse modo, a Era da Luz é mais do que novas tecnologias de ondas luminosas a surgirem da computação, da robótica e dos laboratórios de inteligência artificial. A Era da Luz será caracterizada por nossa crescente capacidade de cooperar com a Natureza e aprender suas lições. Ela se edificará sobre a biotecnologia de hoje, que ainda está em sua infância moral investigativa e, com freqüência, exploradora.

A Era da Luz trará uma nova consciência e uma nova reverência pelos sistemas vivos e pela refinada tecnologia informativa do DNA, a sabedoria e a codificação de toda a experiência de vida neste Planeta. A Era da Luz irá muito além da mentalidade industrial e manipulativa, rumando para um vínculo mais profundo com a Natureza, uma cooperação com ela e um aprendizado de suas lições, à medida que nos tornamos uma espécie em consciente co-evolução com todas as formas vivas deste nosso singular Planeta úmido. Essa Era também será uma era de compressão do tempo, à medida que acrescentarmos o conhecimento holístico e intuitivo do hemisfério cerebral direito ao funcionamento mais analítico do hemisfério cerebral esquerdo, e à medida que os computadores alcançarem a capacidade de processamento paralelo das sinapses realizadas em nosso cérebro. O projeto incomparável do cérebro humano ainda representa o supremo desafio para os projetistas de computadores, apesar do tão decantado progresso nos chamados sistemas de "inteligência artificial". Por exemplo, um dos líderes do projeto da Cray Computer Company para criar um supercomputador que imita mais de perto a capacidade de processamento paralelo do cérebro humano recentemente deixou a empresa para se dedicar a outras áreas de atividade. Como vemos na Figura 9-49, quase todas as tecnologias de ponta baseadas na luz, sejam elas tecnologias de informação, energia solar ou biotecnologias e reconstrução de genes, também imitam o projeto da Natureza, como fazem os anticorpos monoclonais, o interferon e outros produtos baseados no sistema imunológico humano. As já mencionadas "nanotecnologias" e agregadores protéicos visualizados por Eric Drexler foram projetados imitando-se as funções dos aminoácidos.

Ao mesmo tempo, estamos aprendendo muito mais a respeito das respostas do nosso próprio corpo à luz, e já sabemos o quanto os seres humanos que vivem e trabalham em condições que os privam do espectro total da luz natural podem sofrer um enfraquecimento dos sistemas endócrino e imunológico. Assim, os mais sábios dentre nós reconhecem que a Terra ainda tem muito a nos ensinar — se adotarmos uma atitude humilde e aquietarmos o ego o suficiente para realmente ouvir, ver, cheirar, provar e sentir todos os milagres da Terra. Quando somos capazes de entrar nesse tipo de sintonia com o todo da criação, somos transportados às "alturas" daquilo que o psicólogo Abraham Maslow chama de "experiência de pico" ou "êxtase". Ao reintegrarmos nossa percepção desse modo, deixamos de ansiar pelo consumo infindável de bens além daqueles necessários para uma vida saudável; passamos a buscar novos desafios sociais em favor da ordem, da paz e da justiça, e a desenvolver nossa espiritualidade. É assim que o ser humano poderá, em sua contínua luta por aprendizado e sabedoria, superar a sombria Segunda Lei da Termodinâmica. Já não é necessário cegar a imaginação com a triste visão determinística de um Universo que se deteriora cada vez mais, como um sistema fechado. Desde Ilya Prigogine, sabemos que o Universo está cheio de surpresas, inovação e potencial evolutivo.[10] Na verdade, a busca da ciência cartesiana por certeza, equilíbrio, previsibilidade e controle é uma boa definição da morte. É preciso abraçar alegremente a nova visão de que a incerteza é fundamental, pois ela também implica que tudo pode mudar — para melhor — num piscar de olhos! À medida que deixamos para trás a ciência cartesiana, podemos reconhecer o valor da Iluminação Científica de Descartes e Newton, de Leibniz e Galileu. A racionalidade instrumental e a manipulação da Natureza que caracterizaram esse período levaram, com efeito, àquela imensa efusão de invenções tecnológicas e virtuosismo gerencial a que damos o nome de Revolução Industrial.

Como vimos, todo o processo do desenvolvimento humano é teleológico e evolutivo e, portanto, não pode ser explicado ou previsto pelos atuais paradigmas científicos reducionistas. Esse grande desdobrar, pleno de propósito, das potencialidades humanas rumo a certas metas — melhorar as sociedades humanas, aperfeiçoar os meios de produção e promover a condição de vida dos povos para que eles possam encontrar sua realização — é essencialmente uma conquista espiritual, não só instrumental e materialista.

Confinar esse conjunto transcendente de metas e visões humanas dentro das chamadas "leis da teoria econômica" foi — e ainda é — uma paródia grotesca. Com novas perspectivas e novos paradigmas, nos anos 90 poderemos ultrapassar as velhas prisões conceituais, quer se trate da visão reducionista da Era da Informação, quer se trate das Interpretações literais da Era Solar. Quando de sua primeira edição, em 1981, *The Politics of the Solar Age* foi catalogado entre os livros que tratam da energia. Muitas pessoas que freqüentavam minhas palestras faziam-me perguntas como: "Que porcentagem das necessidades de aquecimento da minha casa pode ser suprida pela energia solar?" Eu costumava responder que esse era apenas um dos níveis de significado da Era Solar, e então explicava àquela pessoa que, se o Sol já não estivesse pré-aquecendo sua casa e o resto da Terra, tudo estaria a uns 400 graus abaixo de zero! E depois eu me referia aos muitos outros níveis da transição da Era dos Combustíveis Fósseis para as fontes renováveis de energia, à necessária revolução do projeto tecnológico e das estruturas sociais, e a todos os níveis culturais e míticos dessa transformação planetária. Desde então, venho dando ênfase ao processo evolutivo do desenvolvimento humano, que é o objetivo de todas as mudanças necessárias.

O desenvolvimento humano e a organização social são processos que, por definição, têm metas, propósitos e valores — e avançam em sua direção. É por isso que qualquer disciplina ainda baseada na física clássica e na mecânica celeste de Newton, em especial a teoria econômica, não tem condições de reformular-se ou ampliar-se o suficiente para mapear a dinâmica desses processos em desdobramento. Na verdade, a ciência ocidental tem muitas *proibições* específicas contra a especulação sobre valores e propósitos, e costuma negar a existência de aspectos teleológicos na Natureza. Por isso, seus métodos se baseiam na busca da certeza, de leis fundamentais e da exatidão (aquilo a que dou o nome de "microrracionalidade", para distingui-la daquilo a que chamo "macrorracionalidade": o mapeamento de contextos mais amplos e pesquisas mais holísticas). Um sinal de esperança na atual mudança para paradigmas mais amplos é o fato de que o processo de desenvolvimento humano vem sendo chamado com freqüência cada vez menor de "desenvolvimento econômico". A palavra "econômico" já foi totalmente abandonada na nova definição ecológica: "desenvolvimento sustentável".

Enquanto isso, a ciência clássica continua sem ter qualquer teoria do *processo*; e o desenvolvimento é um processo multidimensional. Em *The Reflexive Universe,*[11] Arthur M. Young apresenta uma síntese abrangente da ciência e do desenvolvimento humano em sua Teoria do Processo, baseada na física quântica e na física clássica. Young, que desenvolveu o helicóptero Bell, parte da idéia de que o Universo é baseado na liberdade e que as leis fundamentais descobertas pelo ser humano são restrições a essa liberdade; mas ele as considera secundárias. Como sabe qualquer artista ou projetista, as restrições na verdade servem ao processo criativo — oferecendo os meios, as condições e o contexto para o jogo da criatividade. Young acredita que o problema com o corpo principal da ciência ocidental é que ela se limita a enxergar o plano material, lidando com a matéria "inerte", isto é, objetos corporais como as pedras. (Essa matéria parece "inerte" porque os movimentos aleatórios de suas moléculas se cancelam mutuamente.) A Teoria do Processo de Young não começa tendo a matéria como fundamento, mas sim a luz ou a ação (a Constante de Planck, como já dissemos, vê a luz como quanta de ação e também como quanta de incerteza). A partir daí, Young postula que os processos são, por definição, cheios de propósito e envolvem ações *individuais* de átomos, moléculas e organismos com metas próprias (em vez das probabilidades ou médias estatísticas da visão clássica).

Assim, a Era da Luz é uma metáfora de muitas coisas:

Primeiro, ela se baseia na relembrança e reintegração das percepções e paradigmas humanos. Em parte alguma isso fica tão evidente quanto na Primeira Lei da Ecologia entendida em sentido amplo: Tudo está ligado a tudo o mais. No último capítulo de *The Politics of The Solar Age* (p. 391), discuti esta lei e sua complementaridade com a nova visão da física, citando o Teorema de Bell que implica um Universo não-local (isto é, ação e interações que ocorrem a distância, sem quaisquer intermediários ou elos aparentes). Ao mesmo tempo, eu propunha uma cosmovisão científica pós-cartesiana (Figura 2-8) na qual a mudança e a incerteza seriam as novas constantes, justamente com os princípios de redistribuição e reciclagem de todos os elementos, a heterarquia, a complementaridade, a interconexão e a indeterminação.

Em segundo lugar, este novo paradigma e cosmovisão também representa uma nova síntese entre a ciência ocidental e as tradições religiosas e espirituais, já que ele abraça o propósito e o significado como fundamentos dos processos da vida. Além disso, a existência de um propósito implica que a cognição, a consciência, a heurística, a busca de metas e a imaginação sejam aspectos fundamentais de toda a vida, em vários níveis, e mais pronunciadamente no ser humano.

Nos períodos anteriores da história humana, os primitivos povos coletores e caçadores aprenderam a ser competentes no mundo material usando e armazenando a energia vegetal fotossintetizada e naturalmente disponível nas bagas, sementes e árvores. Esses primeiros seres humanos inventaram as tecnologias de armazenamento — potes e cestas trançadas. Adoravam a Grande Mãe, símbolo da Terra e, como propus, também símbolo do *pool* genético da nossa espécie. Viviam em comunidades matriarcais e costumavam ser (como observa Riane Eisler em *The Chalice and the Blade*)[12] amantes da paz, com machos e fêmeas vivendo em igualdade. No Capítulo 5, chamei esse primeiro Período Neolítico de Era do Genótipo, já que as necessidades da espécie vinham antes de qualquer fenótipo individual — na verdade, o ser humano naquele momento talvez ainda não estivesse significativamente individuado ou consciente de si mesmo.

Na Era da Agricultura, o ser humano começou a aprender os muitos meios de aumentar a energia de ocorrência natural e a acumulá-la, intensificando a fotossíntese natural ao lavrar a terra e domesticar os animais. Esse período determinou o início daquilo que, no Capítulo 5, chamei de Era do Fenótipo, na qual o governo da Grande Mãe e os valores do *pool* genético foram eclipsados por fenótipos recém-individuados, em busca de seu próprio propósito e fazendo experiências com o mundo natural. Esse processo continuou até a Era Industrial, quando o ser humano desenterrou e consumiu grande parte do estoque de energia solar fossilizada durante sessenta milhões de anos — petróleo, carvão e gás (depositados pelos vegetais) — no período surpreendentemente curto de menos de 300 anos. Apesar de todos os erros, devemos respeitar o impulso de cada ser humano para agir livremente, para testar suas aptidões físicas e mentais e seu crescente poder de manipular a Natureza. Nigel Calder, escritor científico britânico, descreve os aspectos positivos da revolução biotecnológica em *The Green Machines.*[13]

Em terceiro lugar, o alvorecer da Era da Luz implica uma nova consciência das necessidades do *pool* genético, à medida que, com nossa tecnologia, criamos riscos cada vez maiores para as gerações futuras. Com isso, ocorre também um redespertar para os valores da Grande Mãe e uma preocupação em restaurar o equilíbrio do papel e das responsabilidades dos sexos numa nova sociedade participativa, estando claro que a cooperação e a resolução pacífica dos conflitos são agora a condição *sine qua non* para a nossa sobrevivência. Gregory Bateson, em *Mind and Nature*, oferece uma síntese valiosa.[14] Naturalmente, essa imensa mudança cultural também produziu a busca de um propósito mais abrangente mediante a decodificação de todo o nosso DNA cultural acumulado, a fim de encontrar um novo lugar para o ser humano no cosmo e uma nova significação para a caminhada humana na Terra.

Outra coisa que precipitou a chegada da Era Solar e de sua política — uma década mais tarde do que previ — foi a terrível Guerra do Golfo em 1991. Esse conflito trágico e desnecessário, que poderia ter sido evitado (como discuti no Capítulo 8), será visto como o ponto de inflexão do industrialismo movido a combustível fóssil. A política da mudança para a Era Solar é fundamentalmente diferente daquela do período industrial. Em *The Politics of the Solar Age*, chamei a atenção para as visões do químico inglês Frederick Soddy (1877-1956), que dividiu o Prêmio Nobel com Rutherford. O livro *Cartesian Economics* (1922) de Soddy poderia ter corrigido a teoria econômica para a Era Solar,[15] mas ele foi ridicularizado pelos economistas de seu tempo e obrigado a publicar seu livro por conta própria. A Era Solar será mais descentralizada, o que acarreta a necessidade da transição para processos mais democráticos. Os megagovernos e megacorporações hierarquizados, o transporte e distribuição de alimentos e bens em nível continental, tinham como pressuposto básico o petróleo barato. A dinâmica subjacente à Era Solar, como predisse Soddy, será o controle eficiente dos fluxos de energia nas sociedades humanas e implica uma revolução completa no projeto de todas as sociedades, revolução que está, por fim, começando.

As forças e *lobbies* do passado — empresas de energia fóssil e nuclear, empreiteiras, fornecedores de concreto, fabricantes de automóveis e todos os outros setores industriais baseados no desperdício, no uso máximo de energia e em níveis rapidamente crescentes de entropia — estão agora, em todo o mundo, travando um combate no legislativo e no mercado com os setores emergentes (ver Figura 3-19: A Reestruturação das Sociedades Industrializadas). As novas indústrias que minimizam a entropia baseiam-se em tecnologias refinadas, miniaturizadas e mais "inteligentes", levam em conta as necessidades energéticas do usuário final, a reutilização e reciclagem de todos os recursos, e assumem o encargo de limpar os efeitos devastadores do industrialismo. As novas empresas devem tratar da restauração ambiental e melhorar, quando possível, o desempenho dos ecossistemas. Em 1991, uma das primeiras "feiras' desse florescente setor econômico do século 21 foi realizada na Flórida pela Sociedade para a Restauração Ecológica. Ali, biólogos que replantam a vegetação marinha se viram lado a lado com ecologistas encarregados de recuperar as terras deterioradas pelas usinas elétricas e especialistas em restaurar, com colheitas ou microorganismos especialmente planejados, os solos arruinados. A cura biológica e a restauração do verde dos desertos serão os grandes negócios do século 21, e eu venho frisando isto desde os anos 70. Tudo isso dependerá, evidentemente, da captura mais inteligente e eficiente de uma parte da abundantíssima chuva de fótons que o Sol despeja diariamente sobre o nosso Planeta. Assim se expressou Soddy em 1922: "Como vive o homem, ou tudo o mais? PELA LUZ DO SOL!"

Isso exigirá que a teoria econômica seja rebaixada de seu papel de ferramenta macropolítica para o humilde papel de registrar as transações entre as empresas com base nos preços do custo econômico total — papel esse descrito na Parte Dois de *The Politics of the Solar Age.* Mas, como mostrei, os *dados* sobre custos sociais e "externalidades" teriam de ser obtidos por meio de disciplinas mais realistas: a termodinâmica, a biologia, a teoria sistêmica, os modelos do caos e a ecologia. Por exemplo: enquanto os modelos de crescimento econômico desordenavam e destruíam sistemas ecológicos e biosféricos cada vez maiores, a análise desses danos foi assumida por equipes interdisciplinares de cientistas, tais como o Comitê Nacional do Homem e da Biosfera (MAB — *Man and the Biosphere*) e seu programa para avaliação dos "Sistemas Dominados pelo Homem" (isto é, os sistemas significativamente afetados pelas atividades humanas). Os programas do MAB, iniciados em 1989, incluíam em 1991 um Plano de Ação Norte-Americana em prol das Reservas da Biosfera. Os economistas não fazem parte da maioria dos comitês científicos do MAB, já que a preocupação central desses comitês é a sustentabilidade ecológica.[16] Como venho repetindo há vinte anos, são *estes* os critérios que devem formar o contexto de todas as atividades humanas e metas de "desenvolvimento" — e não as fórmulas não-científicas da teoria econômica, ainda baseadas na obsoleta teoria do "bem-estar", do Ótimo de Pareto (que ignora a distribuição da renda e faz as já mencionadas perguntas absurdas sobre o quanto as pessoas estariam "dispostas a pagar" para preservar uma região selvagem contra os especuladores imobiliários que sempre farão um lance maior que o dos cidadãos, pois o "desenvolvimento" lhes gera bons lucros). Allen Knesse, espécime da raça rara de economistas honestos (na tradição de Soddy, Georgescu-Roegen e Daly), apresenta as limitações da "teoria econômica ambiental" em "The Economics of Natural Resources".[17]

As trágicas conseqüências da ignorância humana no "manejo" dos sistemas naturais se evidenciam, por exemplo, no acréscimo de sete bilhões de toneladas de gás carbônico à atmosfera da Terra a cada ano — contribuindo para o aquecimento global — ao mesmo tempo que se derrubam de 12 a 20 milhões de hectares de florestas que absorveriam o gás carbônico. O Instituto de Recursos Mundiais, de Washington, DC, propõe algumas estratégias para deter esse desastre gigantesco. Plantar árvores é uma estratégia básica — adotada no mundo todo por cidadãos comuns. Na mesma época (1975) em que eu, como membro do Conselho Consultor do Escritório de Avaliação Tecnológica do Congresso dos Estados Unidos, denunciava e previa o efeito estufa, os comitês científicos ainda discutiam se as emissões de gás carbônico eram ou não um problema. Em 1989, os especialistas e os políticos saíram do atraso e alcançaram os movimentos de plantadores de árvores, tais como o Chipko e o Cinturão Verde da África, quando ministros do Meio Ambiente de 68 países assinaram a Declaração de Noordwijk (na Holanda, um país quase todo abaixo do nível do mar) que pedia um acréscimo anual líquido de 12 milhões de hectares de florestas até o ano 2000 para reduzir o saldo líquido das emissões de gás carbônico.[18] Desse modo, os economistas estão aprendendo que os investimentos nos anos 90 precisam ser direcionados para a restauração ecológica e os programas sociais — cuidados de saúde, educação e controle populacional —, algo bem distante das atuais prioridades de investimento para aumentar o crescimento do PIB.

A Era da Luz também será um período de reentrelaçamento das culturas do mundo, a maioria das quais ao longo da história sempre compreendeu a total dependência do nosso Planeta em relação ao Sol. Em seus mitos e tradições, essas culturas compreendiam e adoravam nossa Estrela Mãe e a luz primal do Universo, seja ela a luz das estrelas ou das galáxias distantes. Como observa o físico David Peat em *The Philosopher's Stone*, a sincronicidade é a ponte entre a mente e a matéria; ele descreve com amor as novas ciências do "caos" que agora avançam para mapear algumas partes deste maravilhoso Universo governado pela luz, pela ação e pela surpresa, dentro das restrições tão bem mapeadas pela física clássica.[19] Peat visualiza uma era de "ação suave", na qual milhões de pessoas mais conscientes, em sociedades mais democráticas, poderão agir em conjunto de modo mais inteligente. Como acrescenta Arthur Young, "a ciência é o mapa da humanidade, mas o mito é sua bússola".

A Era da Razão, que ocorreu há 300 anos na Europa, expressou algumas dessas esperanças e projetos visionários para o potencial e o desenvolvimento humanos. Ao ultrapassarmos a Era da Informação rumo a uma sabedoria maior, poderemos conduzir nossa nave para além das crises e nuvens de hoje e alcançar a ensolarada Era da Luz.

Notas — Capítulo 9

1. Ver, por exemplo, *The Rapids of Change*, Robert Theobald, Knowledge Systems, Inc., Indianápolis, 1987.

2. Jeremy Rifkin, *Algeny*, Viking Press, Nova York, 1982; e *Who Shall Play God?*, em co-autoria com Ted Howard, 1977.

3. Jeremy Rifkin, *Biosphere Politics*, Crown Publishers, Nova York, 1991, cap. 9, p. 65.

4. Gar Smith, *Patently Ridiculous*, 1980, PO Box 27, Berkeley, CA 94701.

5. *The Economist*, "Gene Amplification", 27 de julho de 1991, p. 76.

6. *Business Week*, 3 de junho de 1991.

7. *Business Week*, "The New Alchemy", 29 de julho de 1991.

8. Eric K. Drexler, *Engines of Creation*, Doubleday, Nova York, 1986.

9. *Business Week*, "Creating Chips an Atom at a Time", 29 de julho de 1991, p. 54.

10. Ilya Prigogine, *From Being to Becoming*, H. H. Freeman, São Francisco, 1980.

11. Arthur M. Young, *The Reflexive Universe*, Delacorte, Nova York, 1976.

12. Riane Eisler, *The Chalice and the Blade*, HarperCollins, São Francisco, 1987.

13. Nigel Calder, *The Green Machines*, G. P. Putnam & Sons, Nova York, 1986.

14. Gregory Bateson, *Mind and Nature: A Necessary Unity*, Bantam Books, Nova York, 1980.

15. Hazel Henderson, *The Politics of the Solar Age*, atual edição da Knowledge Systems, Indianápolis, 1988, p. 225, sobre Frederick Soddy.

16. *U.S. MAB Bulletin*, Vol. 15, nº 3, agosto de 1991, Departamento de Estado, Washington, DC 20522-3706.

17. Allen V. Kneese, "The Economics of Natural Resources", em *Population and Resources in Western Intellectual Traditions*, suplemento do Vol. 14 (1988) da *Population and Development Review*.

18. World Resources Institute, "Minding the Carbon Store: Weighing U.S. Forestry Strategies to Slow Global Warming", Mark C. Trexler, janeiro de 1991.

19. Outro clássico que explora essas idéias é *Dynamics: the Geometry of Behavior*, de Ralph H. Abraham e Christopher D. Shaw, Aerial Press, Santa Cruz, 1982-1988, em quatro volumes.

POSLÚDIO

A Economia Cósmica

Uma obra de arte
na madrugada, perdida na areia.
Entristecida, a amante busca seu colar,
os olhos esquadrinhando
a praia esplêndida, intocada,
ao nascer do sol.
Lembrando o pânico da perda
na noite anterior,
refaz o mesmo caminho
que palmilhara com os amigos, em busca,
naquela hora sem lua,
com nuvens velozes escurecendo o céu.

A amante solitária pensa em sua perda
e busca seu sentido
enquanto GAIA desperta
no esplendor matinal,
os caranguejos correm
nas brilhantes poças de água viva
e as gaivotas mergulham, furando
a crista das ondas.

Ah! a dor
de lembrar o colar,
prata e turquesa,
o luminoso pendente solar
do povo Zuni,
feito pelas mãos de seu amado.
Um presente de inestimável beleza,
do fundo do coração.
Irão as areias brancas
devolver-lhe o tesouro perdido?

Ah! a esperança!
Ou será mais profunda a mensagem?

Se o coração do doador é pleno e puro,
talvez aquele que encontrar
a jóia perdida
sinta renascer em si a esperança e o amor,
ao contemplar
a súbita ventura.
Perdido e encontrado.
Por certo um laço entre
quem perde e quem encontra.
Será esta a mensagem?

Todas as dádivas têm de passar
para completar o sagrado
Ciclo da Vida.
A Perda e o Ganho são
palavras estreitas,
eclipsadas
na economia cósmica de GAIA.

A busca da amante
é recompensada com um sinal:
duas penas majestosas,
na areia,
deixadas por buliçoso pelicano.
As penas das aves aquáticas
são sagradas para os Zunis.
Essas dádivas agora passarão
do oceano para o antigo
Coração do Deserto.

Os tesouros estão em toda parte.
Para os que honram a plenitude de GAIA,
nada se perde para sempre.
Uma parte de cada amante
agora, para sempre, neste lugar.
Quando relembramos o Amor Universal,
é uma alegria
deixar passar todas as dádivas.

GAIA não precisa
entesourar suas riquezas,
nem nós.
Lancemos alegremente tudo o que nos foi doado

sobre as águas,
as praias arenosas, os desertos:
colares, braceletes,
cântaros e pontas de flechas,
esplêndidas tecelagens, cores
que se mesclam
às fervilhantes
e infinitas
tapeçarias da Vida
na Doação Universal.

Lista de Acrônimos

ADF Fundação para o Desenvolvimento dos Países Africanos (*African Development Foundation*)

ASATs sistemas de armas anti-satélites (*anti-satellite weapons systems*)

ATIF *Americans Talk Issues Foundation* (Instituto de pesquisa de opinião pública)

NHB Índice das Necessidades Humanas Básicas (BHN — *Basic Human Needs Indicator*)

BIS Banco de Acordos Internacionais (*Bank of International Settlements*)

CAP *Common Agricultural Policy*

CEO diretor-executivo (*chief executive officer*)

CEP Conselho de Prioridades Econômicas (*Council on Economic Priorities*)

CFI *Country Futures Indicators*

CFC_s clorofluorcarbonos

CO_2 dióxido de carbono, também conhecido como gás carbônico

DNA ácido desoxirribonucléico (principal constituinte dos cromossomos, responsável pela transmissão das informações genéticas)

DOD Departamento de Defesa dos Estados Unidos

CEE Comunidade Econômica Européia (hoje chamada UE — União Européia)

ECOSOC Conselho Econômico e Social das Nações Unidas

ECU unidade monetária européia

EPA Agência de Proteção Ambiental (*Environmental Protection Agency*)

ESOPs Planos de Participação Acionária dos Empregados (*Employee Stock Ownership Plans*)

FAO Organização das Nações Unidas para a Alimentação e a Agricultura

FDA *Food and Drug Administration* (departamento que controla alimentos e medicamentos nos Estados Unidos)

a.f. ano fiscal

G-7 grupo das sete economias mais poderosas: Alemanha, Canadá, Estados Unidos, França, Inglaterra, Itália e Japão

G-15 grupo das quinze economias do segundo time: Argélia, Argentina, Brasil, Egito, Índia, Indonésia, Iugoslávia, Jamaica, Malaísia, México, Nigéria, Peru, Senegal, Venezuela e Zimbábue

GATT Acordo Geral de Tarifas e Comércio (*General Agreement on Trade and Tariffs*)

PIB Produto Interno Bruto (valor total de todos os bens e serviços produzidos em um país, geralmente medido ano a ano, excetuando as rendas provenientes do exterior — comparar com PNB)

GIF Fundo para a Infra-estrutura Global (*Global Infrastructure Fund*)
PNB Produto Nacional Bruto (PIB acrescido das rendas provenientes do exterior)
GRAS "geralmente considerado seguro" (*generally regarded as safe*)
IDH Índice do Desenvolvimento Humano (HDI — *Human Development Index*)
IBM *International Business Machines*
BIRD Banco Internacional para Reconstrução e Desenvolvimento (*International Bank for Reconstruction and Development*, também conhecido como Banco Mundial, *World Bank*)
OIT Organização Internacional do Trabalho
FMI Fundo Monetário Internacional
IPAT Impacto (I) = tamanho de População (P) x Afluência (A) *per capita* x dano causado pela Tecnologia (T) usada para suprir cada unidade de consumo
ISEW Índice de Bem-Estar Econômico Sustentável — Banco Mundial (*Index of Sustainable Economic Welfare*)
OIC Organização Internacional de Comércio
JPL *Jet Propulsion Laboratories*
LETS *Local Exchange Trading Systems*
MEW Medida do Bem-Estar Econômico (*Measure of Economic Welfare*)
MIT Instituto de Tecnologia de Massachusetts
MITI Ministério de Indústria e Comércio Internacional (Japão)
NASA Administração Nacional de Aeronáutica e Espaço
NCEO *National Center for Employee Ownership*
ONGs organizações não-governamentais
NOEI Nova Ordem Econômica Internacional
NNW Índice de Bem-Estar Nacional Líquido (*Net National Welfare* — Japão)
NORAD Comando Norte-Americano de Defesa Aeroespacial
OUA Organização da Unidade Africana
OCAW Sindicato dos Trabalhadores na Indústria Petrolífera, Química e Atômica (*Oil, Chemical and Atomic Workers Union*)
ODA ajuda oficial para o desenvolvimento (*official development aid*)
OCDE Organização para Cooperação e Desenvolvimento Econômico (OECD — *Organization for Economic Cooperation and Development*)
OPEP Organização dos Países Exportadores de Petróleo
OTA Escritório de Avaliação Tecnológica (*Office of Technology Assessment*)
ODII *Organizing for Development Institute, Inc.*
TRO terapia de reidratação oral
PBS *Public Broadcasting System*
PCR reação em cadeia de polimerase (*polymerase chain reaction*)
PPC(s) paridade do poder de compra (unidades)
PQLI Indicador de Qualidade de Vida Física
P&D pesquisa & desenvolvimento
SALs empréstimos(s) para ajuste estrutural (*structural adjustment loans*)
SDI Programa de Defesa Estratégica, popularmente conhecido como "Guerra nas Estrelas"
DES Direitos Especiais de Saque (*Special Drawing Rights*, uma moeda escritural)
SHARE Associação de Ajuda Mútua para uma Economia Regional (*Self-Help Association for a Regional Economy*)

SII	Structural Impediments Initiative
SRI	Stanford Research Institute (Ameritrust/SRI)
TOES	A Outra Cúpula Econômica (*The Other Economic Summit*)
UNDP	Programa das Nações Unidas para o Desenvolvimento
UNICEF	Fundo das Nações Unidas para as Crianças
UNEP	Programa das Nações Unidas para o Meio Ambiente
UNESCO	Organização das Nações Unidas para a Educação, Ciência e Cultura
UNSNA	Sistema de Contas Nacionais das Nações Unidas
URSS	União das Repúblicas Socialistas Soviéticas
CMED	Comissão Mundial de Economia e Desenvolvimento
OMS	Organização Mundial da Saúde
WMO	Organização Meteorológica Mundial
WOMP	Projeto de Modelos para a Ordem Mundial (*World Order Models Project*)

A ESTRATÉGIA DO GOLFINHO:
A Conquista de Vitórias num Mundo Caótico
Dudley Lynch e *Paul L. Kordis*

Eis aqui idéias que... podem levar as pessoas que trabalham em empresas a ter uma vida mais plena de realizações, eliminando os medos e as inibições que caracterizam tão bem a atividade empresarial.

MILTON MOSCOWITZ, autor de
The 100 Best Companies for in America.

Lynch e Kordis, em *A Estratégia do Golfinho,* desenvolveram os conceitos que tenho adotado na minha prática de consultoria, levando-os a um ponto de congruência "quase perfeito".

JAMES L. MURPHY, diretor executivo,
de liderança e desenvolvimento organizacional da
U.S. West, Inc., em Denver.

A Estratégia do Golfinho analisa um novo e engenhoso meio de preparar líderes empresariais para aquele audacioso mas excitante "Novo Dia". Os professores de todas as faculdades de administração de empresas do país precisam prestar atenção neste livro.

DON EDWARD BECK,
National Values Center.

A melhor aplicação de estratégias pós-New Age para administração que já conheci.

WARREN BENNIS, eminente professor de
administração de empresas da University of Southern California.

A Estratégia do Golfinho é um manual prático e orientado para os negócios que ensina como ser pessoal e institucionalmente mais receptivo a este novo mundo que está se formando.

RICHARD LAMM,
Center for Public Policy and Contemporary Issues.

A Estratégia do Golfinho é sabedoria prática posta numa forma simples e divertida. É um livro obrigatório.

WILLIS HARMAN,
presidente do Instituto de Ciências Noéticas e
autor de *Higher Creativity.*

EDITORA CULTRIX

O CAMINHO DO HERÓI COTIDIANO

Lorna Catford e *Michael Ray*

A vida, no seu dia-a-dia, é desafiante. Descobrir o que você quer verdadeiramente, descobrir como ir em busca do que quer e como criar relacionamentos profundos são questões que podem ocupar todo o seu tempo ou impedir o seu encontro com o sucesso. Mas, em vez de ficar frustrado por esses desafios, você poderá aprender a vê-los como o próprio sentido da vida e ir ao seu encontro com entusiasmo.

Neste livro singular, Lorna Catford e Michael Ray apresentam uma nova maneira de realizar todas as tarefas humanas importantes: tornar-se um herói cotidiano, alguém que, como as grandes figuras dos mitos antigos, aprende, através das várias aventuras da vida, a pensar criativamente, a fazer escolhas com sabedoria e a confiar nos seus recursos internos.

O Caminho do Herói Cotidiano vai ao encontro daquilo que autores como Joseph Campbell, Robert Bly, Sam Keen, Jean Houston e outros identificaram como a força de inspiração que está contida no mito. Neste livro, os autores relacionam cinco histórias clássicas com os cinco desafios mais importantes da vida. Ao refletir sobre essas histórias, você poderá descobrir revelações surpreendentes que trarão luz à sua jornada.

- Em "*Parcifal e o Santo Graal*", aprenderá como realizar os seus objetivos.
- Em "*A Bela e a Fera*", descobrirá como criar relacionamentos fundamentais para o amor.
- Em "*O Camponês que se Casou com Uma Deusa*", irá saber como usar seus recursos internos para reduzir a tensão e as confusões da vida moderna.
- Em "*Teseu e o Minotauro*", achará uma maneira de equilibrar as exigências competitivas entre sua vida pessoal e profissional.
- Em "*Cinderela*", explorará outros valores, além dos bens materiais, que irão enriquecer a sua vida.

Sejam quais forem as circunstâncias em que você se encontre agora e sejam quais forem os desafios que você tem pela frente, *O Caminho do Herói Cotidiano* o ajudará a ver sua jornada numa perspectiva heróica e a viver cada dia com mais alegria, vitalidade e um senso maior de realização.

EDITORA CULTRIX

GERENCIAMENTO ECOLÓGICO (*ECOMANAGEMENT*)

Guia do Instituto Elmwood de Auditoria Ecológica e Negócios Sustentáveis

Ernest Callenbach, Fritjof Capra, Lenore Goldman, Rüdiger Lutz e *Sandra Marburg*

Um guia para empresas ecologicamente responsáveis, elaborado por um dos principais centros mundiais de pensadores ecológicos, o Elmwood Institute

Um plano de ação bem-delineado para tornar a empresa ecologicamente mais correta

Os empresários precisam de assistência para reduzir o impacto de suas empresas sobre o ambiente. *Gerenciamento Ecológico* mostra o que se pode fazer e como fazer para conduzir uma eco-auditoria abrangente. Ele mostra como fazer uma revisão meticulosa das operações de uma empresa, da perspectiva da ecologia profunda, diferente do ambientalismo superficial.

Com muita freqüência, as empresas tentam apenas atender aos requisitos legais mínimos, negligenciando a necessidade de avaliar todos os fluxos de entrada e saída – todo o "metabolismo" de suas operações. Tampouco entendem as complexas relações entre suas empresas e as comunidades, humanas e naturais, onde estão inseridas.

Este livro dá orientações conceituais para a análise abrangente dos impactos de uma empresa, além de ser uma ferramenta prática, com grande número de listas de verificação e planos de ação para ajudar a equipe gerencial a identificar as ações necessárias, determinar prioridades, implementar melhorias e vender o programa de redução de impacto à cúpula da empresa.

"Uma reconsideração fundamental da maneira como fazemos negócios e do modo como interagimos com o meio ambiente. Recomendo-o a todos os que estejam interessados numa administração ecologicamente correta."

Paul Hawken, autor de *Growing a Business*

EDITORA CULTRIX

A QUARTA ONDA

Os Negócios no Século XXI

Herman Bryant Maynard, Jr. e *Susan E. Mehrtens*

A Quarta Onda prevê um futuro radicalmente diferente em que os princípios dos negócios, a preocupação com o ambiente, a integridade pessoal e os valores espirituais são integrados. Os autores mostram como podemos passar das realidades de hoje para um futuro mais promissor, em que as empresas são:

- exemplos para outras instituições da sociedade;
- cidadãs do mundo, que servem tanto às comunidades locais como à sociedade global;
- defensoras da eqüidade econômica e de uma redefinição de riqueza;
- inovadoras na melhoria da saúde e do bem-estar dos empregados e de suas famílias;
- modelos de sustentabilidade ambiental;
- pioneiras no uso apropriado de tecnologias;
- comprometidas com a aprendizagem permanente;
- lideradas por homens e mulheres plenamente conscientes de sua responsabilidade de realizar o destino da humanidade moderna.

* * *

"Maynard e Mehrtens identificaram uma onda do futuro para empresas que, há uns poucos anos, teria parecido romantismo desvairado, mas que hoje parece inevitável. Trata-se de um livro que faz pensar e que vai contribuir construtivamente para o diálogo sobre o novo papel dos negócios no planeta."

Willis Harman, presidente do Instituto de Ciências Noéticas e autor de *Uma Total Mudança de Mentalidade*, publicado pela Editora Pensamento.

EDITORA CULTRIX

O PODER DA APRENDIZAGEM

Klas Mellander

Este livro foi escrito tanto para os que querem melhorar sua capacidade de aprender como para os que querem tornar-se mais hábeis na criação de condições com as quais outras pessoas possam aprender — ou seja, para gerentes, especialistas em treinamento, conferencistas, autores de artigos e memorandos, instrutores, líderes de projetos, autores de manuais, *videomakers* etc.

Há anos, as empresas e instituições do Ocidente têm sido organizadas de modo a funcionar mais adequadamente num ambiente empresarial estável. Atualmente, os problemas desse tipo de organização estão ficando cada vez mais patentes.

Estamos em meio a um importante processo de reavaliação das antigas idéias. Temos de questionar a lógica subjacente às nossas estruturas tradicionais e criar novas estruturas que nos permitam lidar com a turbulência causada pelas flutuações do mercado, pelos avanços tecnológicos e pelas condições sociais inconstantes decorrentes da motivação das pessoas para aprender novas formas de fazer as coisas, mudar hábitos e até mesmo valores.

Nesse mundo em mutação, só sobreviverão as pessoas e organizações que tenham aprendido a aprender de forma eficaz. *O Poder da Aprendizagem* detém-se nessa necessidade e busca adotar princípios educativos acessíveis às pessoas que estão seriamente envolvidas nos processos de mudança.

Numa época em que os dirigentes de empresas de quase todas as partes do mundo começam a se questionar sobre o que está sendo feito no sentido de ajudar seus funcionários a crescer, este livro mostra um conhecimento profundo de como a educação pode resultar numa melhor liderança e de como ela pode tornar muito mais eficaz o trabalho de implementação de mudanças.

EDITORA CULTRIX

Outras obras de interesse:

PARA ONDE CAMINHA O LÍDER
Uma Nova Visão de Liderança
Walter de Sousa e *Maria R. S. Villares*

O NOVO PARADIGMA - A Ciência à Procura da Verdadeira Luz
Walter de Sousa

UMA TOTAL MUDANÇA DE MENTALIDADE
Willis Harman

A ESTRATÉGIA DO GOLFINHO
A Conquista de Vitórias num Mundo Caótico
Dudley Lynch e *Paul L. Kordis*

MAESTRIA - As chaves do sucesso e da realização pessoal
George Leonard

GERENCIAMENTO ECOLÓGICO
(EcoManagement)
Ernest Callenbach e *outros*

O PARADIGMA HOLOGRÁFICO e Outros Paradoxos
Ken Wilber (org.)

A CONSCIÊNCIA SEM FRONTEIRAS
Ken Wilber

O PONTO DE MUTAÇÃO
Fritjof Capra

O TAO DA FÍSICA
Fritjof Capra

A DANÇA DO COSMOS
Felix Weber

DIÁLOGOS COM A NATUREZA
Michael J. Roads

EMERGÊNCIA ESPIRITUAL
Stanislav Grof e *Christina Grof*

À ESPREITA DO PÊNDULO CÓSMICO
Itzhak Bentov

UM LIVRO CÓSMICO
Itzhak Bentov e *Mirtala*

O FATOR MAIA - Um Caminho Além da Tecnologia
José Argüelles

O GÊNESIS E O BIG BANG
Gerald L. Schroeder

O TRABALHO CRIATIVO - O Papel Construtivo dos Negócios numa Sociedade em Transformação
Willis Harman e *John Hormann*

COINCIDÊNCIAS - Mero Acaso ou Sincronicidade?
Brian Inglis